バスケットボール
勝つための
最新セットプレー
88

編著
東野智弥
（日本バスケットボール協会技術委員会委員長）
小谷 究
（流通経済大学バスケットボール部ヘッドコーチ）

エクシア出版

はじめに

戦術は技術に依存する

バスケットボールのオフェンス戦術は、いろいろな視点で分類することができます。プレーヤーに与えられたプレーの自由度で分類すると「パターンオフェンス」、「フリーランスオフェンス」、「モーションオフェンス」などに大別できます。

パターンオフェンスでは、プレーヤーがあらかじめ決められたアライメントを形成し、そこから決められたプレーをスタートさせます。

フリーランスオフェンスでは、アライメントや動きが全く決まっていない中で、各プレーヤーがディフェンスや他のオフェンスプレーヤーの動きに対応しながら判断し、自由にプレーします。

パターンオフェンスとフリーランスオフェンスの中間に位置するのがモーションオフェンスです。パターンオフェンスのように決められた選択肢がなく、プレーヤーがオフェンス戦術の一部分について自由に判断することが認められています。

完全なフリーランスオフェンスを目にすることはあまりありません。ほとんどのチームがモーションオフェンス、もしくはパターンオフェンスを採用していることでしょう。近年では、パターンオフェンスを何十個も準備して戦うというチームは減少傾向にあり、数個のモーションオフェンスを採用し、ゲーム状況や相手チームのディフェ

ンス戦術に合わせて、採用したモーションオフェンスに修正を加えるチームが多いようです。

数多くのパターンオフェンスを準備することで、相手チームは全てのパターンオフェンスへの対応策を頭に入れてゲームに臨むことが難しくなります。したがって、数多くのパターンオフェンスを準備することは、勝つための一手段となり得るでしょう。しかし、戦術は技術に依存します。つまり、技術が伴わなければ戦術を遂行することはできません。

いくつかの戦術に共通して必要とされる技術がある一方で、各戦術特有の技術も存在します。したがって、数多くのパターンオフェンスを採用する場合、共通して必要とされる技術を備えることに加えて、各戦術特有の技術も身につけなければなりません。さらに、各パターンオフェンスが有効な場面や狙いを理解しなければなりません。しかし、限られた時間で各戦術特有の技術を全て習得し、理解することは困難を極めます。各戦術特有の技術を習得し、理解できなければ、多くのパターンオフェンスを準備したところで、実戦では有効に機能しません。

一方、いくつかのモーションオフェンスを採用し、ゲーム状況や相手チームのディフェンス戦術に合わせて修正を加える場合、習得す

べき技術は、多くのパターンオフェンスを採用する場合と比較して少なくすみます。採用する戦術に必要とされる技術に絞り込んで練習できるため、プレーヤーがその技術を十分に習得できる可能性が高まります。さらに、戦術の理解も容易になります。もちろん、モーションオフェンスのパターンが少ないわけですから、相手チームは、その対策を立てやすいともいえます。ただし、モーションオフェンスでは、相手チームのディフェンスに合わせてプレーヤーが判断し、次の動きを選択することができるため、この判断力を養えば、相手チームによる対応策に十分対抗することができます。また、この次の動きは、戦術特有の技術の範囲に含まれ、集中的に練習することができます。したがって、戦術的なバリエーションは少ないものの、派生する動きのバリエーションが多く、かつ、習熟したオフェンス戦術を構築することができるといえるでしょう。

こうした理由から、多くのチームがモーションオフェンスを採用する傾向にあるのでしょう。しかし、こういったチームがパターンオフェンスを用いないわけではありません。ここ一本、2点、3点が欲しい場面、短時間で得点しなければならない場面、ベースラインアウトオブバウンズ（BOB）、サイドオブバウンズ（SOB）の局面、タイムアウト後（ATO）、クォーターの最後（EOQ）、時間を消費し

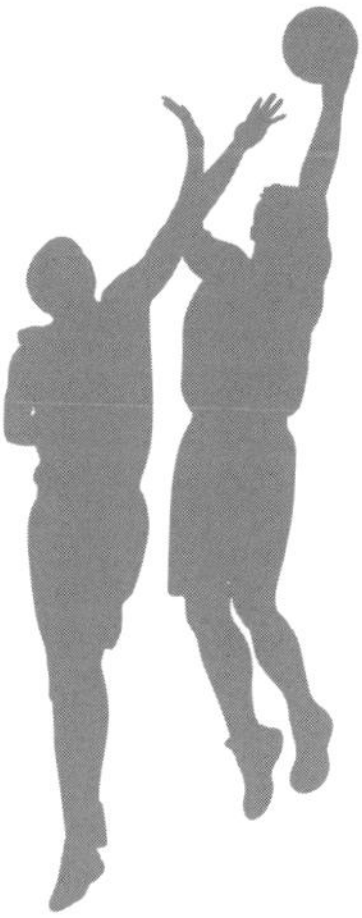

たいストーリングの場面などでは、パターンオフェンスが用いられます。

モーションオフェンスを採用するチームでも、タイムアウトの場面でコーチがプレーヤーにデザインしたプレーを説明する光景をよく見かけるでしょう。モーションオフェンスを採用するチームであっても、各シチュエーションで用いるパターンオフェンスを準備しておくことは、ゲームに勝つ可能性を高めることにつながります。

本書は、各カテゴリーの実際のゲームで行われたプレーを紹介しています。いずれもすぐに使えるものをセレクトしており、各シチュエーションのパターンオフェンスを提示することで、現場のコーチやプレーヤーが困ったときや、パターンオフェンスを考案する際の手引きとして利用していただくことを目的としています。したがって、ただパターンオフェンスの羅列ではなく、そのプレーの狙いや、なぜ有効なのかという理由も解説しました。

読者の皆さんには、本書をもとに自チームに合ったパターンフェンスを選択したり、考案したりしていただければ、筆者として望外の喜びです。

東野智弥　小谷　究

CONTENTS

第2章 サイドラインアウトオブバウンズ(SOB)プレー

第3章 ハーフコートオフェンス（SET）プレー

巻末資料 セットでよく見られるパターンの特徴

執筆者プロフィール

東野智弥 (ひがしの ともや)

1970年石川県生まれ。北陸高校、早稲田大学を経て、1993年にアンフィニ東京に入社。3シーズンプレーした後に渡米し、ルイス&クラーク大学にてコーチとしての歩みを始める。1998年に帰国後、三井生命ファルコンズ、所沢ブロンコス、早稲田大学、トヨタ自動車アルバルク、日本代表などのコーチを歴任。浜松・東三河フェニックスでは優勝を達成。2016年に日本バスケットボール協会技術委員会委員長に就任。就任後の男子日本代表は、自力出場としては21年ぶりにワールドカップに出場、この活躍が評価され、オリンピックの出場権も44年ぶりに獲得。また、参加国唯一3x3も含めた4枠のオリンピック出場権獲得も達成した。

小谷 究 (こたに きわむ)

1980年石川県生まれ。流通経済大学スポーツ健康科学部スポーツコミュニケーション学科准教授。流通経済大学バスケットボール部HC。日本バスケットボール学会理事。日本バスケットボール協会指導者養成部会部会員。日本バスケットボール殿堂『Japan Basketball Hall of Fame』事務局。日本体育大学大学院博士後期課程を経て博士(体育科学)。

片岡秀一 (かたおか しゅういち)

1982年埼玉県生まれ。JBA公認B級コーチ。株式会社アップセット所属。GSL(ゴールドスタンダードラボ)編集長。日本バスケットボール協会 技術委員会の指導者養成部会ワーキンググループ。19・20 名古屋ダイヤモンドドルフィンズU15チームACを務めている。主な編集・執筆作品に『Basketball Lab 日本のバスケットボールの未来。』(東邦出版)、『Basketball Planet 1 バスケットボール・プラネット 上質なシュートとは何か』(ベースボール・マガジン社)、編集協力に『バスケセンスが身につく88の発想 レブロン、カリー、ハーデンは知っている』(東邦出版)、『バスケットボール戦術学』(ベースボール・マガジン社)、『バスケットボール研究』第3号、書評に『バスケットボール用語事典』(廣済堂)などがある。

川北準人 (かわきた はやと)

1969年埼玉県生まれ。東京成徳大学応用心理学部健康・スポーツ心理学科教授。東京成徳大学男子バスケットボール部監督。千葉県学生バスケットボール連盟理事長。千葉県競技力向上委員会U24担当。日本バスケットボール学会監事。1992年、日本体育大学体育学部体育学科卒業。2011年、筑波大学大学院人間科学総合研究科を経て修士。専門はバスケットボールの戦術研究、スポーツマネジメント及び指導者と選手の人間関係の研究。大学ではスポーツマネジメント、チームビルディングの講義を担当している。

酒井良幸 (さかい よしゆき)

1980年東京都生まれ。國學院久我山中学高等学校保健体育科教諭。國學院久我山高校バスケットボール部顧問。1999年、國學院久我山高校卒業。2003年、日本体育大学体育学部体育学科卒業。2006年、日本鍼灸理療専門学校卒業。2006年〜現チームを指導し、インターハイ出場8回、ウィンターカップ出場3回、最高順位は2013年ウィンターカップベスト8。

しんたろう

1986年埼玉県生まれ。バスケットボールライター。Bリーグ専門サイトBLeague Analytics.netの管理人でもある。

根本雅敏（ねもと まさとし）

1996年茨城県生まれ。延岡学園高校、日本体育大学を経て茨城ロボッツU15HCに就任。B.LEAGUE U15 CHALLENGECUP 2021で優勝。現在は茨城ロボッツU15HC、茨城県U15DCコーチとして活動しながらも、スキルワークアウト指導も行っており、プロ選手や大学生をはじめさまざまなカテゴリーのコーチとしても活動している。

東山 真（ひがしやま まこと）

1970年 兵庫県生まれ。米国カリフォルニア州ロサンゼルス・ハーバーカレッジ男子バスケットボール部AC。龍谷大学法学部法律学科卒業。国際武道大学大学院体育修士課程修了（スポーツ医学専攻）。カリフォルニア州立大学ロングビーチ校大学院体育修士課程修了（コーチング学/スポーツ心理学専攻）。訳書にステファンカリー『努力、努力、努力』（ごま書房新社）。SNS等にて『米国と日本のコーチングの違い』、『コーチングから見た教育と子育て』等のテーマで活動中。

前田浩行（まえだ ひろゆき）

1980年愛知県生まれ。県立能代工業ではマネージャーとして田臥勇太（宇都宮ブレックス）とともに「高校9冠」を達成。トヨタ自動車アルバルク（現アルバルク東京）のみならず、ドイツ・ブンデスリーガ1部でもコーチを務めた。2017年より男子日本代表テクニカルスタッフに就任し現在に至る。

三原 学（みはら まなぶ）

1981年東京都生まれ。安田学園中学校高等学校教諭。同校高校男子バスケットボール部HC。「ボトムアップ思考」による選手主体のチームづくりを目指す。また、YouTubeやブログでわかりやすく戦術を解説する「バスケの大学」を運営している。日本バスケットボール協会公認B級コーチ、B級審判員。早稲田大学大学院修士課程（人間科学）修了。

藪内夏美（やぶうち なつみ）

1977年大阪府生まれ。公益財団法人日本バスケットボール協会所属。女子日本代表AC兼、女子アンダーカテゴリー専任コーチ。一般社団法人バスケットボール女子日本リーグ（WJBL）理事一般財団法人生涯学習開発認定コーチ。

本書の見方

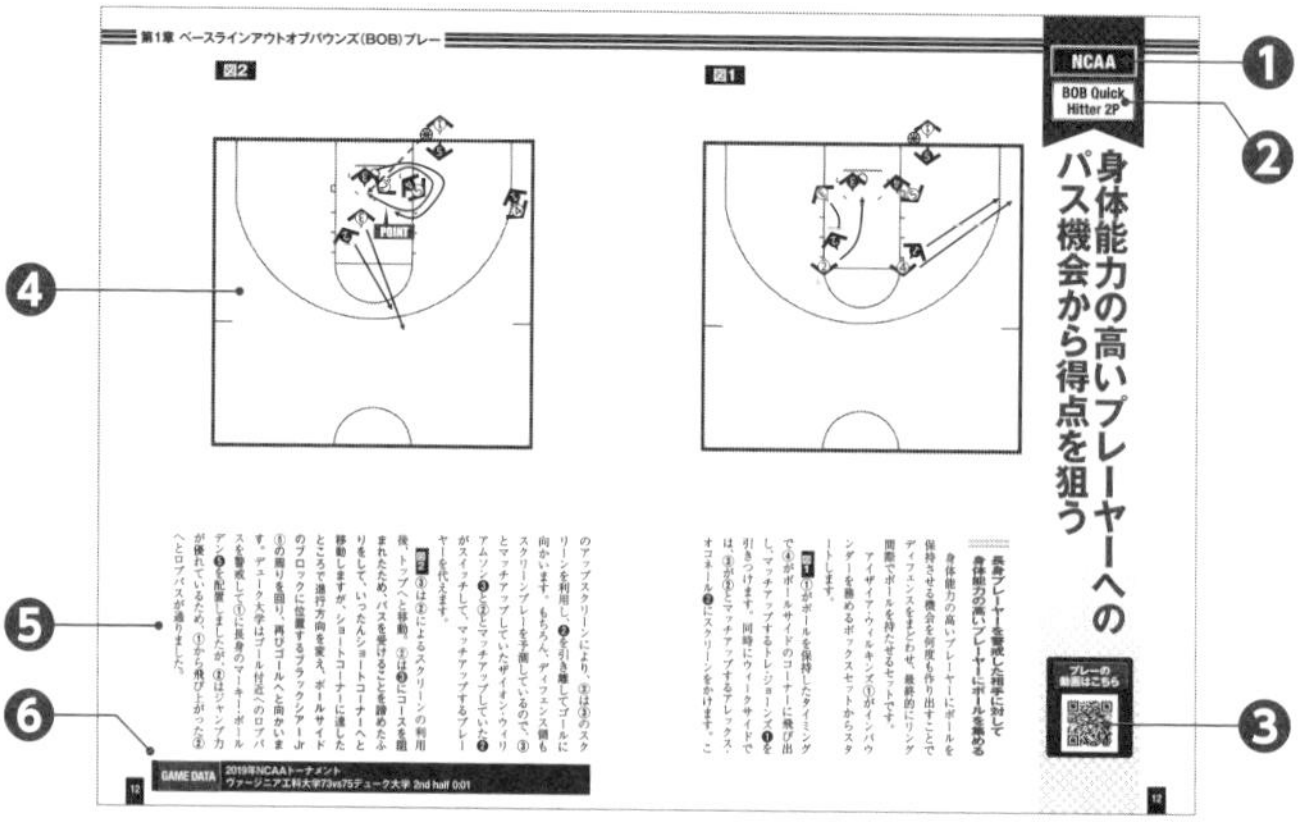

❶ カテゴリー

U15、高校、大学、NCAA、Wリーグ、Bリーグ EUROリーグ、NBA、NT（各国代表）の9つのうち、どのカテゴリーのプレーかを表記しています。

❷ シチュエーション

①ショットクロックが少ない「クイックショット」か十分にある「ノーマル」か、②「2Pショット」か「3Pショット」か、③セットプレーの種類を表しています。

❸ QR

このページのプレーのアニメーションが見られます。

❹ 図

プレーの図です。POINTとなるプレーを赤で表しています。各線の意味は凡例のとおりです。

凡例
- → プレーヤーの動き
- ⊣ スクリーン
- --→ パス
- 〜→ ドリブル

❺ 本文

プレーを説明しています。キーとなるプレーは赤字で示しています。

❻ GAME DATA

このセットプレーが行われたゲームの状況です。

動画の見方

ページにあるQRコードを、スマートフォンやタブレットのカメラのバーコードリーダー機能で読み取って動画を再生してください。

① カメラを起動　② QRコードを読み取る　③ 表示されたURLをタップ

※端末によっては再生方法が違う場合があります。

注意点

① 動画を観るときは別途通信料がかかります。Wi-Fi環境下で動画を観ることをおすすめします。
② 機種ごとの操作方法や設定に関してのご質問には対応しかねます。ご了承ください。
③ 動画の著作権は株式会社エクシア出版に属します。個人ではご利用いただけますが、再配布や販売、営利目的の利用はお断りします。

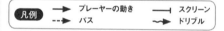

序章

これからの戦術と指導

日本のバスケットボールにおける戦術の重要性

採用する戦術を決めるのがチームとしての第一歩

戦術とは、敵を打ち負かすという目的に向かい、ゲーム中にとりうる具体的な手段・方法のことです。

「はじめに」でも述べたように戦術は、技術に依存することから、戦術を遂行するためには、その戦術に必要とされる技術が備わっていなければなりません。反対に、採用する戦術が設定されていないと、練習すべき技術も定まりませんし、状況判断を向上させる練習を組むこともできません。したがって、チームが採用する戦術は、練習内容を決定する重要な要素となります。

しかし、明確な戦術を設定することなく、またはプレーヤーが採用する戦術の全体像を理解することなく行われる練習を目にすることがあります。チームで採用する戦術において、ほとんど使うことのない技術を繰り返し練習しているチームもあります。プレーヤーは、自分が練習している技術がどの戦術につながっているのかわからないまま、つまり、必要性を理解しないまま練習を継続している状態です。このような練習では、高い効果が望めないことは容易に想像できます。もちろん、どの戦術にも共通して必要とされる技術や判断も存在することから、そうした要素を向上させる練習は必要になります。しかし、それだけでは戦術は有効に機能しません。採用する戦術特有の技術や判断力を身につける必要があります。したがって、どのような戦術を選択するにせよ、まずは採用する戦術を決定することが求められます。

さて、読者の皆さんのチームでは採用する戦術が明確になっていますか?そして、その戦術に必要とされる技術や判断などの向上が期待できる練習が展開されているでしょうか。

世界の戦術にアンテナを張っておく

戦術の流行をいち早くとらえる

今日の戦術のトレンドはピック&ロールでしょう。このトレンドは、ここ数年続いているものです。ただし、ピック&ロールに至るまでのアクションや、ピック&ロールから派生するアクションなど、ピック&ロールを含んだいろいろなバリエーションが展開されているという表現が、世界における戦術の現在地を示すには適切かもしれません。

さらに、ピック&ロールを中核においたオフェンス戦術を防ぐために、さまざまなディフェンス戦術が考案され、採用されています。このように、今日の戦術のトレンドの中心に位置するのはピック&ロールですが、しばらくするとまた別の戦術が流行してくるでしょう。その戦術は、全く新しいものかもしれませんし、前に流行した既存のものかもしれませんが、我々はその戦術の流行を早くとらえなければなりません。流行の戦術を採用するかどうかは別として、その戦術に対抗するための戦術を準備する必要があるからです。

世界で流行している、もしくは、流行の兆しがある戦術に対抗する準備は、国際大会で強豪国と対戦する際の武器となるでしょう。したがって、我々はアメリカやヨーロッパのようなバスケ先進国と呼ばれる国のナショナルチームやリーグで用いられる戦術に関する情報について敏感にアンテナを張っていなければなりません。

一方、本書で紹介する各シチュエーションでのパターンオフェンスは、はっきりとした流行をとらえにくいものです。パターンオフェンスには流行ではなく、コーチの個性やアイディアが散りばめられています。この点がパターンオフェンスを紐解く際のおもしろい部分であるといえるでしょう。

戦術をどう考え、選択するか

戦術はチームの目的、プレーヤーの技術・技能などに依存する

戦術は、ゲームにおける自チームの目的に応じて変化します。

例えば、個の育成を目的としたチームでは、コート上の5人に攻撃の機会があるオフェンス戦術を選択することでしょう。

一方、トップのカテゴリーにおいて、より合理的に、より効率的に、そのゲームの勝利を得ることが目的であれば、圧倒的な得点力を持ったプレーヤーにボールを持たせてアイソレーションをしたり、そのプレーヤーを絡めたピック&ロールを用いて、よりオフェンス側が有利になるマッチアップを作り出したりすることもあるでしょう。

戦術の成否は個々のプレーヤーの技術や技能に左右されます。例えば、ピック&ロールでは、ユーザーのハンドリング力が求められます。リトリートドリブルや利き手でないほうの手で逆サイドのコーナーまでパスを飛ばせるパススキルなどです。3ポイントショットを高確率で成功させることのできるショット力もピック&ロールの成否に影響を与えるでしょう。

相手チームの能力や採用する戦術、ルール等が戦術の遂行に影響を与えることもあります。例えば、日本ではU15のカテゴリーではゾーンディフェンスが禁止されており、ディフェンス戦術としてゾーンディフェンスを選択することができません。それに伴い、オフェンス戦術としてゾーンアタックを準備することもありません。

このように、戦術は目的、技術・技能、状況に依存するため、こうした要素を把握したうえで、どのような戦術を考案し、選択するのかを決定しなければなりません。

各育成段階における戦術の指導

プレーヤーたちの将来を見据えた指導が重要になる

右ページで例として挙げたようにU15のゲームではゾーンディフェンスが禁止されています。ゾーンディフェンスを禁止すること、つまり、ディフェンス側がマンツーマンディフェンスを採用することで、1 on 1を守りきったり、1 on 1の状況を打開したりする局面を、多く作り出すことができます。このことにより、強力な1 on 1の突破力や得点力を持ったプレーヤー、さらにマイマンを1人で守り切る強力なディフェンス力を持ったプレーヤーの育成を狙っています。

現在では、こうした狙いが浸透し、U15のゲームでは1 on 1を強調したオフェンス戦術が選択される傾向にあります。また、練習でも1 on 1を突き詰めた内容が展開されています。

ゾーンディフェンス禁止の背景を考えると、U15のゲームにおいて1 on 1では解決できない場合、その場での対症療法として戦術を与えるよりも、練習で、より1 on 1を強化するという考えが求められるでしょう。

一方、高校、大学、トップとカテゴリーが上がっていくと、ゲームにおいて1 on 1では状況を打開できない場合、2 on

将来を見据えた各育成段階での指導が大切

2や3 on 3と人数をかけたオフェンス戦術での解決を試みます。したがって、将来的にはピック&ロールを中核においたオフェンス戦術、さらに、これを防ぐためのさまざまなディフェンス戦術が必要になるでしょう。

そこで、U15の段階において、ピック&ロールを採用しなくとも、ピック&ロールの理解と必要とされるスキルを習得しておくことは、将来的に有効な取り組みになるといえます。

海外では、こうした将来を見据えた育成段階での戦術指導がなされています。例えば、バスケットボールの強豪国であるアルゼンチンがそのひとつです。

19ページの表はアルゼンチンにおける各年代で指導される内容を示したものです。

この内容は、チーム状況に関わらず指導されます。なぜなら、現時点のチ

目の前のゲームに勝つための戦術だけでなく、将来的に必要となる戦術にも取り組むことが求められる

ームやプレーヤーたちの状況に関わらず、将来的に必要になることが、十分に予想される内容だからです。

　こうした取り組みは、アルゼンチンのみならず各国で実施されており、現在、日本もこれにならって各育成段階における指導内容の作成に取り組んでいます。

　現時点においてすでに、プレーヤーたちの将来を見据えた戦術の指導を実践されている指導者もいますが、日本バスケ界全体として見ると、将来を見据えた育成の視点が抜け落ちてしまっていたようです。育成段階においては、目の前のゲームに勝つための戦術のみならず、目の前のプレーヤーが将来的に使用することが予想される戦術についても、積極的に取り組んでいくことが求められます。

表 アルゼンチンの育成段階における指導内容

	U13	U15	U17	U19
マンツーマンディフェンス	●	●	●	●
スイッチディフェンス			●	●
複数のスイッチ			▲	●
トラップディフェンス			●	●
シンプルローテーション	▲	●	●	●
複雑なローテーション			●	●
ゾーンディフェンス			●	●
カウンターアタック	●	●	●	●
オフボールスクリーン	▲	●	●	●
オンボールスクリーン		▲	●	●
5アウトオフェンス	●	●	●	●
4アウトオフェンス	▲	●	●	●
3アウトオフェンス		▲	●	●
戦術の導入			●	●

※ ▲はプレーヤーの習熟度によっては導入が考えられる項目

育成年代の指導では4つのアプローチを使い分ける

指導のアプローチは「指示」「提案」「質問」「委譲」の4つに大別される

日本の育成年代には素晴らしい取り組みをされている指導者が数多く存在します。こうした指導者によって、日本代表チームを含めた現在の日本のバスケットボール界が成り立っているのはいうまでもありません。

一方、育成年代の指導現場における課題も存在します。指導におけるアプローチは、「指示」、「提案」、「質問」、「委譲」の4つに大別され、この4つのアプローチを状況に応じて使い分けることで、プレーヤーの学びが深まる可能性が高まります。しかし、育成年代の指導現場では、「指示」と「委譲」のうち一つのアプローチだけを用いた指導が行われる傾向にあります。

例えば、自チームの戦術に相手チームが対応しているにも関わらず、その戦術しか遂行できないチームは「指示」のアプローチのみの指導が行われていることが考えられます。したがって、コートサイドから指導者が動きの変更を指示するまで、もしくはタイムアウトで指導者が戦術に手を加えるまで、自チームは同じ動きをとり続けます。

育成年代のプレーヤーであっても人は考えることができます。それは初心者でも同様です。初心者が思考するための材料を全く持ち合わせていないわけではありません。初心者であってもバスケットボール以外のさまざまな経験を経ています。そうした、バスケットボール以外の経験を駆使して問題を解決できることもあります。指導者には、プレーヤーが思考できる存在であることを認め、「提案」、「質問」、「委譲」のアプローチを用い、プレーヤー自身が思考してプレーを選択、考案、実行できるようにすることが求められます。

指導者が「提案」、「質問」、「委譲」のアプローチを用いるチームでは、相手チームの対応に、自チームの動きを柔軟に変化させられる傾向にあります。ただし、「委譲」のアプローチに偏ってしまうと、プレーヤーたちで思考し、変更した動きが合理的ではないという現象も起きているようです。そういう場合には、指導者の介入が必要になります。つまり、「指示」、「提案」、「質問」のアプローチが求められるのです。もちろん、合理的ではない動きにプレーヤー自身で気づき、解決できそうであれば、そのまま委譲しつづけることが必要ですが、そうでない場合には、指導者のアプローチを変更することが求められます。

このように、現在の育成年代の指導現場における課題を解決するためには、指導者が「指示」、「提案」、「質問」、「委譲」の4つのアプローチを状況に応じて使い分けることが求められるのです。

指導者には、「指示」「提案」「質問」「委譲」の4つのアプローチを、状況に応じて使い分けることが求められる

パターンオフェンス考案時の落とし穴

ディフェンスの位置や対応を考慮して パターンオフェンスをデザインする

パターンオフェンスをデザインするのはとても楽しい作業です。ホワイトボード上でマグネットを動かしたり、あるいは、Ｆａｓｔ Ｄｒａｗ（※）を用いて線を描きながら、コート上でのオフェンスプレーヤーの動きに考えをめぐらせると、早くゲームで試してみたくなります。

しかし、ここで要注意です。そのパターンオフェンスは、ディフェンスプレーヤーの動きが考慮されているでしょうか。オフェンスの目的は「相手チームのバスケットに得点すること」であり、この得点するための技術がショットです。したがって、考案したパターンオフェンスには、ショットまでのアクションが描かれていることでしょう。

一方、ディフェンスの目的は「相手チームの得点を防ぐこと」であるため、実際のゲームでは、考案したパターンオフェンスに対してショットさせない、あるいはショットの成功率を下げようとするディフェンスプレーヤーが存在します。したがって、パターンオフェンスをデザインする際には、オフェンスプレーヤーの配置に対して、ディフェンスプレーヤーがどのように位置するかを予想しなければ、スクリーンをセットする位置を描くことができません。さらに、オフェンスプレーヤーのアクションに対して、ディフェンスプレーヤーがどのように対応して動くかが考慮されていなければ、アクションの結果、どこでショットを放てるかを導き出すこともできません。

ちゃんとそこまで考えてパターンオフェンスをデザインされている方にとっては当たり前の話かもしれませんが、パターンオフェンスをデザインする際には、今一度、ディフェンスプレーヤーの位置や対応を確認してみてください。

※スカウティングレポートを作成するソフトの1つ

第1章

ベースライン
アウトオブバウンズ
(BOB) プレー

BOBの特徴

BOBはオフェンスに有利な点が多くある

ベースラインアウトオブバウンズ（以下BOB）では、ディフェンスプレーヤーがコート内に位置した状態でインバウンダーがベースラインの外側からスローインをするため、インバウンダーはコート内でボールを保持した際に受けるようなディフェンスプレーヤーによるプレッシャーが軽減します。つまり、インバウンダーは比較的プレッシャーを受けずにパスをすることが可能ということです。

もちろん、アウトオブバウンズのシチュエーションにおいてのみ、インバウンダーに対して長身プレーヤーをマッチアップさせることでパスコースを限定するといった方法がとられることもありますし、インバウンダーとマッチアップするディフェンスプレーヤーがコート内のオフボールマンをカバーすることもあります。それでもなお、インバウンダーがプレッシャーを

受けずにパスをすることができるのはアウトオブバウンズプレーの大きなメリットといえるでしょう。

さらに、BOBではゴールに近い位置からインバウンズすることができるためゴール付近へのパスの距離は短く、コントロールがそれほど求められず、パスのタイミングもとりやすいといえます。加えて、アウトサイドへのインバウンズであったとしてもレシーバーはゴール方向から向かってくるパスをレシーブすることになるため、比較的ショットを放ちやすい体勢でボールをレシーブすることができます。

このように、BOBはオフェンスに有利な点が多くあります。このため、多くのコーチがBOBに注力して工夫を凝らし、個性的なプレーが数多く見られるのでしょう。

ビッグマンにミドルショットを放たせる

図1

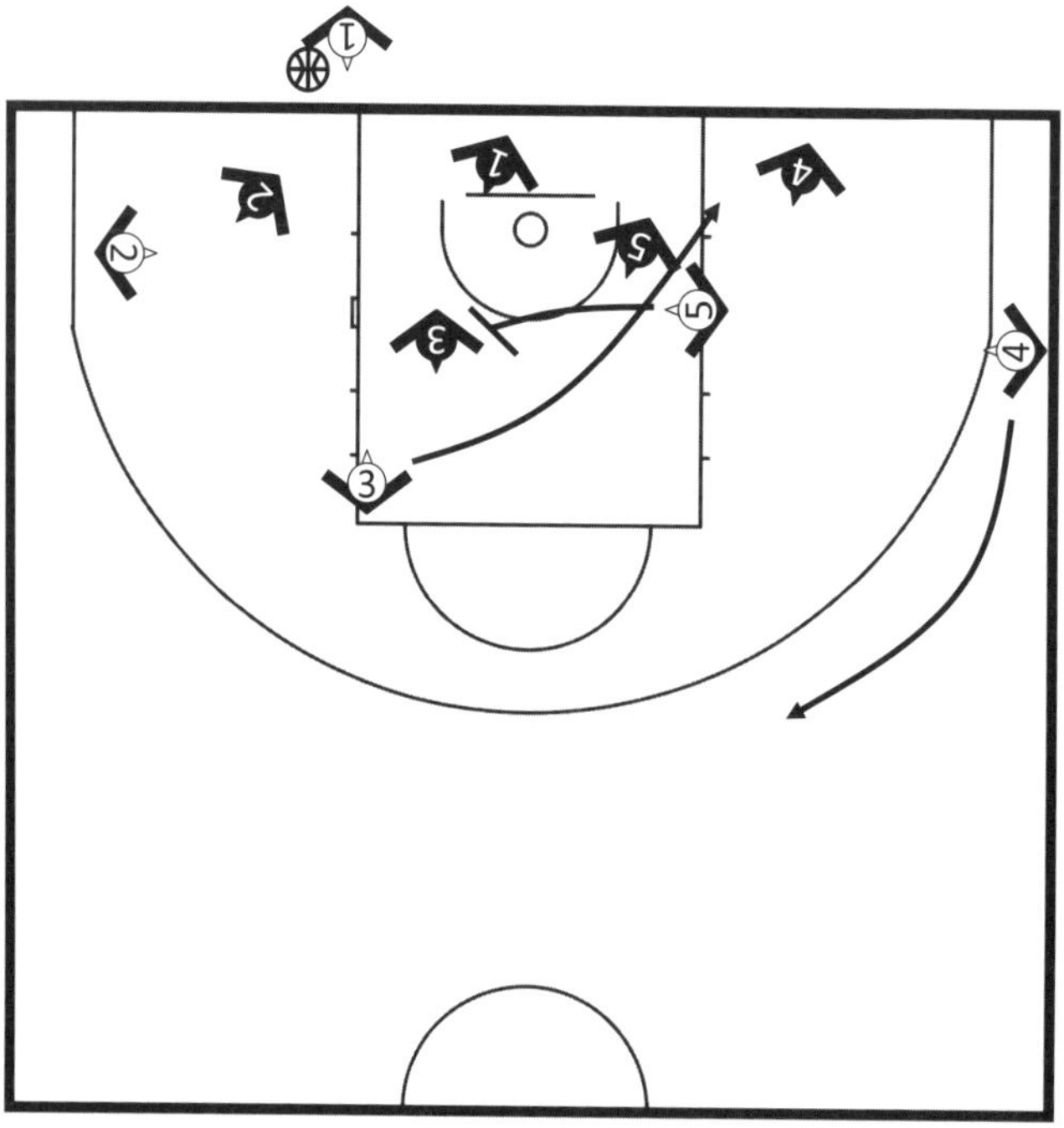

比較的プレッシャーが弱くなるビッグマンがショットを放つ

アウトサイドにおいて、比較的ディフェンスからのプレッシャーが弱くなるビッグマンにミドルショットを放たせるセットです。

大谷鴻太①がインバウンダーを務め、ボールサイドのコーナー付近に冷水倭都②、エルボーに浅川玲③、ウィークサイドのブロックに野口真都⑤、ウィークサイドのウィングとコーナーの間に室橋秀光④がポジションをとります。

図1 ①がボールを保持したタイミングで⑤が③とマッチアップする田中龍之介❸にスクリーンをセットします。③は⑤

プレーの動画はこちら

図2

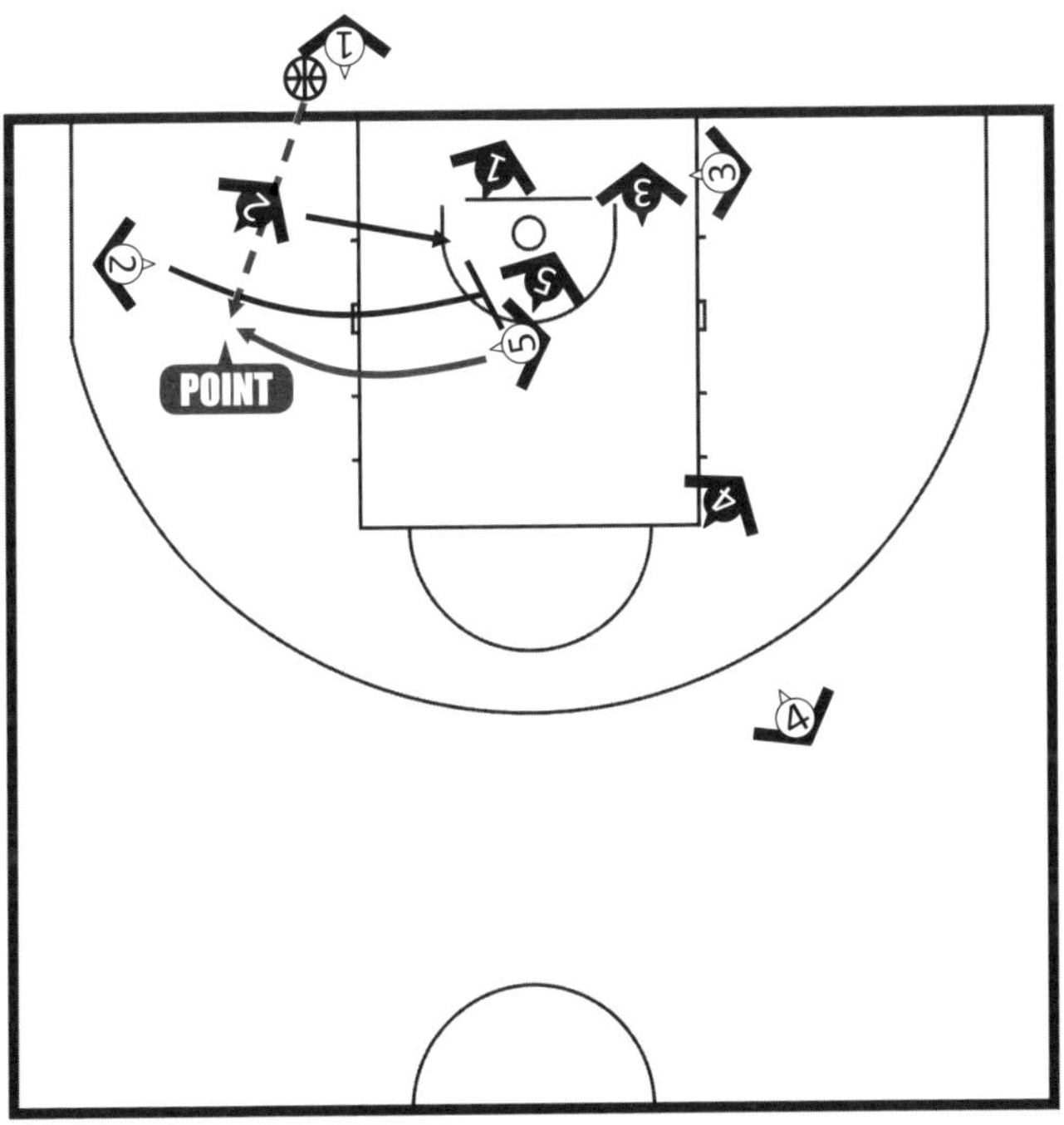

のスクリーンを利用してウィークサイドのショートコーナーへと移動。⑤とマッチアップしていた高野真成❺は、スクリーンを利用してゴールに向かってくる③に反応します。③が⑤のスクリーンを利用するタイミングで、②が❺に対してスクリーンをセット。⑤は②のスクリーンを利用してミドルレンジに飛び出します。

図2 ③に反応した❺は、⑤の飛び出しに遅れます。ノーマークになった⑤は①からのパスを受け、ミドルショットを放ちました。

このセットはスクリーナーの⑤をノーマークにするためにスクリーンがセットされるスクリーン・ザ・スクリーナーになりますが、シューターをアウトサイドに出し、インサイドプレーヤーをゴール付近に飛び込ませるセットがよく組まれます。しかし、宇都宮は2秒という短時間で**確実にノーマークのショットを放つことを優先し、インサイドプレーヤーの⑤によるミドルショットを選択しました。**

GAME DATA
Bリーグ U15 CHALLENGECUP 2020
宇都宮ブレックス7vs 8横浜ビー・コルセアーズ 1Q 4:12

高校

BOB Quick Hitter 2P

長身プレーヤーにゴール付近でボールを持たせ確実に2点を得る

図1

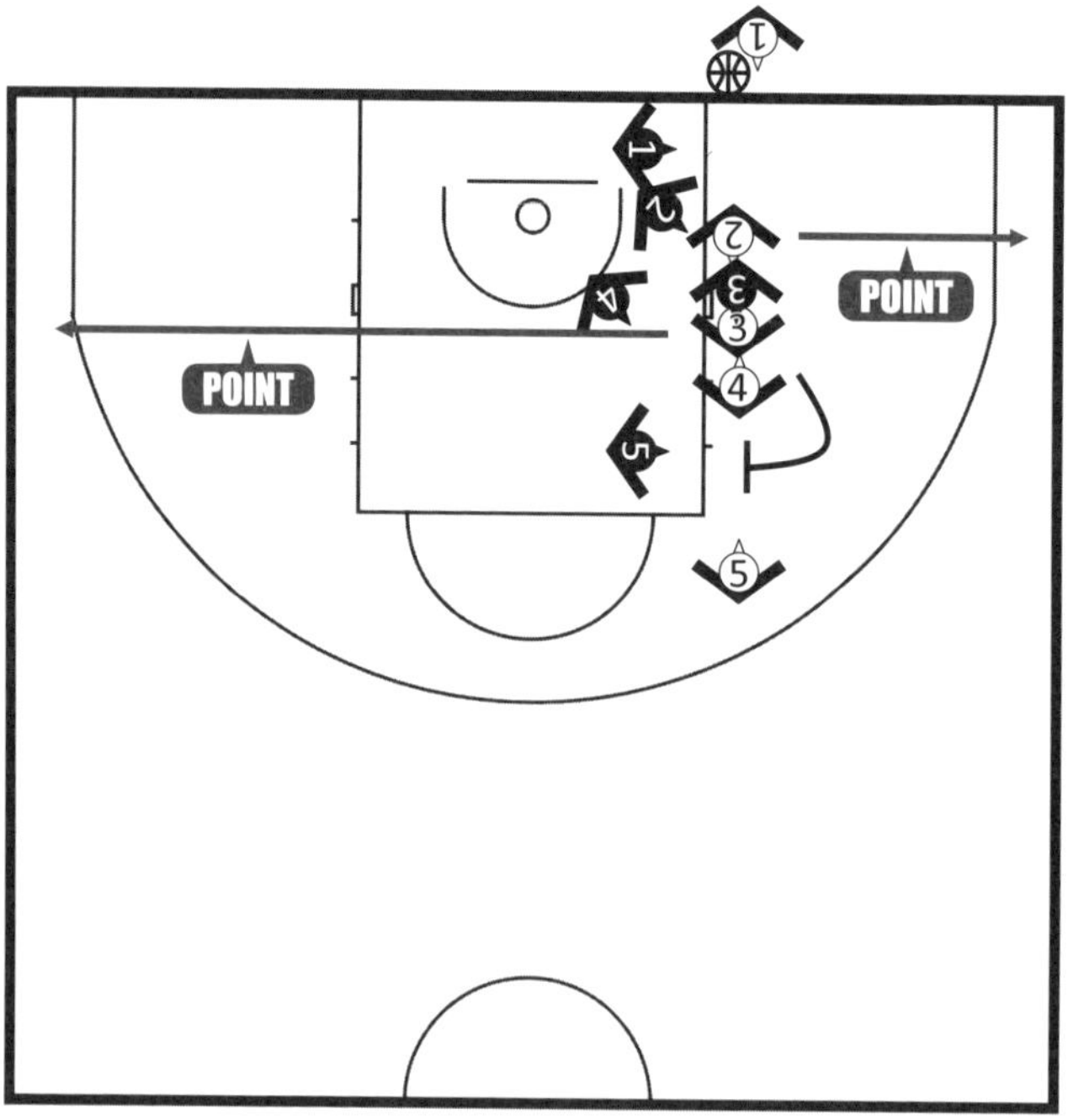

3Pエリアへ移動するプレーヤーの3P成功率が鍵になる

リングから最も近い位置でボールをリリースできる長身プレーヤーに、ゴール付近でボールを持たせて確実に2点を得ようとするセットです。

4人がスロットライン一列に並ぶ「ライン」と呼ばれるアライメントからスタートします。

図1 稲垣①がボールを保持したタイミングで、**②がボールサイドの3Pエリア、③がウィークサイドの3Pエリアへと移動し、マッチアップするディフェンス❷と❸をゴール付近から引き出します。**ディフェンス❷と❸をゴール付近から引き出

プレーの動画はこちら

図2

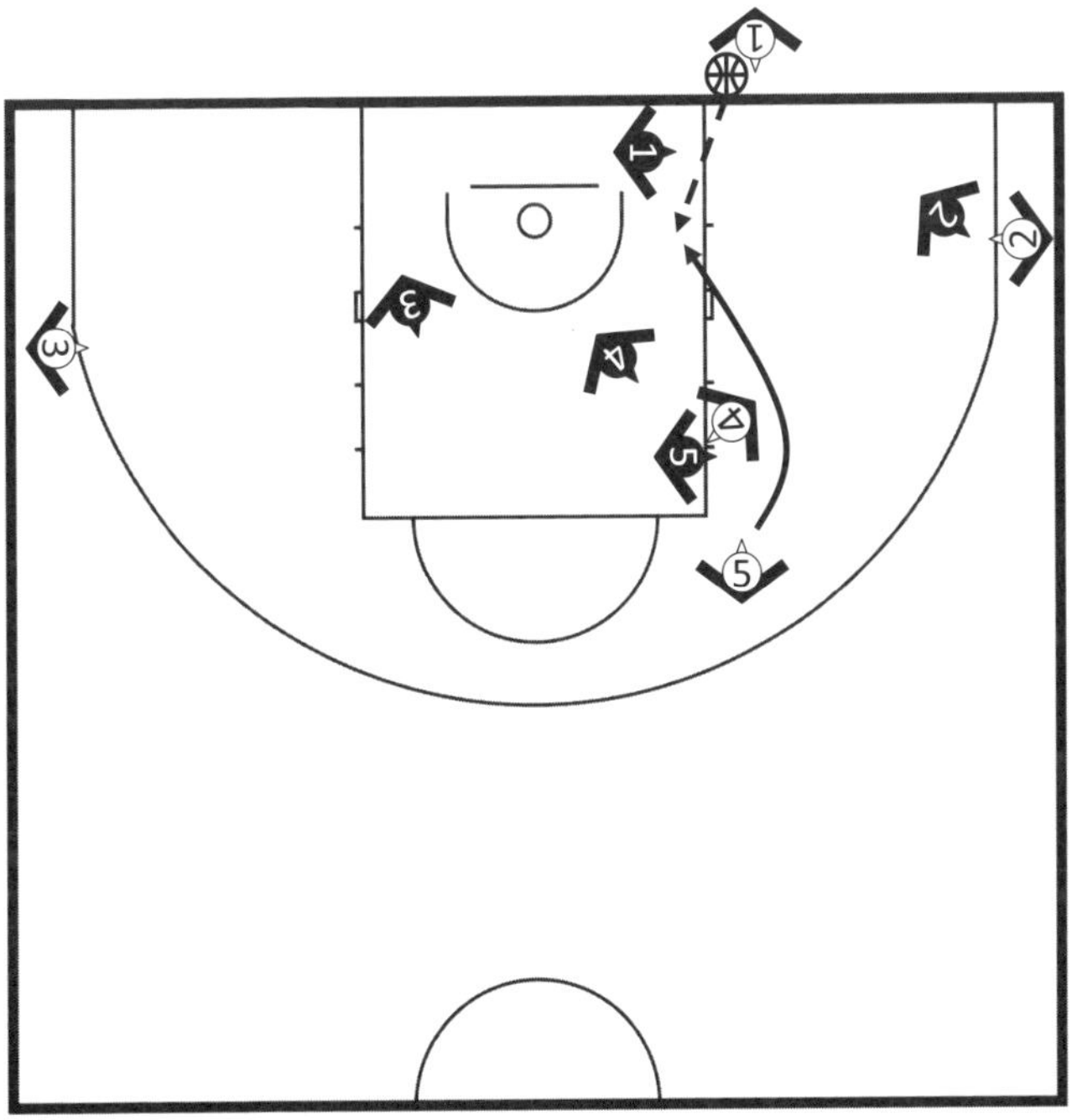

せるかは、②と③の長距離ショットの成功率にかかってきます。②と③の長距離ショットの成功率が低ければ、3Pエリアでボールを保持されたとしても、得点されるおそれがないため、ディフェンス❷と❸はゴール付近にとどまるからです。④は、①がボールを保持したタイミングで、⑤とマッチアップするディフェンス❺にスクリーンをセットします。⑤は④のスクリーンを利用し、マッチアップするディフェンス❺を引き離してゴールに向かいます。

図2 ①は、ゴールに向かって飛び込んでくるノーマークの⑤にパスを出します。①とマッチアップするディフェンス❶がゴールに向かって飛び込んでくる⑤をカバーできますが、比較的身長の低い①とマッチアップするディフェンス❶は、往々にして身長の低いプレーヤーが務めることになるため、ゴール付近に飛び込んでくる長身の⑤をカバーすることは容易ではありません。①からのパスを受けた⑤は、ゴールにボールをねじ込みました。

GAME DATA 2020ウインターカップ大阪府予選男子決勝
関西大北陽vs関西大第一 2Q 6:57

大学

BOB Quick Hitter 2P

カーテンスクリーンに見せてスクリーナーが2点を狙う

図1

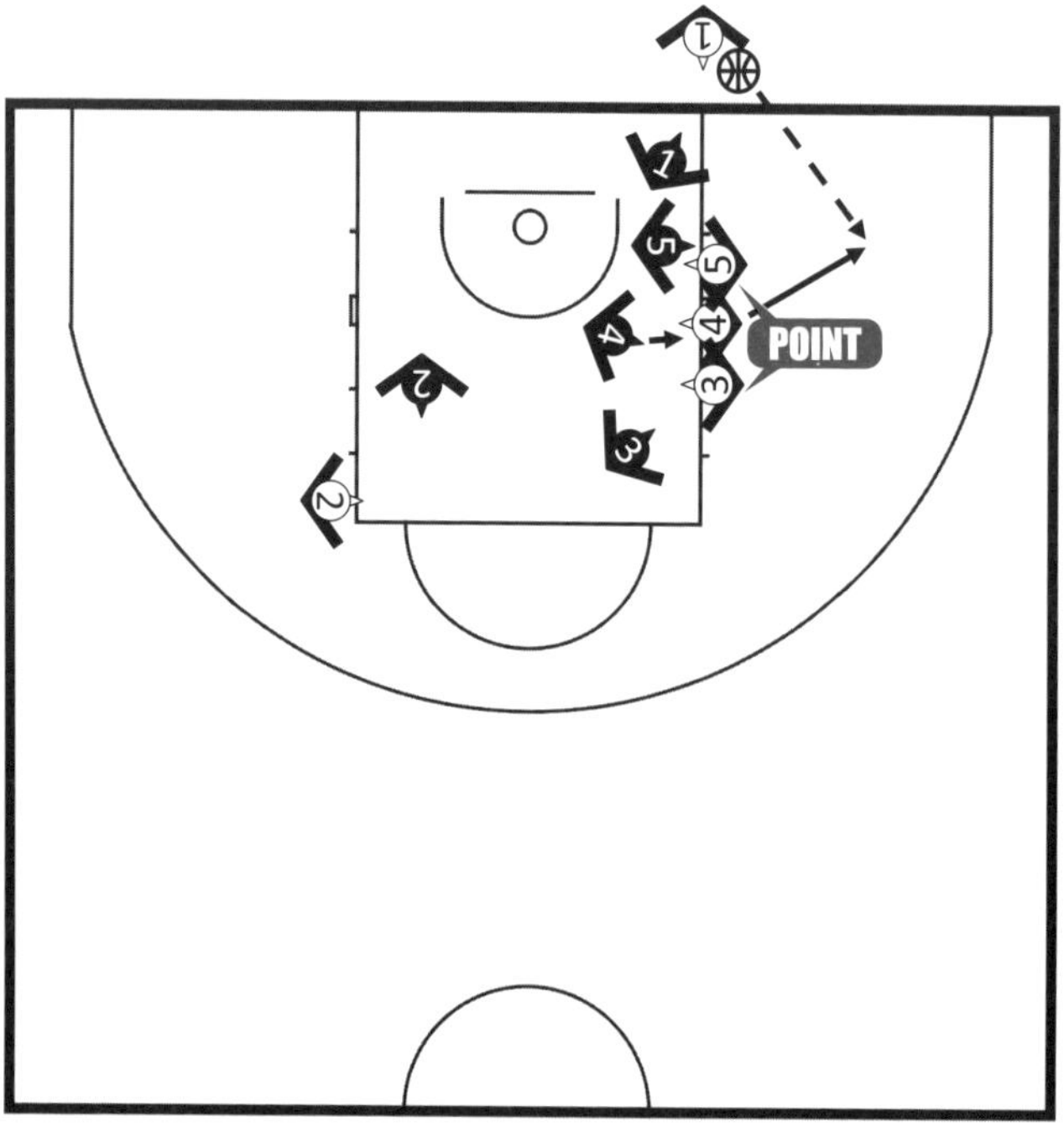

プレーの動画はこちら

サプライズのエレベータースクリーンをセット

3人のスクリーナーによるカーテンスクリーンに見せかけ、スクリーナーの1人がユーザーになって2点を狙うセットです。

インバウンダーは菅原暉①が務め、ウィークサイドのハイポストに二上耀②、ボールサイドのスロットライン上にベースライン側から三森啓右⑤、横地聖真④、山口颯斗③の順に並び、体の正面をミドルラインに向け、間を詰めてポジションをとります。

おそらく、ポジションに付くまで、誰のショットで得点を狙うかは決まっていな

図2

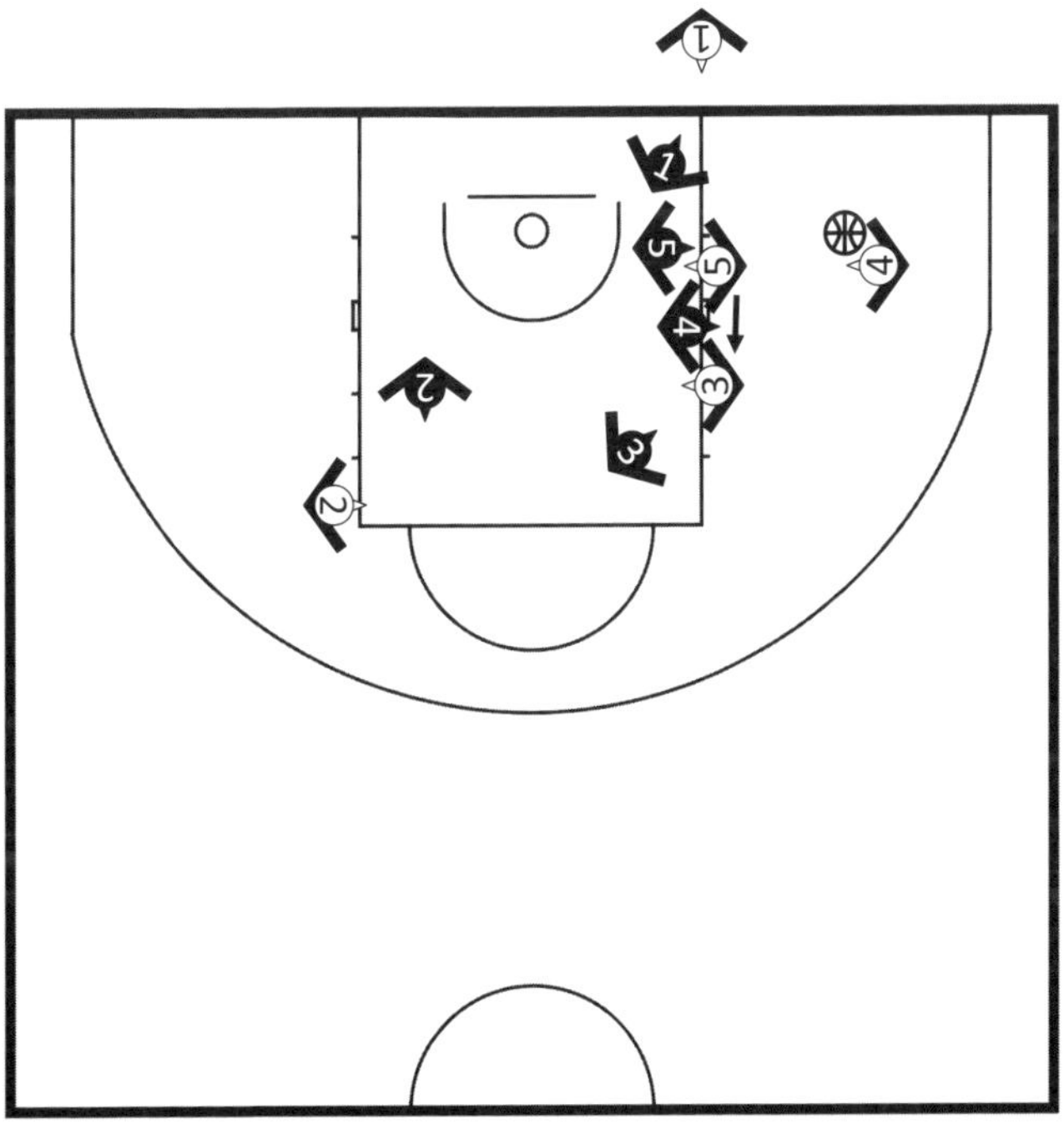

いのでしょう。このシーンでは、③が④の背中を叩き、シューターになるよう④に合図を送りました。③と④が間を詰めて位置しているため、マッチアップする深渡瀬海❹と飴谷由毅❸は③による④の背中を叩く合図を確認することができませんでした。

図1 インバウンダーの①がボールを保持したタイミングで④がアウトサイドに飛び出します。**④が飛び出したタイミングで⑤と③が間を詰めて、④を追いかけようとする深渡瀬❹の進行を阻止します。**つまり、⑤と③によるエレベータースクリーンになります。

図2 ノーマークになった④は①からのパスを受けてミドルショットを放ちました。ここで紹介したショットクロックが残り4秒の場面ではアウトサイドに飛び出したプレーヤーがショットを放ちましたが、ショットクロックが十分に残っている場面ではBOBの3Pプレーのアクションへと続きます。

GAME DATA
オータムカップ2020
大東文化大学20vs17筑波大学 2Q 6:35

NCAA

BOB Quick Hitter 2P

身体能力の高いプレーヤーへのパス機会から得点を狙う

図1

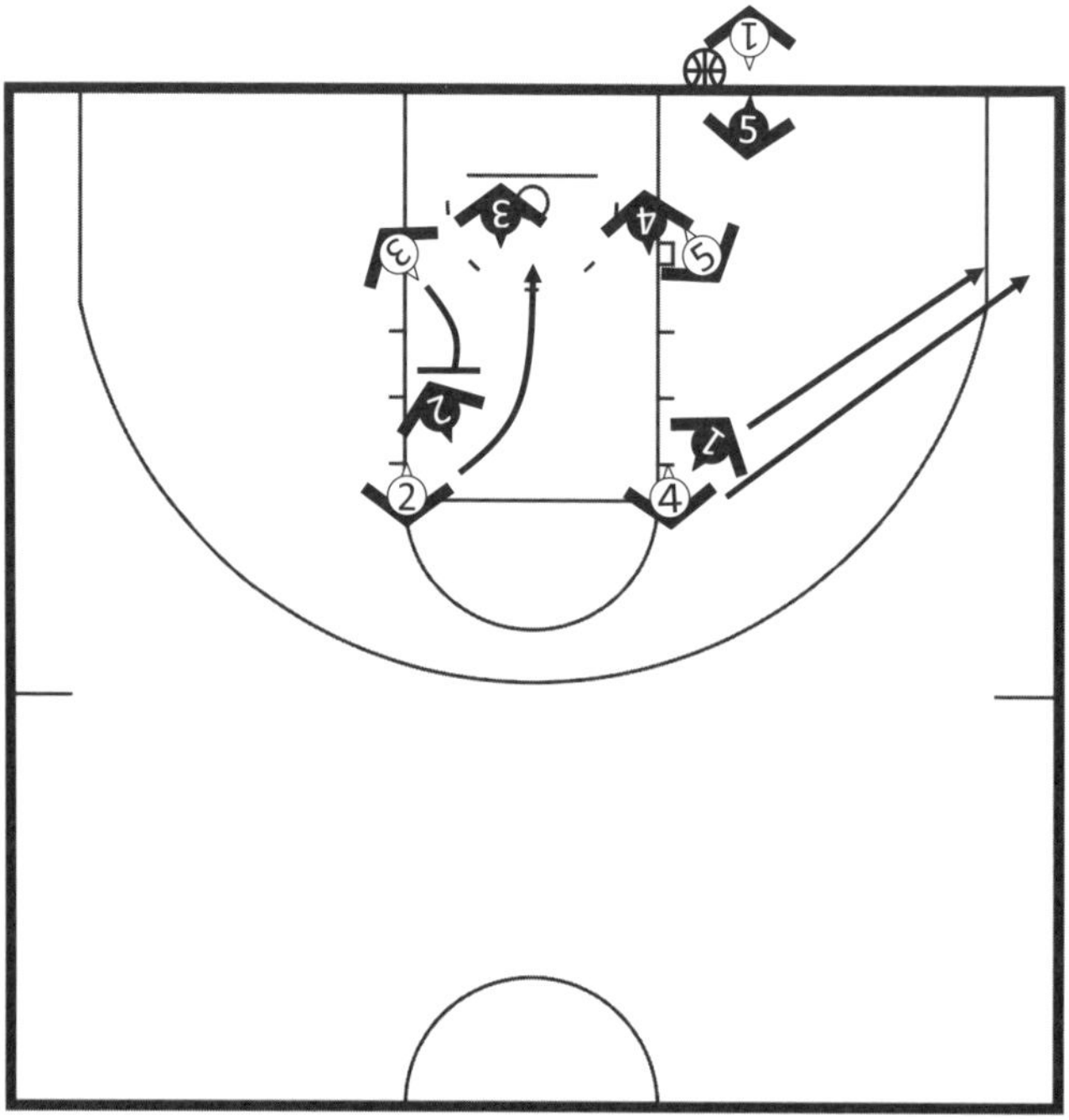

長身プレーヤーを警戒した相手に対して身体能力の高いプレーヤーにボールを集める

身体能力の高いプレーヤーにボールを保持させる機会を何度も作り出すことでディフェンスをまどわせ、最終的にリング間際でボールを持たせるセットです。

アイザイア・ウィルキンズ①がインバウンダーを務めるボックスセットからスタートします。

図1 ①がボールを保持したタイミングで④がボールサイドのコーナーに飛び出し、マッチアップするトレ・ジョーンズ❶を引きつけます。同時にウィークサイドでは、③が②とマッチアップするアレックス・オコネール❷にスクリーンをかけます。

プレーの動画はこちら

図2

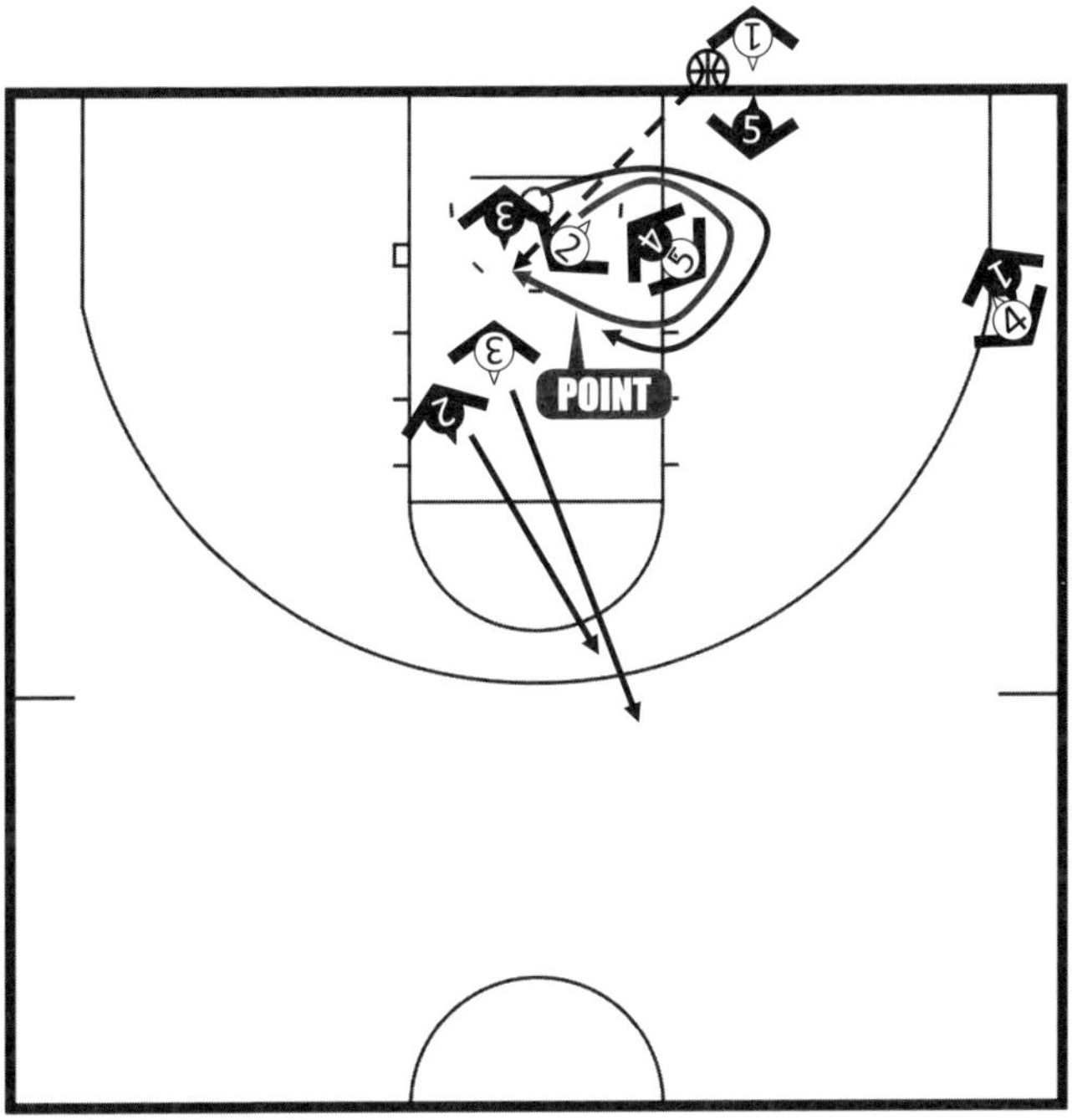

このアップスクリーンにより、②は③のスクリーンを利用し、❷を引き離してゴールに向かいます。もちろん、ディフェンス側もスクリーンプレーを予測しているので、③とマッチアップしていたザイオン・ウィリアムソン❸と②とマッチアップしていた❷がスイッチして、マッチアップするプレーヤーを代えます。

図2 ③は②によるスクリーンの利用後、トップへと移動。**②は❸にコースを阻まれたため、パスを受けることを諦めたふりをして、いったんショートコーナーへと移動しますが、ショートコーナーに達したところで進行方向を変え、ボールサイドのブロックに位置するブラックシアーJr⑤の周りを回り、再びゴールへと向かいま**す。デューク大学はゴール付近へのロブパスを警戒して①に長身のマーキー・ボールデン❺を配置しましたが、②はジャンプ力が優れているため、①から飛び上がった②へとロブパスが通りました。

GAME DATA
2019年NCAAトーナメント
ヴァージニア工科大学73vs75デューク大学 2nd half 0:01

Wリーグ

BOB Quick Hitter 2P

幅の広いカーテンスクリーンでディフェンスを引き離す

図

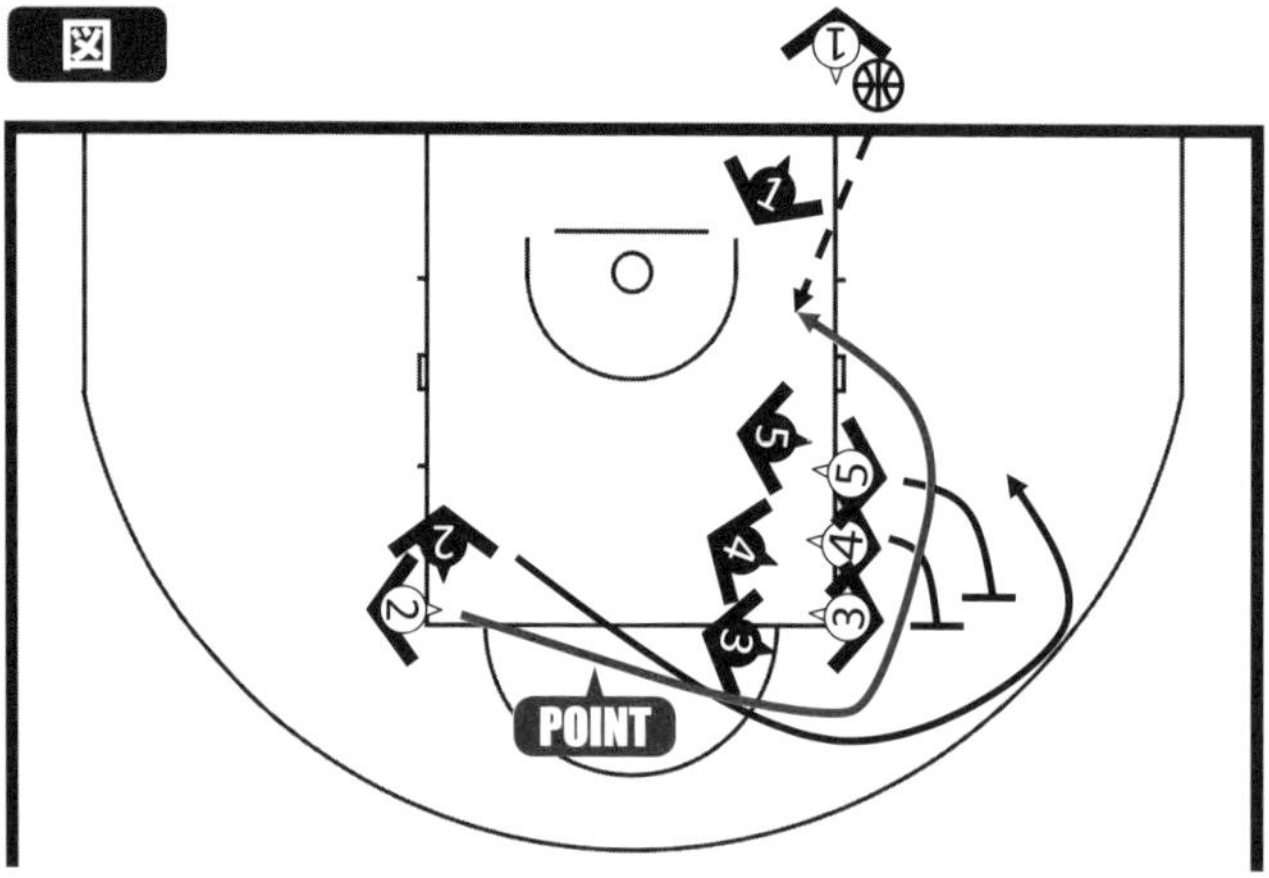

カーテンスクリーンを使った攻撃で精神的なプレッシャーも与えられる

3人のスクリーナーによる幅の広いカーテンスクリーンで、ユーザーとマッチアップするディフェンスを引き離すセットです。

平末明日香①がインバウンダー、オフボールサイドのエルボーに飯島早紀②がポジションをとります。ボールサイドのエルボー付近には白慶花⑤、加藤優希④、中野由希③が並んで体の正面をミドルラインに向け、小さく固まって壁を作ります。

図 ②はスクリーンに向かって走り出し、**マッチアップする近藤楓❷がついてきていることを確認すると鋭くカールし、ゴール下に走り込みます。**⑤と④は②によるスクリーンの利用後、センターライン側へと移動し、スクリーンの形をベースラインと並行になるように変形させ、②の後を追いかける❷の進路を阻みます。さらに、⑤、④とマッチアップする園田奈緒❺、畠中春香❹は、⑤と④がセンターライン側へと移動するため、ベースライン側へ向かう②への対応が難しくなります。②は3枚のスクリーンを通過する間に❷を大きく引き離し、①からのパスを受けて悠々とレイアップショットをリングに沈めました。

この得点により、トヨタ紡織は2桁あった点差を1桁にしてデンソーへの精神的なプレッシャーを与えた状態で1Qを終えることができました。

プレーの動画はこちら

GAME DATA 2020年レギュラーシーズン
デンソー12vs23トヨタ紡織 1Q 0:05

NBA

BOB Quick Hitter 2P

両コーナーにシューターを配置しユーザーをゴール下に飛び込ませる

図

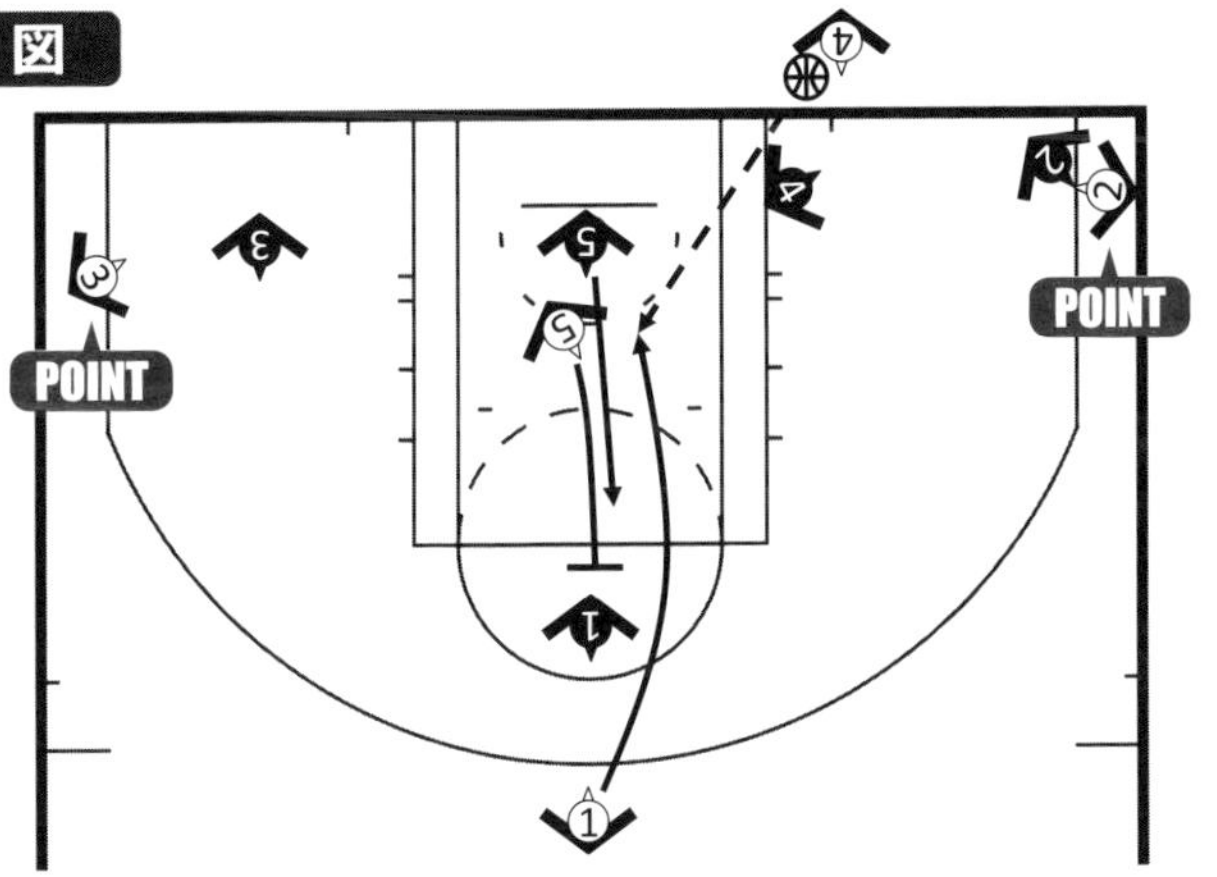

シンプルだがとても効果的なセット

両コーナーにシューターを配置してスペースを作り出し、アップスクリーンによってユーザーをゴール下に飛び込ませるシンプルなセットです。

図 レブロン・ジェームズ④がボールを保持したタイミングでアンソニー・デイビス⑤がアレックス・カルーソ①とマッチアップする❶にスクリーンをセットします。①は⑤のスクリーンを利用して❶を引き離し、ペイント内に侵入します。ノーマークになった①は、④からのパスを受けてゴール付近でのショットを放ちます。シンプルなセットですが、とても効果的です。

まず両コーナーのダニー・グリーン②とエイブリー・ブラッドリー③は高確率で3Pショットを決められるため、マッチアップする❷と❸は、②と③から離れることができません。それによってゴール付近に大きなスペースを作り出すことができ、①によるゴール付近でのショットを可能にしています。もちろん⑤とマッチアップする❺による対応も考えられますが、スイッチしたとしても①とマッチアップしていた❶よりも⑤のほうがゴール側に位置することになり、⑤のダイブを阻止できません。また⑤は3Pショットを高確率で決めることができるため、マッチアップする❺は⑤から離れてゴール付近に留まることも難しくなります。

プレーの動画はこちら

GAME DATA
2019年レギュラーシーズン
レイカーズ56vs49ジャズ 3Q 5:42

アップスクリーンでビッグマンをゴール下に飛び込ませる

図1

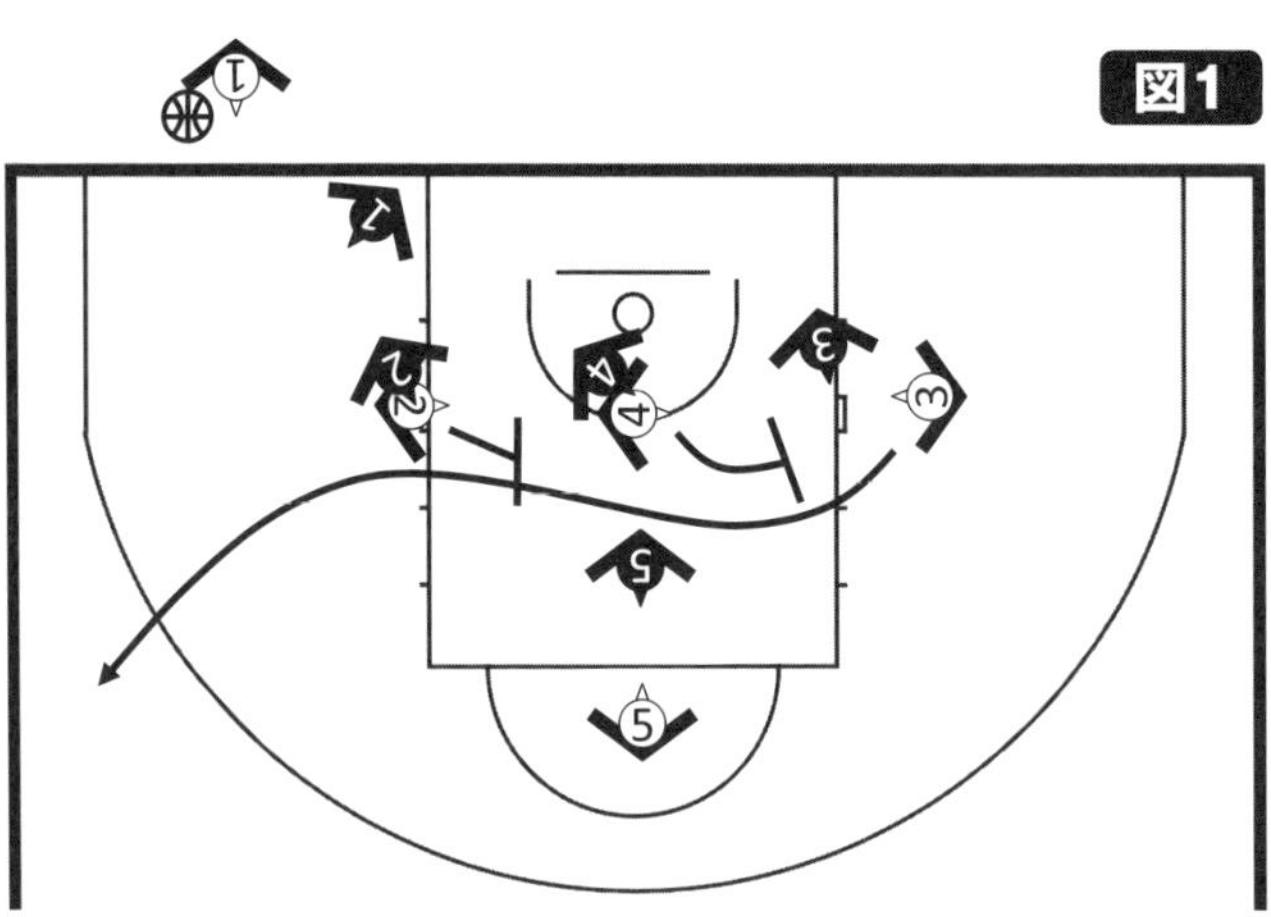

図2

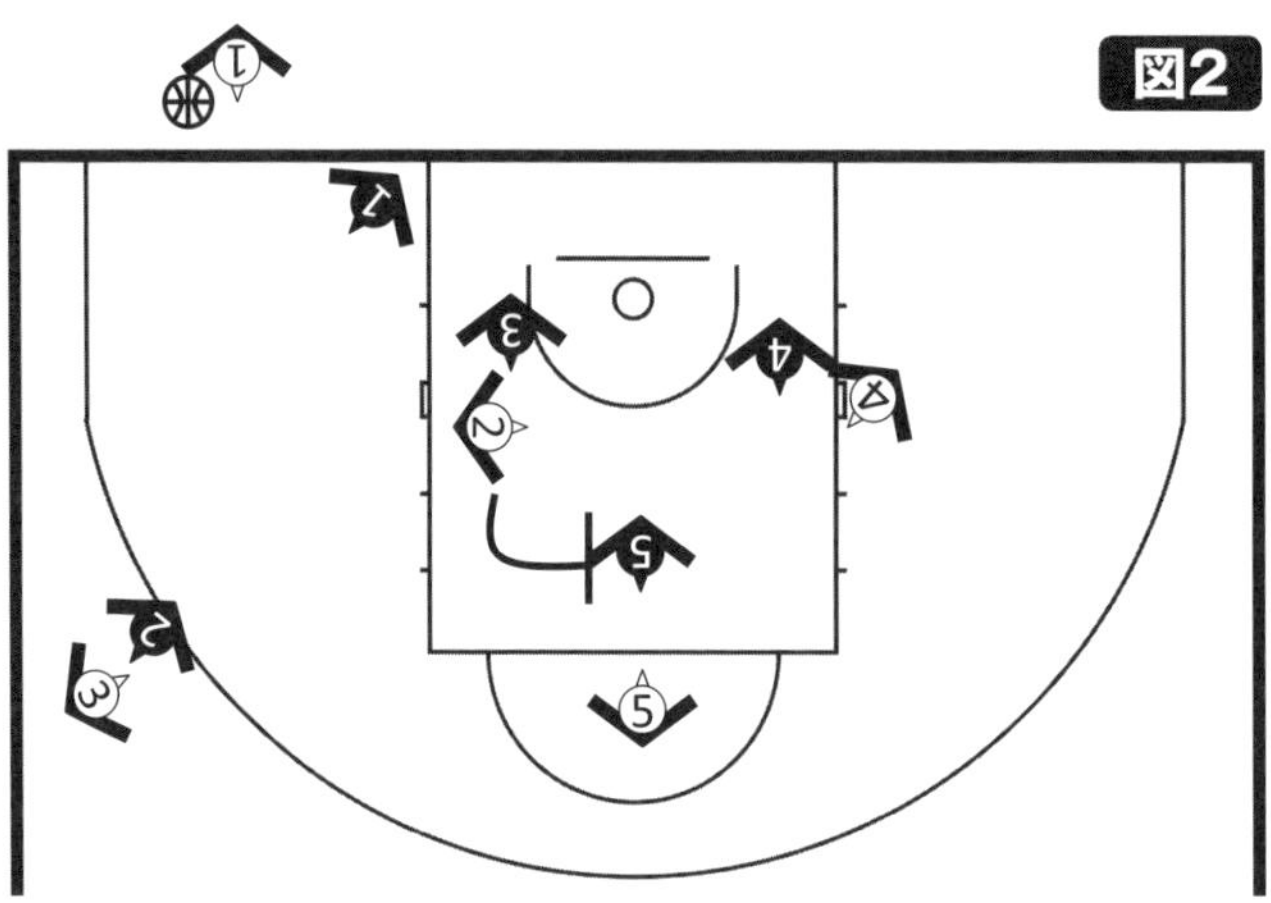

身長のミスマッチを作り出してゴール付近でショットを放つ

スタッガードスクリーンのセカンドスクリーナーによる、アップスクリーンでビッグマンをゴール下に飛び込ませるセットです。

インバウンダーは藤永佳昭①が務め、ローポストエリアのウィークサイドにコー・フリッピン③、ミドルラインにニック・メイヨ④、ボールサイドに西村文男②、ネイルにジョシュ・ダンカン⑤がポジションをとります。④と②は体の正面をウィークサイドのサイドラインに向け、スクリーンをセットします。

図1 ①がボールを保持したタイミング

プレーの動画はこちら

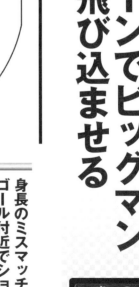

図3

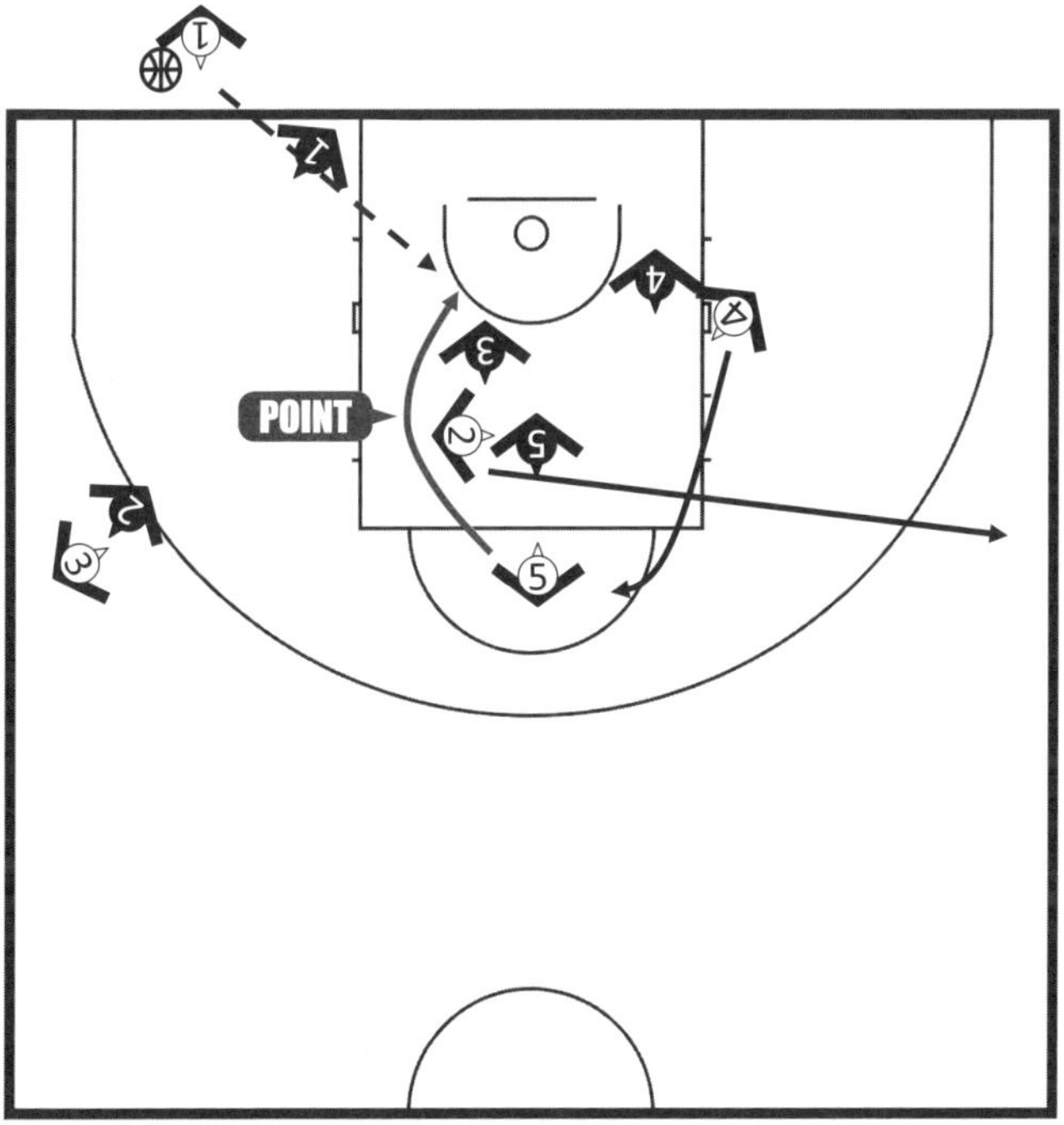

で、③が④と②のスクリーンを利用し、ボールサイドのウィングへと飛び出します。②とマッチアップする山崎稜❷と③とマッチアップする鵤誠司❸はスイッチをして対応します。

❷と❸のスイッチでは大きなミスマッチが発生せずに、それぞれのオフェンスプレーヤーにディフェンスを割り当てることができます。

図2 この間に④は、ウィークサイドへと移動し、ゴール付近のスペースをあけます。

図3 ②は③によるスクリーンの利用後、ジェフ・ギブス❺に対してバックスクリーンをセットし、スクリーンを利用してゴール下へ飛び込む⑤への❺の対応を遅らせます。すると⑤**には、スイッチにより**②**とマッチアップする❸が対応せざるを得ません。**しかし❸と⑤とのマッチアップでは身長のミスマッチが発生します。ゴール付近で①からのパスを受けた⑤は身長のミスマッチを利用して、ゴール付近でのショットを放ちました。

GAME DATA 2019-2020 Bリーグレギュラーシーズン
千葉ジェッツ52vs63宇都宮ブレックス 3Q 1:37

EURO

BOB Quick Hitter 2P

カールカットでオフェンスプレーヤーをゴールに近づけて得点を狙う

図1

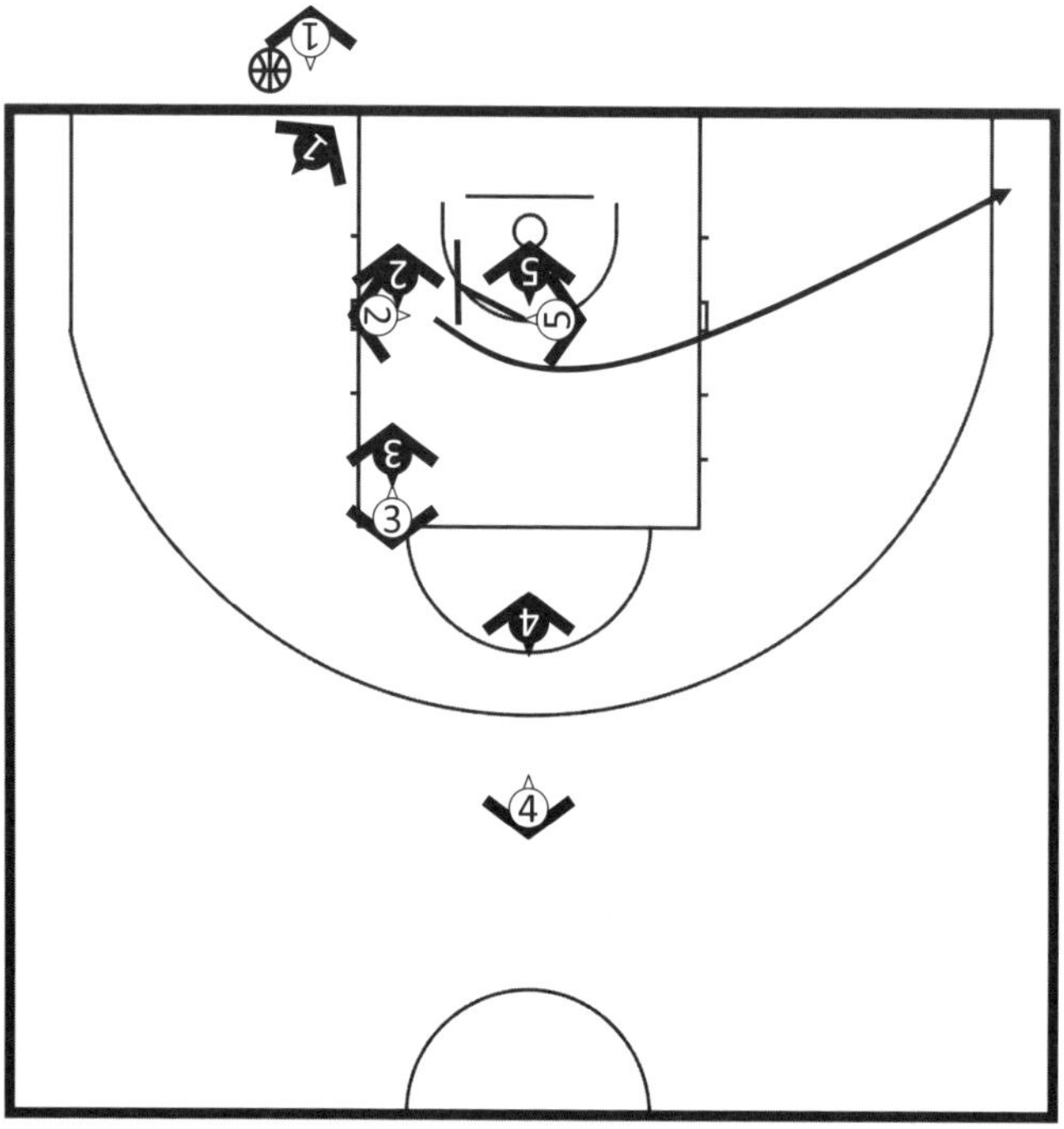

味方を利用してカールをしディフェンスを置き去りにしてショット

カールカットにより、オフェンスプレーヤーがディフェンスよりもゴールに近くなるようにして2点を得ようとするセットです。

①がインバウンダーを務め、②がボールサイドのブロック、③がボールサイドのエルボー、④がトップ、⑤がノーチャージセミサークルのラインの中央あたりにポジションをとります。このセットにおいて④はトップから移動しませんが、④はトップに位置し❹を引きつけておくことで、ペイント内のスペースを作り出す役割を担います。

図1 ①がボールを保持したタイミング

プレーの動画はこちら

図2

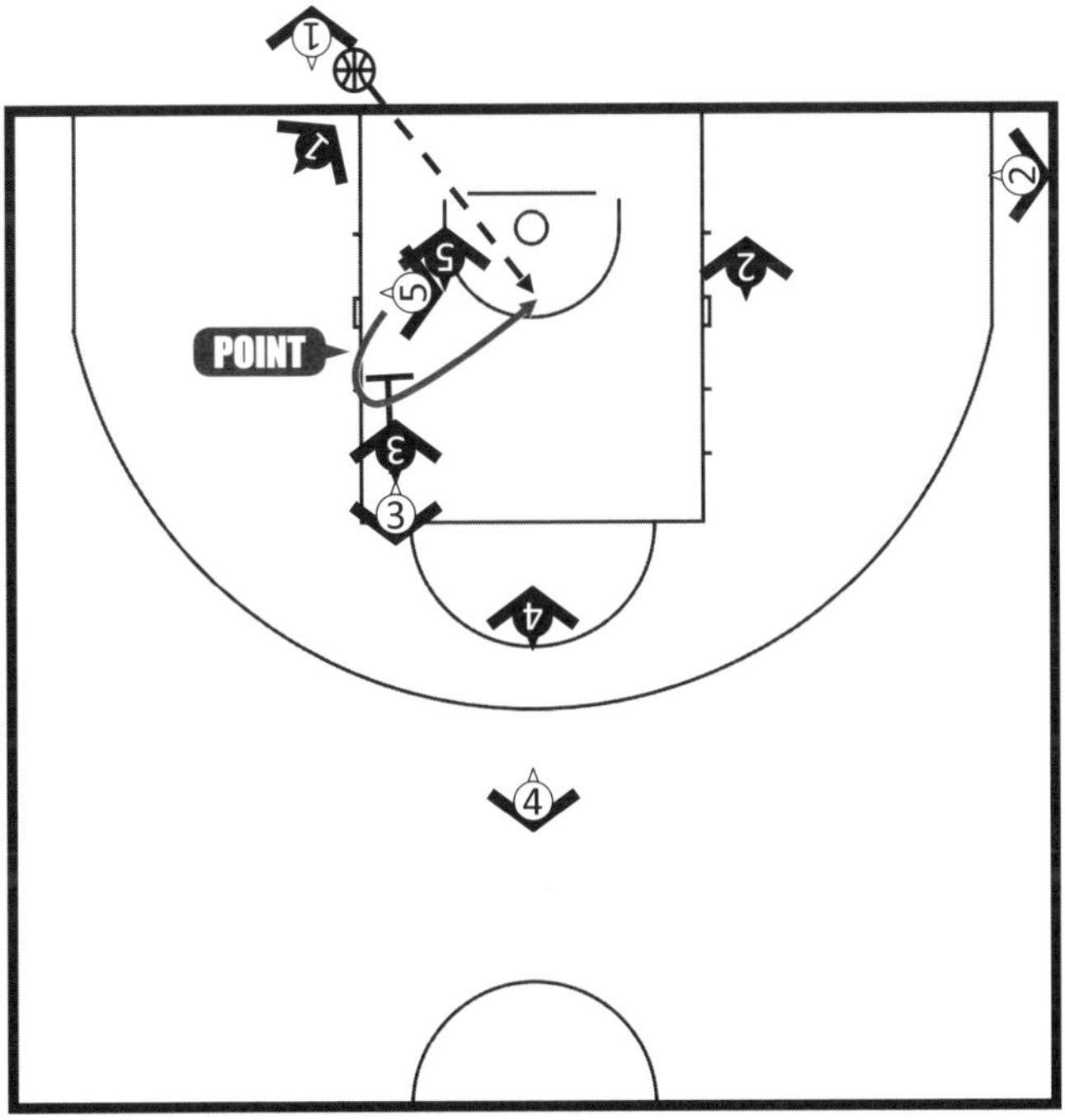

で⑤が②とマッチアップする❷にスクリーンをセットします。②は⑤のスクリーンを利用してウィークサイドのコーナーへと❷を引き連れて移動することでペイント内のスペースを作り出す役割を担います。③は②がスクリーンを利用するタイミングに合わせてスロットラインを上がり、第2ハッシュあたりで体の正面をベースラインに向けてスクリーンをセットします。

図2 ⑤は②によるスクリーンの利用後、③のスクリーンを利用してトップ方向に向かうと見せかけ、③の体の周りをぐるりとカールしてリングへと向かいます。⑤とマッチアップする❺は⑤の後をぴったりと追うことができます。しかし、**⑤がカールしている間に❺は⑤よりもゴールから見て外側に位置してしまいます。**つまり、⑤とゴールの間にディフェンスがいない状態になります。⑤は①からのロブパスを受けてアリーウープを叩き込みました。

GAME DATA
EUROリーグ
GOTTINGEN 52vs61 BAMBERG 3Q 0:06

U15

BOB Quick Hitter 3P

スタッガードスクリーンによって3Pショットを放たせる

図

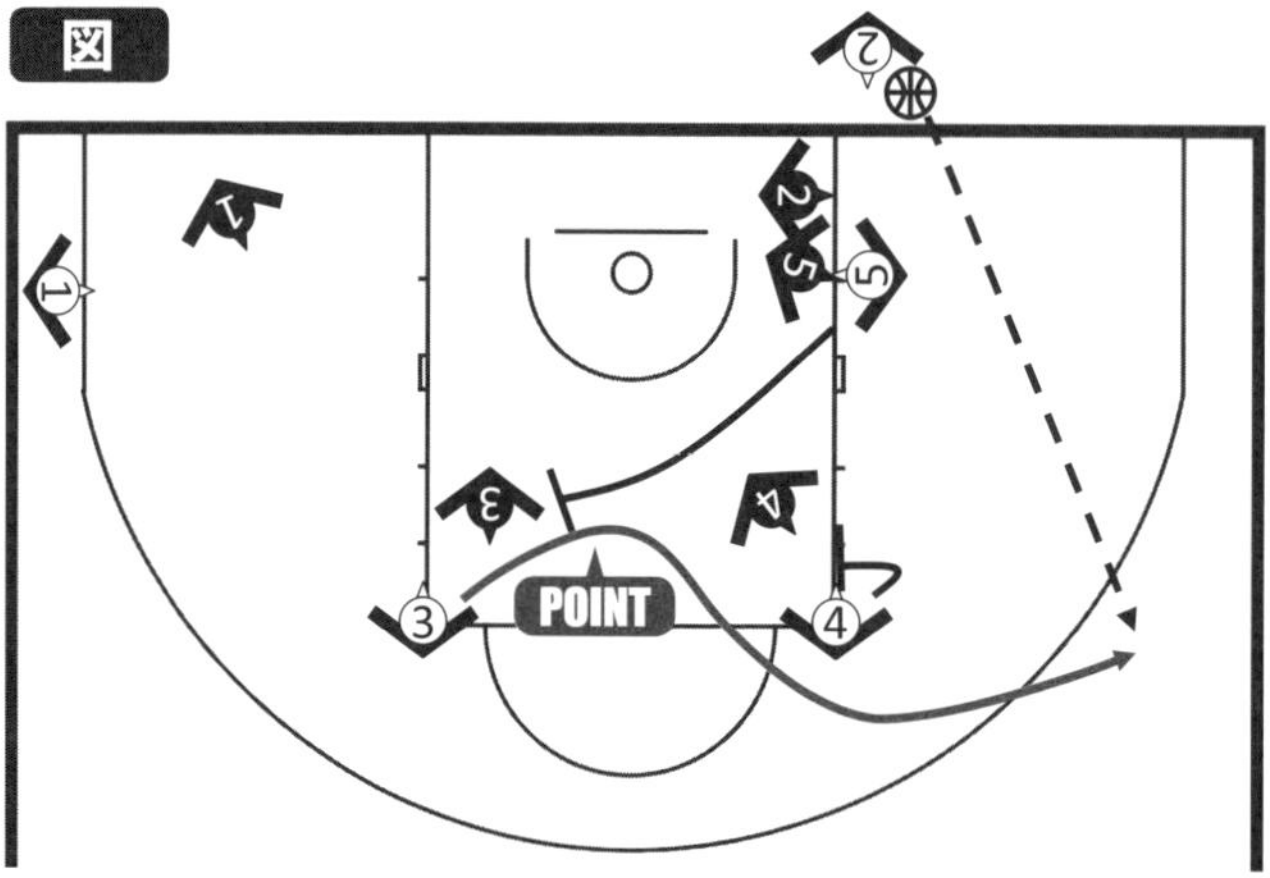

複数のスクリーナーが連続してスクリーンをセット

複数のスクリーナーが連続してスクリーンをセットする「スタッガードスクリーン」によって、ユーザーに3Pショットを放たせるセットです。

図 高橋龍永①はウィークサイドのコーナーに位置することで、ボールサイドのスペースを作り出す役割を担います。沼田大輝②がボールを保持したタイミングで、廣木啓人⑤が石井息吹③とマッチアップする❸にスクリーンをセットします。③は⑤のスクリーンを利用してゴール方向へと移動を開始します。同時にボールサイドのエルボーで寺門優太④が、体の正面をミドルラインに向けてスクリーンをセットします。**ゴール方向へと移動する③は、⑤を通過するタイミングで進行方向を変え、④のスクリーンを利用してウィングへと飛び出します。**

❸は③のゴール方向への移動に対応したため、③のウィングへの飛び出しに遅れます。⑤も❸の動きに合わせて体の正面をウィークサイドのサイドラインに向け、スクリーンの方向を変えます。これにより❸に対して、⑤と④のスクリーンが連続してセットされるスタッガードスクリーンが組まれます。❸は③についていくことがより困難な状況となり、ノーマークになった③は②からのパスを受け、3Pショットを放ちました。

プレーの動画はこちら

GAME DATA
Bリーグ U15 CHAMPIONSHIP 2020
茨城ロボッツ 19 vs 20 サンロッカーズ渋谷 2Q 6:08

EURO

BOB Quick Hitter 3P

スクリーンをかけるふりから3Pショットを狙う

図

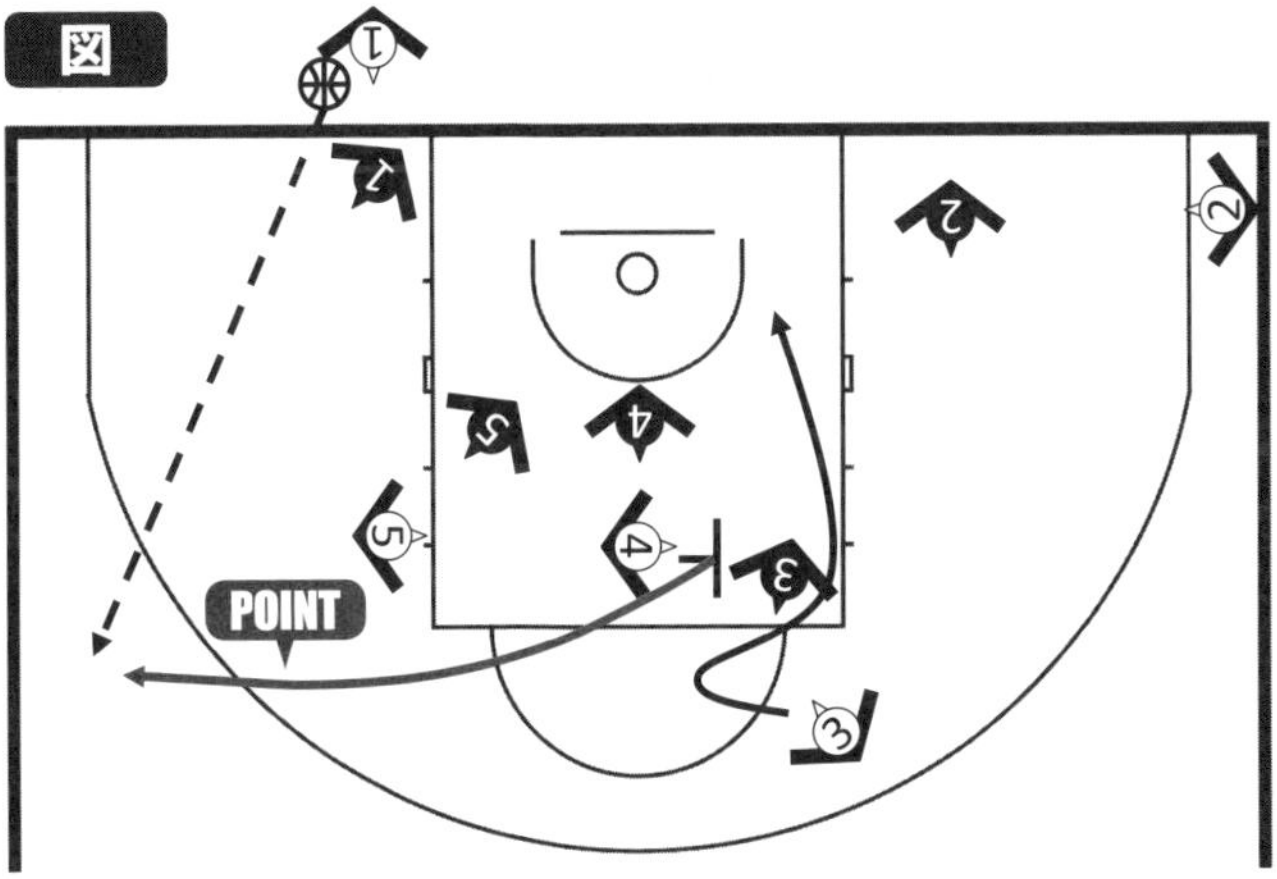

スクリーナーのディフェンスとして対応をさせておいてノーマークを作る

シューターがスクリーンをかけるふりをし、マッチアップするディフェンスに準備をさせたところでユーザーとなり、3Pショットを狙うセットです。

①がインバウンダーを務めます。このセットで②はウィークサイドのコーナーから移動しませんが、ウィークサイドのコーナーに位置することでマッチアップする❷をウィークサイドに留め、ボールサイドのスペースを作り出す役割を担います。

図 ①がボールを保持したタイミングで④が③とマッチアップする❸に対してスクリーンをセットします。③が④のスクリーンを利用するようにボールサイドのウィング方向へ移動を開始しますが、すぐに進行方向を変え、スクリーンを利用せずにゴール方向へと移動します。同時に④は体を反転させてボールサイドのウィングへと飛び出します。⑤は④とマッチアップする❹のスクリーンになるように体の向きや位置を調整し、④の後を追いかける❹の移動を阻止します。**❹にとってはスクリーナーのディフェンスとしての対応準備をしていたところ、急にユーザーのディフェンスとしての対応が求められ、④への対応が難しい状況になります。**ノーマークになった④は①からのパスを受けて3Pショットを放ちました。

プレーの動画はこちら

GAME DATA　EUROリーグ
AEK 22vs13 SASSRI 1Q 1:30

高校

BOB Quick Hitter 3P

3人のカーテンスクリーンでディフェンスのコースを遮断して3Pショット

プレーの動画はこちら

図1

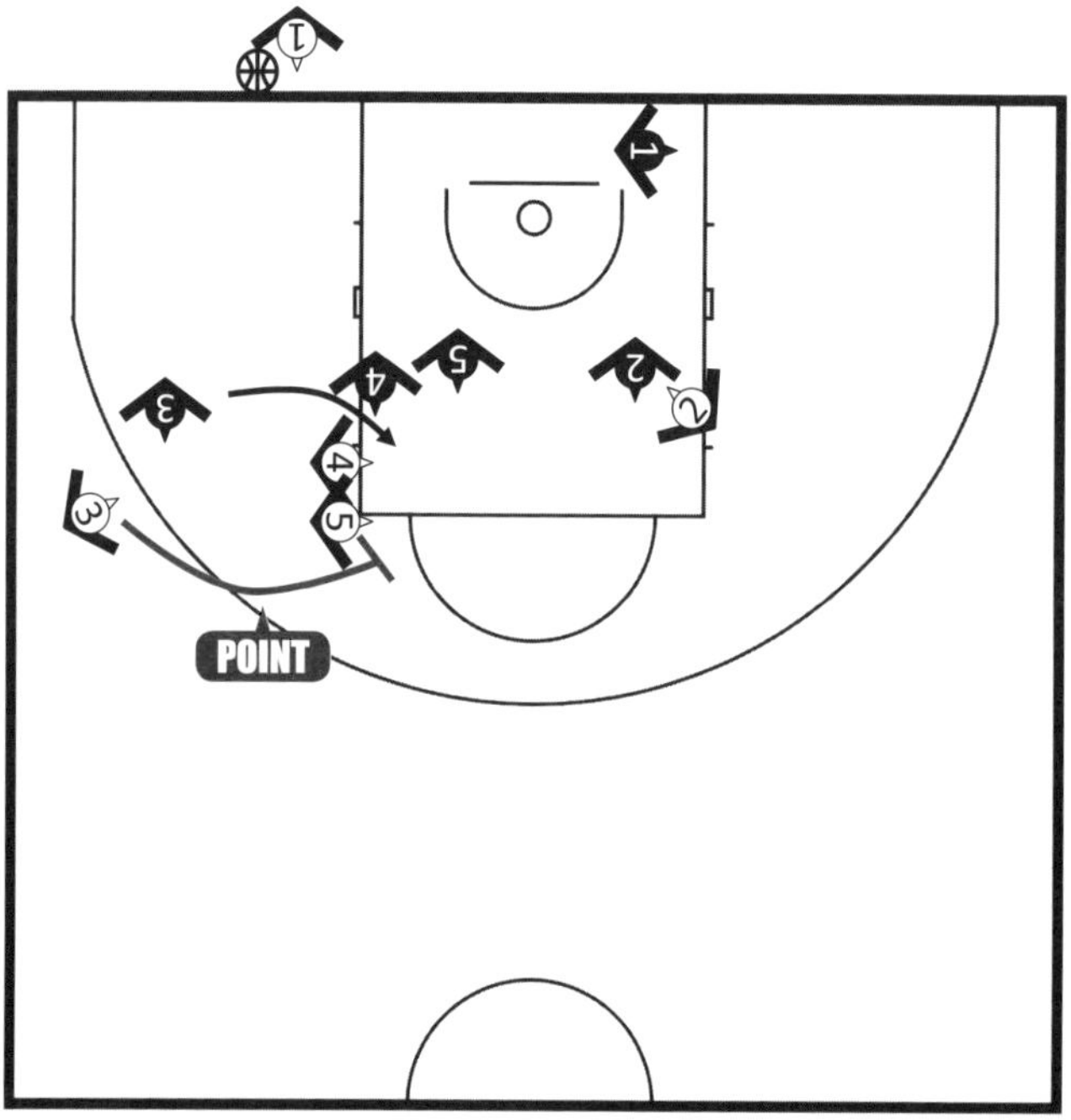

カーテンスクリーンにかけてノーマークで3Pを放つ

3人のスクリーナーによる幅の広いカーテンスクリーンにより、ディフェンスの進行するコースを遮断して3Pショットを狙うセットです。

松岡太陽①がインバウンダーを務め、ボールサイドのウィングに宇都宮陸③、ボールサイドのエルボーにコンゴロー・ディビッド⑤と兵頭颯馬④が並び、ウィークサイドの第2ハッシュあたりに丸山賢人②がポジションをとります。

図1 ⑤と④が体の正面をミドルラインに向けて並んでいるため、②とマッチアップする西村仁❷に対してカーテンスクリ

図2

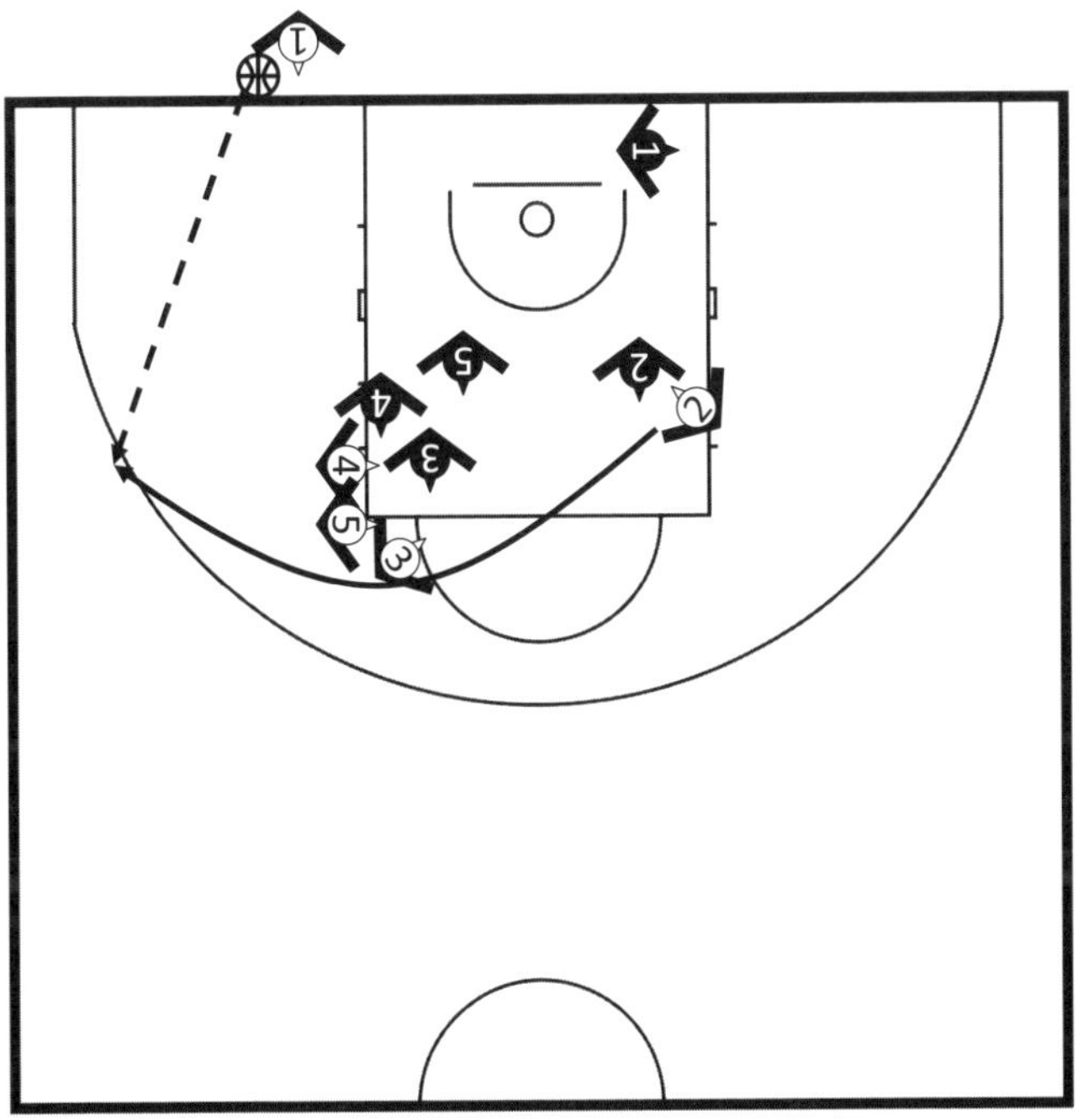

ーンがセットされている状態です。さらに①がボールを保持したタイミングで、**③がハイサイドから⑤と④のミドルライン側へと入り込んでスクリーンをセットします(❷に対して3人のカーテンスクリーンが組まれる)。**

図2 ❷にとっては、2人のスクリーナーによるカーテンスクリーンでも回避することが難しいのですが、3人によるカーテンスクリーンでは、よりスクリーンの幅が広くなるため、回避することは困難を極めます。②はカーテンスクリーンを利用し、ボールサイドのウィングへと移動します。②を追いかける❷は3人のスクリーナーによるカーテンスクリーンにかかってしまい、②はノーマークの状態で①からパスを受け、3Pショットを放ちました。

GAME DATA
2019インターハイ 男子3回戦
報徳学園52vs35九州学院 3Q 3:50

大学

BOB Quick Hitter 3P

スクリーン・ザ・スクリーナーによって3Pショットを狙う

図1

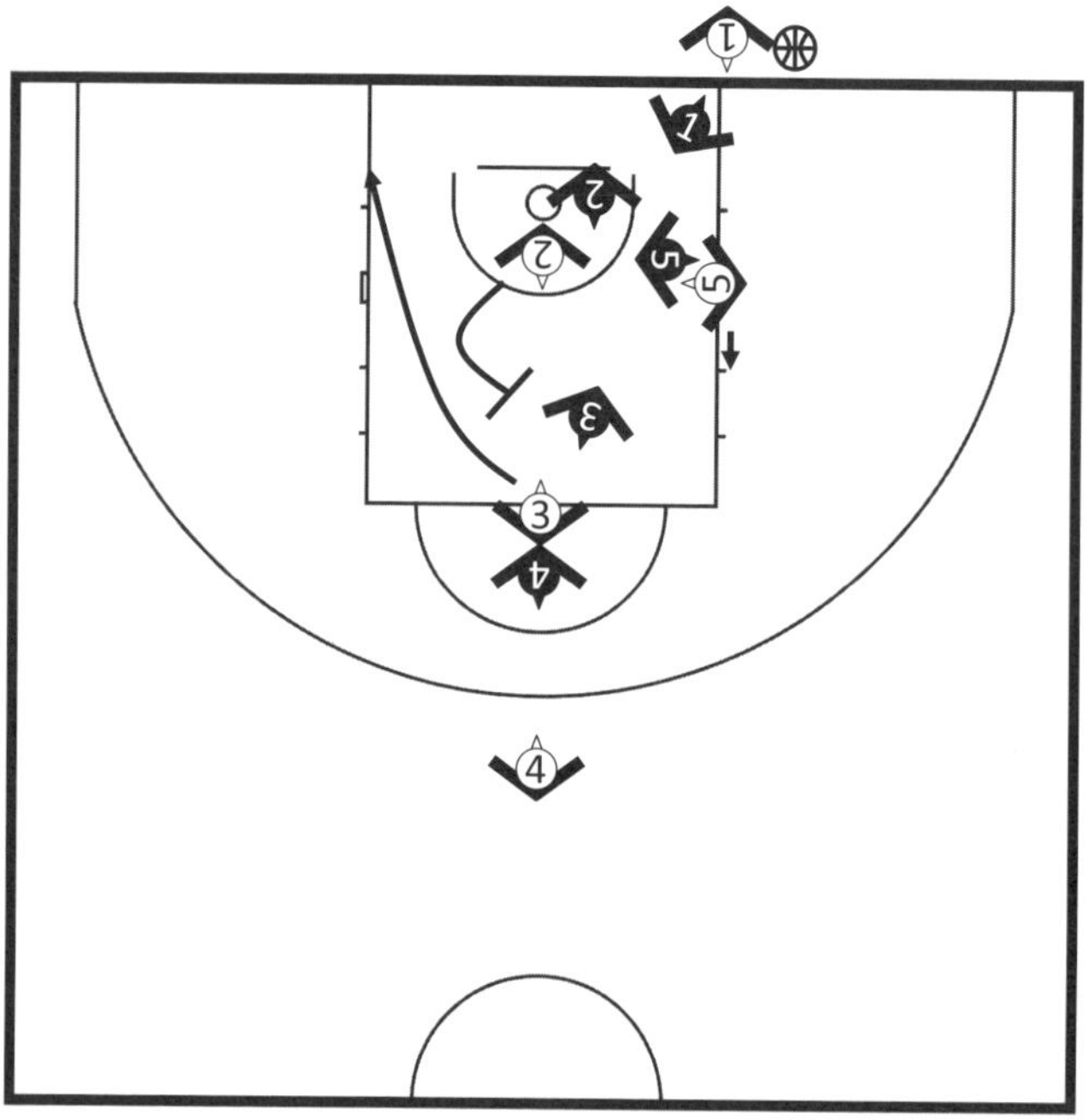

スクリーンの回避を困難にさせノーマークで3Pショットを放つ

スクリーナーのディフェンスにスクリーンをセットする「スクリーン・ザ・スクリーナー」によって3Pショットを狙うセットです。

キング開①がインバウンダーを務め、トップに寺澤大夢④、ネイルに竹田寛人③、ボールサイドのローポストにケイタ・シェイクブーバガー⑤、ゴール下に山本翔太②がポジションをとります。

図1 ①がボールを保持したタイミングで、②は③とマッチアップする坂口颯馬❸にスクリーンをセットします。③は②のスクリーンを利用し、ゴール付近へと侵

プレーの動画はこちら

図2

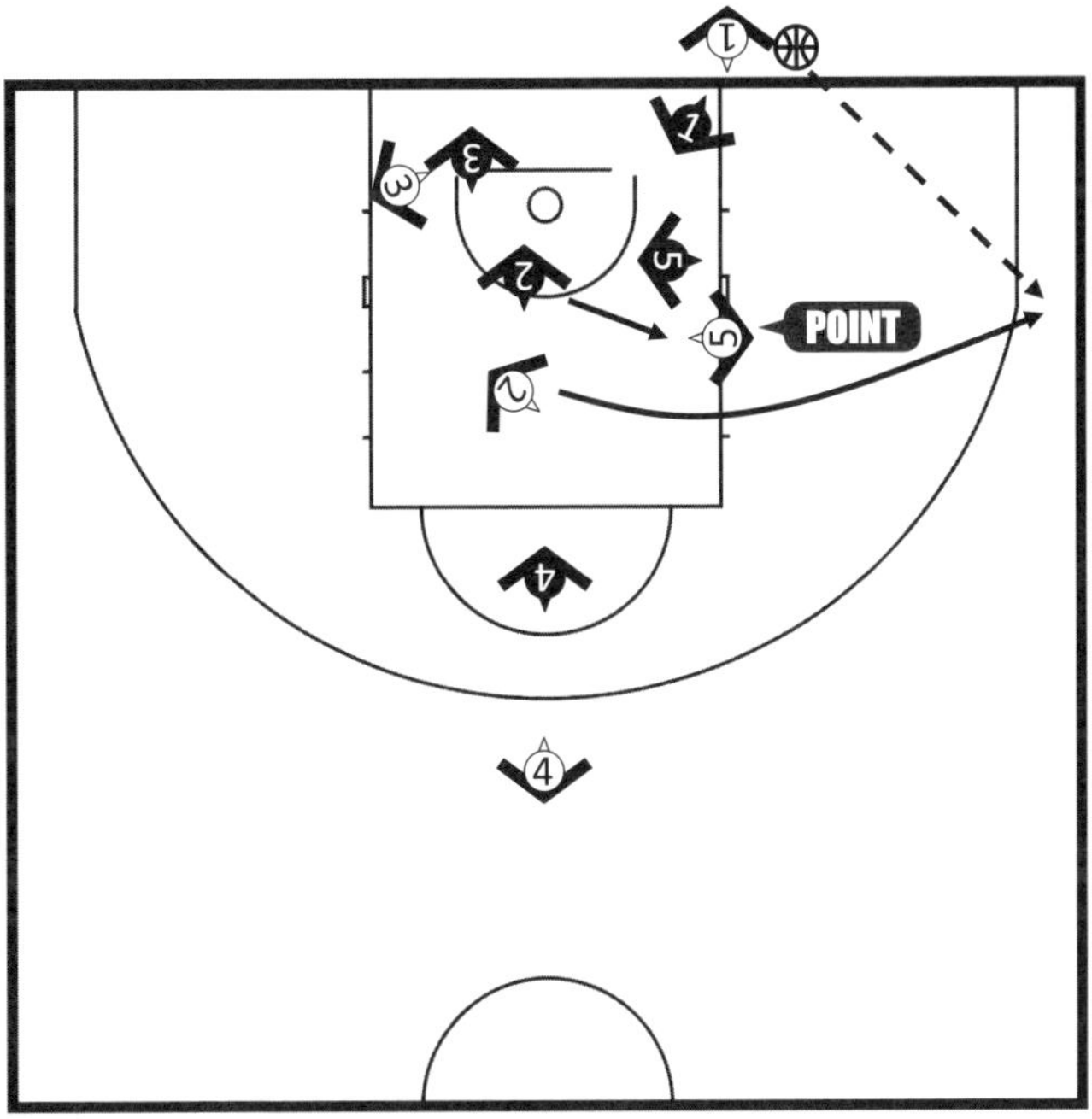

入。⑤は③が②のスクリーンを利用するタイミングで、②とマッチアップする米澤協平❷に対してスクリーンをセットします。

図2 ②は③によるスクリーンの利用後、⑤のスクリーンを利用し、ボールサイドのコーナーとウィングの間へと飛び出します。**❷にとっては、③のゴール付近への侵入に対応したところにスクリーンがセットされるため、スクリーンの回避が難しくなります。**⑤とマッチアップするカロンジ・パトリック❺が②に対応してアウトサイドへと飛び出すと、長身の⑤をインサイドで守れるディフェンスが不在になるため、❺は②に対応することができません。ノーマークになった②は3Pエリアで①からのパスを受け、3Pショットを放ちました。

GAME DATA インカレ2020男子5位決定戦
近畿大学27vs30専修大学 2Q 3:42

NCAA

BOB Quick Hitter 3P

図1

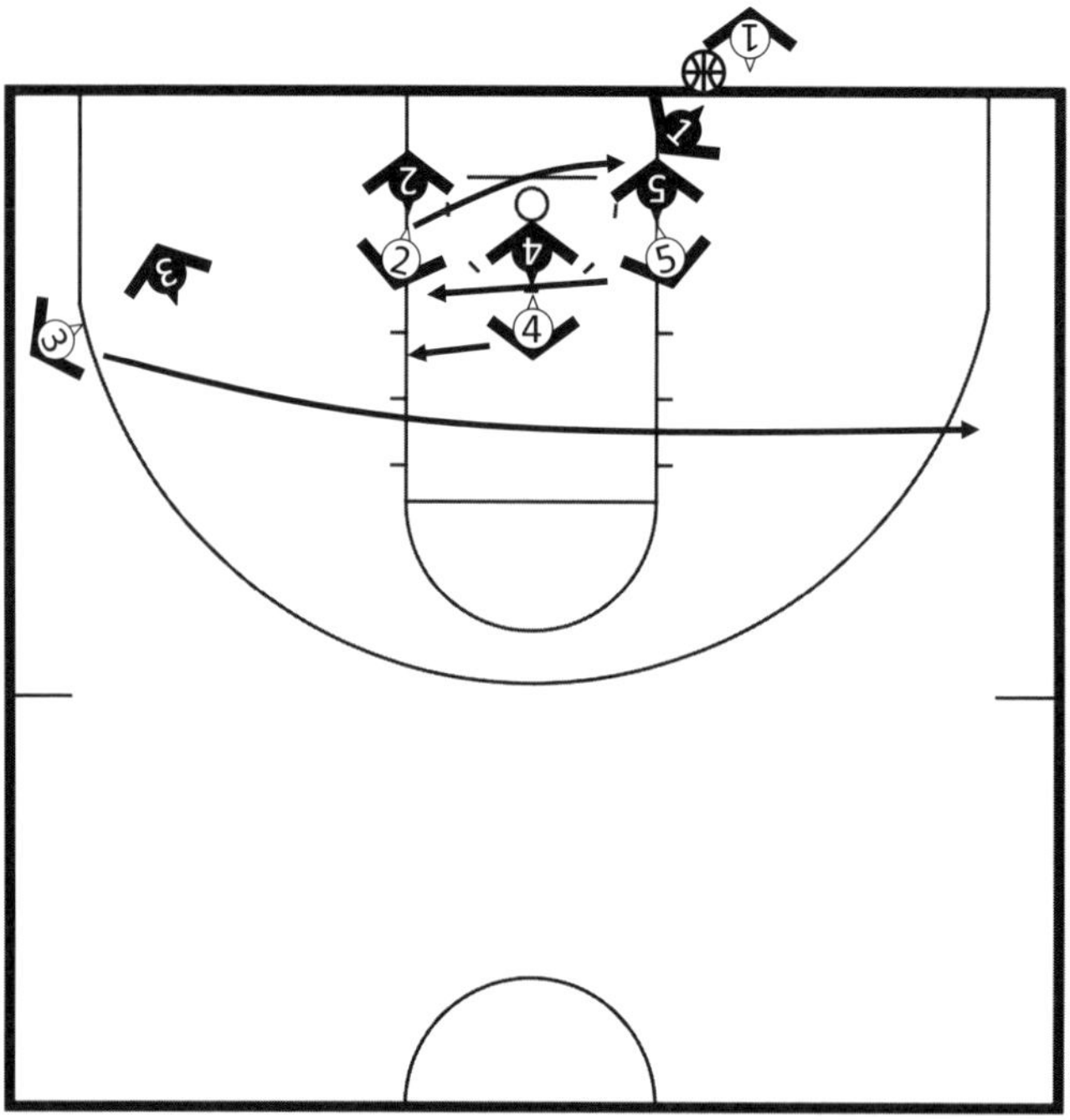

ウィークサイドでのエレベータースクリーンにより3Pショットを狙う

ボールサイドへディフェンスの注意を引きつける

ボールサイドへディフェンスの注意を引きつけ、ウィークサイドでのエレベータースクリーンにより3Pショットを狙うセットです。

アンドリュー・ネンハード①がインバウンダーを務め、キバリアス・ヘイズ⑤がボールサイドのブロック、キオンテ・ジョンソン④がペイントの中央、ケヴァーン・アレン②がウィークサイドのブロック、ジェイレン・ハドソン③がウィークサイドのコーナーとウィングの中間あたりにポジションをとります。

図1 ①がボールを保持したタイミング

プレーの動画はこちら

図2

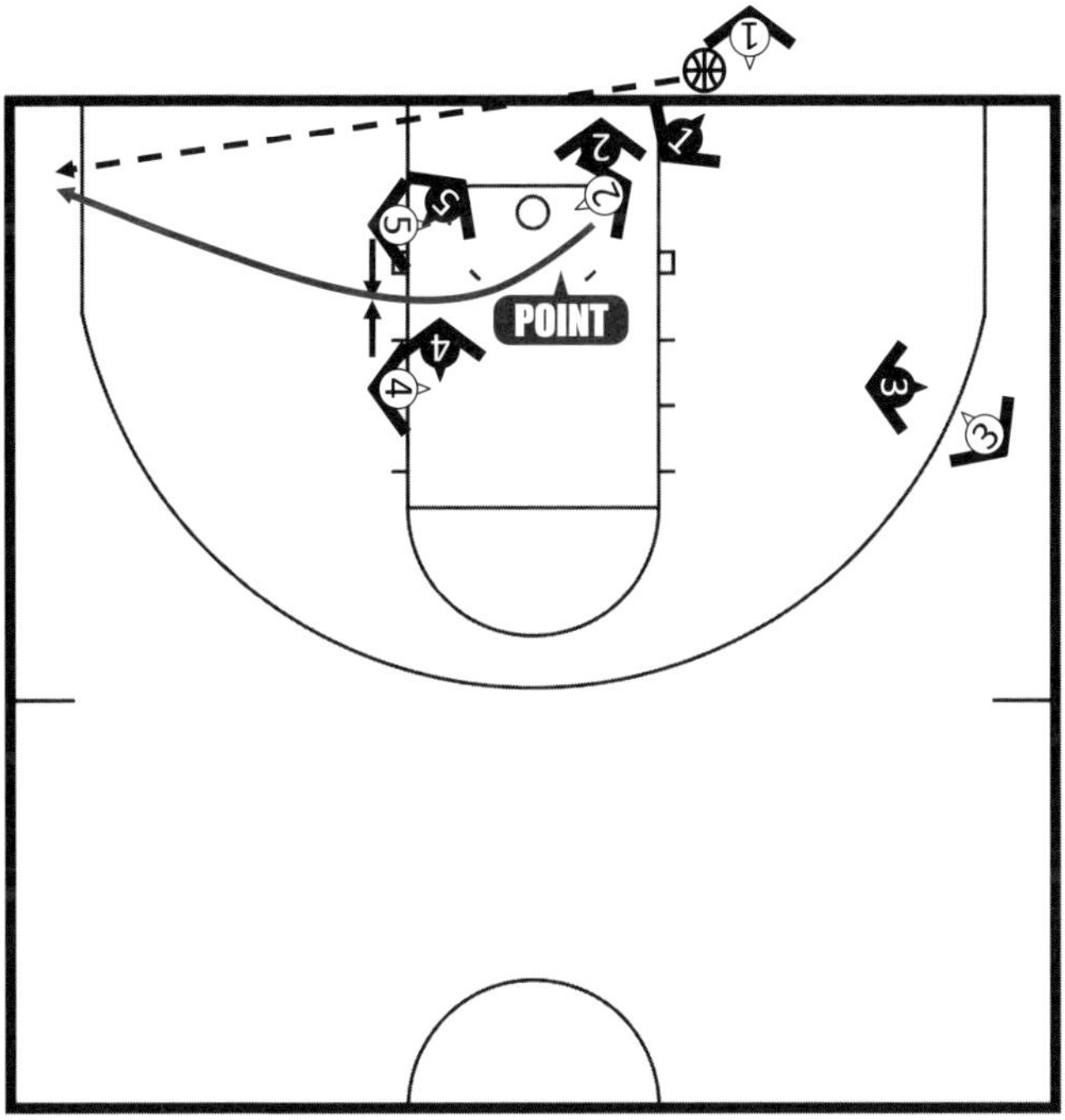

で、③がマッチアップするジョーダン・プール❸を引き連れてボールサイドのウィングへと移動し、ウィークサイドのスペースを作り出します。また、ディフェンスの注意をボールサイドに引きつけます。③の移動に合わせ、②はボールサイドのローポストへと移動します。また⑤と④はボールサイドのスロットラインへと移動し、体の正面をミドルラインに向けて並びます。

図2 ②はボールサイドのローポストへと移動したところから反転し、⑤と④の間を抜けて、ウィークサイドのコーナーへと飛び出します。⑤と④は②が通過した後にお互いの間を詰め、2人の間のスペースを潰します。つまり、エレベータースクリーンを実行します。⑤と④がお互いに間を詰めたことにより、②とマッチアップするチャールズ・マフューズ❷は、②を追いかけることができません。ノーマークになった②は①からのパスを受けて3Pショットを放ちました。

GAME DATA 2019年NCAAトーナメント 西部地区 2回戦
フロリダ大学39vs48ミシガン大学 2nd half 1:19

Bリーグ

BOB Quick Hitter 3P

スクリーン・ザ・スクリーナーでボールサイドから3Pショットを狙う

プレーの動画はこちら

図1

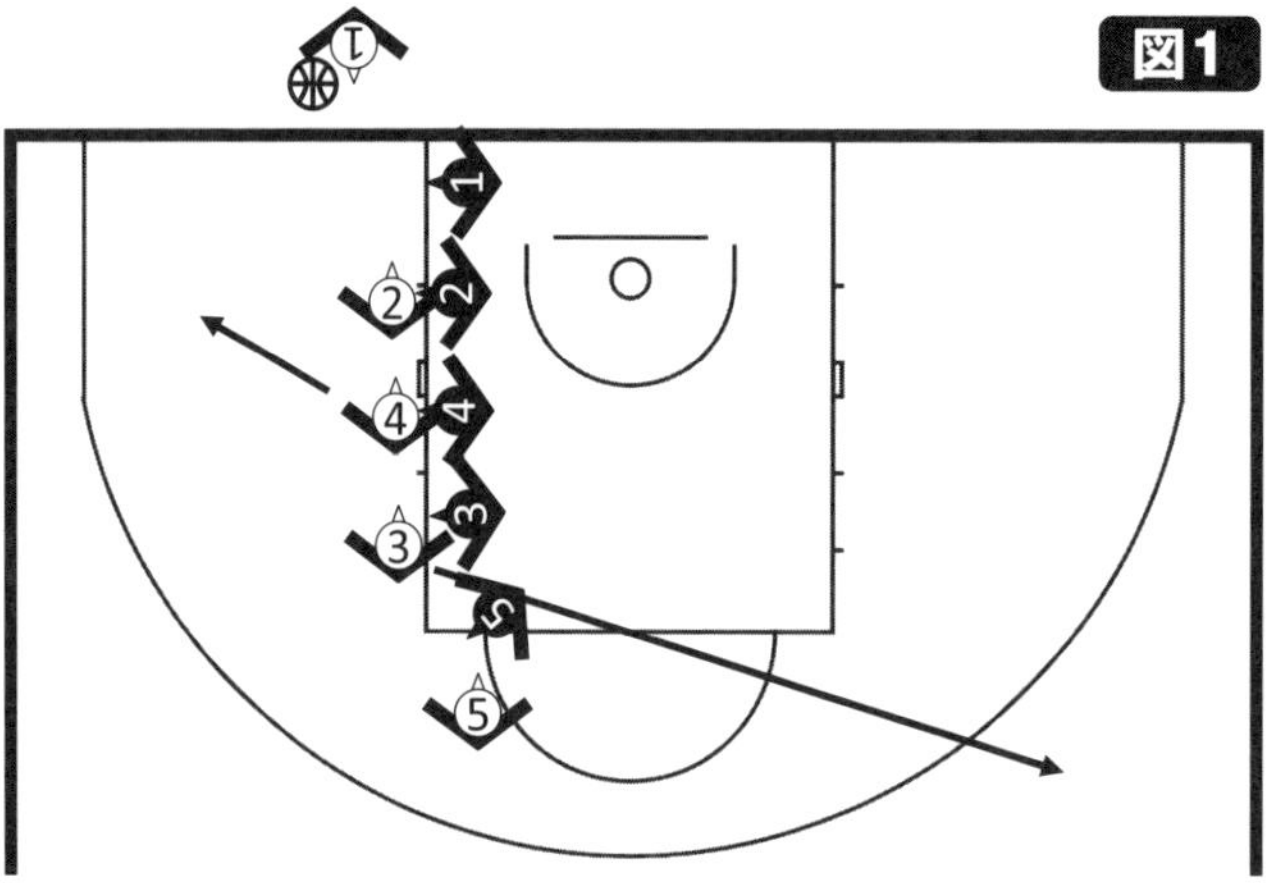

図2

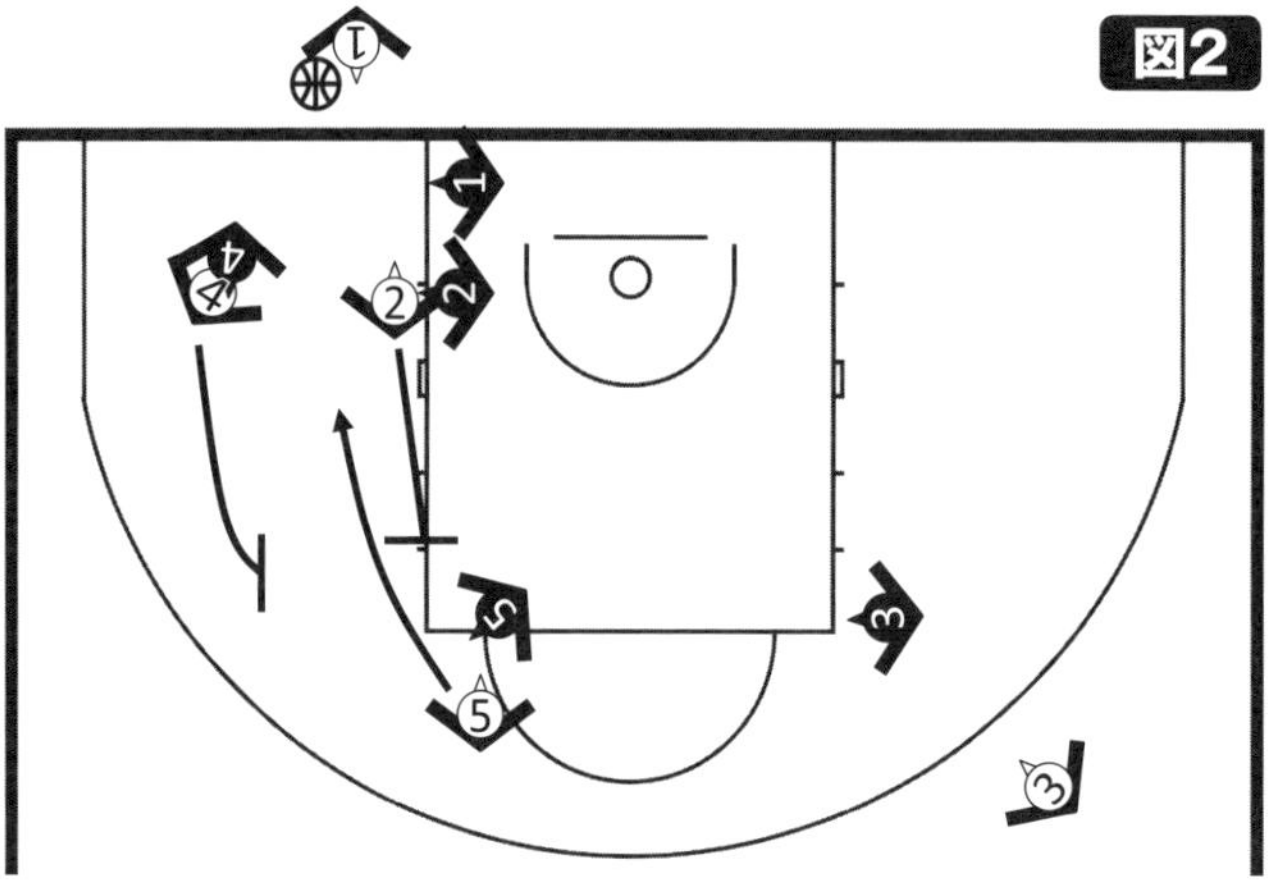

シューターであるスクリーナーにスクリーンをセットする

シューターであるスクリーナーにスクリーンをセットする「スクリーン・ザ・スクリーナー」によりボールサイドで3Pショットを狙うセットです。

齋藤拓実①がインバウンダーを務め、ボールサイドのスロットラインに狩野祐介②、ジャスティン・バーレル④、安藤周人③、ジェフ・エアーズ⑤の順に並んでポジションをとります。

図1 ①がボールを保持したタイミングで、④がボールサイドのコーナー方向へと移動します。③はウィークサイドのスロットへと大きく飛び出し、ゴール付近のス

図3

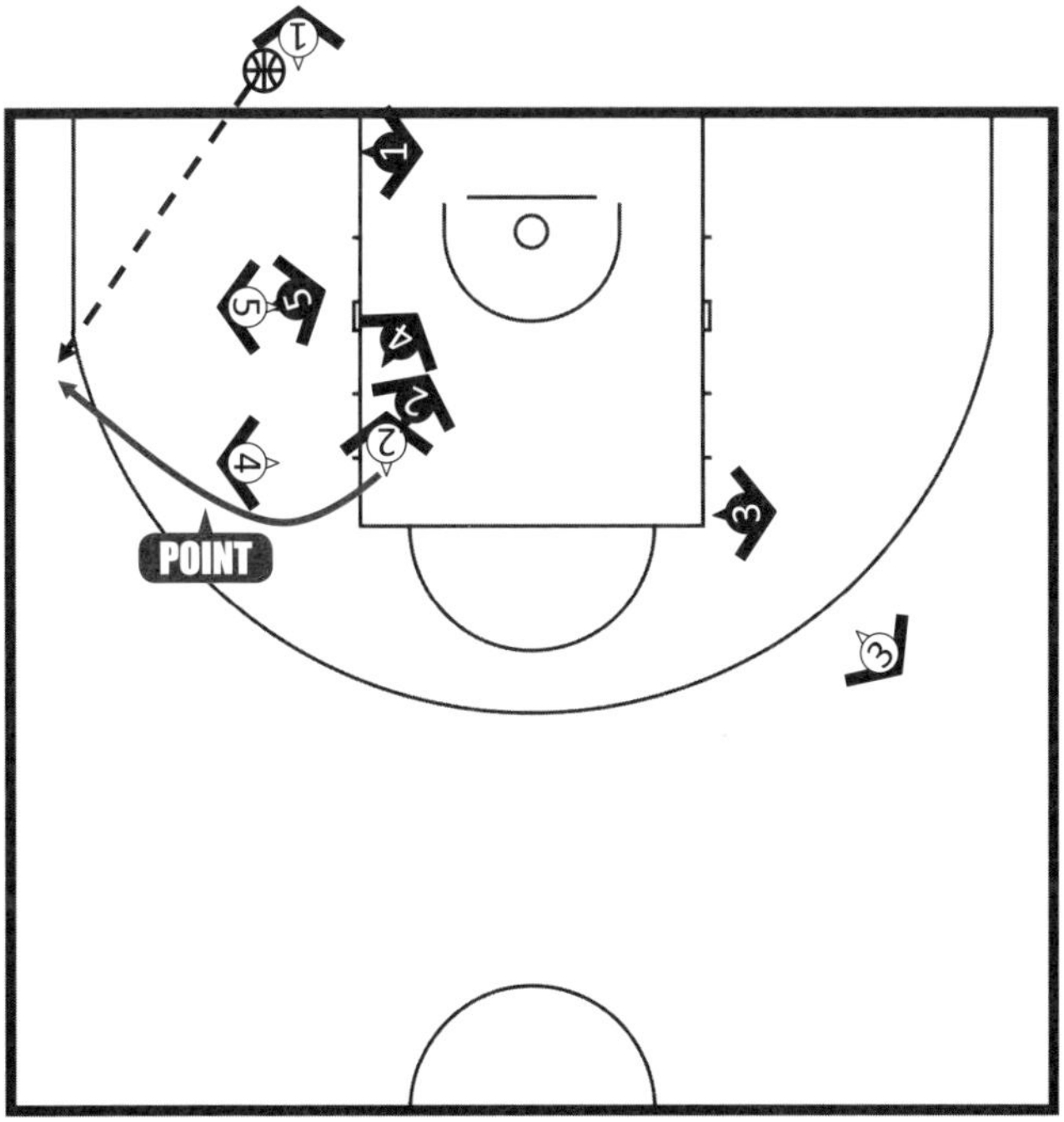

ペースを作り出す役割を担います。

図2 シューターの②は⑤とマッチアップするニック・メイヨ❺に対してスクリーンをセットします。⑤は②のスクリーンを利用してショートコーナーへと移動。④は⑤が②のスクリーンを利用するタイミングで、②とマッチアップする中野司❷にスクリーンをセットします。

図3 ②は⑤によるスクリーンの利用後、④のスクリーンを利用し、ボールサイドのウイングとコーナーの間あたりへと飛び出します。⑤は②が④のスクリーンを利用するタイミングで自身をマッチアップしている❺が②に出て行かないよう❺にコンタクトします。**❷にとっては⑤によるスクリーンの利用に対応したところにスクリーンがセットされるため、スクリーンの回避が難しい状況になります。**ノーマークになった②は①からパスを受け3Pショットを放ちました。

GAME DATA
2020-2021 Bリーグ
名古屋ダイヤモンドドルフィンズ35vs44レバンガ北海道 3Q 5:14

NBA

BOB Quick Hitter 3P

オフボールスクリーン＋エレベータースクリーンでディフェンスの対応を難しくする

図1

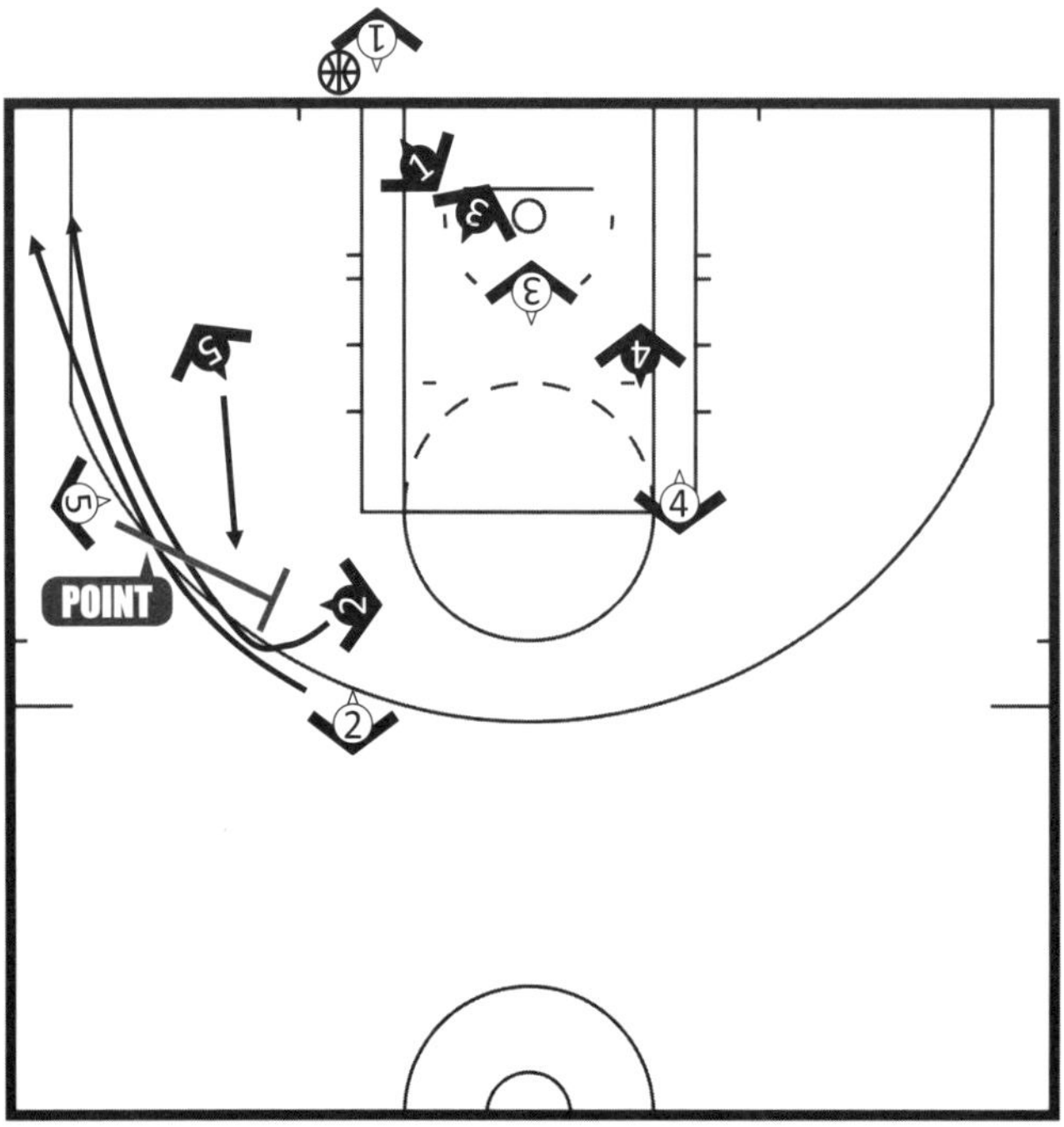

プレーの動画はこちら

最初のスクリーンプレーに対応させ続けてエレベータースクリーンを仕掛ける

エレベータースクリーンの前にオフボールスクリーンを加えることで、スクリーナーとマッチアップするディフェンスの対応を難しくするセットです。

ルカ・ドンチッチ①がインバウンダーを務め、ドワイト・パウエル⑤がボールサイドのウィング、セス・カリー②がボールサイドの2ガードポジション、ティム・ハーダウェイ③がゴール下、マキシ・クレバー④がウィークサイドのエルボーにポジションをとります。

図1 ①がボールを保持したタイミングで⑤が②とマッチアップするマルコ・ベリ

図2

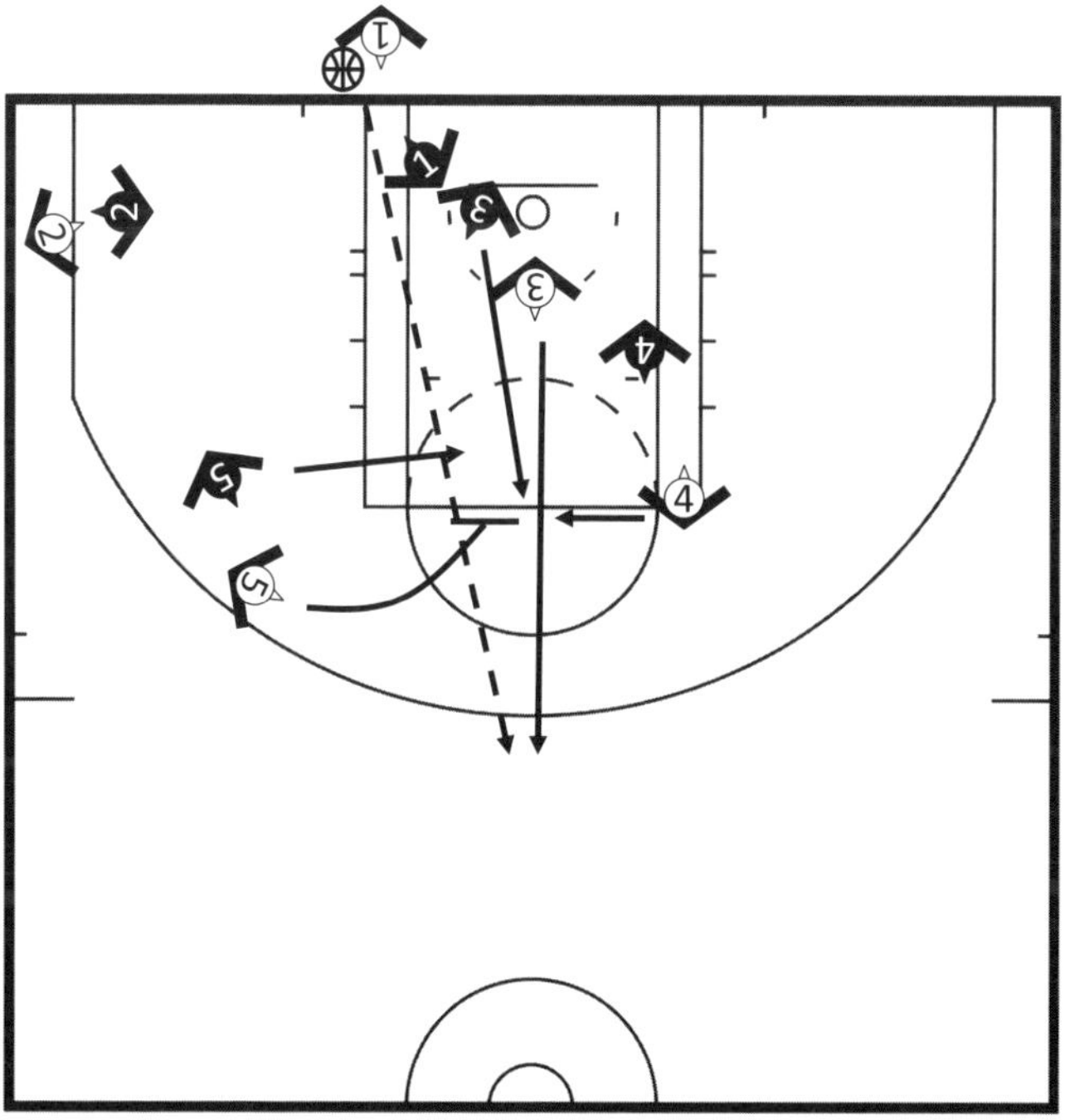

ネリ❷にスクリーンをセットします。**②は⑤のスクリーンを利用し、❷を引き連れてボールサイドのコーナーへと飛び出すことでミドルレーンのスペースを作り出す役割を担います。**

図2 ⑤は②によるスクリーンの利用後、ネイルへと移動し、体の正面をベースラインに向けてスクリーンをセットします。⑤に合わせて④もネイル方向へと移動し、⑤と同様にスクリーンをセットします。つまり⑤と④との2人でエレベータースクリーンを構成します。③は⑤と④の間を通過してトップへと飛び出し、⑤と④は③の通過後、お互いの間を詰めて、③の後を追いかけるパティ・ミルズ❸の進行を阻止します。**最初の⑤と②によるスクリーンプレーにヤコブ・パートル❺を対応させることで、次に続くエレベータースクリーンへの対応を困難にさせ、トップでの③による3Pショットを狙います。**

GAME DATA 2019年レギュラーシーズン
マーベリックス71vs64スパーズ 3Q 3:18

NT

BOB Quick Hitter 3P

インバート後のスタッガードスクリーンから3Pを狙う

図1

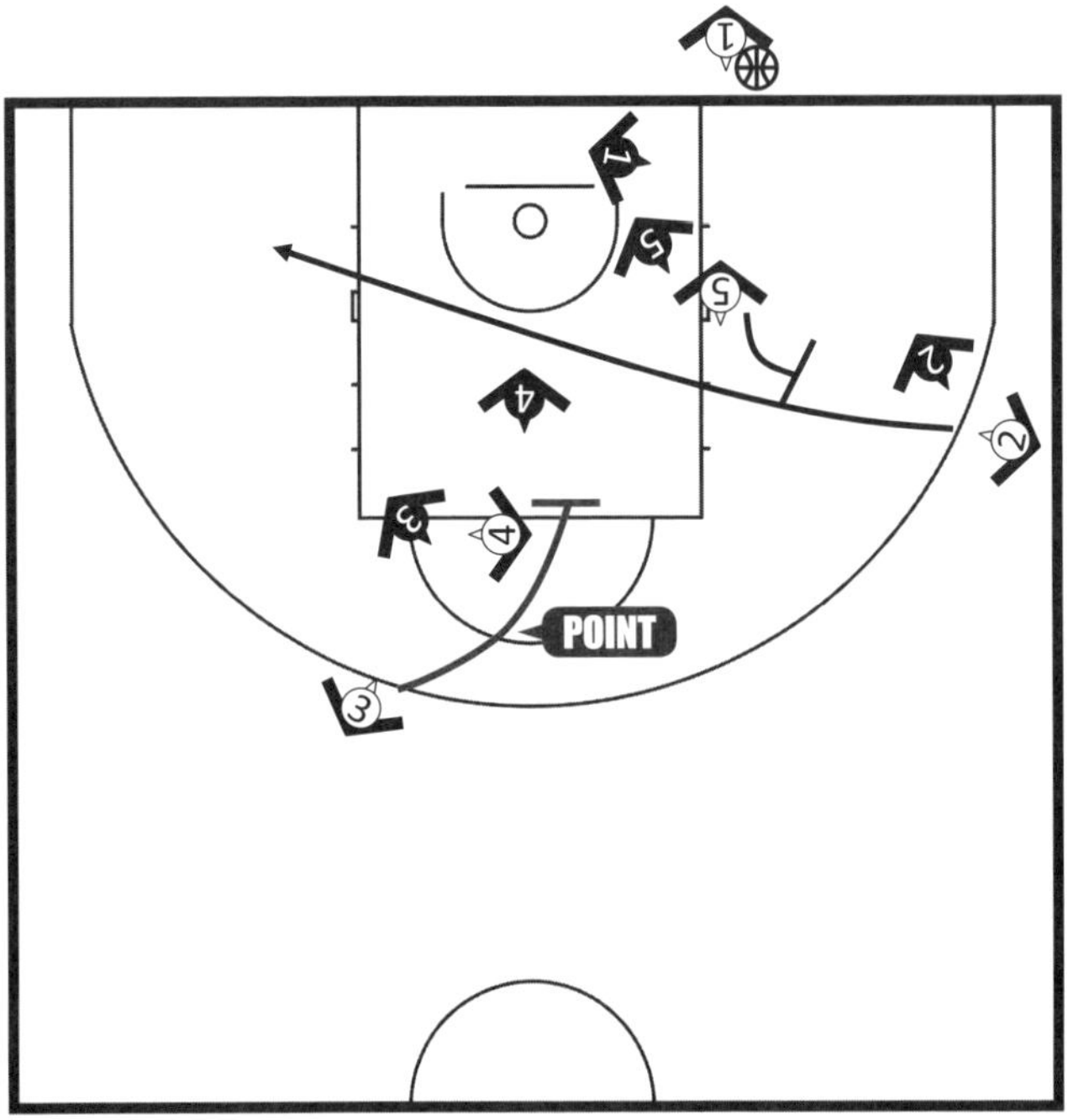

スクリーナーとユーザーが役割を反転させてスタッガードスクリーン

インバートスクリーナーとユーザーの役割を反転し、さらにスタッガードスクリーンを組むことでユーザーに3Pショットを放たせるセットです。

リッキー・ルビオ①がインバウンダーを務め、マルク・ガソル⑤がボールサイドのブロック、ルディ・フェルナンデス②がボールサイドのウィング、ファン・エルナンゴメス④がネイル、パウ・リバス③がウィークサイドの2ガードポジションにポジションをとります。

図1 ①がボールを保持したタイミングで、⑤が②とマッチアップするディフェン

プレーの動画はこちら

図2

ス❷に対してスクリーンをセット。②は⑤のスクリーンを利用してウィークサイドへと移動します。②と⑤によるスクリーンと同時に、④は③とマッチアップするディフェンス❸に対してスクリーンをセットします。**③は④のスクリーンを利用してゴールへと向かいますが、③がゴール方向へ移動する目的は、④とマッチアップするディフェンス❹に対するスクリーンのセットでした。**つまり③と④によるインバートになります。④は③のスクリーンを利用し、ボールサイドのウィングへと移動を開始します。

図2 ⑤は②によるスクリーンの利用後、体の向きを反転させ、体の正面をミドルラインに向けてスクリーンをセットします。これにより、④とマッチアップする❹に対して、③と⑤によるスタッガードスクリーンが完成します。④はマッチアップする❹を大きく引き離し、ノーマークで①からのパスを受けて3Pショットを放ちました。

GAME DATA
ワールドカップ
スペイン32vs28ポーランド 2Q 6:29

ウィングが左右に移動し、できたスペースにプレーヤーが飛び込む

図1

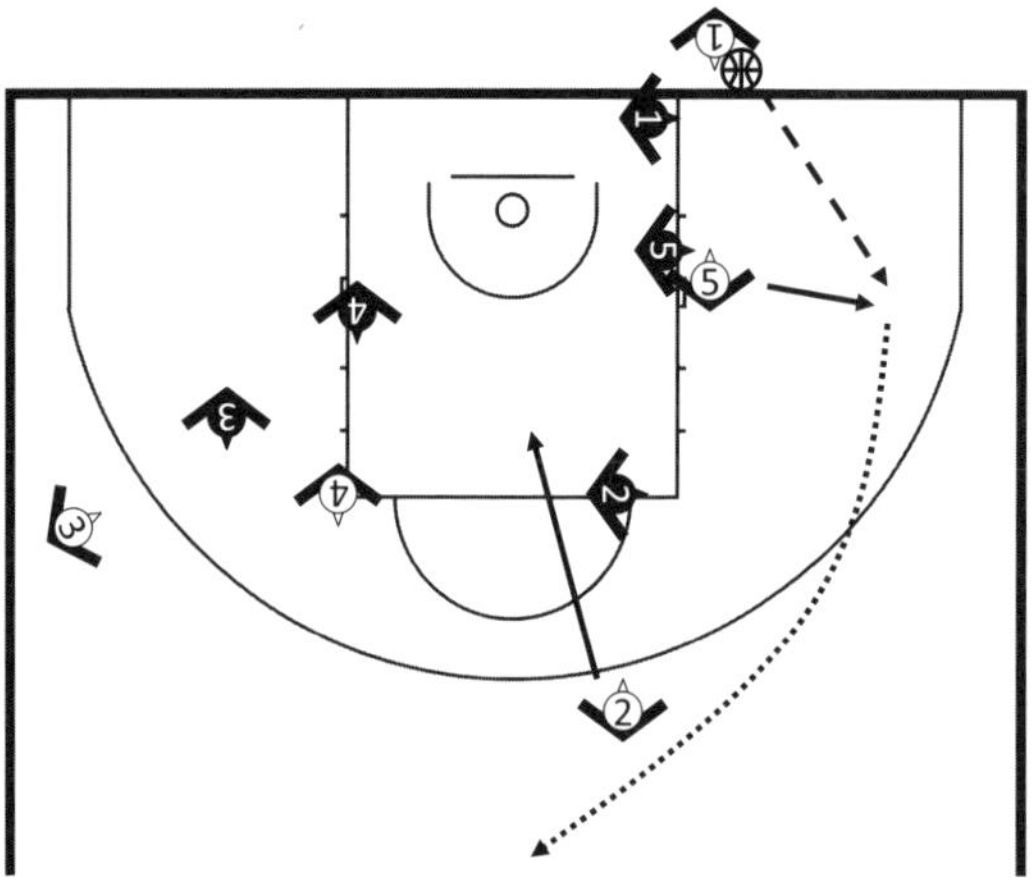

図2

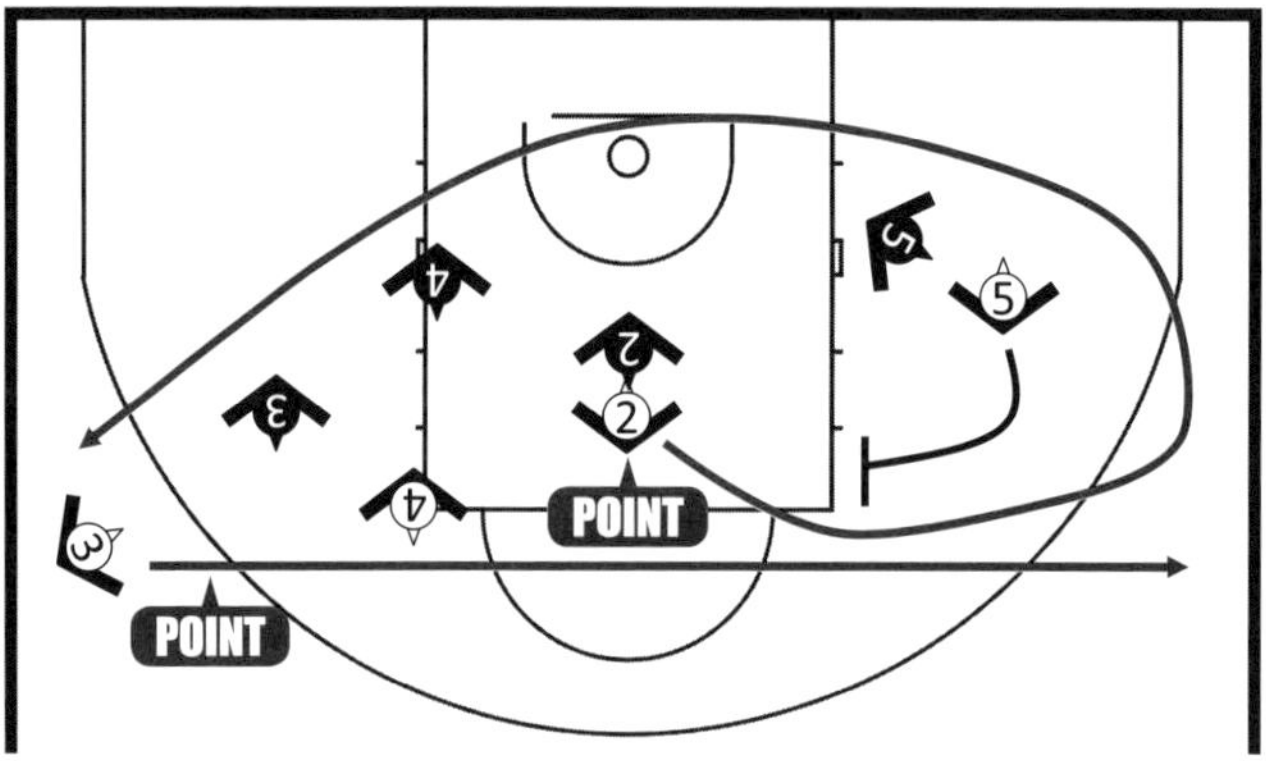

ウィングが大きく左右に動いてディフェンスを引きつける

ウィングが左右に大きく移動することでディフェンスを引きつけ、スペースができたペイント内にプレーヤーを飛び込ませるセットです。

ハーパージャン・ローレンスJr①がインバウンダーを務めます。

図1 ①がボールを保持したタイミングで⑤がアウトサイドに飛び出し、①からのパスを受けます。①は⑤へとパスを出した直後に⑤へと向かい、⑤からハンドオフパスを受けます。⑤からパスを受けた①はドリブルでトップに駆け上がると同時に②はゴールに向い、ペイント内へと侵入

プレーの動画はこちら

図3

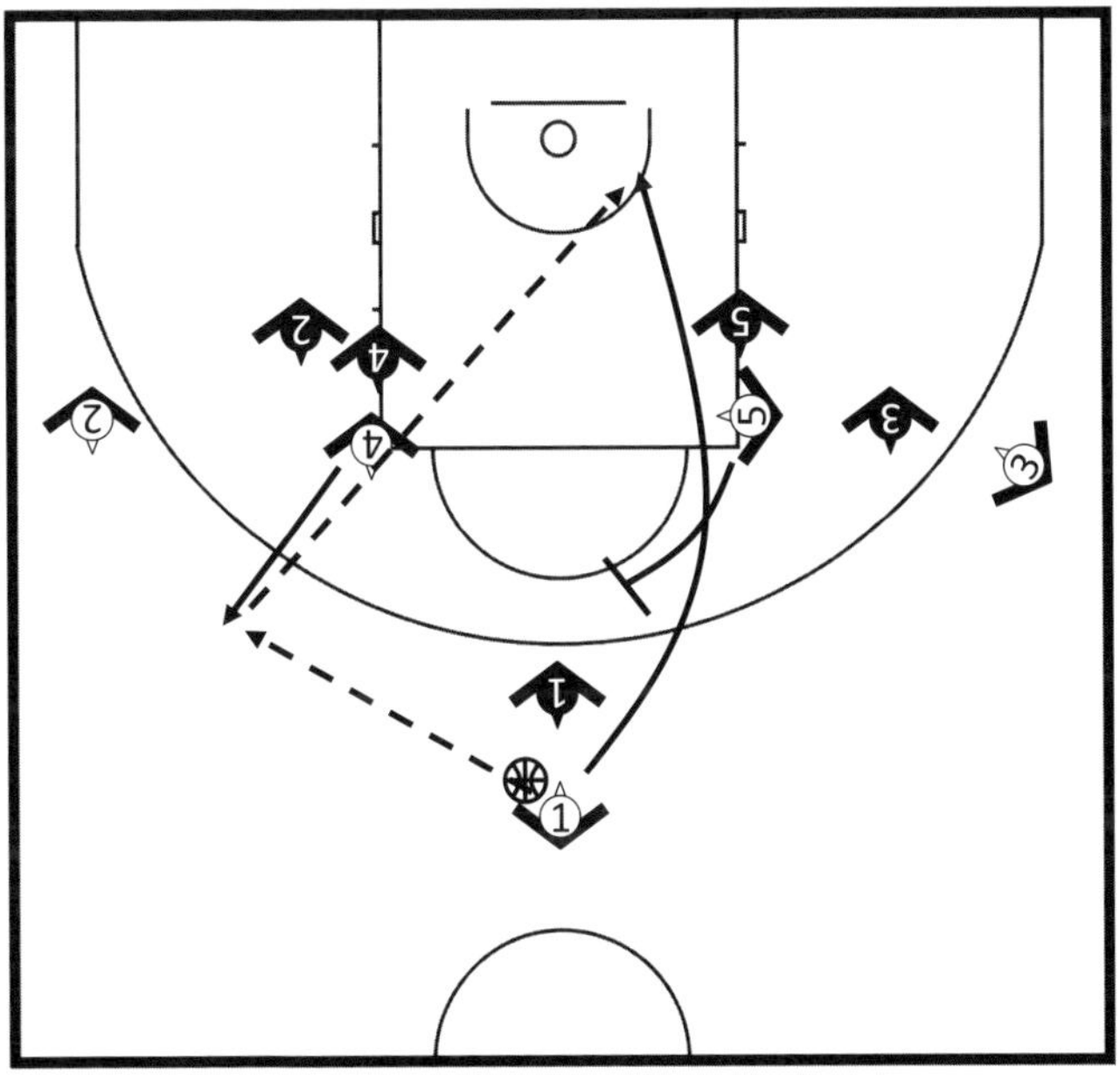

します。⑤は①にハンドオフパスを出したら右エルボーへと移動し、体をミドルラインに向けてスクリーンをセットします。

図2 ②はペイント内に侵入後、⑤のスクリーンを利用して右ウィングへと移動します。さらに②はベースライン側を大きく回って左ウィングまで移動。③は②の移動に合わせ、左ウィングから右ウィングまでファールライン上を移動します。

図3 ②と③の移動でディフェンスを引きつけ、ペイント内のスペースを作り出します。 ⑤は②によるスクリーンの利用後、①とマッチアップする❶にスクリーンをセットします。④は③が通過した後、左サイドのスロットあたりに飛び出し、①からのパスを受けます。①は④にパスを出した直後、⑤のスクリーンを利用してゴールに向かいます。④はゴール付近にロブパスを出し、①がキャッチしてタップショットを成功させました。

GAME DATA 2019ウィンターカップ２回戦
福岡第一81vs47北陸学院 2Q 6:29

大学

BOB Normal 2P

ユーザーがカールしてインバートし、ビッグマンをゴール下に飛び込ませる

プレーの動画はこちら

図1

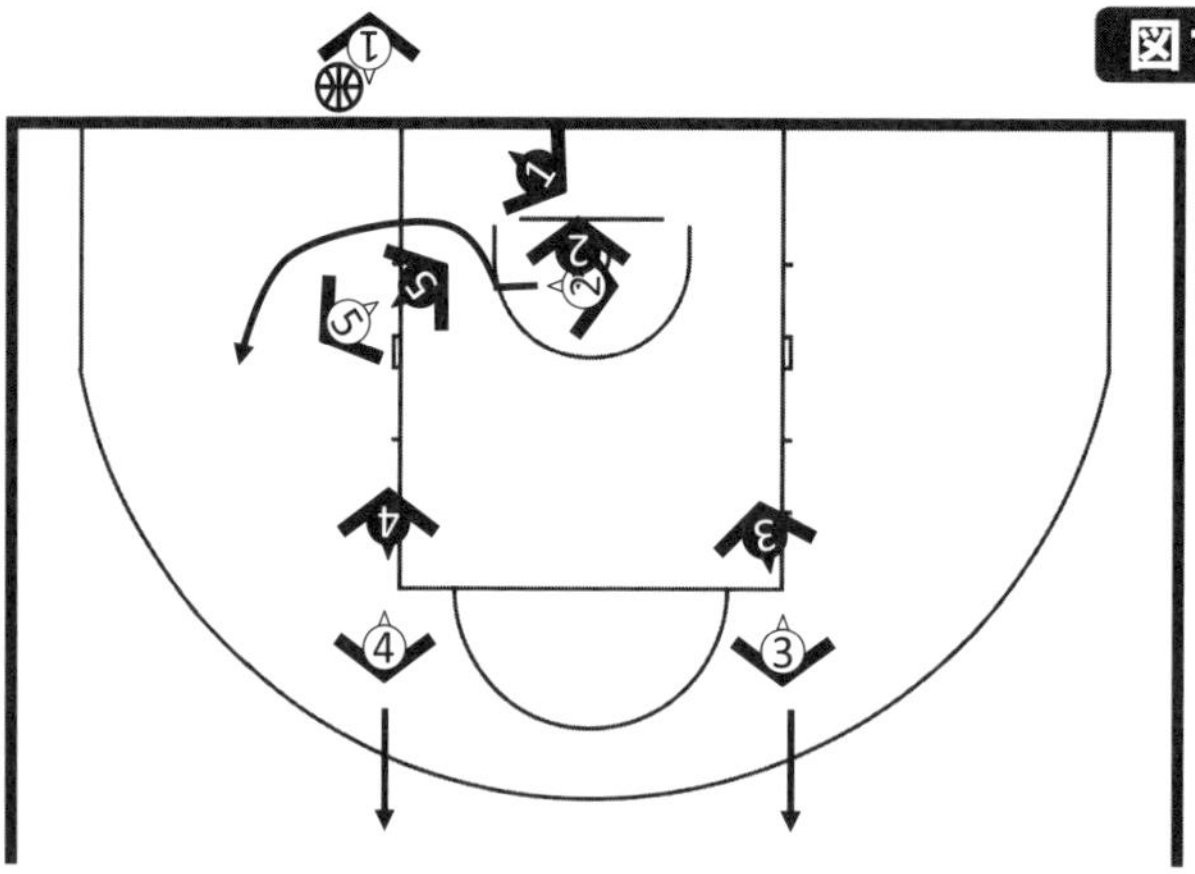

図2

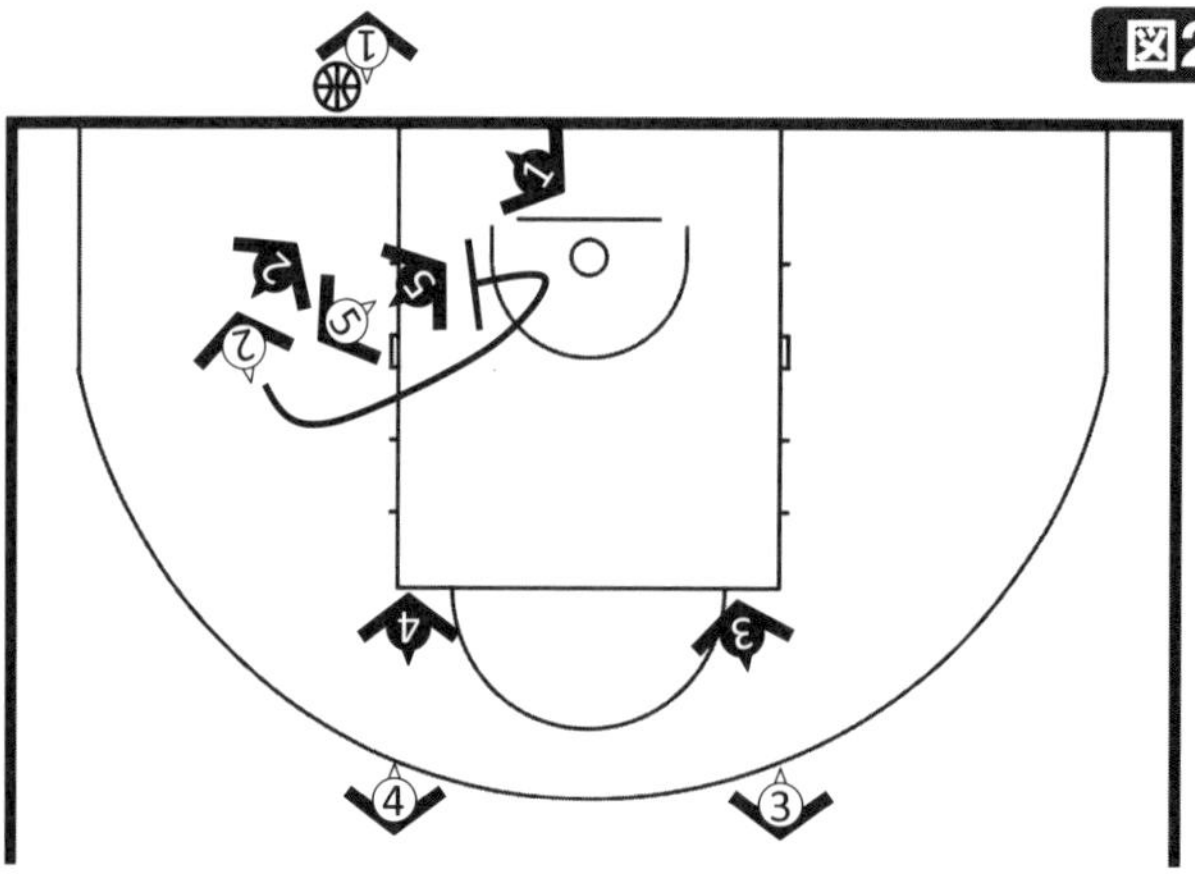

連続してダミーを仕掛け対応を困難にさせてからショット

スクリーンを利用したユーザーがカールしてスクリーナーになるインバート（役割を反転）で、ビッグマンをゴール下に飛び込ませるセットです。

木村亜美①がインバウンダーを務め、ボールサイドのブロックにパレイのりこ⑤、ボールサイドのエルボーに崎原成美④、ウィークサイドのエルボーに伊森可琳③、ゴール下に赤木里帆②がポジションをとります。

図1 ①がボールを保持したタイミングで、④と③は3Pエリアへと開いてゴール付近のスペースを作ります。同時に②は

図3

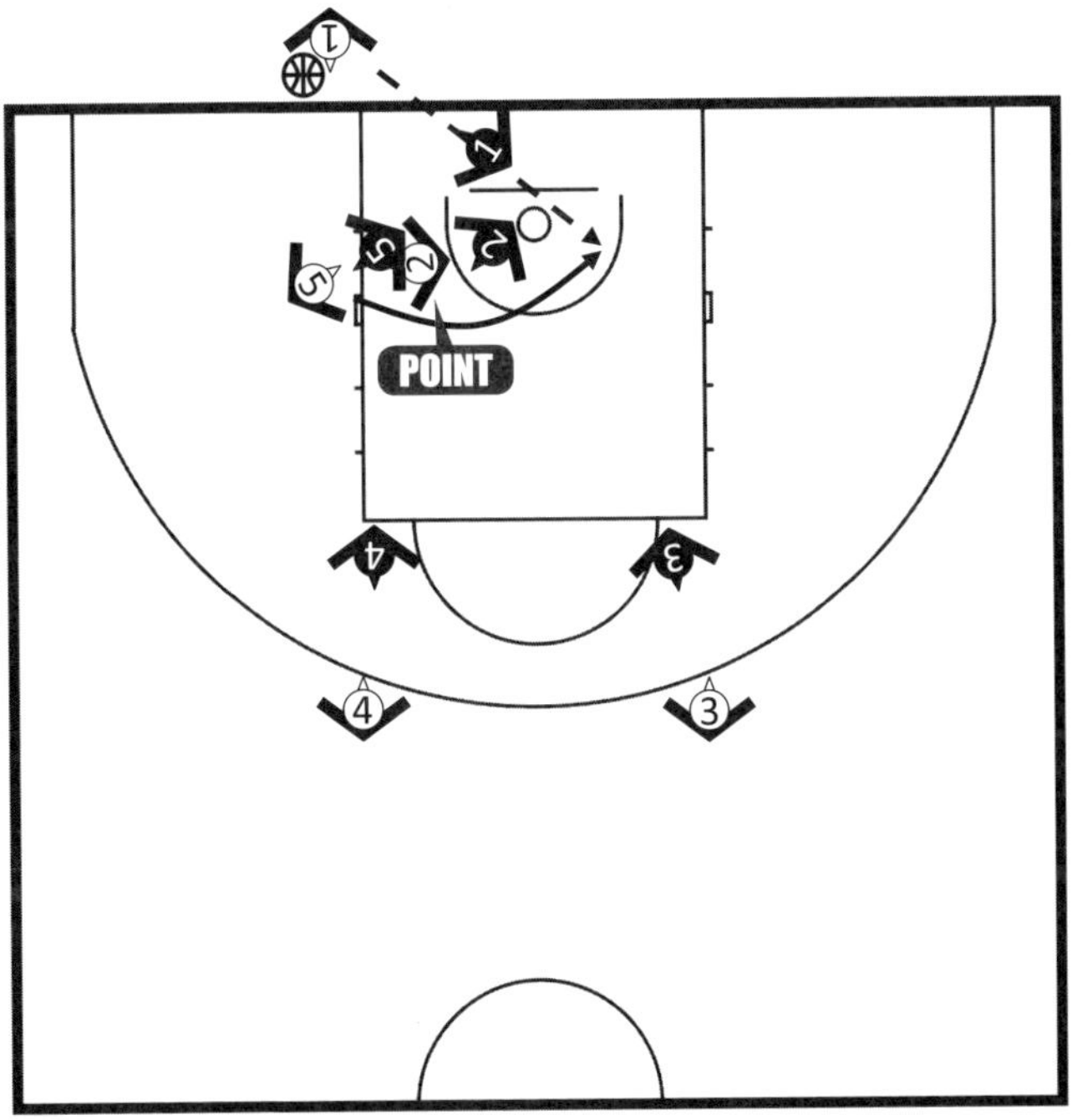

⑤とマッチアップする田中平和❺にスクリーンをセットするように見せかけ、⑤のスクリーンを利用して⑤のベースライン側からボールサイドへと移動します。

図2 ②は⑤の周りをぐるりとカールして❺にスクリーンをセットします。

図3 ⑤は②のスクリーンを利用し、ゴール付近に飛び込みます。**ディフェンスにとっては②によるスクリーナー、ユーザーと連続するダミーの動きに続くスクリーンのセットといったインバートへの対応が求められ、対応が困難になります。**

ゴール付近に侵入した⑤は①からのパスを受けます。❺はかろうじて⑤に追いつきますが、ゴール付近でボールを保持できた⑤はワンドリブルで❺をゴール側に少し押し込み、ゴール間近でショットを放ちました。⑤がゴール間近でパスを受けることができれば、1秒以下のクイックヒッターとしても利用可能なセットとなるでしょう。

GAME DATA
インカレ2020女子決勝
東京医療保健大学22vs24白鷗大学 1Q 6:12

NCAA

BOB Normal 2P

インバウンダーがパス後にスクリーナーになってビッグマンを飛び込ませる

図1

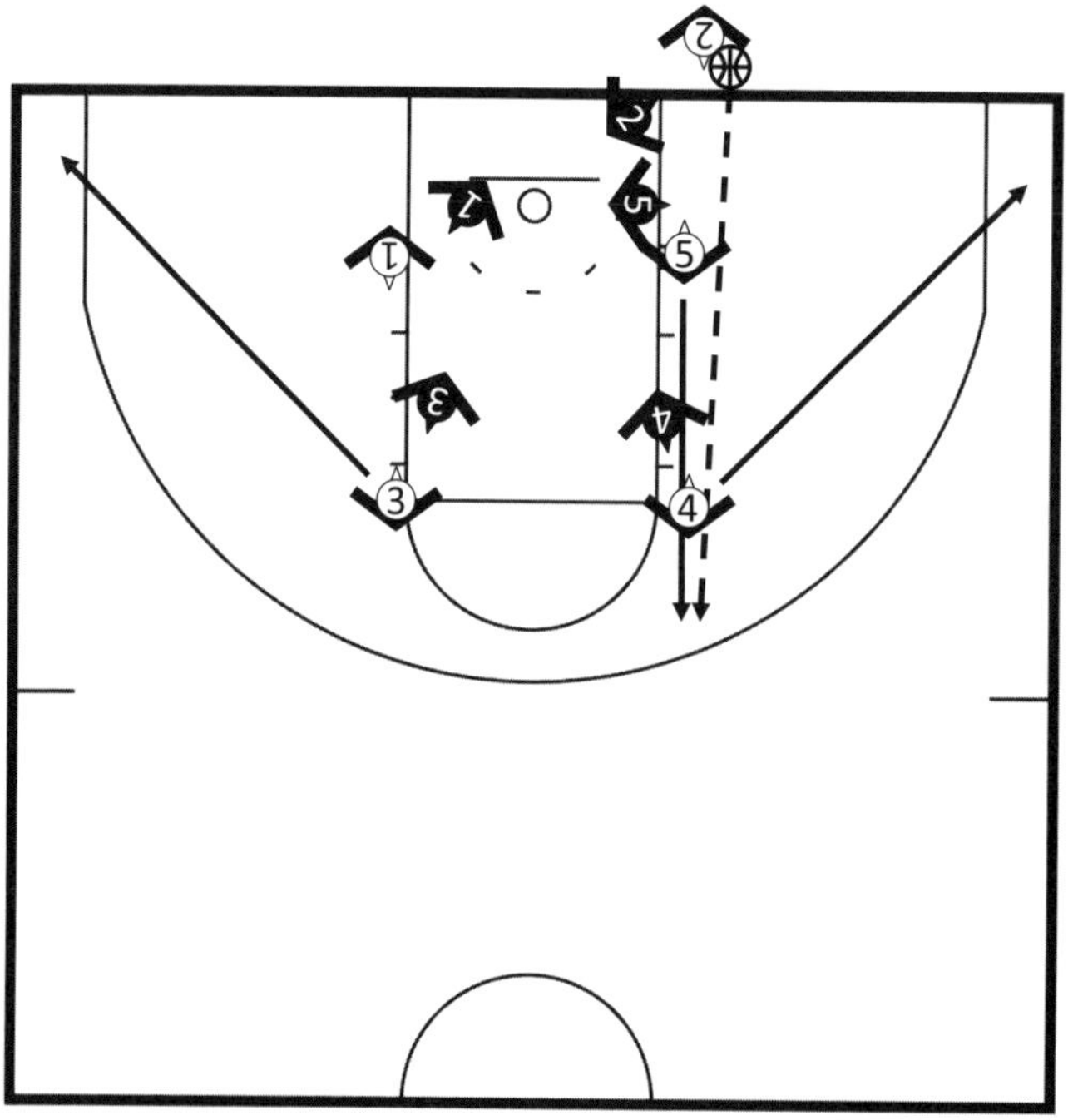

素早いパスによるボールの移動でディフェンスに適切な対応をさせない

インバウンダーがパスした直後にスクリーナーになり、ビッグマンをゴール付近に飛び込ませるセットです。

コーディー・スタットマン②がインバウンダーを務め、ボールサイドのブロックにママディー・ディーキーテ⑤、ボールサイドのエルボーにブラックストン・キー④、ウィークサイドのブロックにキーへイ・クラーク①、ウィークサイドのエルボーにトーマス・ウォールデテンシー③がポジションをとるボックスセットからスタートします。

図1 ②がボールを保持したタイミングで両エルボーに位置する④と③が両コー

プレーの動画はこちら

図2

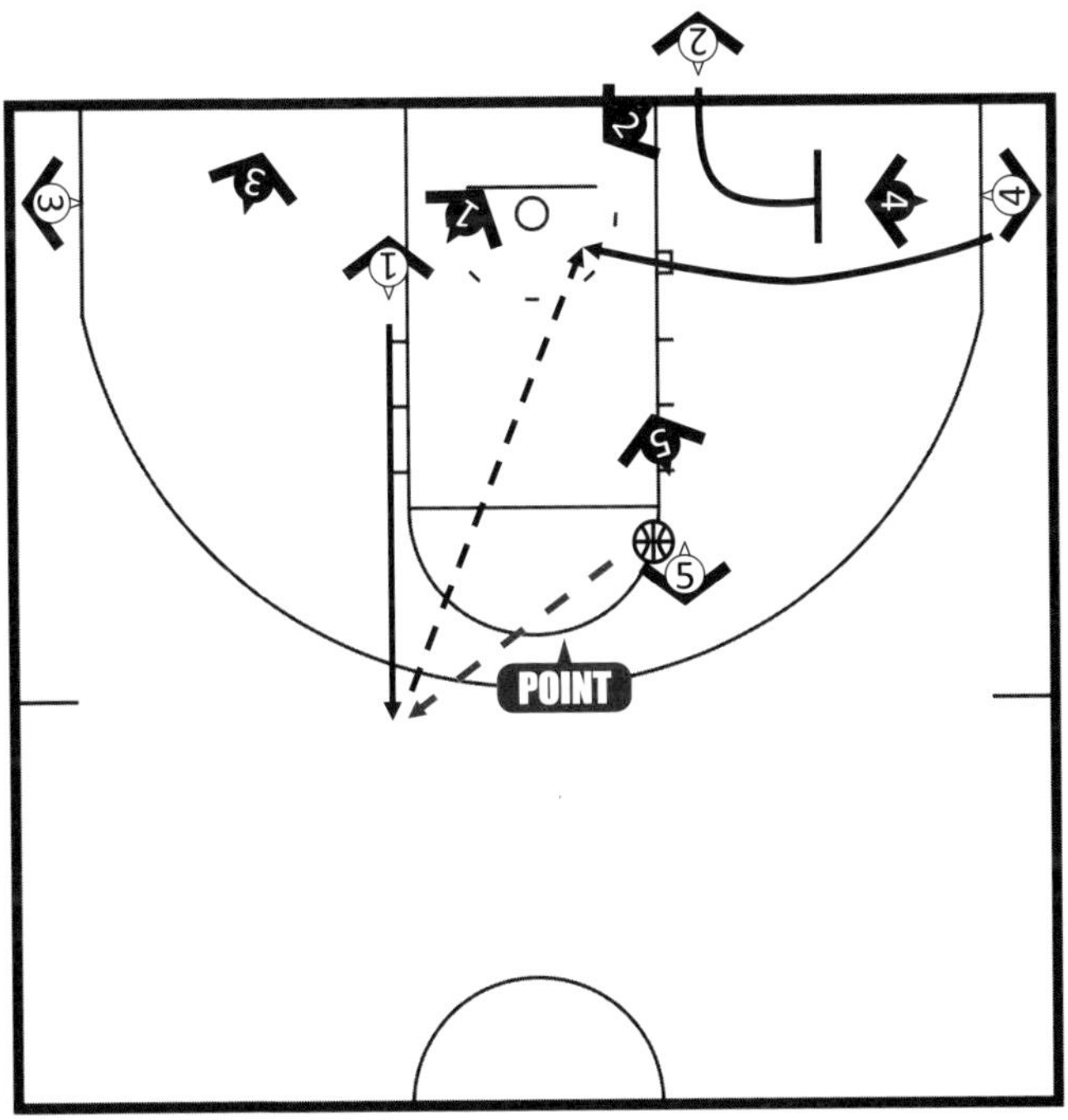

ナーへと広がります。また⑤がスロットラインを駆け上がり、ミドルレンジで②からのパスを受けます。

図2 ⑤のレシーブに合わせて①がスロットラインを駆け上がり、左の2ガードポジションで⑤からのパスを受けます。②は①のタイミングを見計らって右コーナーに広がった④とマッチアップするレックス・フルーガー❹にスクリーンをセットします。④は②のスクリーンを利用してゴール付近に侵入し、①からのパスを受け、ゴール付近でのショットを狙います。

❹には素早いサイドチェンジへの対応が求められますが、❹の移動よりもパスによるボールの移動のほうが早いため、適切なディフェンスポジションにつくことができず、スクリーンを回避することが困難になります。実際には④にパスを入れることなく、⑤によるダウンスクリーンというようにスクリーン・ザ・スクリーナーのアクションへと続きました。

GAME DATA
アトランティック・コースト・カンファレンス
ヴァージニア大学16vs19ノートルダム大学 1st half 3:28

Bリーグ

BOB Normal
2P

スクリーンを利用してインバウンダーをゴール下に飛び込ませる

図1

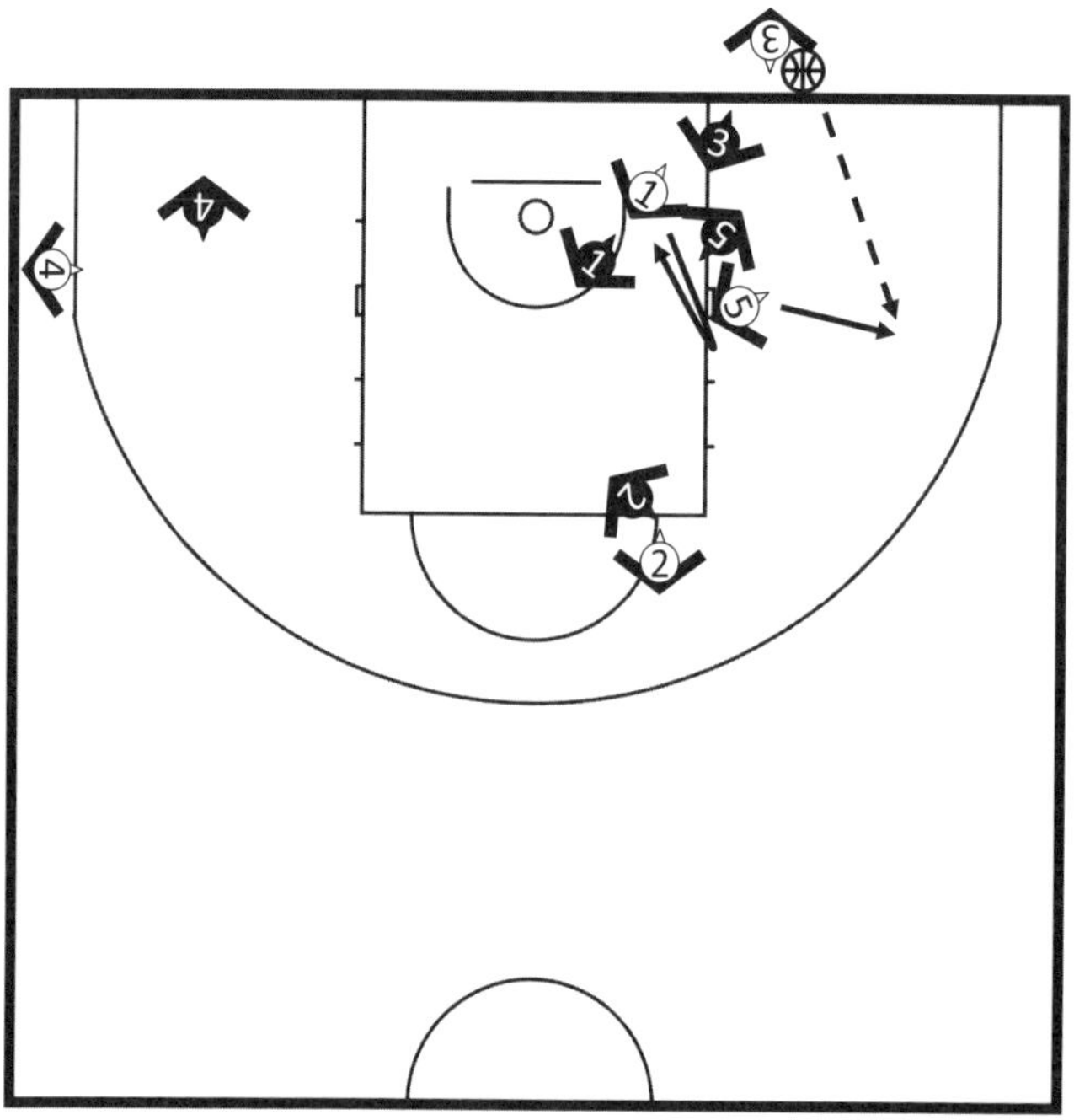

身長のミスマッチを作り出してゴール下でショットを放つ

インバウンダーとマッチアップするディフェンスにスクリーンをセットすることにより、インバウンダーをゴール下に飛び込ませるセットです。

井上宗一郎③がインバウンダーを務め、ゴール下に寺園脩斗①、ボールサイドのブロックに太田敦也⑤、ボールサイドのエルボーに津屋一球②、ウィークサイドのコーナーにステヴァン・イエロヴァツ④がポジションをとります。

図1②と④は、アウトサイドに位置することでゴール付近のスペースを作り出す役割を担います。①は⑤のスクリーン

プレーの動画はこちら

図2

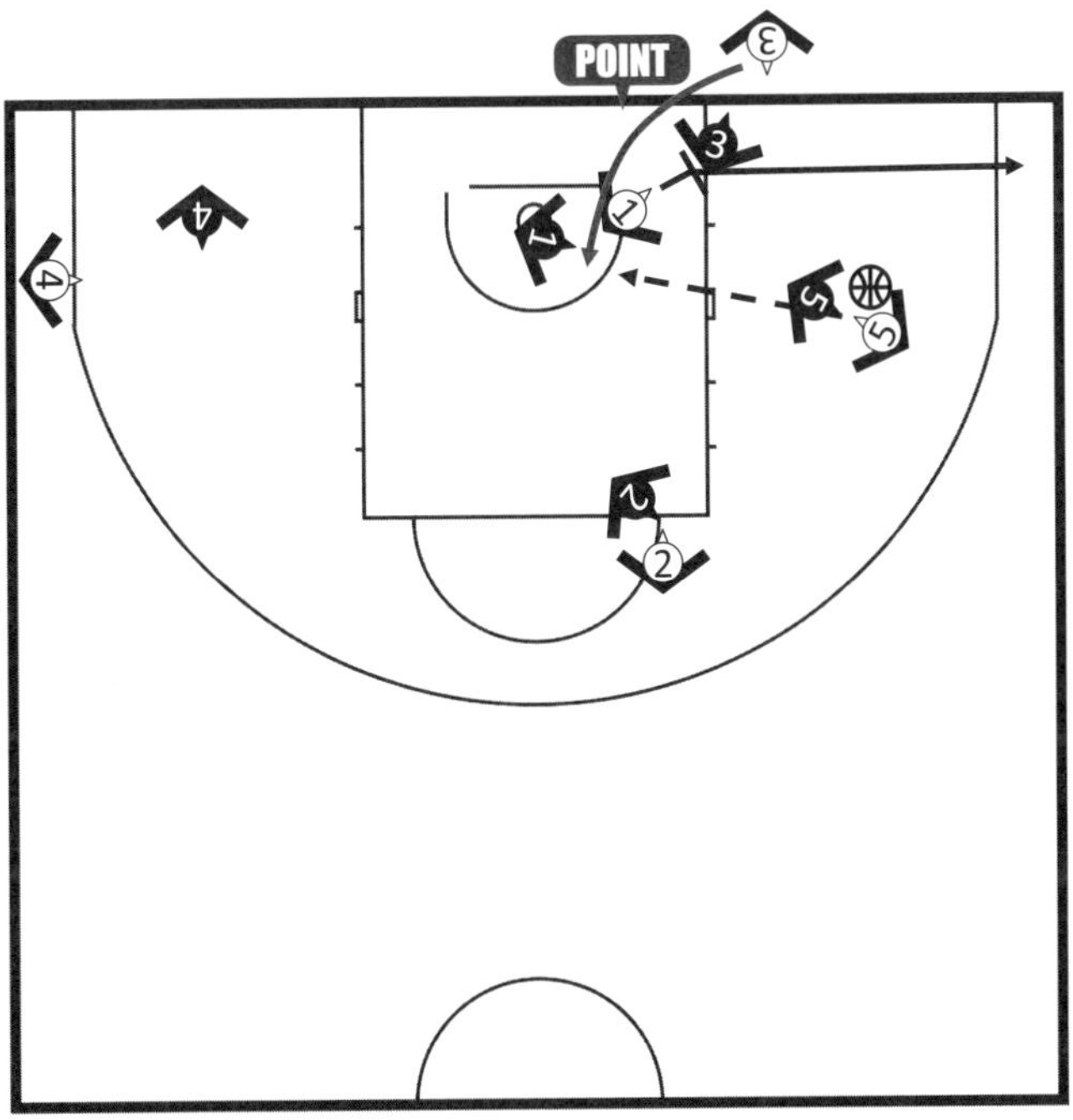

を利用し、ボールサイドのウィングでパスを受けるように移動を始め、笹山貴哉❶とジェフ・エアーズ❺の注意を引きます。①が❶と❺の注意を引いている間に、⑤はボールサイドのウィング方向へと飛び出し、ミドルレンジで③からのパスを確実に受けます。

図2 ①はウィング方向への移動を切り返してゴール方向へと戻り、③とマッチアップする木下誠❸にスクリーンをセット。③は①のスクリーンを利用してゴール下に侵入し、①は③によるスクリーンの利用後、ボールサイドのコーナーへと飛び出し、ゴール付近のスペースを作り出す役割を担います。**❶はゴール下に向かってくる③を阻止しようとしますが、身長のミスマッチがあるため、③は容易に⑤からのパスを受け、ゴール下でショットを放ちました。**

GAME DATA 2020-2021 Bリーグ
三遠ネオフェニックス62vs77名古屋ダイヤモンドドルフィンズ 4Q 9:44

NBA

BOB Normal
2P

得点力のあるインバウンダーがペイント内での1on1から得点を狙う

図1

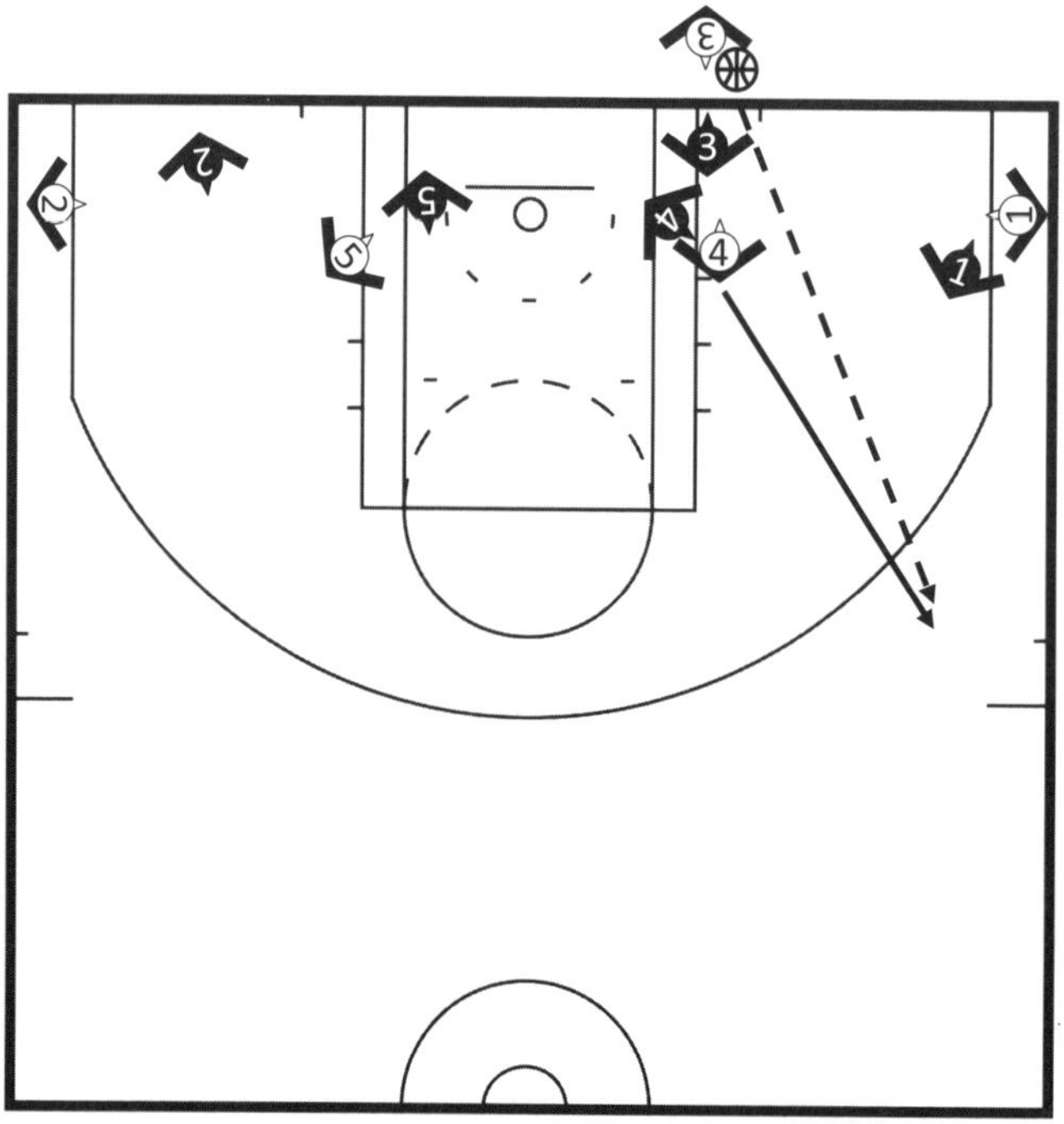

プレーの動画はこちら

ペイント内に大きなスペースを作り1on1の状況で仕掛ける

得点力のあるインバウンダーに、ペイント内での1 on 1をさせて得点を狙うセットです。

ジェイソン・テイタム③がインバウンダーを務め、両コーナーにそれぞれケンバ・ウォーカー②とジェイレン・ブラウン①という高確率の3Pショットを備えるプレーヤーがポジションをとり、ゴール付近のスペースを作る役割を担います。ボールサイドのブロックにマーカス・スマート④、ウィークサイドのブロックにダニエル・タイス⑤がポジションをとり、インバウンダー以外の4人のオフボールマンがベース

図2

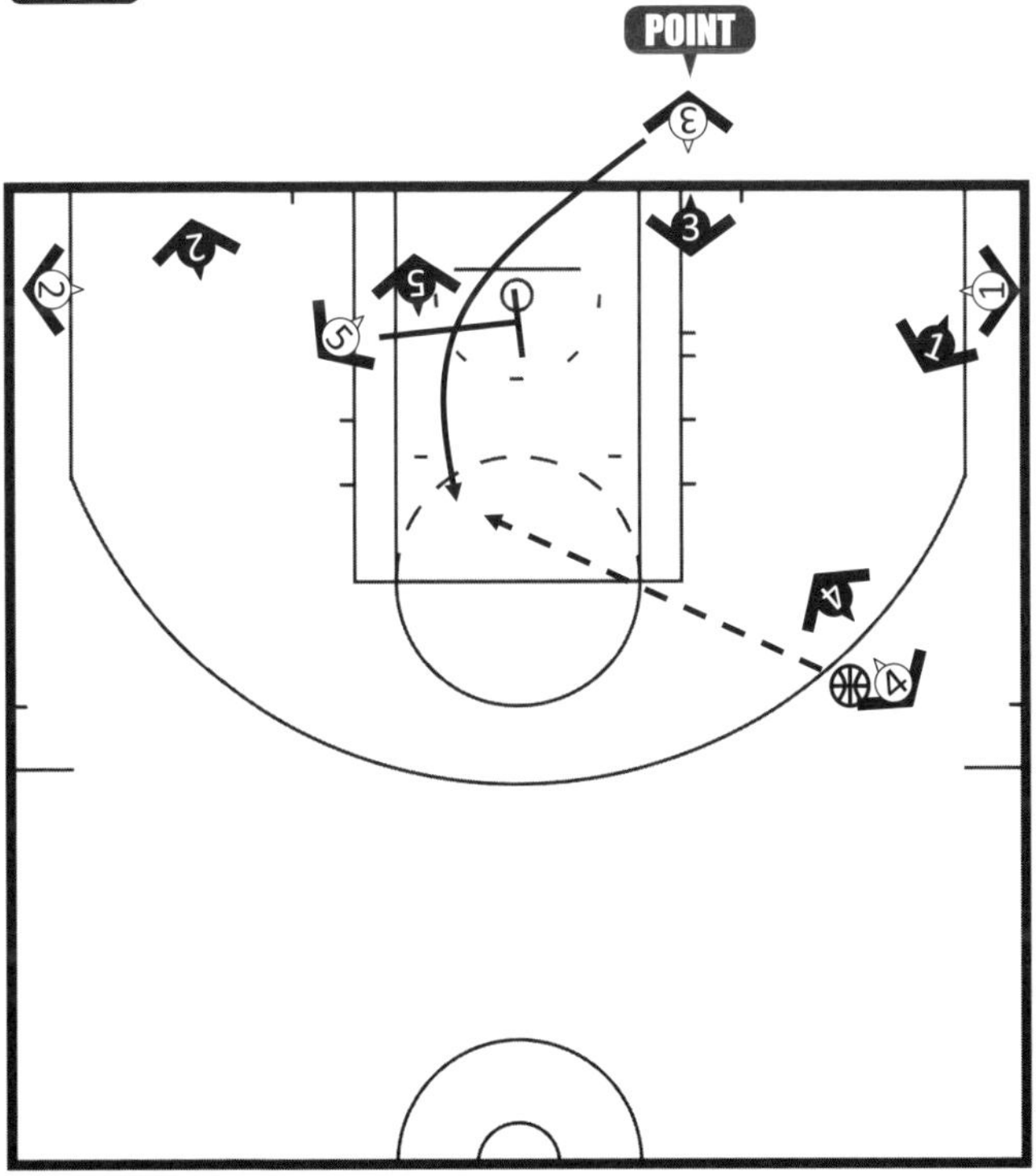

ラインに沿って一列に並びます。

図1 ③がボールを保持したタイミングで、④がマッチアップしているバディ・ヒールド❹にコンタクトしてから、ボールサイドのスロットに飛び出して③からのパスを確実にレシーブします。

図2 ③がパスを出すタイミングに合わせて、⑤は③とマッチアップするハリソン・バーンズ❸にスクリーンをセットします。③が⑤のスクリーンを利用し、ペイント内で④からのパスを受けてショットを放ちます。

　ゴールから離れる動きからボールをレシーブすることになりますが、ペイント内には大きなスペースが作り出されているので、③のように**1 on 1での得点能力が高いプレーヤーの場合、⑤のスクリーンによって❸との距離を少しでも作り出すことで、十分に得点できる状況を作り出せます**。

GAME DATA 2019年レギュラーシーズン
セルティックス95 vs 96キングス 4Q 1:32

NT

BOB Normal 2P

フレックススクリーンによってビッグマンをゴール下に飛び込ませる

図1

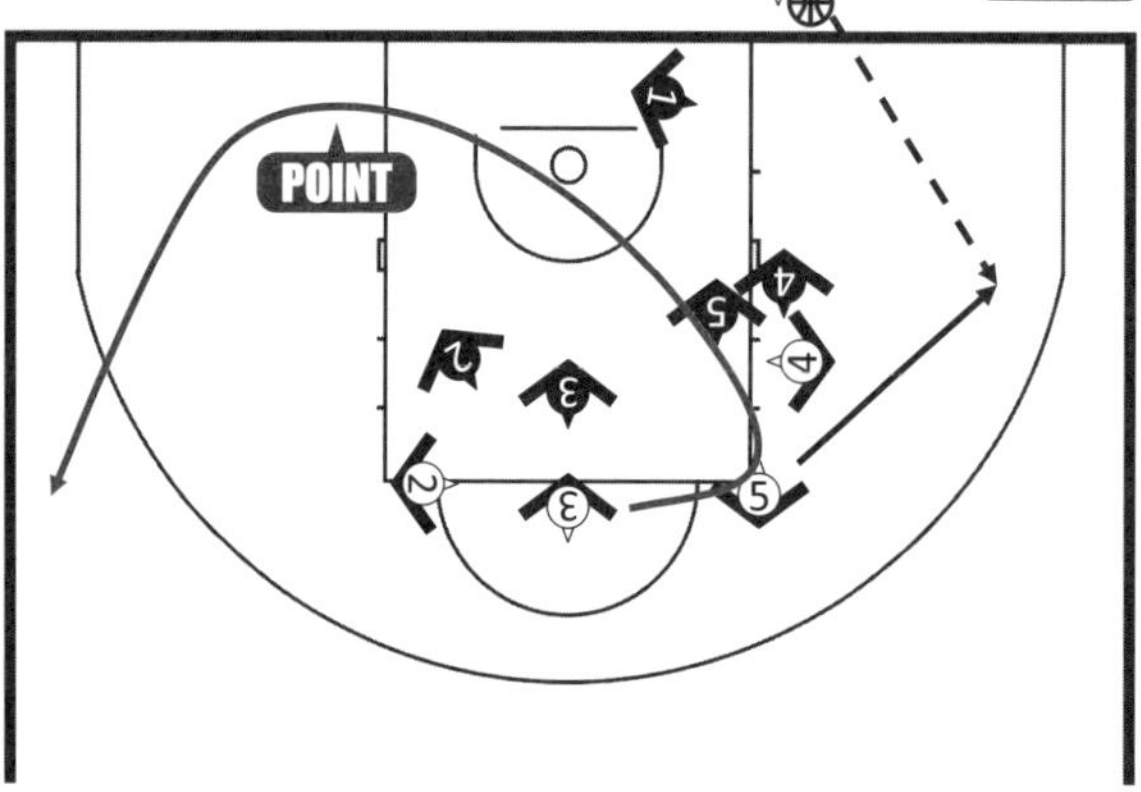

図2

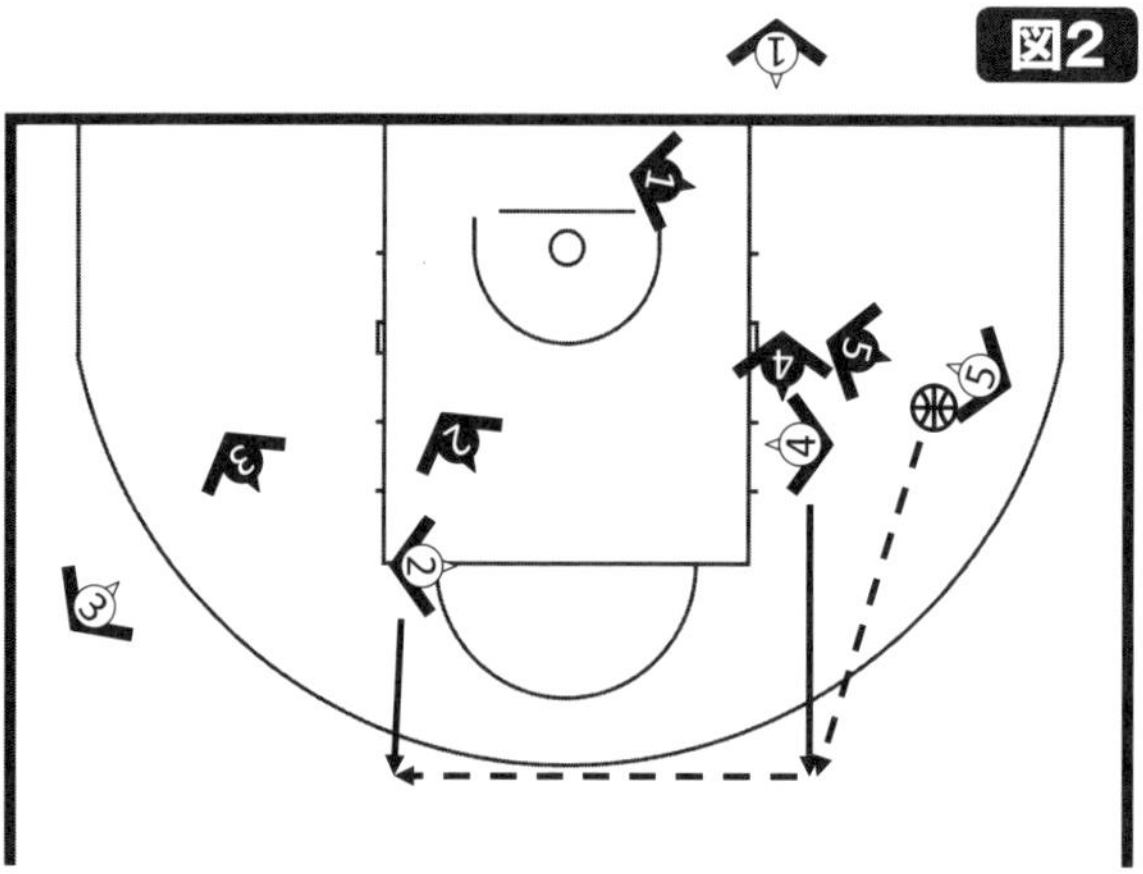

NCAAのより巧妙なバージョン

ボールの展開からのフレックススクリーンにより、ビッグマンをゴール下に飛び込ませるセットです。

レイラニ・ミッチェル①がインバウンダーを務め各プレーヤーは図1のようにポジションをとります。

図1 ①がボールを保持したタイミングで③が④と⑤によるダブルスクリーンを利用するように、ボールサイドのウィング方向へと移動を開始します。**この動きはダミーで、実際にはスクリーナーのフリをして立っていた⑤とマッチアップする渡嘉敷来夢❺に④がスクリーンをセットし、**

プレーの動画はこちら

図3

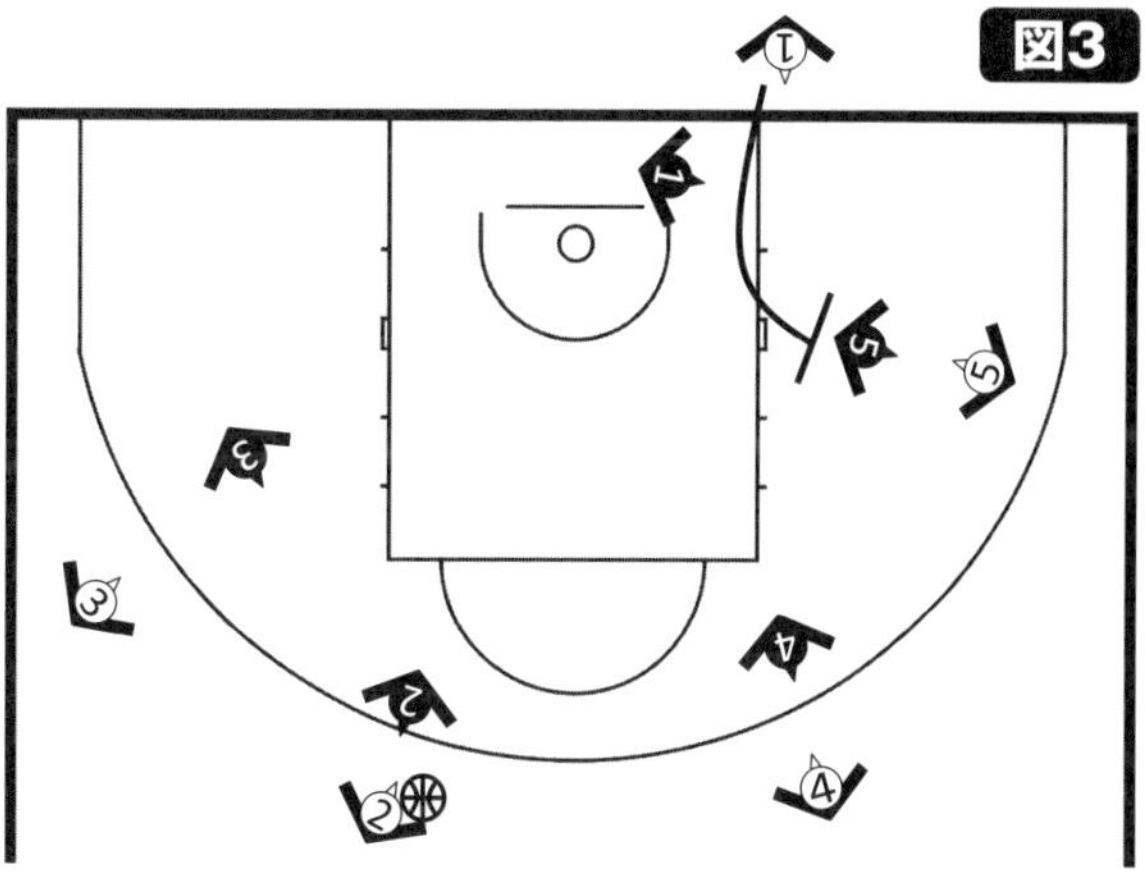

図4

⑤がボールサイドのコーナー方向へと飛び出し、ミドルレンジで①からのパスを受けます。

図2 ③は進行方向を変え、ペイント内を通過してウィークサイドのウィングへと移動、④は⑤によるスクリーンの利用後にスロットラインを駆け上がり、ボールサイドの2ガードポジションで⑤からのパスを受けます。さらに④がボールを保持するタイミングで②がウィークサイドの2ガードポジションに飛び出し、④からのパスを受けます。

図3 ①は②がボールを保持するタイミングを見計らって❺にスクリーンをセット。⑤は①のスクリーンを利用してゴール付近に侵入し、②からのパスを受けてゴール間近でショットを放つことを狙います。NCAAのカテゴリーで紹介したもの(58ページ)と同様のプレーになりますが、インバウンズまでのアクションがより巧妙なものになります。

GAME DATA FIBA Women's PRE Olympic Qualifying Tournament 2020
日本75 vs 64オーストラリア 4Q 2:43

U15

BOB Normal 3P

オフボールスクリーンの連続からインバウンダーに3Pショットを放たせる

図1

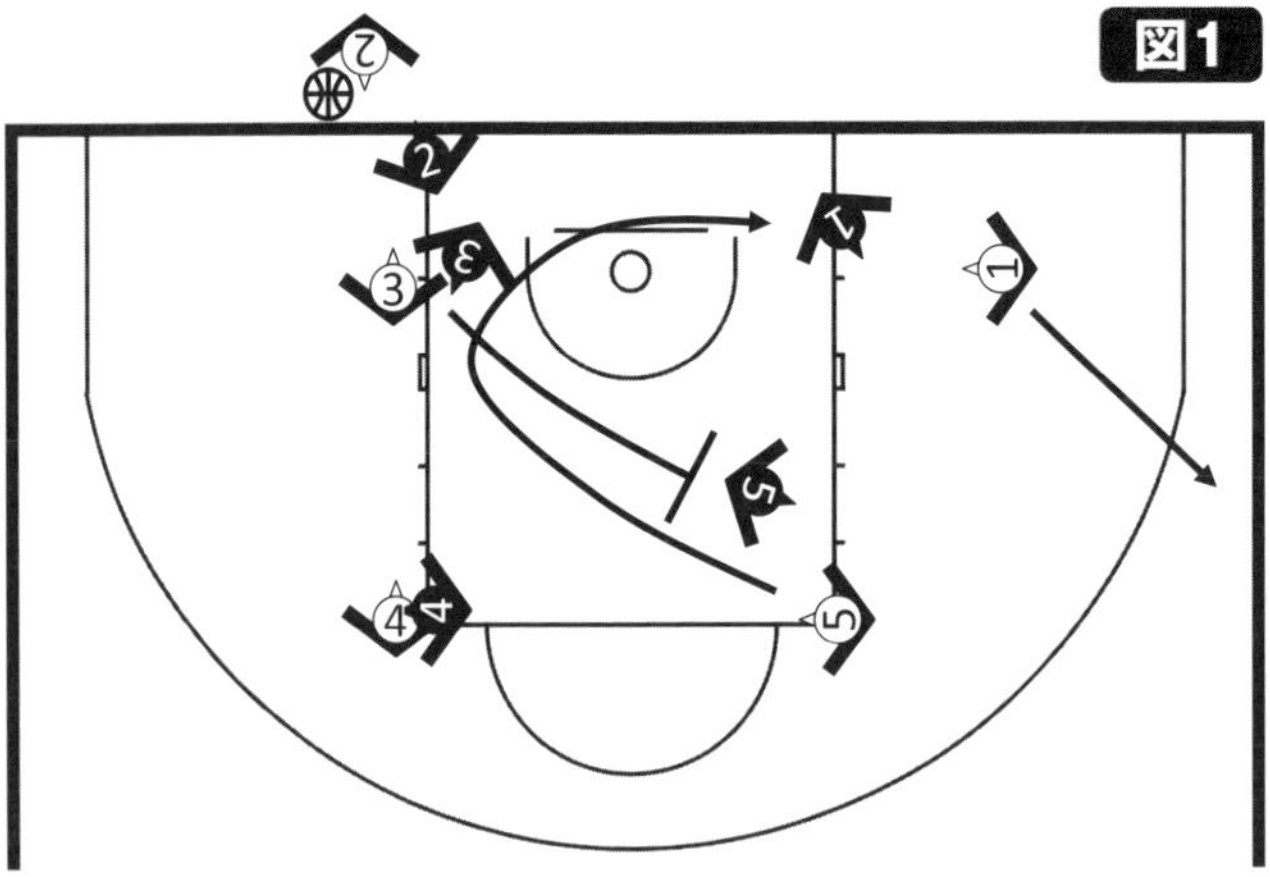

図2

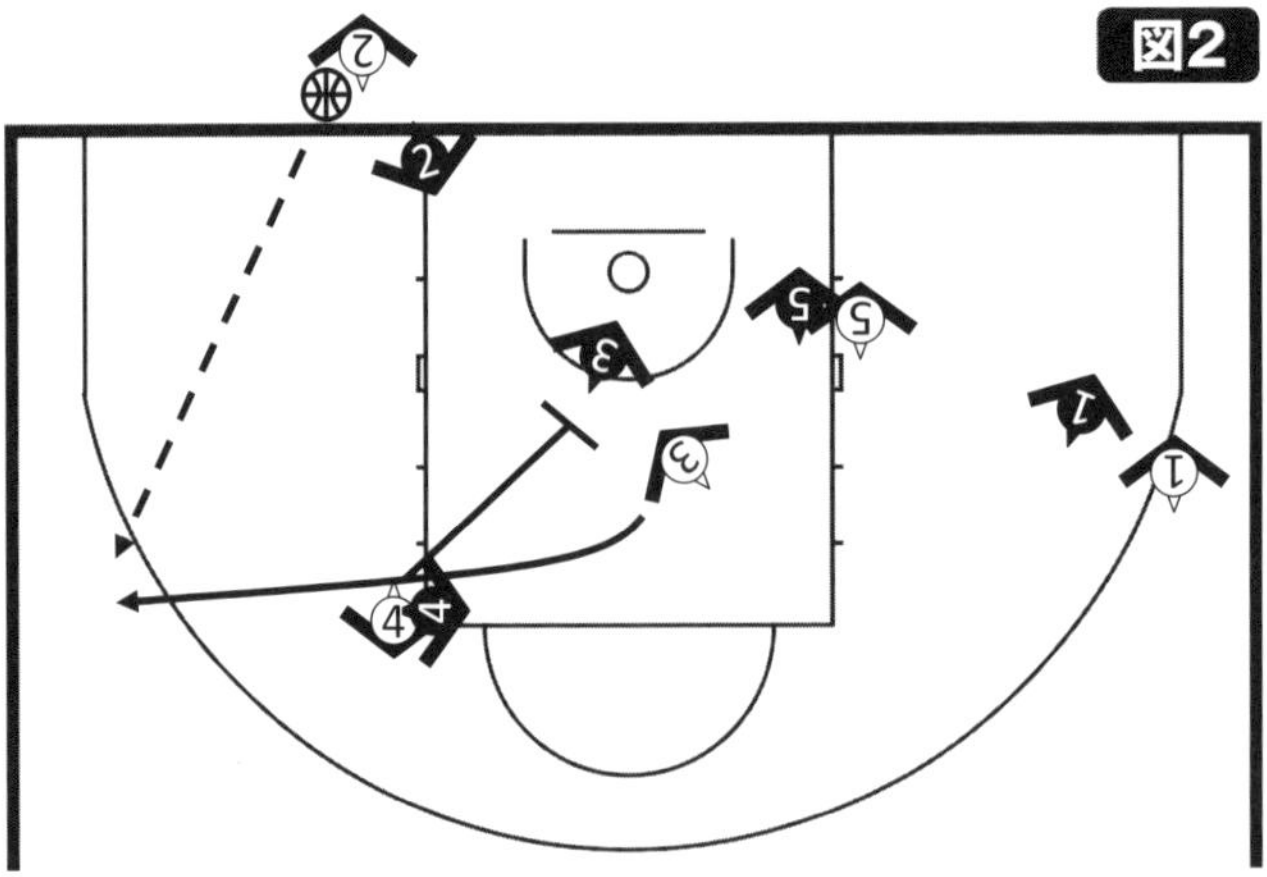

スクリーンの回避を困難にさせて3Pショットを放てる状況を作る

連続するオフボールスクリーンによりディフェンスの対応を困難にし、インバウンダーに3Pショットを放たせるセットです。

廣木啓人②がインバウンダーを務め、各プレーヤーは図1のようにポジションをとります。

図1 ②がボールを保持したタイミングで、石井息吹③が親見悠希⑤とマッチアップする❺にスクリーンをセットします。⑤は③のスクリーンを利用し、ゴール下を通過してウィークサイドのブロックへと移動。③と⑤のスクリーンプレーに合わせて中島遙希①がウィングへと開きます。

プレーの動画はこちら

図3

図2 黒澤修太郎④は⑤がスクリーンを利用するタイミングに合わせて③とマッチアップする❸にスクリーンをセットします。③は⑤のスクリーンの利用後、④のスクリーンを利用してボールサイドのウィングに飛び出します（スクリーン・ザ・スクリーナー）。❸は⑤のゴール下への移動に対応したため、③のウィングへの飛び出しに遅れます。③は余裕を持って②からパスを受けます。

図3 ④は③によるスクリーンの利用後、ボールサイドの第2ハッシュあたりで体の正面をベースラインに向けてスクリーンをセット。②は③へパスを出した直後、④のスクリーンを利用してトップへと駆け上がります。②とマッチアップする**❷にとっては、②のパス後にポジションを変えようとしたタイミングで②がスクリーンを利用するため、スクリーンの回避が難しい状況になります。**ノーマークになった②は③からのパスを受けて3Pショットを沈めました。

GAME DATA
B.LEAGUE U15 CHALLENGECUP 2020
茨城54vs42宇都宮 4Q 2:41

高校

BOB Normal 3P

スタッガードスクリーンによって3Pショットを放たせる

図1

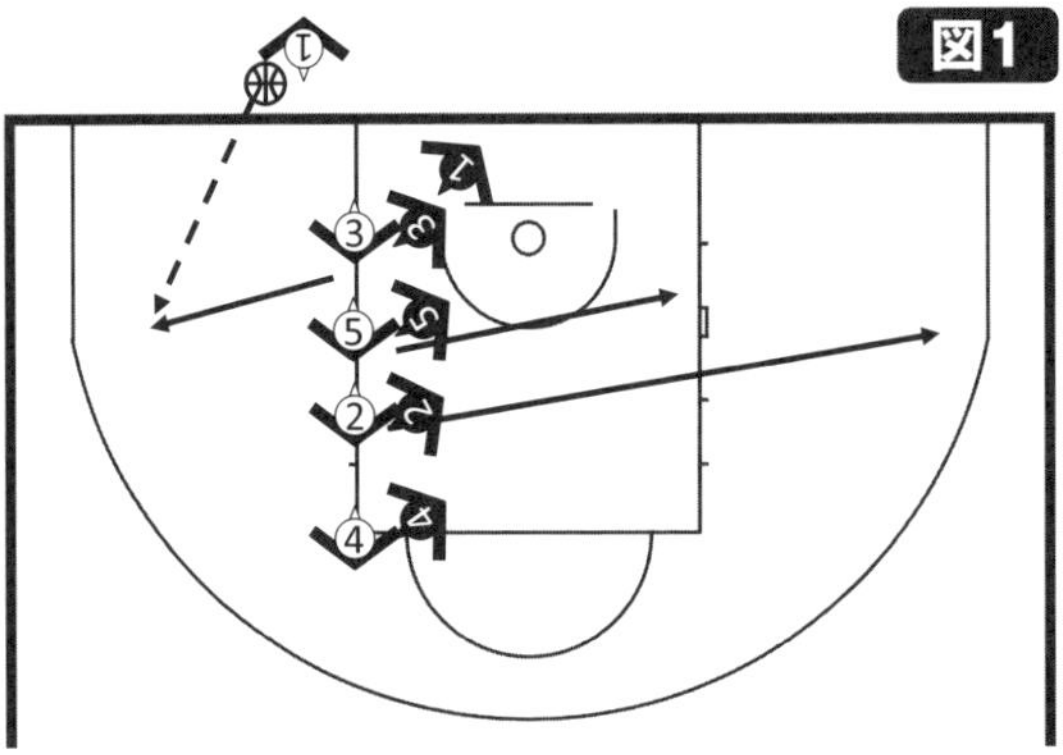

図2

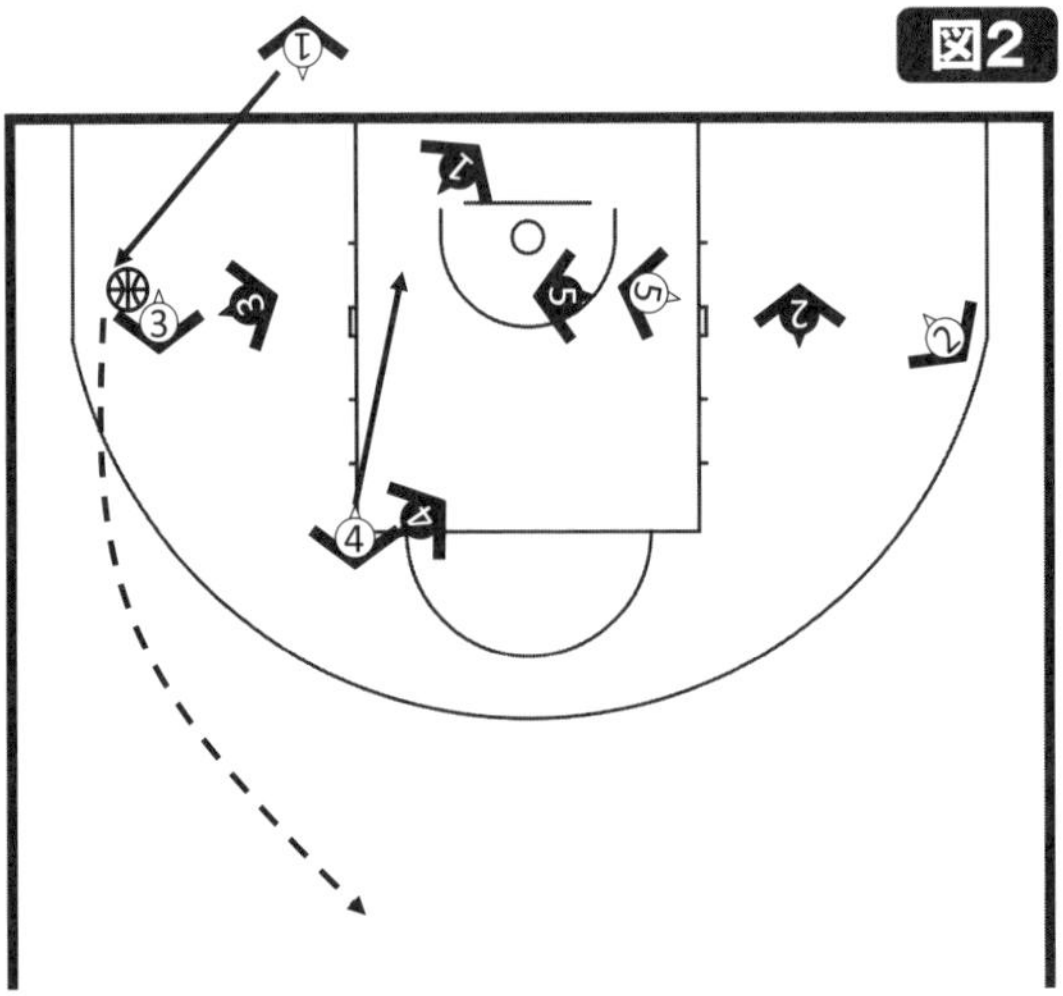

スタッガードスクリーンを利用し逆サイドに飛び出して3Pショット

3人のスクリーナーが連続してスクリーンをセットする「スタッガードスクリーン」によって3Pショットを放たせるセットです。

植田凛太郎①がインバウンダーを務め、ボールサイドのスロットラインにベースライン側から園部毅③、跡部晃基⑤、山下寛太②、野中和希④の順で並びます。

図1 ①がボールを保持したタイミングで③がボールサイドのミドルレンジに飛び出して①からのパスを受けます。⑤はウィークサイドのブロックから少しゴール側に入った位置、④はボールサイドのブ

プレーの動画はこちら

図3

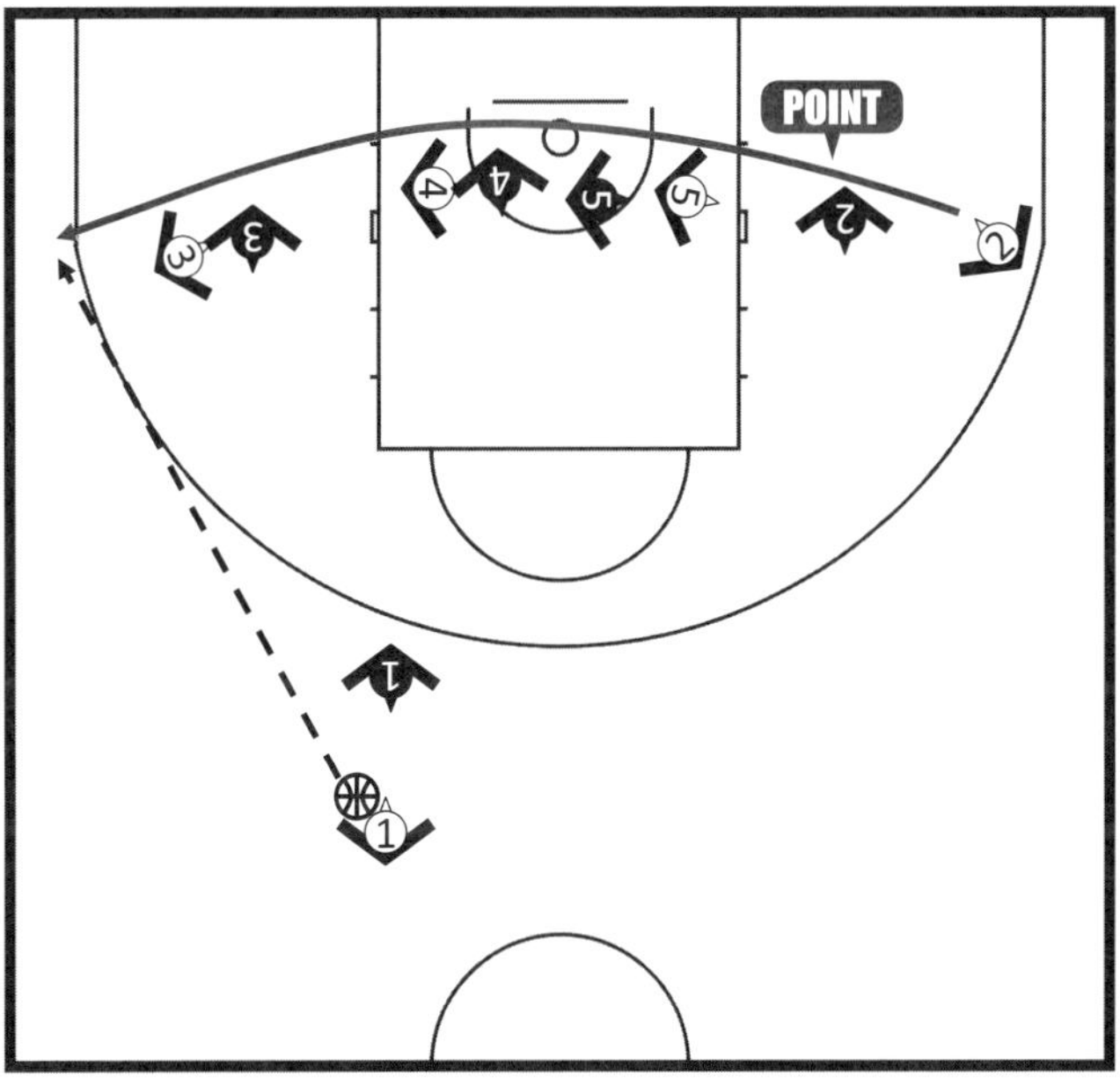

ロックから少しゴール側に入った位置へと移動し、体の正面をウィークサイドのサイドラインに向けてスクリーンをセットします。②はウィークサイドのミドルレンジへと移動します。

図2 ①は③へパスを出した直後に③に向かって移動し、③からハンドオフパスを受けます。そして①はドリブルでボールサイドの2ガードポジションへ駆け上がり、③は①へのハンドオフパス後、体の正面をウィークサイドのサイドラインに向けてスクリーンをセットします。

図3 ②は①のドリブルに合わせて⑤、④、③のスクリーンを利用。ボールサイドのコーナーへと飛び出します。つまり、**3つのスクリーンが連続するスタッガードスクリーンを利用することになり、②とマッチアップする蓮野加成❷にとってはスクリーンを回避することが難しい状況になります。**ノーマークになった②は①からのパスを受けて3Pショットを沈めました。

GAME DATA
ウィンターカップ2017 男子2回戦
北陸学院0vs0九州学院 1Q 9:11

大学

BOB Normal 3P

エレベータースクリーンからのスタッガードスクリーンでインバウンダーが3P

図1

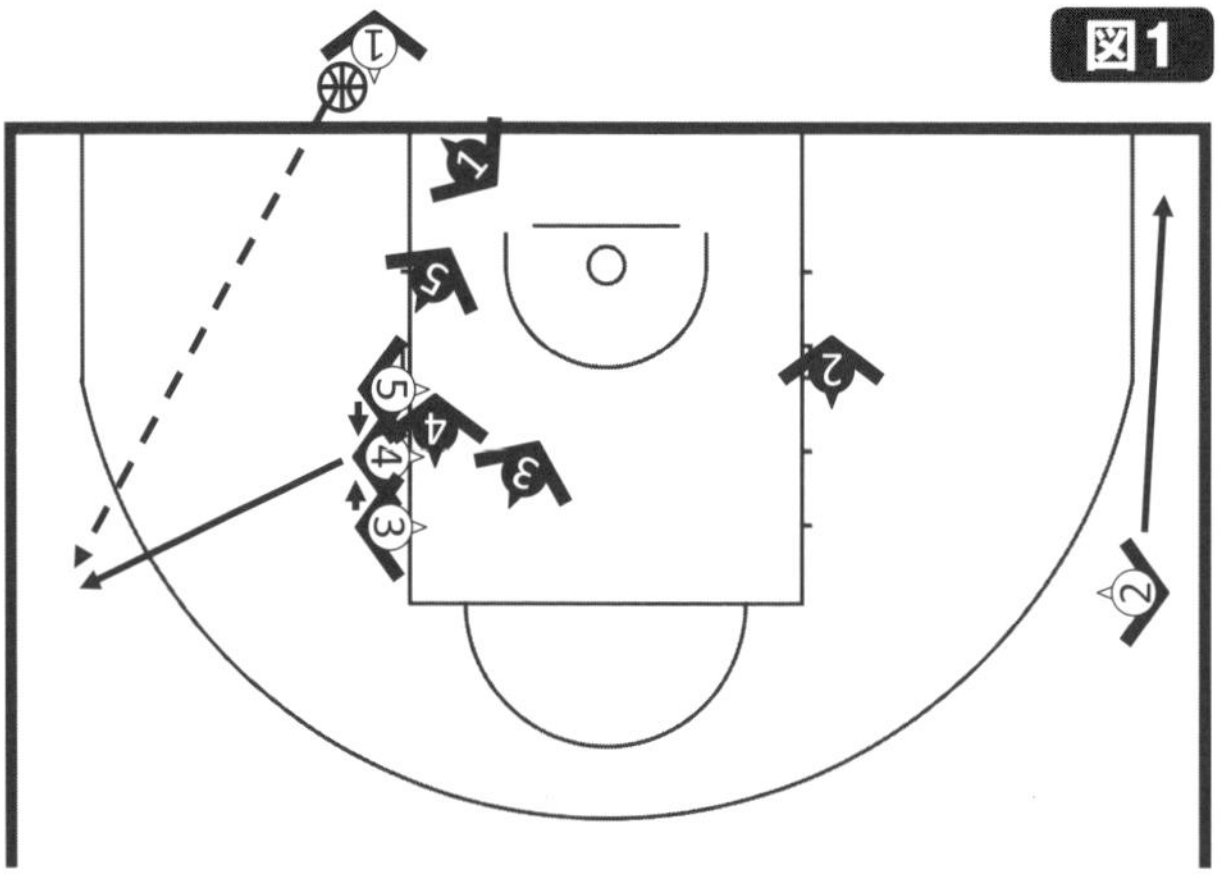

図2

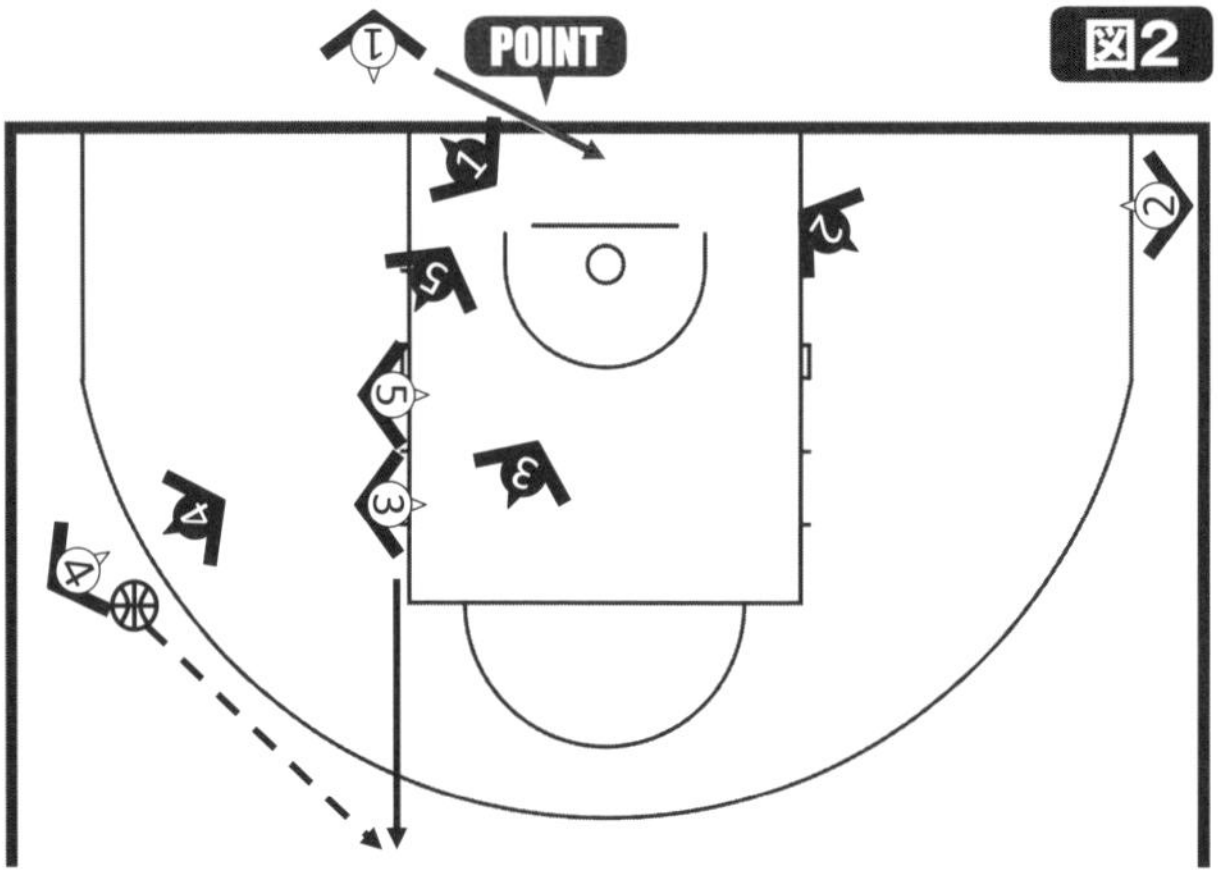

スクリーンの連続からフリーになったインバウンダーがショットを放つ

エレベータースクリーンからのスタッガードスクリーンによってインバウンダーに3Pショットを放たせるセットです。30ページのセットのデフォルトと考えられます。野本大智①がインバウンダーを務め、各プレーヤーは図1のように並びます。

図1 ①がボールを保持したタイミングで半澤凌太④がボールサイドのウィングへと飛び出し、①からのパスを受けます。井上宗一郎⑤と二上耀③はお互いの間を詰め、④とマッチアップする❹の④についていこうとする動きを阻止します。

プレーの動画はこちら

図3

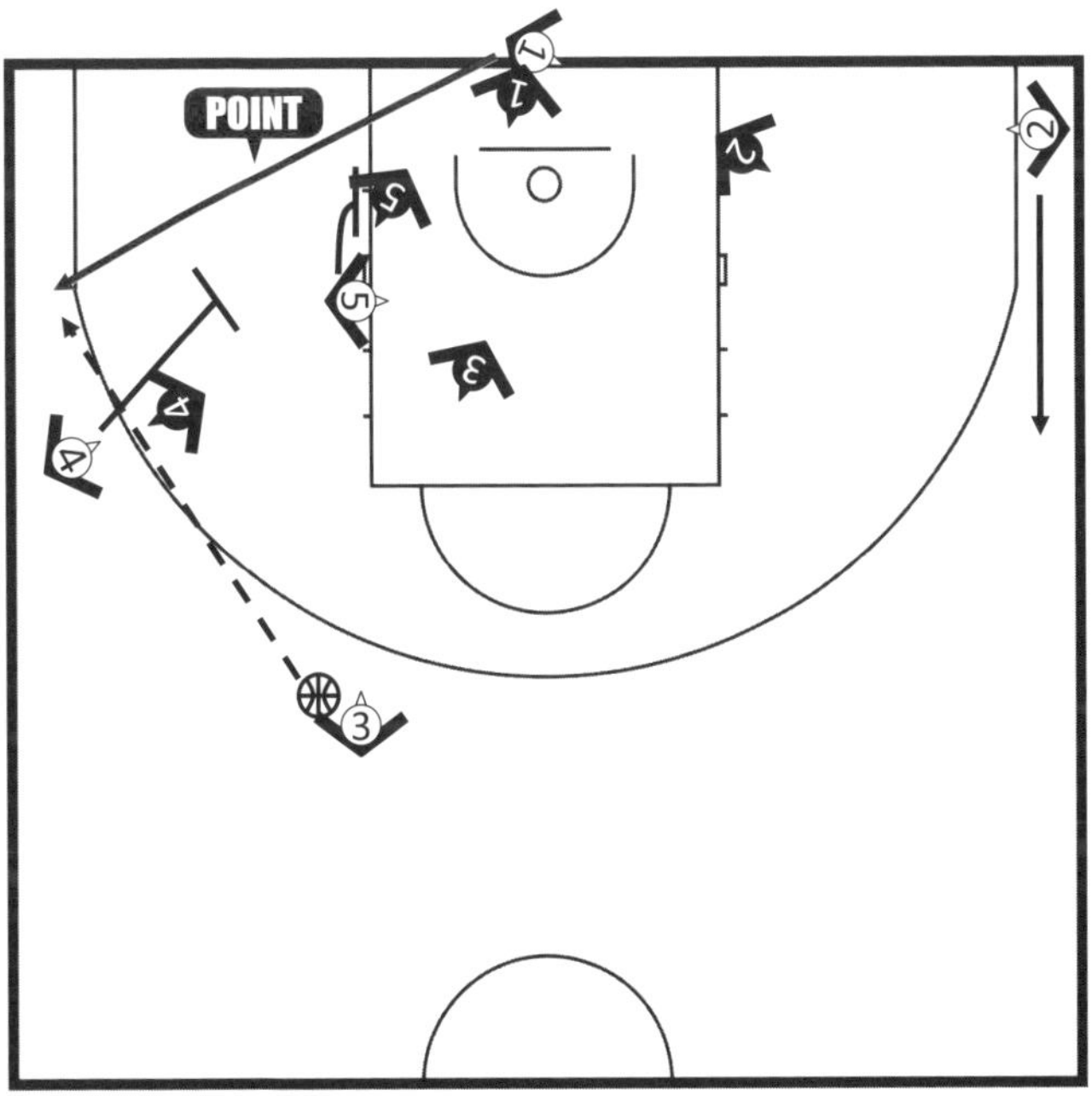

図2 ③は④のエレベーター後、ボールサイドの2ガードポジションへ飛び出し、④からのパスを受けます。笹山陸②は①がボールを保持したタイミングでコーナーへ移動し、③がボールを保持したタイミングでウィングへと戻ることでマッチアップする星野京介❷を自身に引きつけ、ボールサイドのスペースを作り出します。

図3 ⑤はエレベーター後、ボールサイドの第3ハッシュで体をウィークサイドのサイドラインに向けてスクリーンをセット。④は③へのパス後にゴール方向へと移動し、ミドルレンジで体をゴールに向けてスクリーンをセットします。**①は④へのパス後にミドルラインへ移動し、進行方向を変えて⑤と④によるスタッガードスクリーンを利用。**ボールサイドのウィングあたりに飛び出します。①とマッチアップする❶にとってはスクリーンが連続し、回避が難しい状況になります。ノーマークになった①は③からのパスを受けて3Pショットを放ちました。

GAME DATA
インカレ2020男子準決勝
筑波大学19vs12大東文化大学 2Q 6:41

NCAA

BOB Normal 3P

フレックススクリーンとダウンスクリーンで3Pショットを狙う

図1

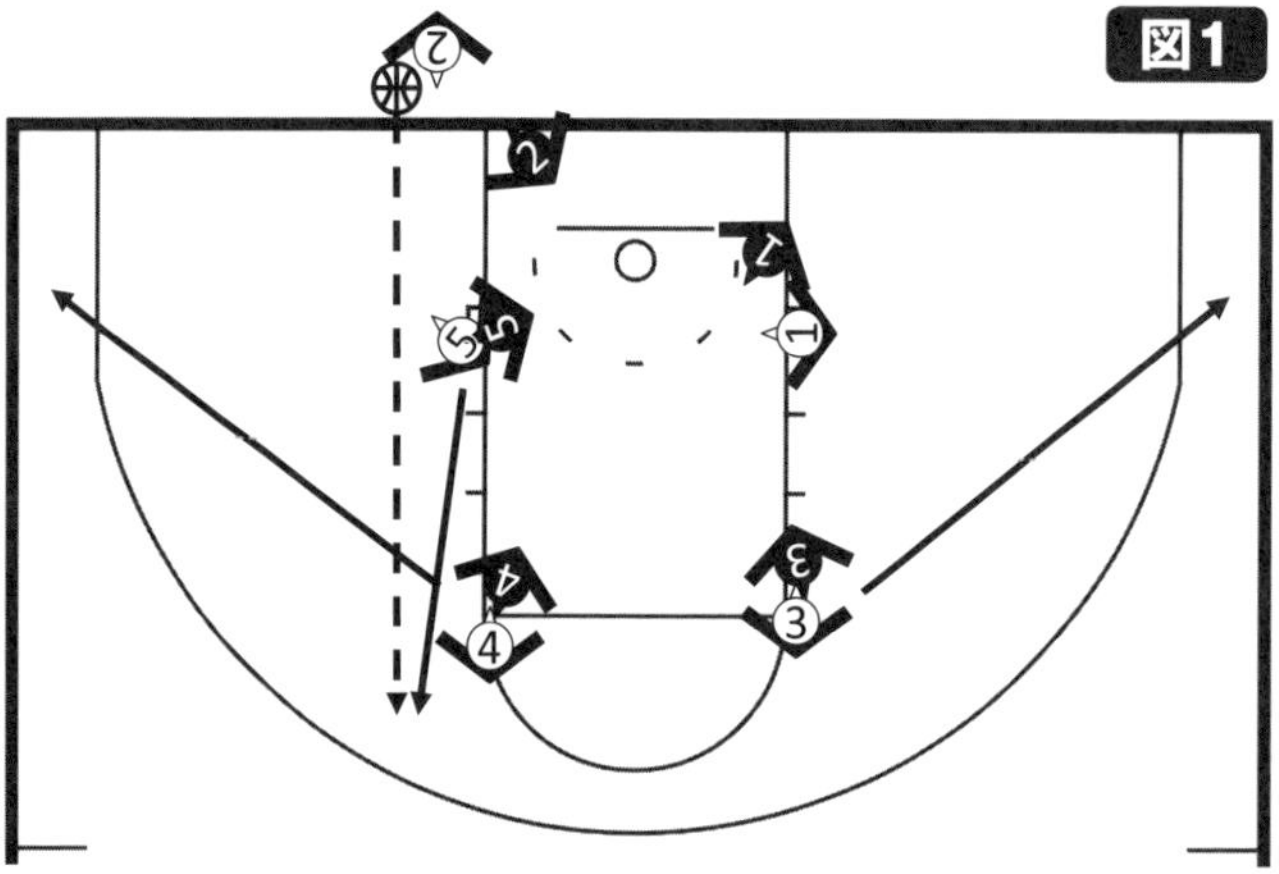

図2

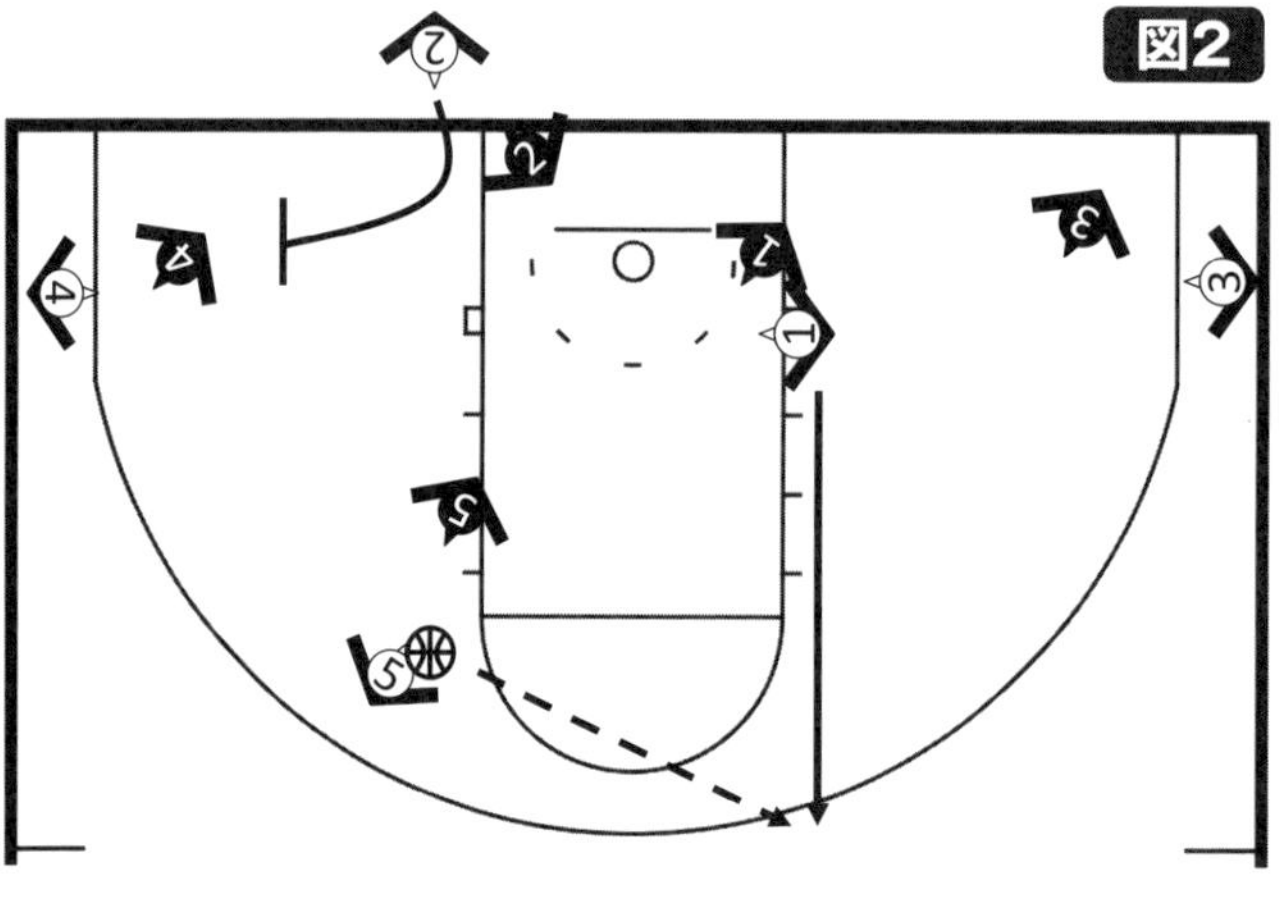

スクリーンの連続からインバウンダーが3Pショット

インバウンダーによるフレックススクリーンとその後に続くダウンスクリーンで3Pショットを狙うセットです。

58ページのセットと同様。トーマス・ウォルデテンシー②がインバウンダーを務め、ボールサイドのブロックにジェイ・ハフ⑤、ボールサイドのエルボーにブラックストン・キー④、ウィークサイドのブロックにチェイス・コールマン①、ウィークサイドのエルボーにケイシー・モーセル③がポジションをとるボックスセットからスタート。

図1 ②がボールを保持したタイミングで、両エルボーの④と③が両コーナーへ。

プレーの動画はこちら

図3

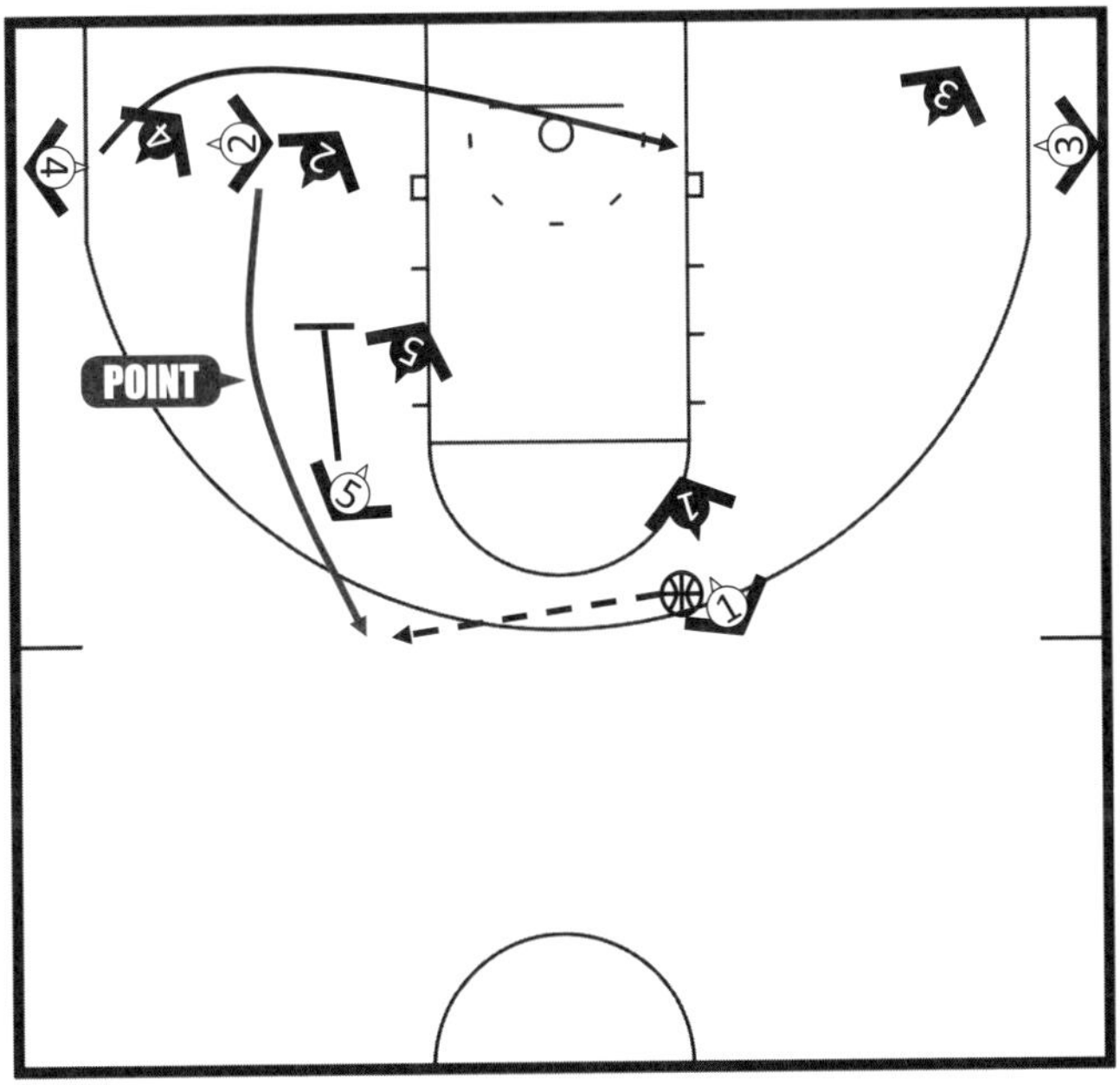

⑤がスロットラインを駆け上がり、ミドルレンジで②からのパスを受けます。

図2 ⑤のレシーブのタイミングに合わせて①がウィークサイドのスロットラインを駆け上がり、右2ガードポジションで⑤からのパスを受けます。②は①がボールを保持するタイミングを見計らって、左コーナーに広がったランダーズ・ノーレイⅡ❹にスクリーンをセットします。

図3 ④は②のスクリーンを利用してゴール付近へと侵入。⑤はパス後にベースライン方向へ移動し、左第2ハッシュあたりでベースラインを向いてスクリーンをセットします。②は⑤のスクリーンを利用して左2ガードポジションへ飛び出し、①からのパスを受けます。②とマッチアップする**ディフェンス❷にとっては、ゴール付近に侵入してくる④への対応直後に②がユーザーとして動き出すため、②についていくことが難しくなります。**ノーマークになった②は①からのパスを受けて3Pショットを放ちました。

GAME DATA 2020年レギュラーシーズン
ヴァージニア大学vsヴァージニア工科大学 2nd half 11:56

アウトサイドスクリーンからハンドオフパスを受けて3Pショットを狙う

図1

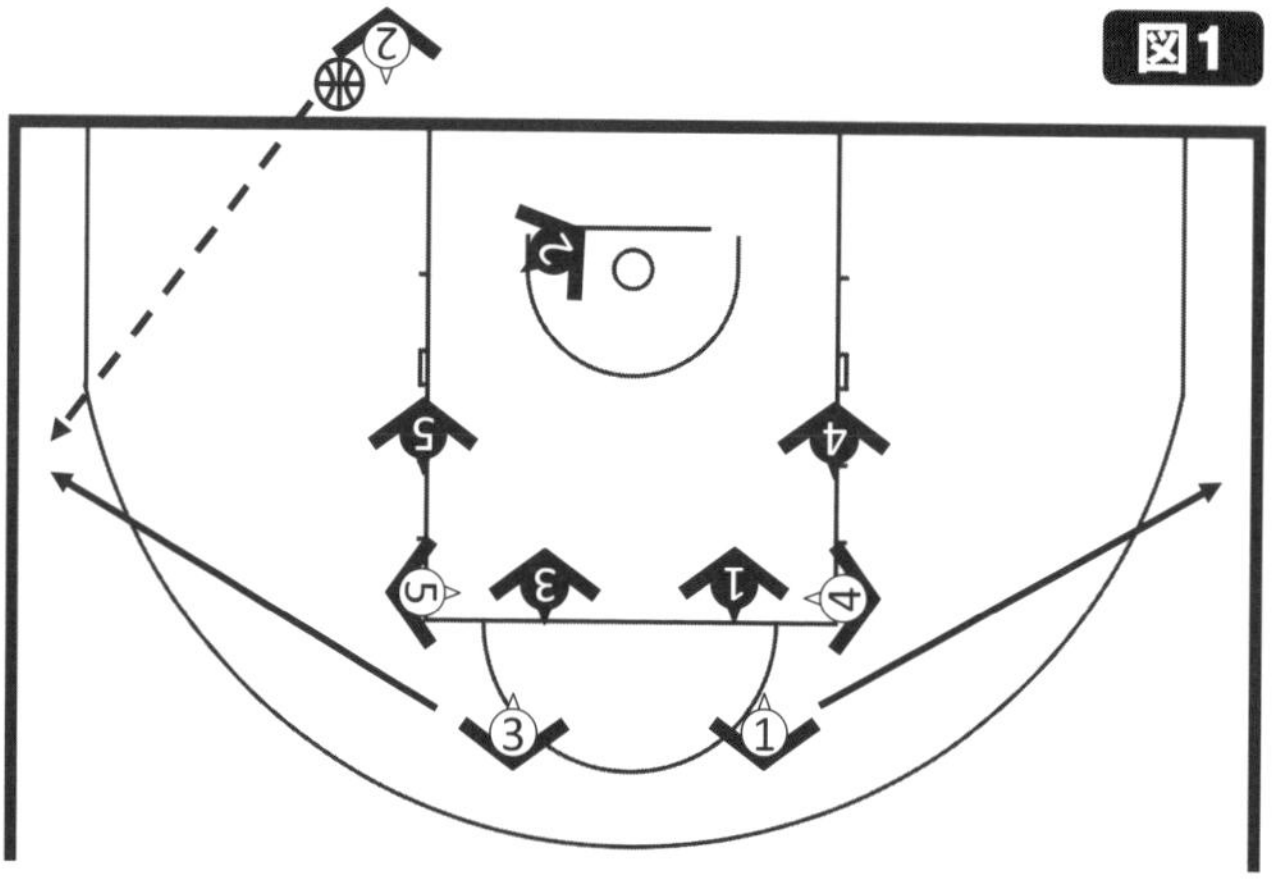

図2

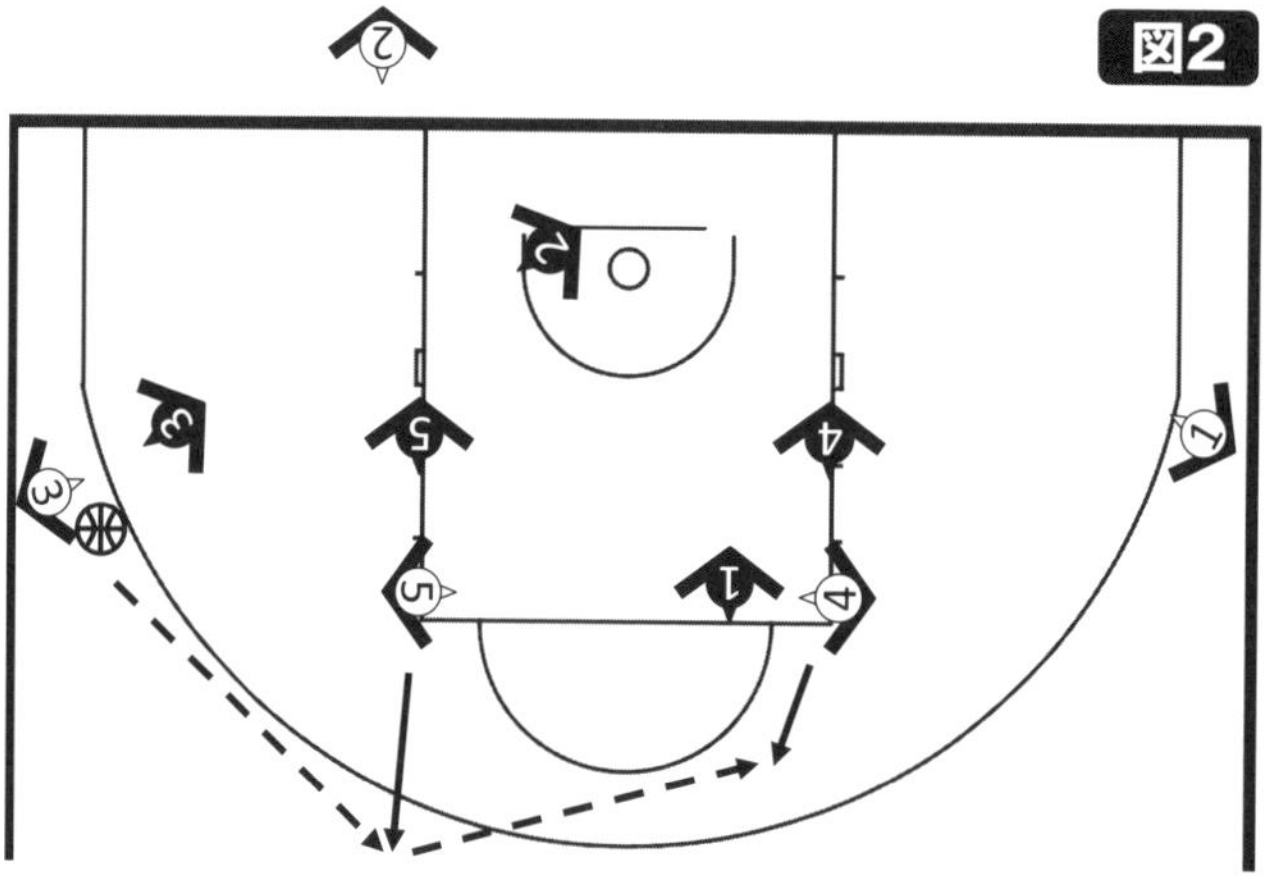

アップスクリーンをセットしたインバウンダーが3Pショット

アップスクリーンをセットしたインバウンダーが、その後に続くアウトサイドスクリーンからハンドオフパスを受けて3Pショットを狙うセットです。

三好南穂②がインバウンダー、馬瓜エブリン⑤がボールサイドのエルボー、馬瓜ステファニー④がウィークサイドのエルボー、両エルボーに位置する2人の間でセンターライン寄りのボールサイド側に平下愛佳③、ウィークサイド側に安間志織①がポジションをとります。

図1 ②がボールを保持したら③が⑤のスクリーンを利用してボールサイドのウ

プレーの
動画はこちら

図3

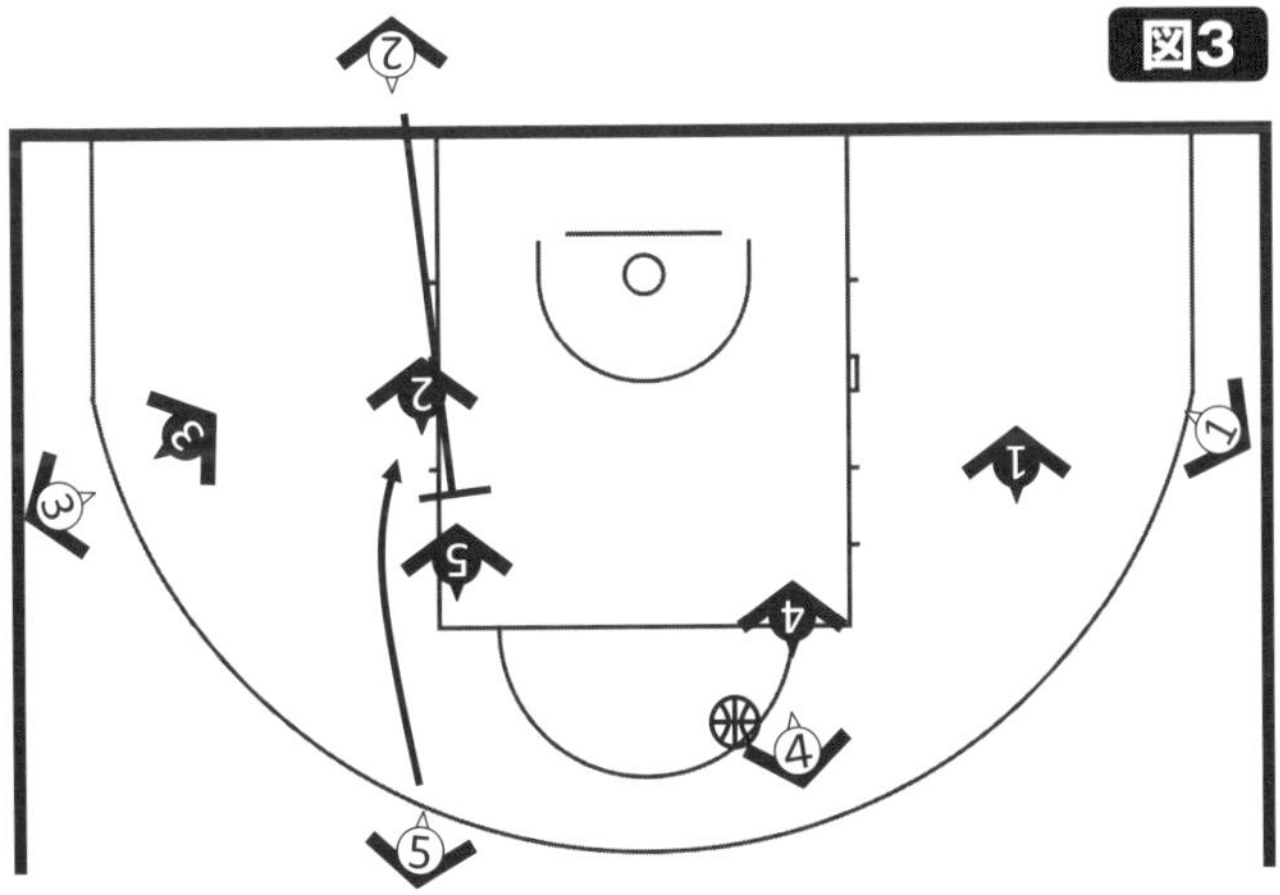

図4

ィングに飛び出し、②からのパスを受けます。①は④のスクリーンを利用してウィークサイドのウィングに飛び出し、ゴール付近のスペースを作り出します。

図2 ①と②のスクリーン利用後、⑤はボールサイド、④はウィークサイドの2ガードポジションに飛び出し、③、⑤、④とパスを繋ぎます。

図3 ②はパス後、⑤とマッチアップする谷村里佳❺にスクリーンをセットし、⑤は②のスクリーンを利用してゴール付近に侵入。②とマッチアップする白鞘郁里❷よりゴール側にはディフェンスがいないため、❷は⑤に対応せざるを得ません。ところが**⑤と②に対して❷と❺がスイッチすると、❷と⑤とに身長のミスマッチが生じます。そのため❺は❷が⑤に対応している間に⑤のディフェンスに動きますが、その間に②は④へと向かいます。**

図4 ②は④からハンドオフパスを受け、❷の追随が間に合わないためにノーマークで3Pショットを放ちました。

GAME DATA 皇后杯2020
日立ハイテク54vs57トヨタ 4Q 9:02

Bリーグ

BOB Normal
3P

フレックスのアクションから3Pショットを狙う

図1

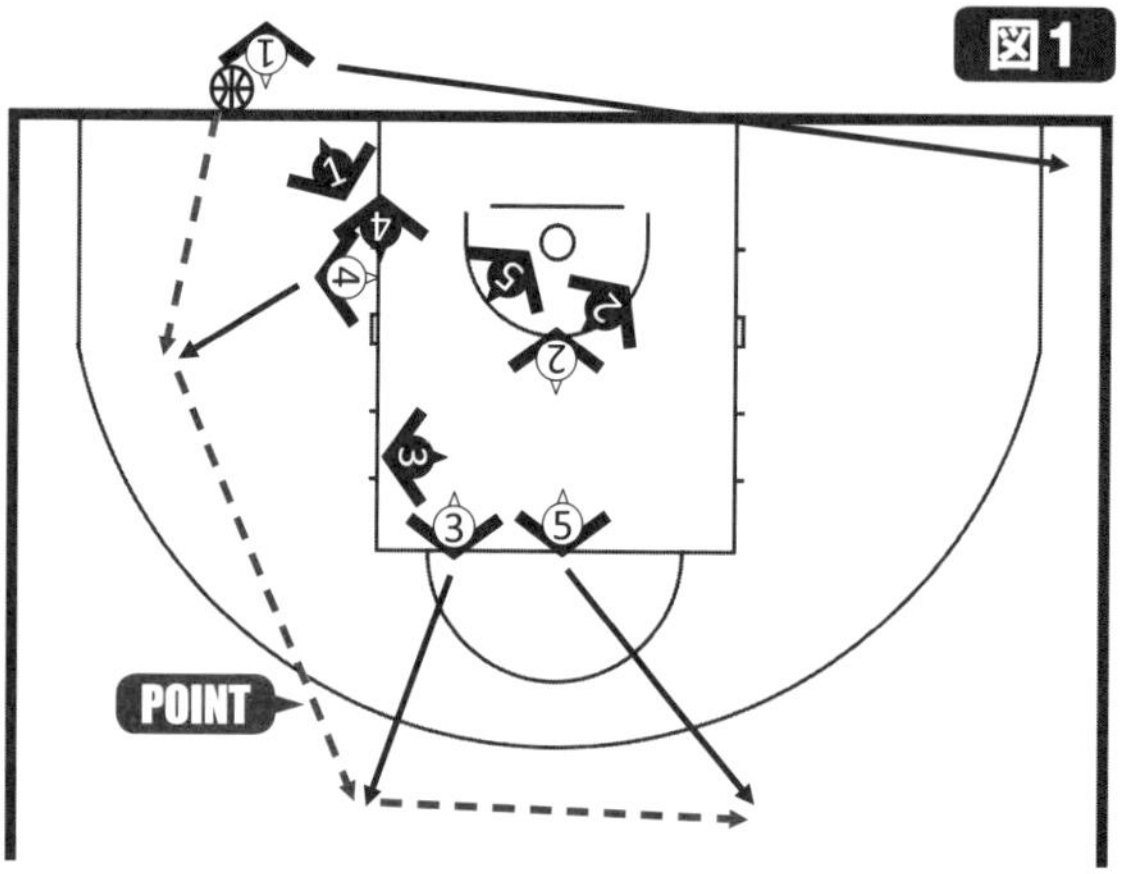

図2

ボールを素早く展開してからフレックスのアクションに入る

ボールを素早く展開してからフレックスのアクションに入り、3Pショットを狙うセットです。

増田啓介①がインバウンダーを務め、ジャマール・ソープ④がボールサイドのショートコーナーあたり、長谷川技③とジョーダン・ヒース⑤がペイント内のハイポスト付近、辻直人②がペイント内の真ん中にポジションをとります。

図1 ①がボールを保持したタイミングで④がアウトサイドに飛び出し、①からのパスを受けます。①は④へのパス後、ウィークサイドのコーナーへと移動し、ボール

プレーの動画はこちら

図3

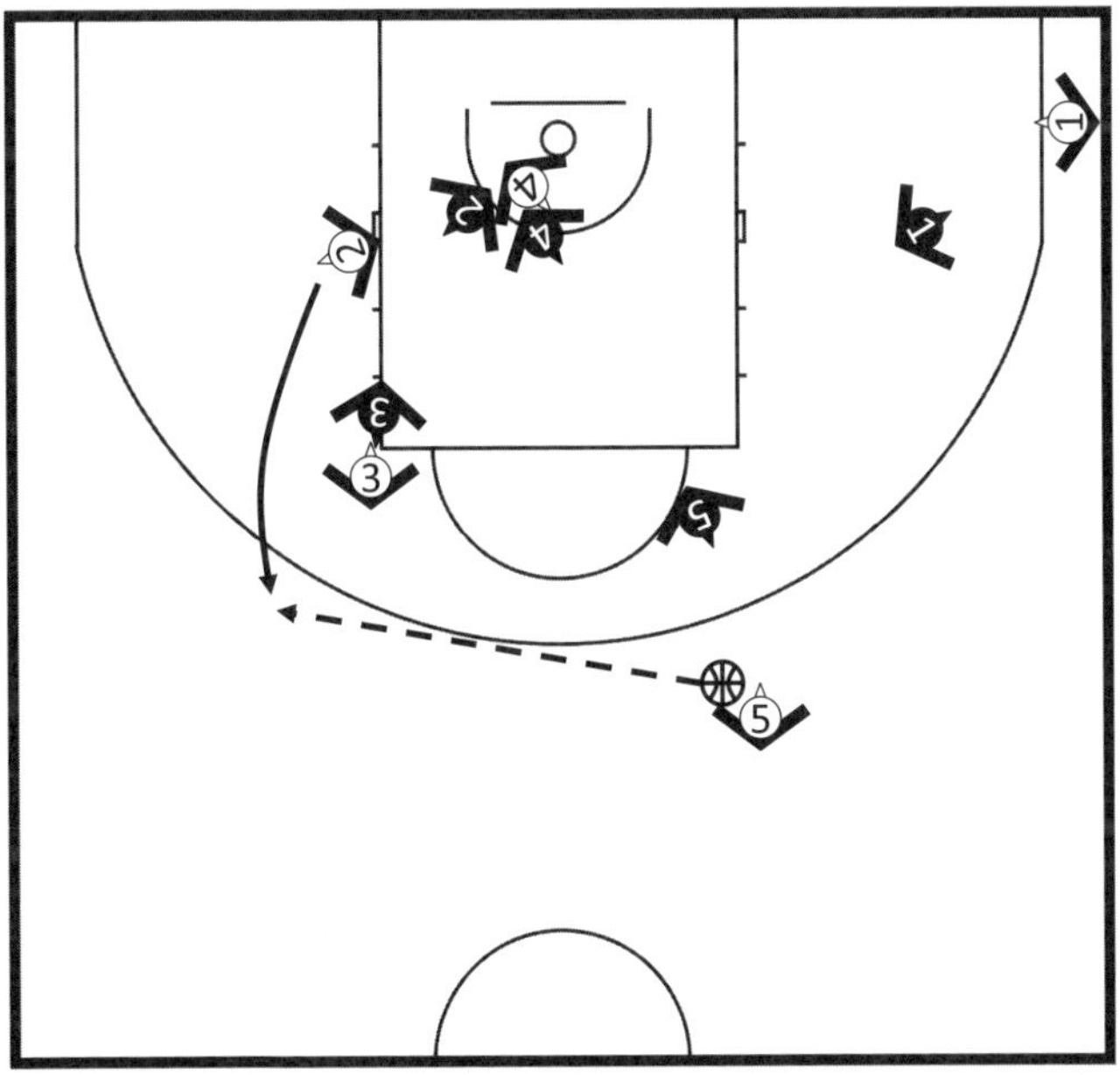

サイドのスペースを作り出します。③と⑤、②はお互いにスクリーンをかけ合うように見せかけ、③がボールサイドの2ガードポジション、⑤がウィークサイドの2ガードポジションに飛び出し、④、③、⑤へとパスを回します。**このパス回しにより、マッチアップするディフェンスを各オフェンスに引きつけます。**

図2 ⑤がボールを保持したタイミングで、②は④とマッチアップする坂田央❹に対してスクリーンをセット。スクリーンを利用してゴール付近に侵入してきた④には、②とマッチアップする北川弘❷が体を当てて対応します。この間に③がマッチアップする相馬卓弥❸をゴール方向へ押し込むように移動し、ボールサイドのエルボーでダウンスクリーンをセットします。

図3 ②は、マッチアップする❷が④に対応している間に、③のスクリーンを利用し、ボールサイドの2ガードポジションへと飛び出します。オープンの②は⑤からパスを受けて3Pショットを狙います。

GAME DATA 2019-2020 Bリーグ
川崎ブレイブサンダースvs島根スサノオマジック 4Q 6:03

EURO

BOB Normal 3P

2度のスタッガードスクリーンから3Pショットを狙う

図1

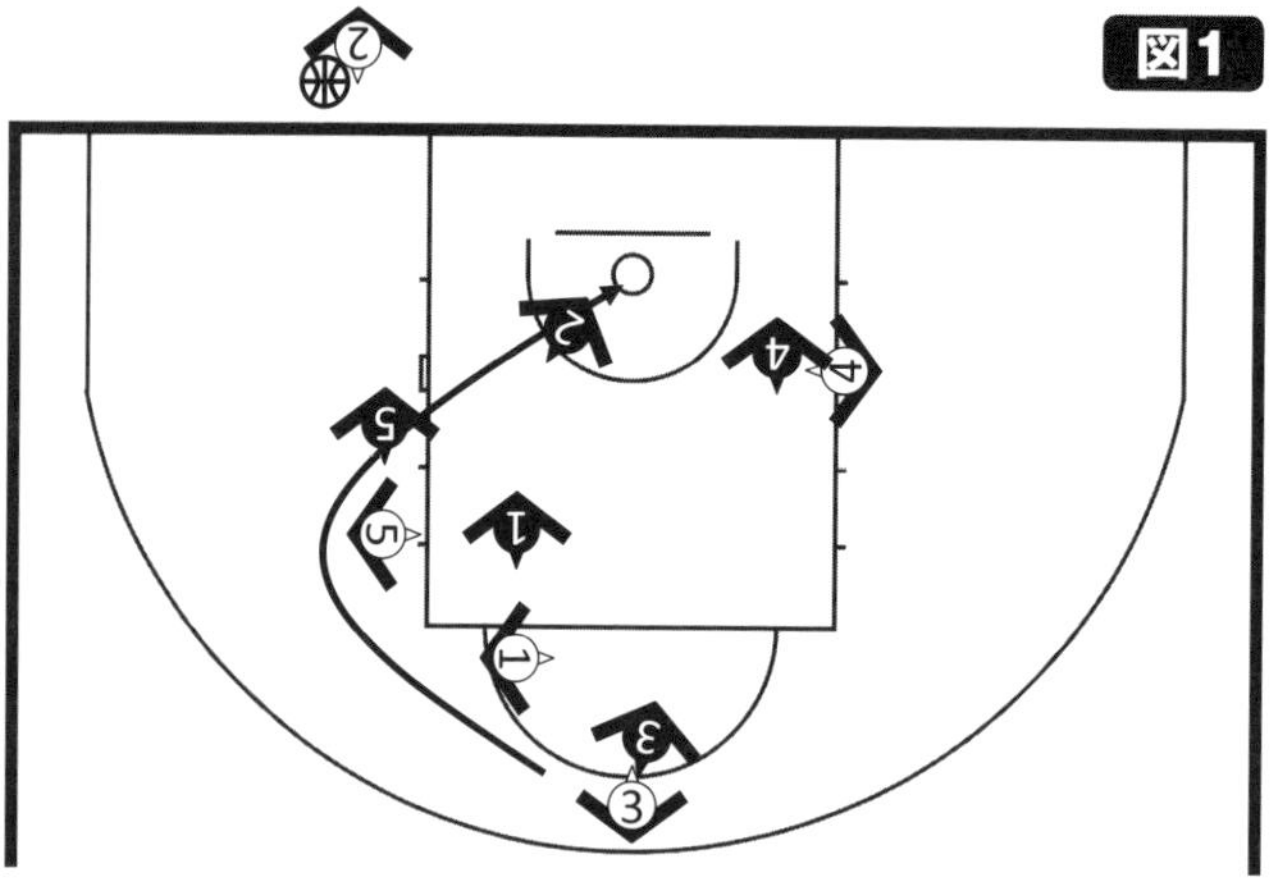

図2

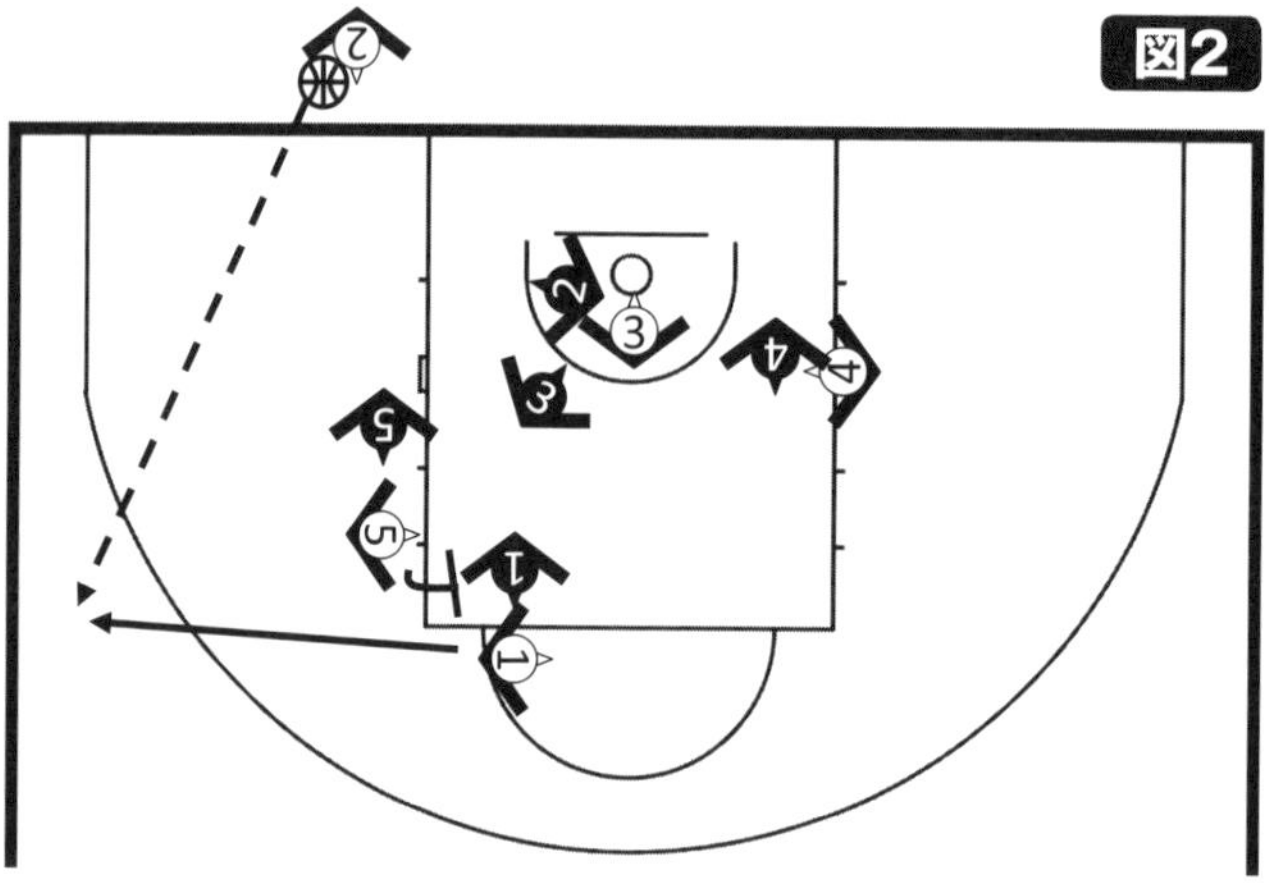

スタッガードスクリーンによりディフェンスの対応を困難にする

2度のスタッガードスクリーンによりディフェンスの対応を困難して3Pショットを狙うセットです。

②がインバウンダーを務め、④がウィークサイドのブロック、③がトップ、①がボールサイドのエルボーから少しミドルラインに寄った位置、⑤がボールサイドの第1ハッシュにポジションをとります。①と⑤は体をミドルラインに向け、③とマッチアップする❸に対するスクリーンをセット（①と⑤によるスタッガードスクリーン）。

図1 ②がボールを保持したタイミングで③はスタッガードスクリーンを回り込

プレーの動画はこちら

図3

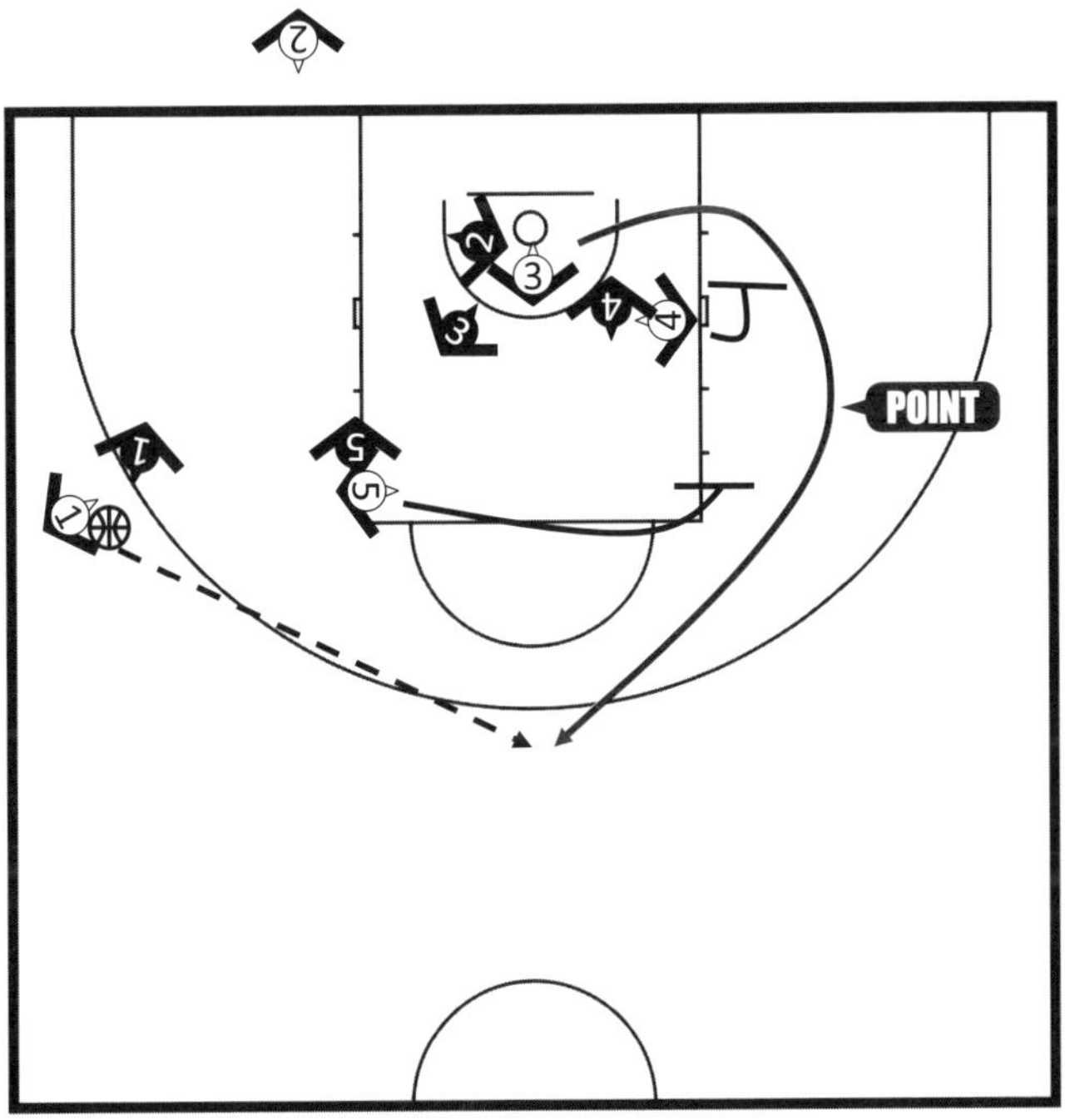

んでゴール付近へと侵入します。

図2 ⑤は③のスクリーン利用後、①とマッチアップする❶にスクリーンをセット。①は⑤のスクリーンを利用して②からのパスを受けます。④は③がゴール付近に侵入してくるタイミングを見計らって、ウィークサイドのブロックで体をベースラインに向けてスクリーンをセットします。

図3 ⑤はウィークサイドのエルボーへと移動し、体の正面をベースラインに向けてスクリーンをセットします。③は④と⑤によるスタッガードスクリーンを利用してトップへと駆け上がります。**③とマッチアップする❸にとっては2度のスタッガードスクリーンへの対応が求められ、③についていくのが難しい状況になります。**⑤とマッチアップする❺にとっては3度のスクリーンプレーへの対応が求められる状況であり、トップへ飛び出す③への対応が難しい状況になります。ノーマークになった③は①からのパスを受け、3Pショットを放ちました。

GAME DATA CHAMPIONS LEAGUE
ZIELGO32vs43LUDWIG 3Q 7:20

NBA

BOB Normal 3P

フレアスクリーンによりウィークサイドで3Pショットを狙う

プレーの動画はこちら

図1

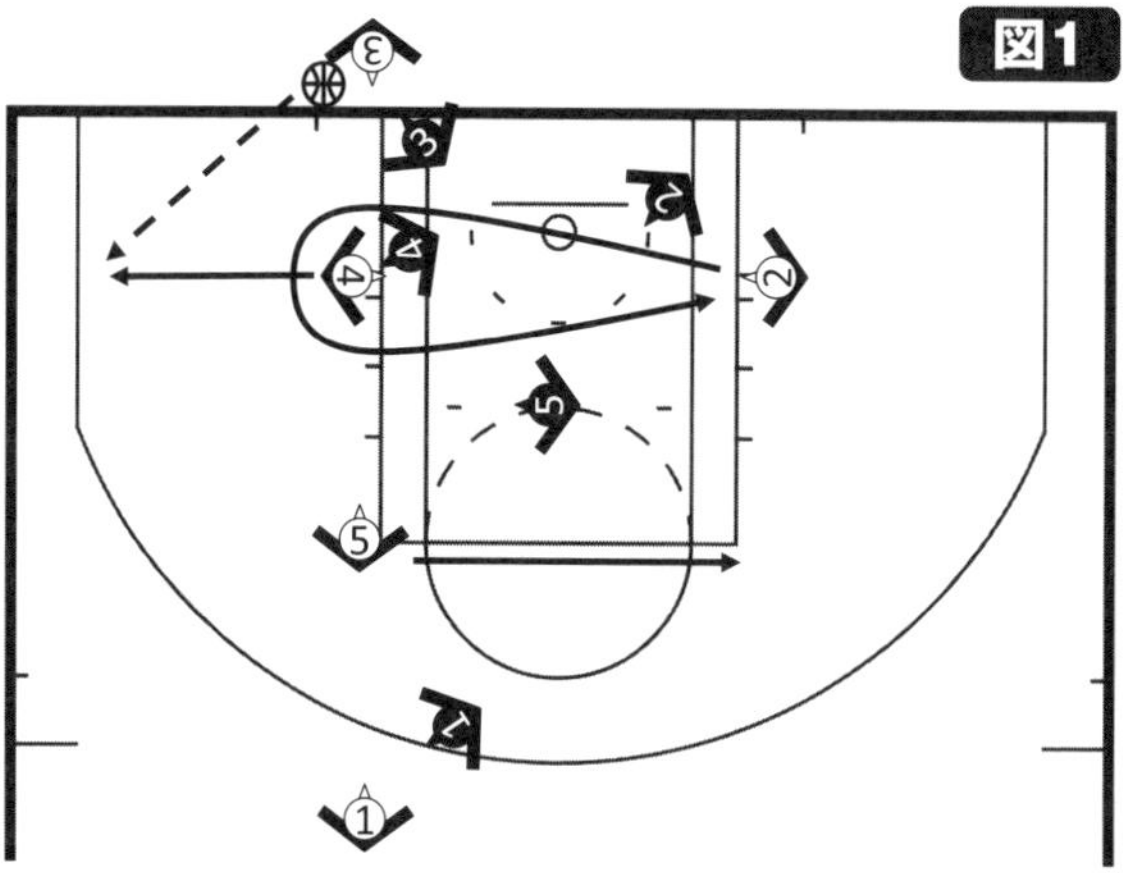

図2

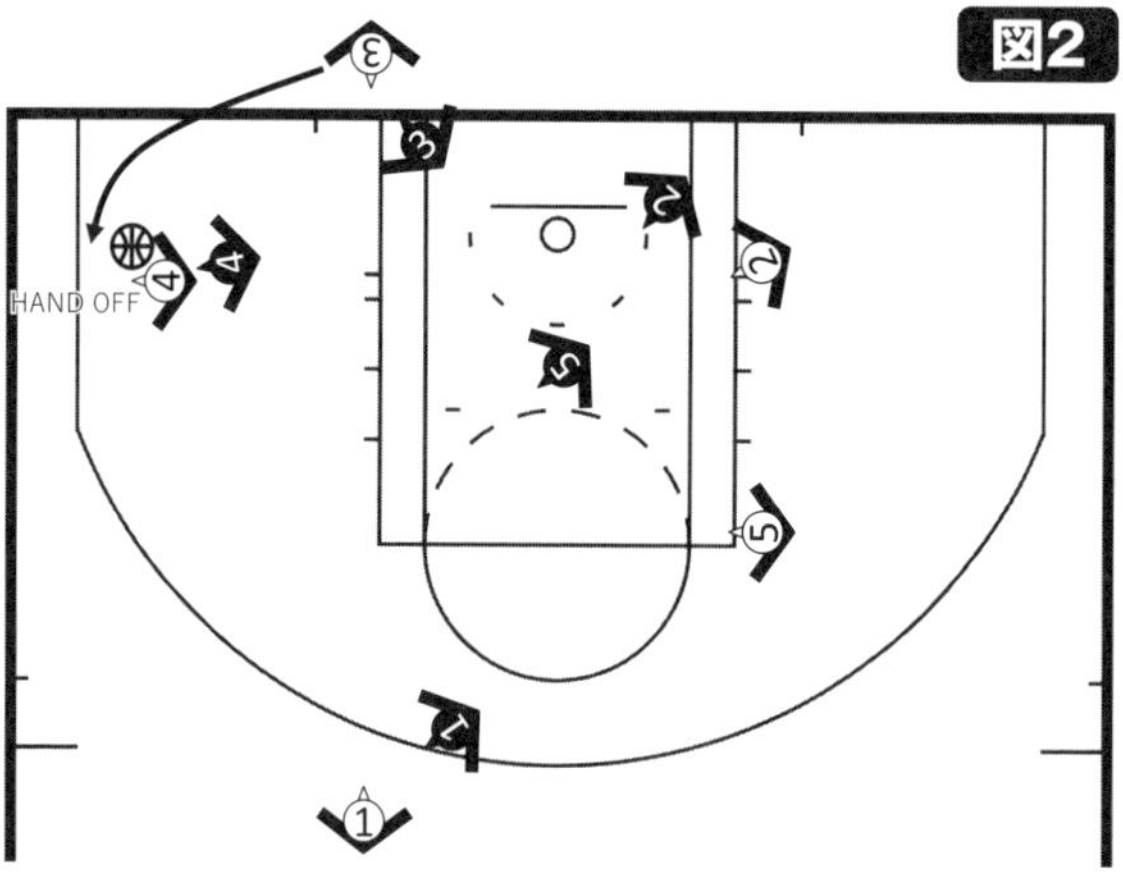

ボールサイドにディフェンスの注意を引きつける

ボールサイドにディフェンスの注意を引きつけ、フレアスクリーンによりウィークサイドで3Pショットを狙うセットです。ニコラス・バトゥム③がインバウンダーを務め、マイルス・ブリッジス④がボールサイドのブロック、ビスマック・ビヨンボ⑤がボールサイドのエルボー、ケンバ・ウォーカー①がボールサイドの2ガードポジション、マリック・モンク②がウィークサイドのブロックにポジションをとります。

図1 ③がボールを保持したタイミングで、②が④の周りを回ってカール。これは、次の④のパスレシーブを容易にするため

図3

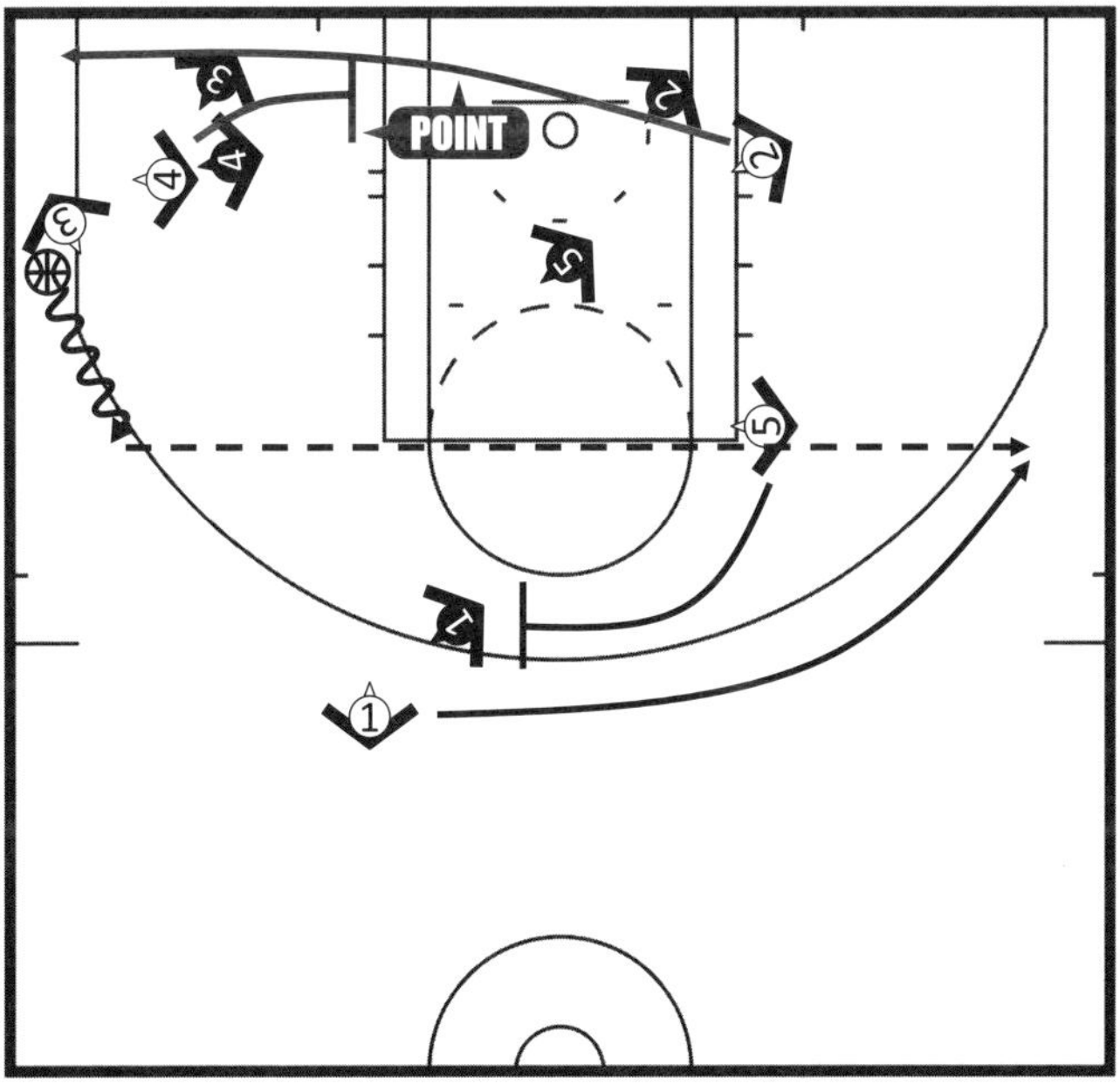

のダミーカット。②のカールの間に⑤は、ウィークサイドのエルボーへと移動。④は②のカール後、ボールサイドのコーナー方向に飛び出し、③からパスを受けます。

図2 ③はパス後に④のアウトサイド側へと移動し、ハンドオフパスを受けます。

図3 マッチアップする❸を④にヒットさせた③は、ドリブルでボールサイドのウィングへ。③のドリブルに合わせて、⑤は①とマッチアップする❶にフレアスクリーンをセット。①は⑤のスクリーンを利用してウィークサイドのウィングへと移動し、その間に④はボールサイドのローポストでスクリーンをセット。②がこれを利用して、ボールサイドのコーナーへと移動。この**④と②のスクリーンプレーは、ウィークサイドのスペースを作り出すことに貢献します。ボールサイドにディフェンスの注意を向けさせたことで、ノーマークになった①が③からのパスを受け、３Ｐショットを放ちました。**

GAME DATA 2018年レギュラーシーズン
ホーネッツ78-81マーベリックス 4Q 8:08

ミドルレーンのスペースを作り出して インバウンダーに3Pショットを放たせる

図1

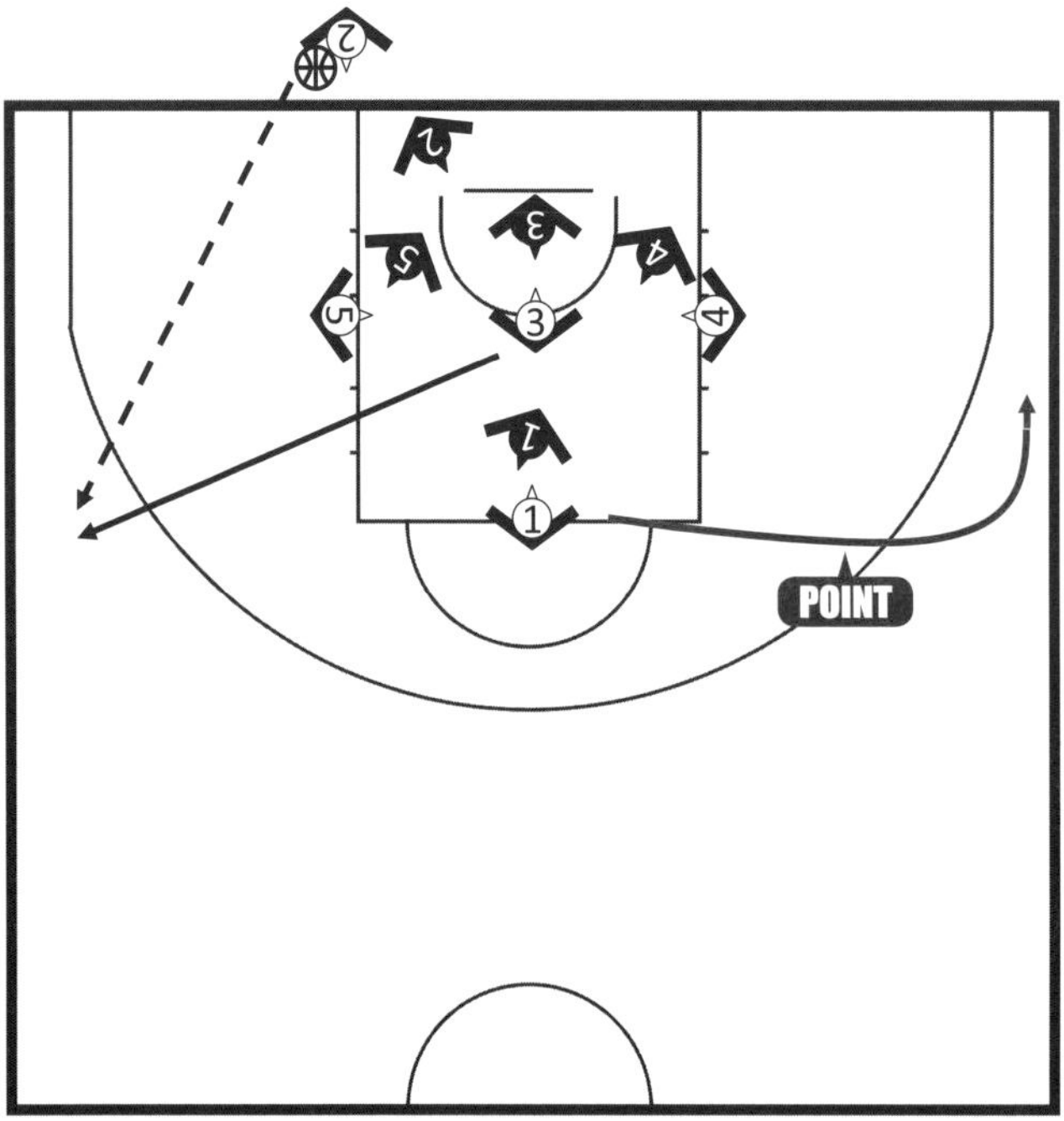

ミドルレーンのスペースを作り スタッガードスクリーンをセットする

ミドルレーンのスペースを作り出してスタッガードスクリーンをセットすることで、インバウンダーに3Pショットを放たせるセットです。

エバン・フォーニエ②がインバウンダーを務め、ルディ・ゴベア⑤がボールサイドのブロック、フランク・ニルキーナ③がペイントの中央、ルイス・ラベイリ④がウィークサイドのブロック、ニコラ・バトゥーム①がネイルにポジションをとります。

図1 ②がボールを保持したタイミングで③がボールサイドのウィングに飛び出し、②からのパスを受けます。この時⑤は、

プレーの動画はこちら

図2

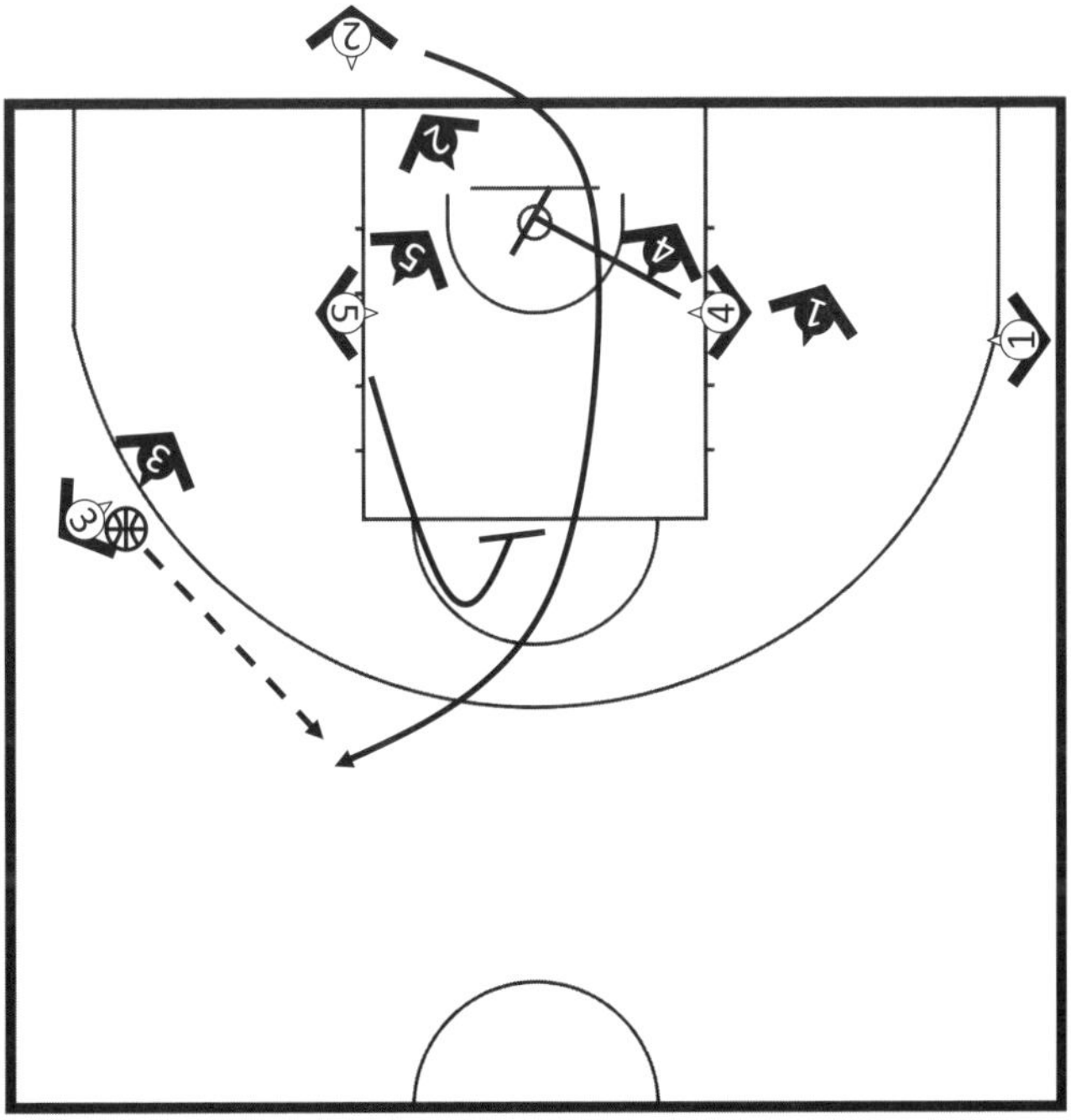

③とマッチアップするニコラス・ラプロビットラ❸に対するスクリーンとして機能し、③は②からのパスレシーブが容易になります。**①はウィークサイドのウィングとコーナーあたりに移動し、ミドルレーンのスペースを作り出す役割を担います。**

図2 ④はリング直下に移動し、②とマッチアップするファクンド・カンパッソ❷にスクリーンをセットします。さらに⑤もネイルに移動し、体の正面をベースラインに向けてスクリーンをセットします。②は③へとパスを出した後、④と⑤によるスタッガードスクリーンを利用し、ボールサイドの2ガードポジションに駆け上がります。②とマッチアップする❷にとっては、スクリーンが連続してセットされるため、スクリーンを回避することが難しい状況となります。ノーマークになった②は③からのパスを受けて3Pショットを放ちました。

GAME DATA 2019年ワールドカップ準決勝
アルゼンチン32-27フランス 2Q 2:47

COLUMN

戦術と時代の流れ

文:小泉瑛嗣(流通経済大学スポーツコミュニケーション学科 RKU BASKETBALL LAB“バスラボ”)

バスケットボールは勝敗がわかりやすいスポーツです。40分間で相手から1点でも多く得点したチームが勝利することは、昔も今も変わりません。

一方、スリーポイントラインやノーチャージングエリアの設置といったルール改正が頻繁に行われ、こうしたルール改正に伴って戦術も変化してきました。例えば30秒ルールが設けられたことにより、ストーリングが制限され、ファストブレイクが盛んに用いられるようになりました。このように、戦術はルール改正の影響を受けながら変容を遂げてきたのです。

しかし、近年における戦術の変容スピードは、ルール改正のそれを上回るように感じます。つい最近までは、センターポジションのプレーヤーが3Pショットを放つことは稀で、ましてやボール運びの役割を担うビッグマンはほとんど見られませんでした。ところがNBAやユーロリーグを見ると、これまでに見られなかったビッグマンによる多様なプレーが展開されており、幅広いポジションをマルチにこなせるプレーヤーの需要が高くなってきています。もちろん、こうしたポジションの役割の変化は、戦術の変化ももたらします。

このような近年の戦術の変化は、ルール改正だけでは到底説明ができません。しかし、間違いなく、今日、我々の眼前で繰り広げられる戦術はこれまでの戦術の上に成立しています。しがって、これからも目まぐるしく変容していく戦術を想像するには、過去の戦術に目を向けることが必要となるでしょう。

第2章

サイドライン
アウトオブバウンズ
(SOB)プレー

SOBの特徴

比較的プレッシャーを受けずにパスを出すことができる

サイドラインアウトオブバウンズ（SOB）は、サイドラインの外側からインバウンズするため、BOBと比較してゴールから離れた位置からのスローインになります。

つまり、SOBではゴール付近のプレーヤーやウィークサイドに位置するプレーヤーにパスを出す場合、BOBよりもパスの距離が長くなります。したがって、パスのコントロールが求められ、タイミングもとりにくいといえるでしょう。

それでもBOBと同様、ディフェンスプレーヤーがコート内に位置した状態でインバウンダーがラインの外側からスローインをするため、インバウンダーは比較的プレッシャーを受けずにパスをすることができます。インバウンダーとしてパス能力の高いプレーヤーを配置すれば、タイミングよく長いパスをコントロールし、得

点をお膳立てすることができます。とくにショットクロックが少ない場面やエンドオブクォーター(EOQ)などではSOBであっても確実に得点を狙いたいものです。

また、観客の視点からするとSOBのクイックヒッターは、コート内のプレーヤーが動いている間にボールがインバウンダーの手から離れ、空中を浮遊するボールとレシーブのタイミングが合った瞬間には時が止まったかのような格別な興奮を覚えます。

これまでにSOBのクイックヒッターによって数多くのドラマが生み出されてきました。

この章ではクイックヒッターからノーマルまで、さまざまなSOBも紹介しますので、チームやプレーヤーの特徴を踏まえて自チームの参考にしてみてください。

大学

SOB Quick Hitter 2P

ウィークサイドでビッグマンをゴール下に飛び込ませる

図1

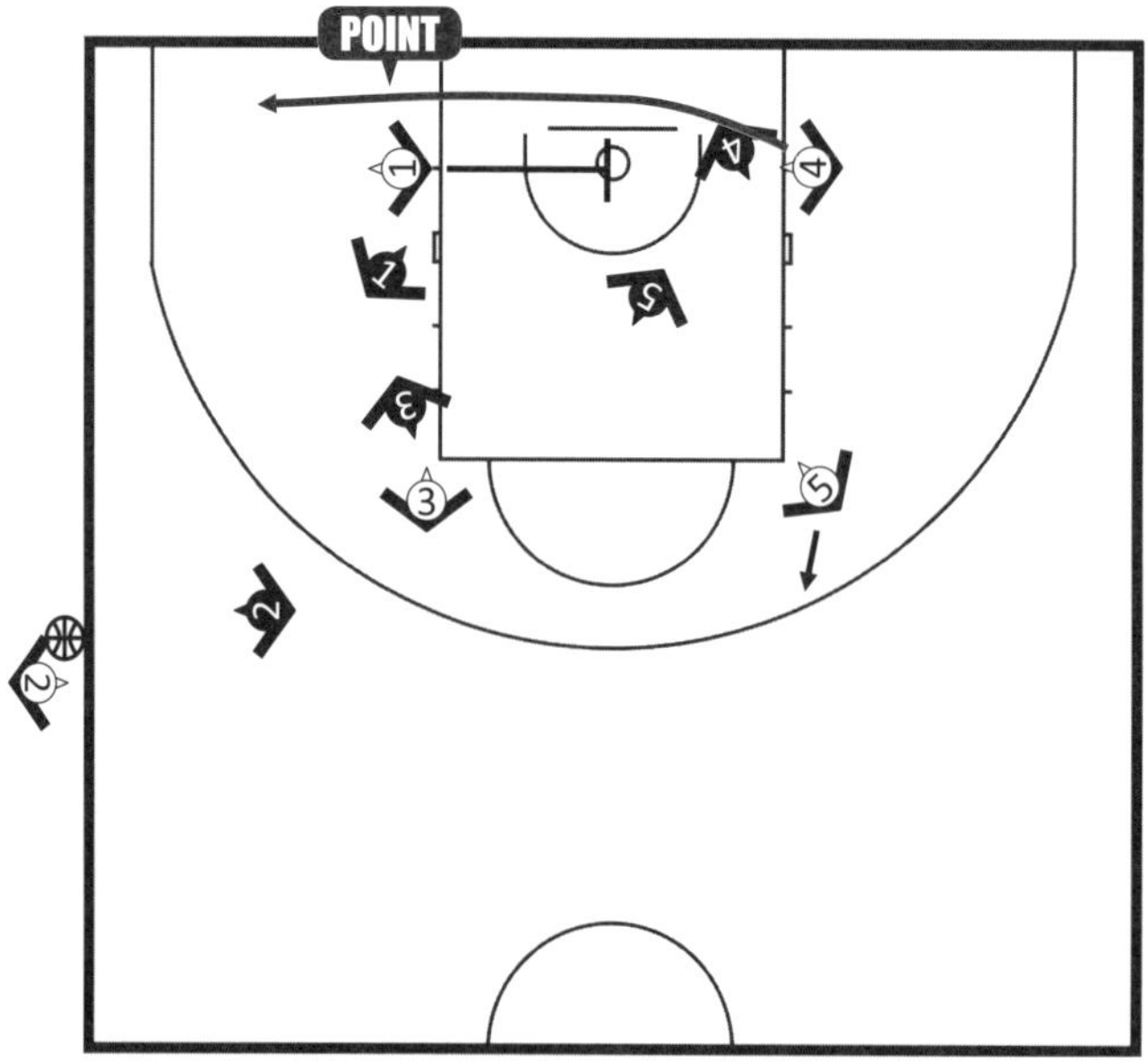

ディフェンスをボールサイドに引き寄せておく

ディフェンスをボールサイドに引き寄せておいてウィークサイドでビッグマンをゴール下に飛び込ませるセットです。

今村優樹②がインバウンダーを務め、各プレーヤーは図1のようにポジションをとるボックスセットになります。

図1 ②がボールを保持したタイミングで、立野友也①が小林洸太④とマッチアップする❹にスクリーンをセット。**④は①のスクリーンを利用し、ボールサイドのコーナーに移動します。**①とマッチアップする❶と❹は①と④によるスクリーンプレーに対してスイッチで対応しますが、④

プレーの動画はこちら

図2

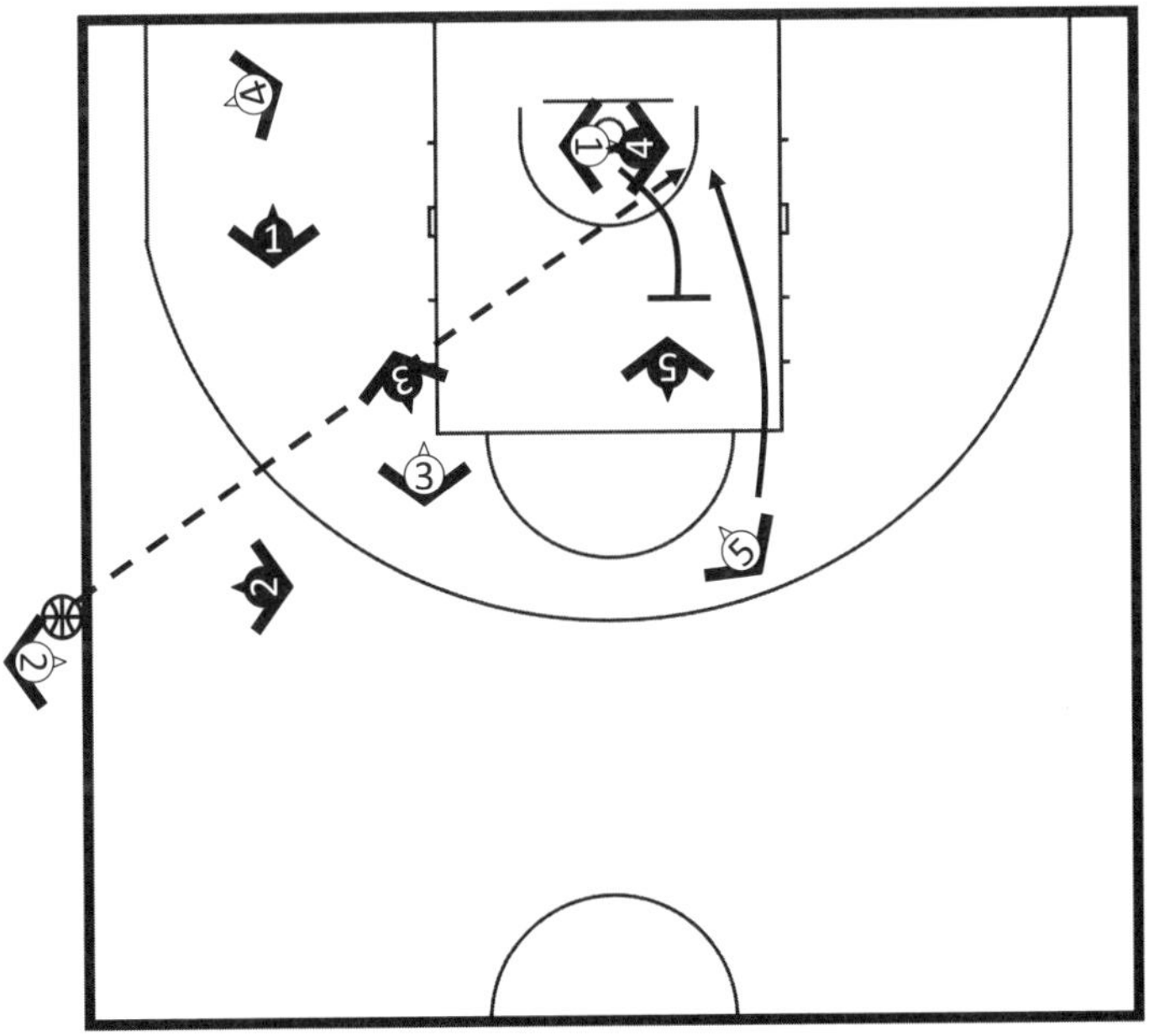

は❶を引き連れてコーナー方向へと移動することでウィークサイドのスペースを作り出します。①と④によるスクリーンプレーの間に青山晃也③は山田幸太⑤とマッチアップする❺にスクリーンをセットするように見せかけます。⑤も③のスクリーンを利用するかのようにトップ方向へと移動します。

図2 ①は④によるスクリーンの利用後、❺に対して背後からスクリーンをセット。⑤は①のスクリーンでゴール付近へ侵入します。②は⑤の侵入に合わせてゴール付近へロブパスを出します。❺は③のスクリーンへ対応しようとした背後からスクリーンがセットされるため、スクリーンの回避が難しくなります。❹もスイッチで対応した直後のスクリーンプレーのため⑤への対応が難しく、⑤はゴール付近で②からパスを受け、ゴール直下でショットを放ちました。

GAME DATA インカレ2019男子1回戦
東海大学94vs80福岡大学 4Q 1:47

NCAA

SOB Normal 2P

図1

アップスクリーンでビッグマンをゴール下に飛び込ませる

スタッガードスクリーンにディフェンスを対応させる

スタッガードスクリーンにディフェンスを対応させておき、アップスクリーンでビッグマンをゴール下に飛び込ませるセットです。

ライアン・ウールリッジ①がインバウンダーを務め、フィリップ・ペトラセブ⑤がボールサイドの第3ハッシュ、ジョエル・アヤイィー③がウィークサイドのブロックの少し上あたり、コーリー・キスパート④がボールサイドのエルボー、エドモン・ギルダー②がウィークサイドのコーナー付近のミドルレンジにポジションをとります。

プレーの動画はこちら

図2

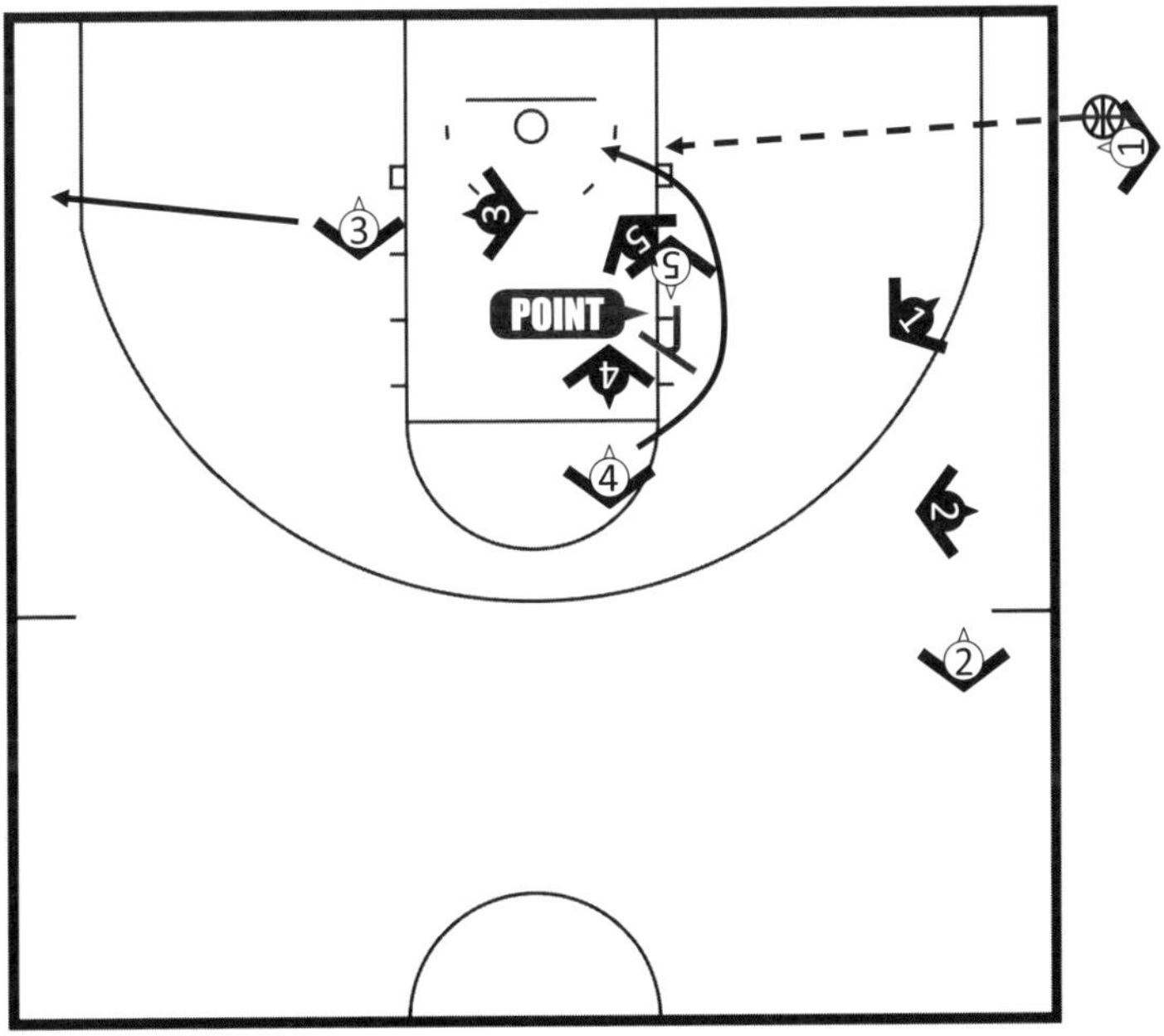

図1 ①がボールを保持したタイミングで、③と④が②とマッチアップするマリック・フィッツ❷に対してスタッガードスクリーンをセットします。②はスタッガードスクリーンを利用してボールサイドの2ガードポジションへと駆け上がります。

さらに②はサイドライン側まで駆け抜けることで追いかける❷を引きつけ、ゴール付近のスペースを作り出す役割を担います。図2 **⑤は②が④のスクリーンを利用するタイミングを見計らって、④とマッチアップするタナー・クリブズ❹にスクリーンをセットします。**④は②によるスクリーンの利用後、⑤のスクリーンを利用してゴール付近に侵入します。❹にとってはスタッガードスクリーンに対応した直後、自分に対してスクリーンがセットされるため、回避が難しい状況になります。ノーマークになった④は①からのパスを受け、ゴール下でのショットを放ちました。

GAME DATA
2020年2月29日
ゴンザガ大学15vs18セントメリー大学 1st half 13:14

Wリーグ

SOB Quick Hitter 2P

ディフェンスをサイドライン側に引きつけてビッグマンを飛び込ませる

プレーの
動画はこちら

図1

図2

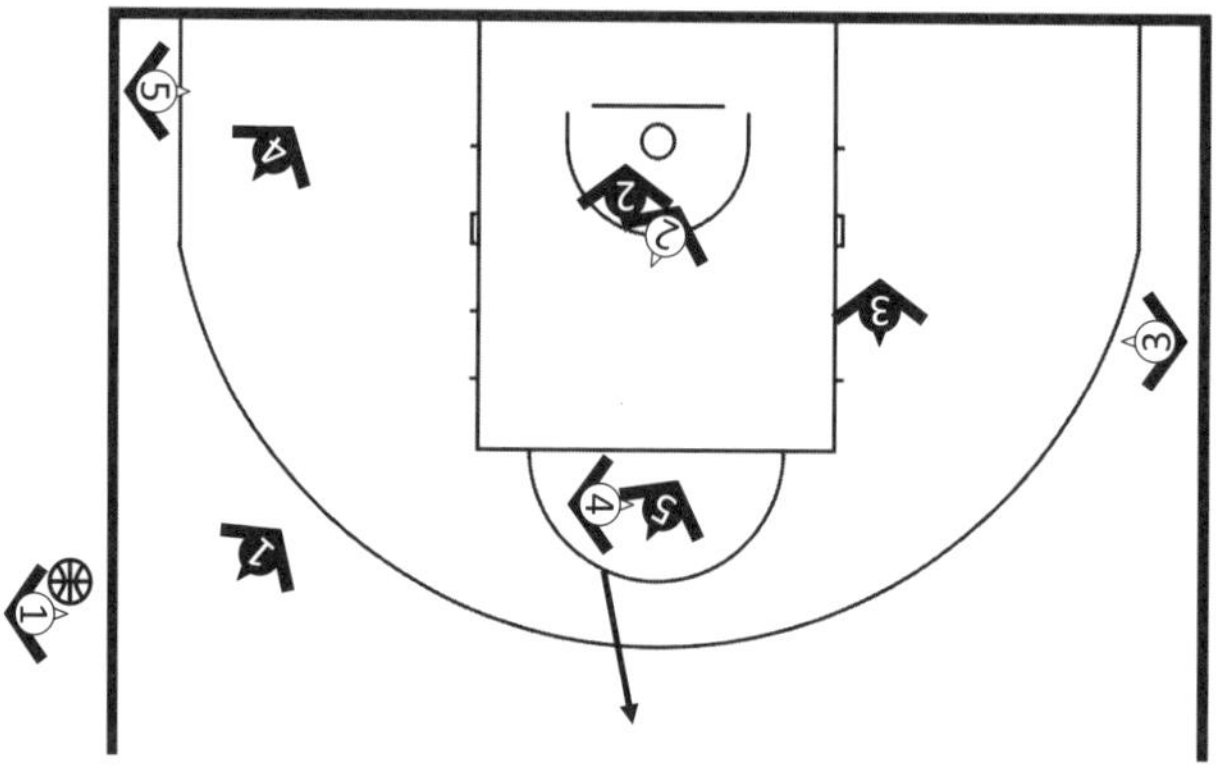

相手をサイドライン側に引きつける

スクリーン・ザ・スクリーナーでディフェンスをサイドライン側に引きつけ、空いたゴール下にビッグマンを飛び込ませるセットです。

本橋菜子①がインバウンダーとなり、各プレーヤーは図1のようにポジションをとります。

図1 星澤真⑤と小笠原美奈④がアイメレク・モニィーク③とマッチアップする❸に対して両側から挟むようにしてスクリーンをセットします。**③は⑤のスクリーンを利用してウィークサイドのウィングへと大きく移動し、ゴール付近のスペー**

図3

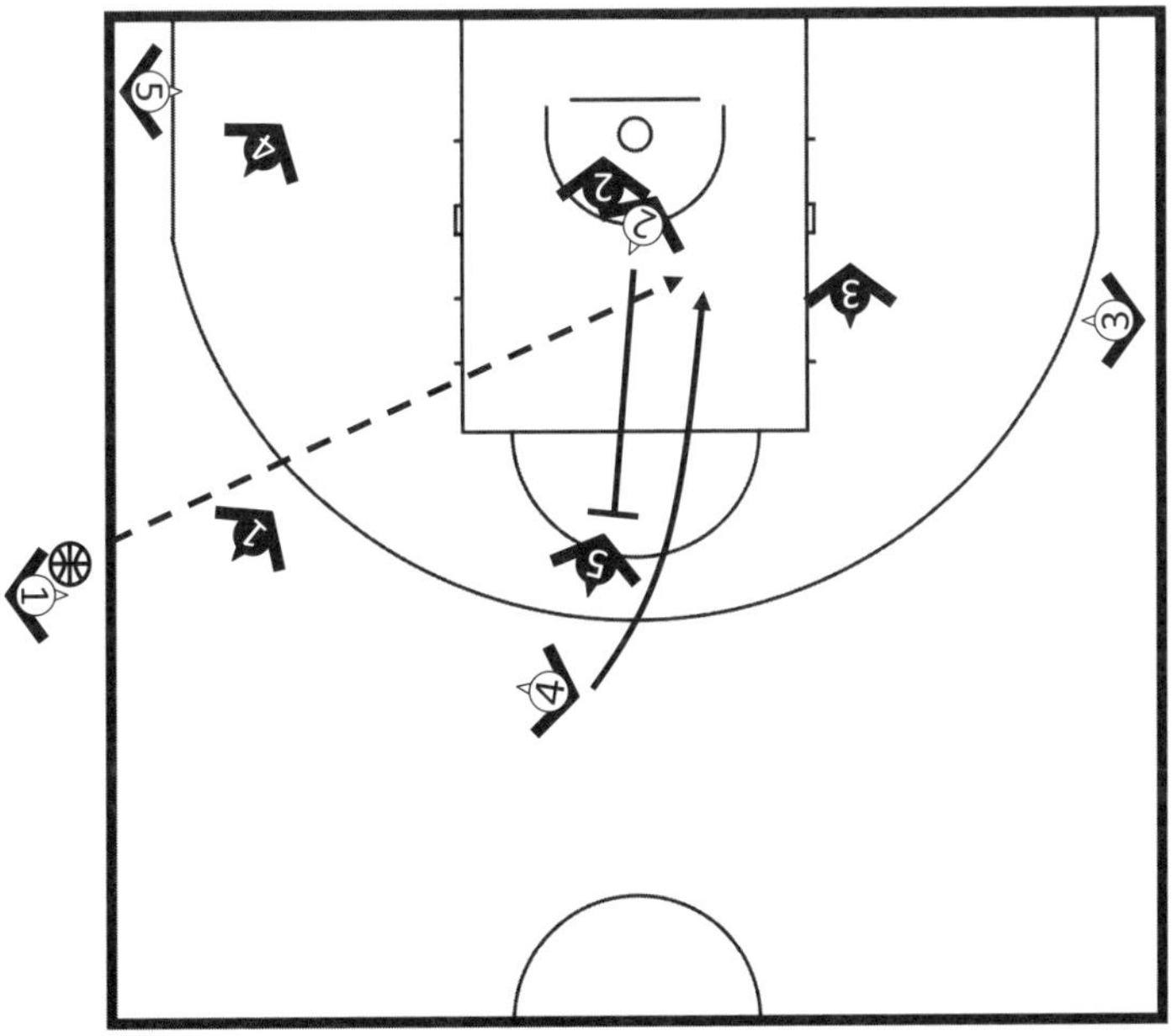

スを作り出します。③の移動後、④は⑤とマッチアップする❺にスクリーンをセットします。**⑤は③によるスクリーンの利用後、④のスクリーンを利用してボールサイドのコーナーへと移動し、ゴール付近のスペースを作り出します。**④と⑤によるスクリーンプレーに対し、2人とマッチアップする❹と❺はスイッチで対応しました。

図2 ④は⑤によるスクリーンの利用後、トップに向かってボールを受けるように飛び出します。奥田花②は④によるトップへの飛び出しに合わせて、④とマッチアップする❺にスクリーンをセットします。

図3 ④は②のスクリーンを利用してゴール付近に侵入し、①からのパスを受けてゴール付近でのショットを狙います。②とマッチアップする❷と❺がスイッチで対応すると④と❷に身長のミスマッチが発生してしまうため、スイッチの選択が難しい状況になります。

GAME DATA 2020シーズン
日立ハイテク36vs50羽田 3Q 6:21

アップスクリーンとダウンスクリーンを利用してゴール下に飛び込む

図1

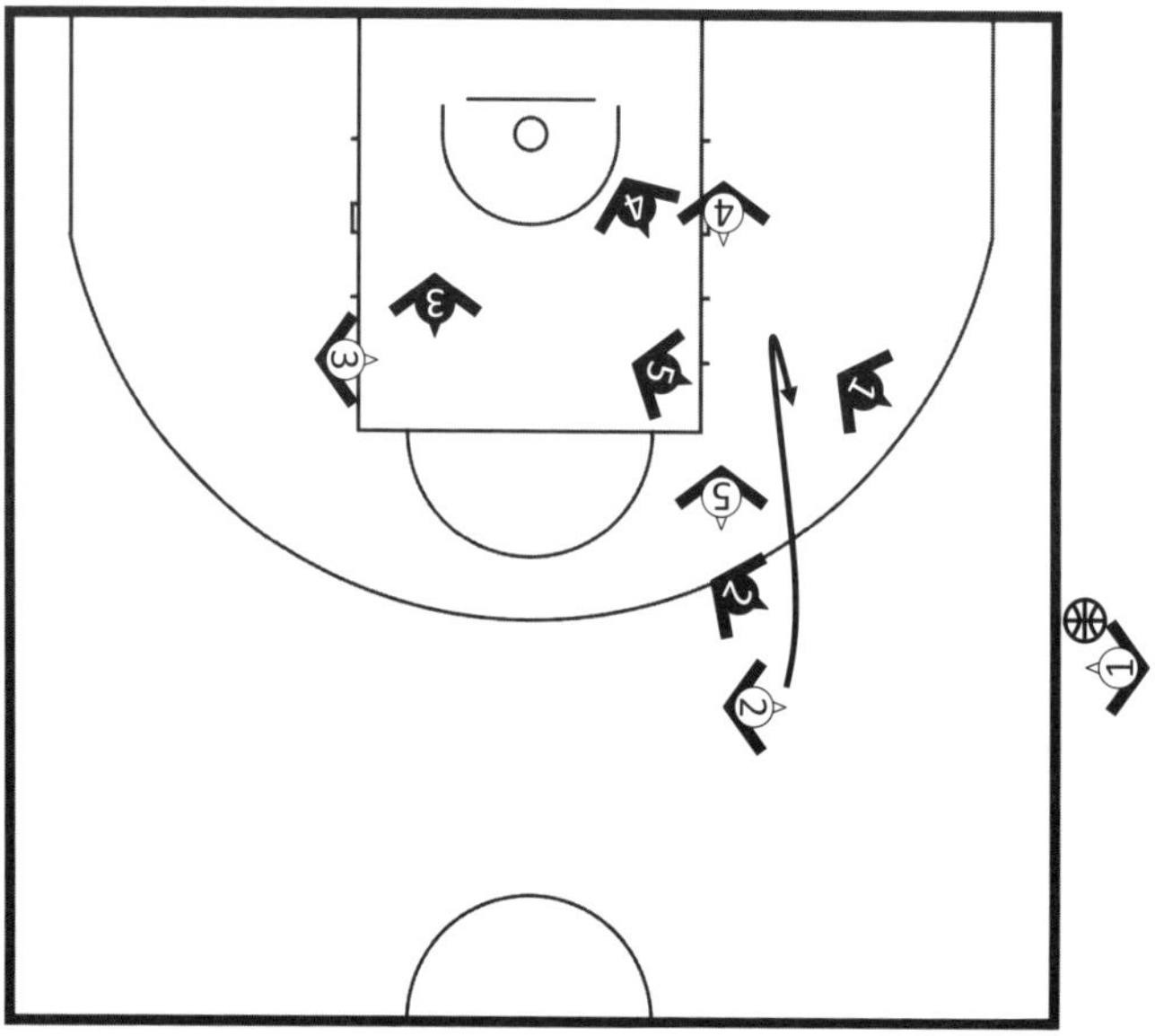

アップスクリーンから方向を変えてダンススクリーンを使う

アップスクリーンを利用したユーザーが方向を変えてダウンスクリーンを利用し、ゴール下に飛び込むセットです。

インバウンダーは伊藤大司①が務め、各プレーヤーは図1のようにポジションをとります。

図1 アンガス・ブラント⑤は体をセンターラインに向け、ジョナサン・オクテウス②とマッチアップする❷に対してスクリーンをセットします。②は⑤のアップスクリーンを利用してボールサイドのショートコーナー方向へと移動します。今川友哲④も体をセンターラインへ向けて

プレーの動画はこちら

図2

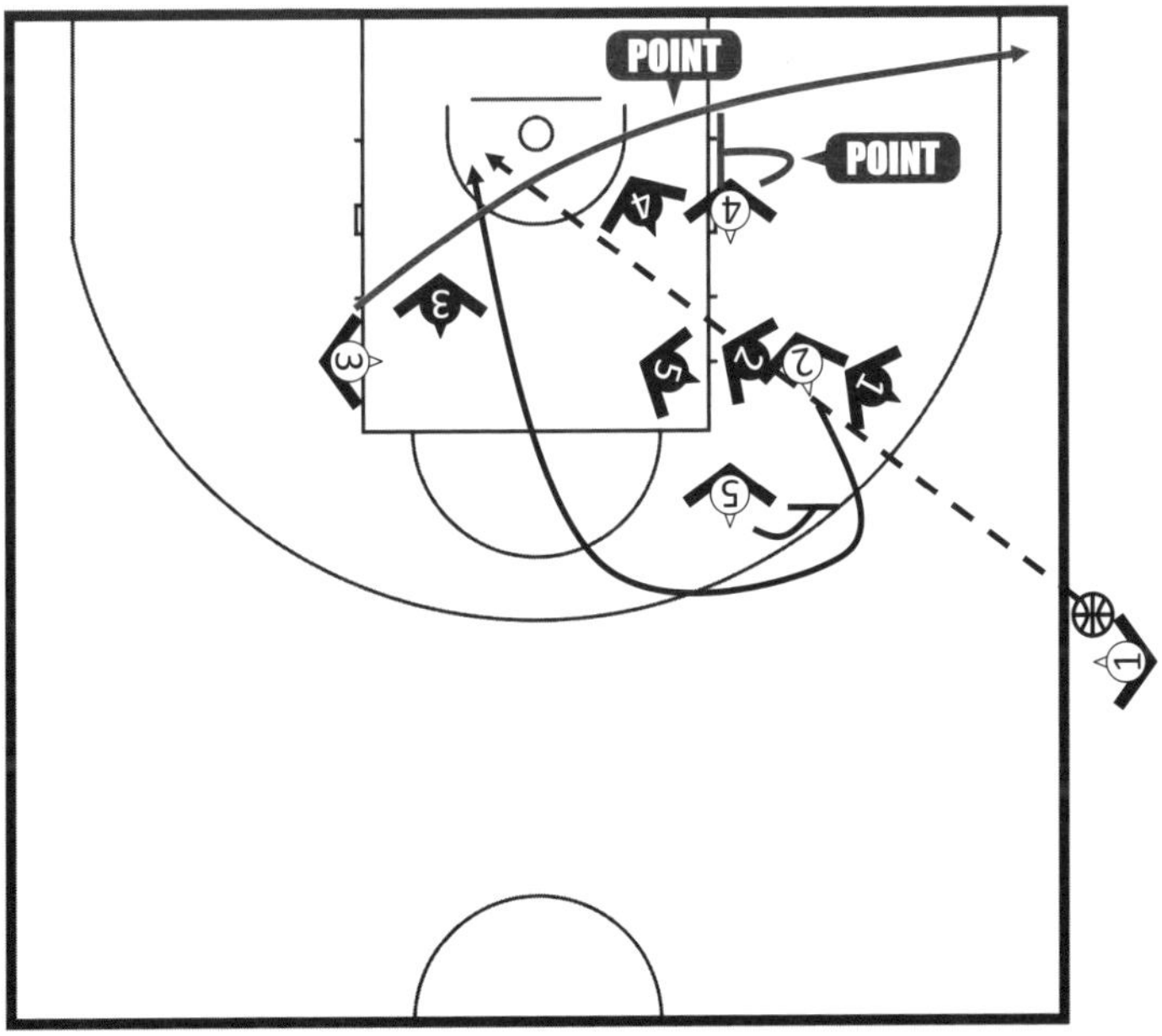

スクリーンをセットします。

図2 ②は⑤と④の中間あたりにさしかかったところで、進行方向を反転し、今度は⑤のダウンスクリーンを利用し、自身とマッチアップする❷を引き離します。②が進行方向を変えたタイミングで、④は体の正面をウィークサイドのサイドラインに向けてスクリーンをセットします。谷口光貴③は④のスクリーンを利用し、ボールサイドのコーナーへと移動します。**③と④によるスクリーンプレーにより、2人とマッチアップする❸と❹をボールサイド側に引きつけることを図ります。**②は⑤の周りをぐるりと回ってカールし、ゴールへと向かいます。③と④のスクリーンプレーにより、ウィークサイド側には大きなスペースが作られています。ゴールに向かう②は①からのパスを受けてゴール下でのショットを放ちました。

GAME DATA 2020-2021 Bリーグ
滋賀レイクスターズ42vs56シーホース三河 3Q 2:27

NBA

SOB Quick Hitter 2P

スクリーンをかけるディフェンスを素早く変えてゴール下に飛び込ませる

図1

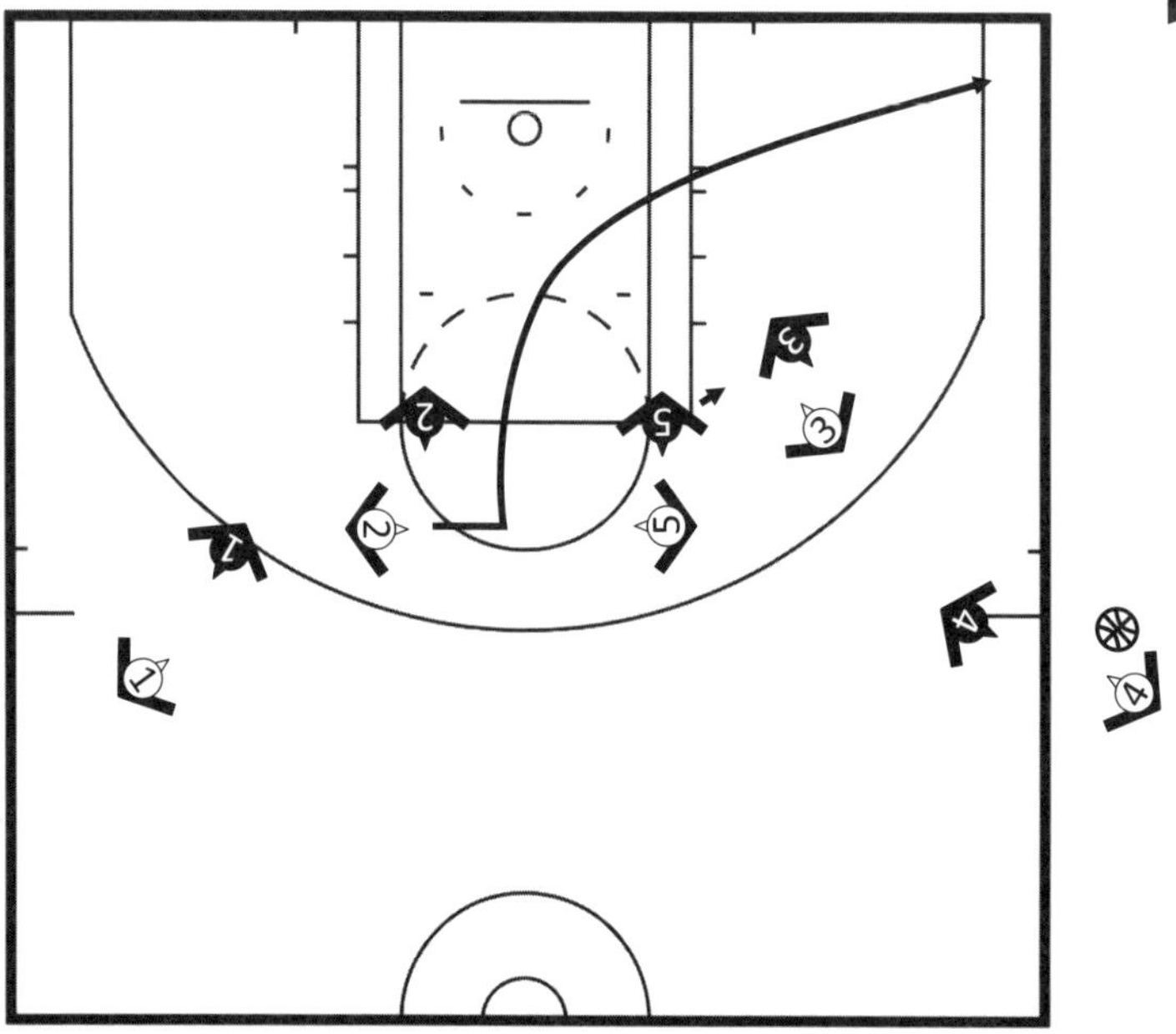

プレーの動画はこちら

スクリーンのセットを素早く切り替えディフェンスの対応を遅らせる

スクリーンをセットするディフェンスを素早く切り替えることで、ディフェンスの対応を遅らせてユーザーをゴール下に飛び込ませるセットです。

セルティックスのブラッド・スティーブンスHCはクイックヒッターでの2点獲得を選択しました。マーカス・スマート④がインバウンダーを務め、ウィークサイドのハイポストにジェイソン・テイタム②、ボールサイドのハイポストにダニエル・タイス⑤、ボールサイドのスロットからゴール側に入った位置にジェイレン・ブラウン③、ウィークサイドのスロットにケンバ・ウォ

図2

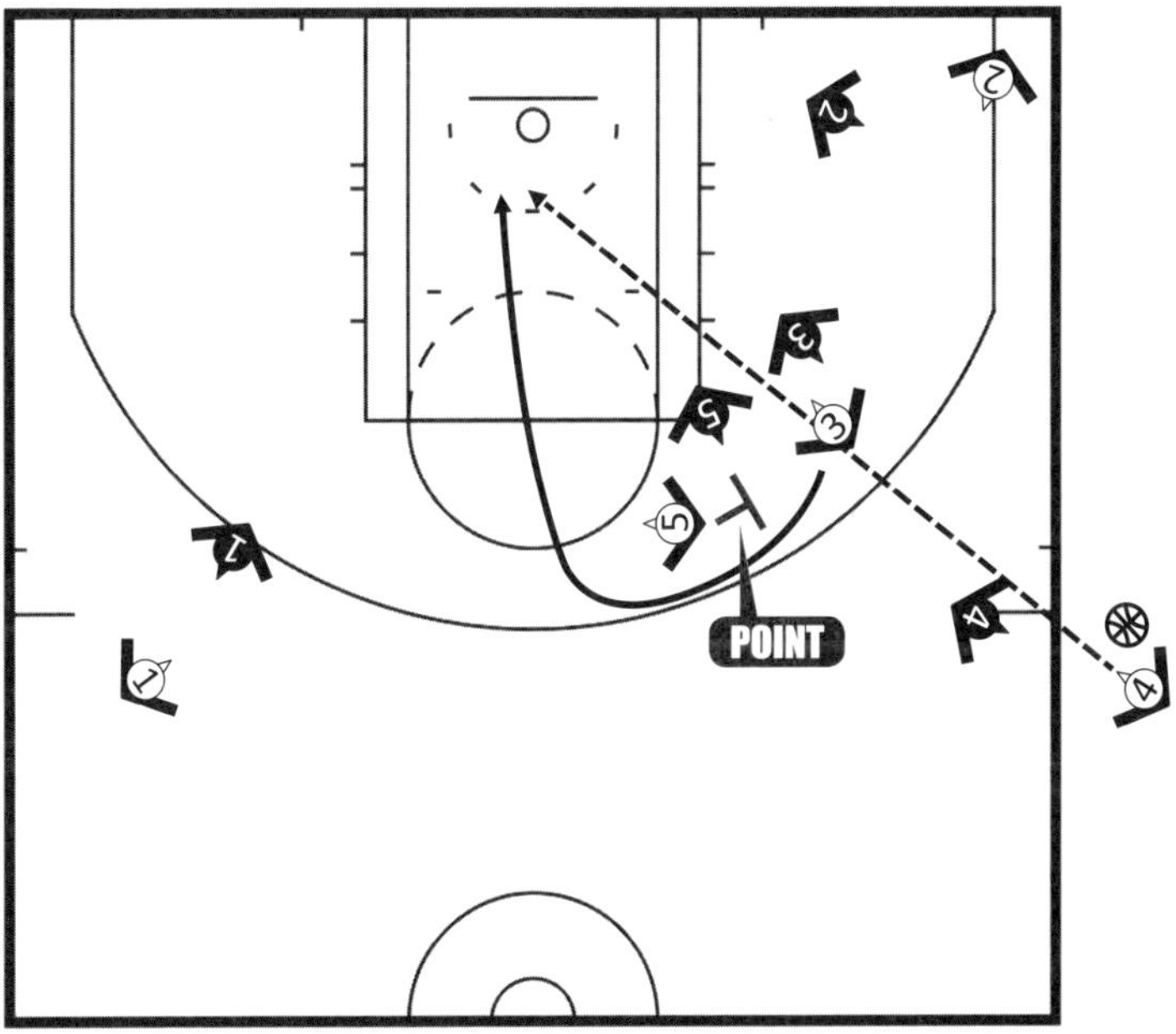

ーカー①がポジションをとります。

図1 ④がボールを保持したタイミングで②が、ボールサイドのハイポストに位置する⑤のスクリーンを利用するように見せかけてボールサイドのコーナーへと移動し、ウィークサイド側のスペースを作り出します。**図2** **②がコーナーへと進行方向を変更したタイミングで⑤は身体の向きを変え、③とマッチアップするカイル・ラウリー❸にスクリーンをセットします。**

③は⑤のスクリーンを利用してゴール付近へと侵入します。⑤とマッチアップするOG・アヌノビー❺はスクリーンを利用するように見せかけた②に対応しようとしたため、逆の動きとなる③に対応することができません。④からゴール下へと走り込む③へとパスが出され、スクリーンによって遅れた❸はファウルをすることしかできません。結果として、③はフリースローを獲得しました。

GAME DATA
2019-2020 プレーオフ
セルティックス104vs106ラプターズ Game6 OT 19.6

U15

SOB Quick Hitter 3P

スクリーン・ザ・スクリーナーによって3Pショットを狙う

図1

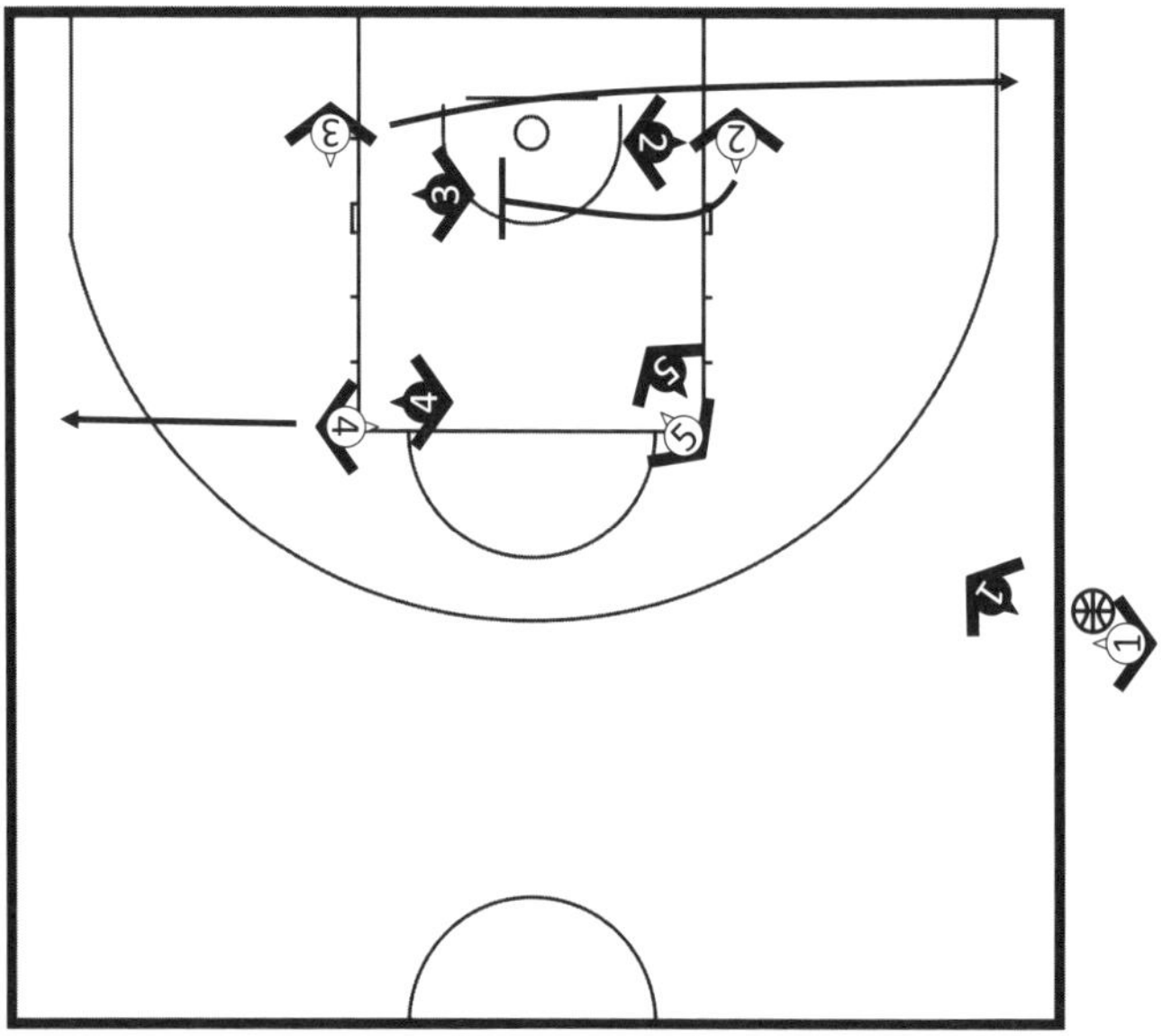

スクリーナーにスクリーンをセットしディフェンスの対応を難しくさせる

スクリーナーにスクリーンをセットするスクリーン・ザ・スクリーナーによりディフェンスの対応を難しくさせて3Pショットを狙うセットです。

中島遥希①がインバウンダーを務め、ボールサイドのエルボーに高橋龍永⑤、ボールサイドの第3ハッシュに廣木啓人②、ウィークサイドのエルボーに石井息吹④、ウィークサイドの第3ハッシュに沼田大輝③がポジションをとります。

図1 ①がボールを保持したタイミングで②が③とマッチアップする今野登安❷にスクリーンをセットします。③は②の

プレーの動画はこちら

図2

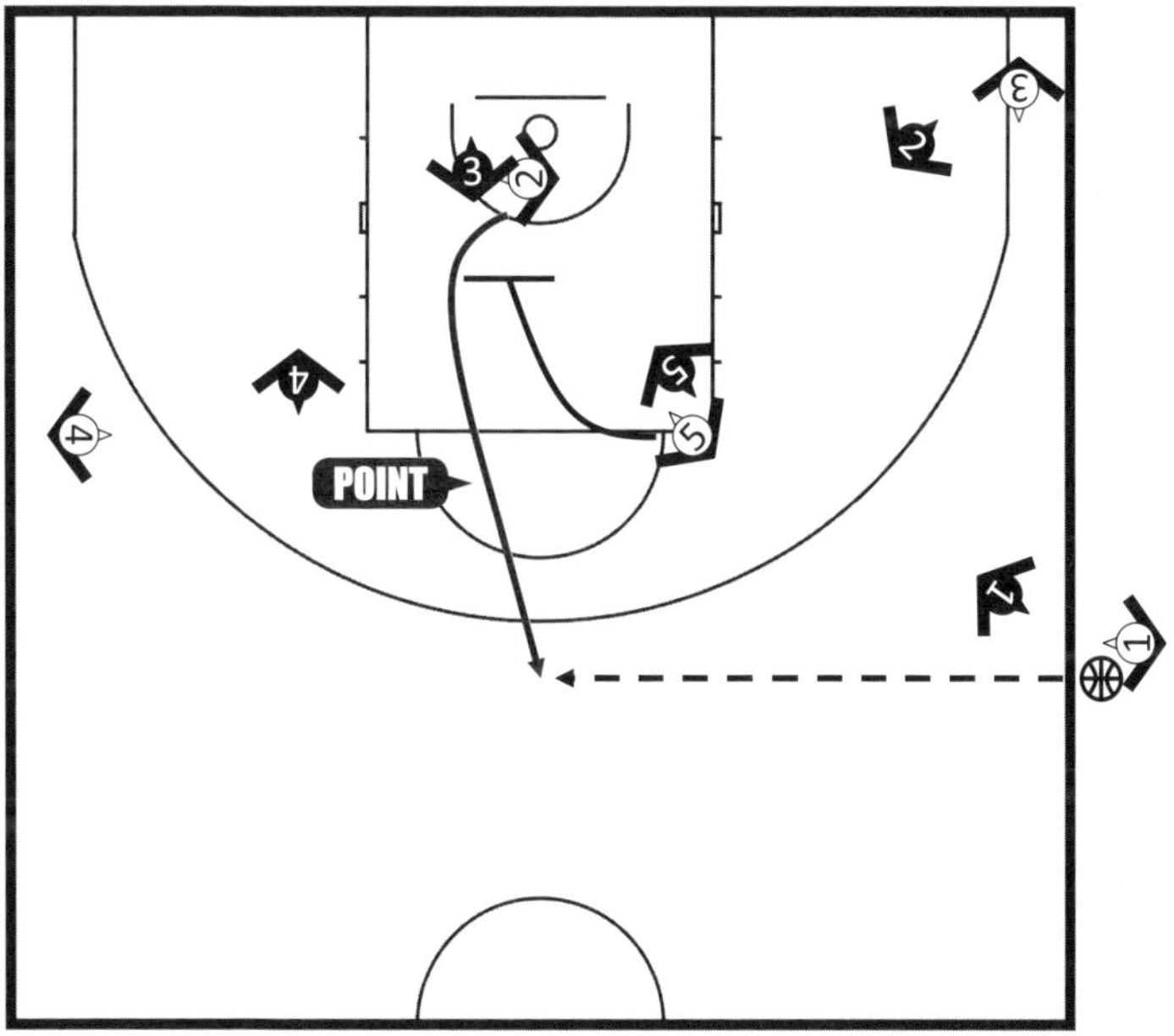

スクリーンを利用し、ボールサイドへと移動します。②とマッチアップする佐々木慎太郎❷と❸はスイッチで対応し、❷が③にマッチアップします。しかし、③はボールサイドのコーナーまで❷を引き連れて移動することにより、ミドルレーンのスペースを作り出す役割を果たします。同様に④もウィークサイドのウィングへと移動し、ミドルレーンのスペースを作り出す役割を担います。

図2 ⑤は③がスクリーンを利用するタイミングを見計らって、スイッチにより②とマッチアップする❸に対してスクリーンをセットします。②は⑤のスクリーンを利用してトップへと駆け上がります。**❸にとってはクロススクリーンにスイッチで対応しているところにスクリーンがセットされるため、スクリーンの回避が難しい状況になります。**ノーマークになった②は、①からのパスを受けて3Pショットを放ちました。

GAME DATA
茨城ロボッツ前座試合
茨城ロボッツ47vs51アースフレンズ東京 4Q 17.2

大学

SOB Quick Hitter 3P

パス直後のインバウンダーにスクリーンをセットし3Pショット

プレーの動画はこちら

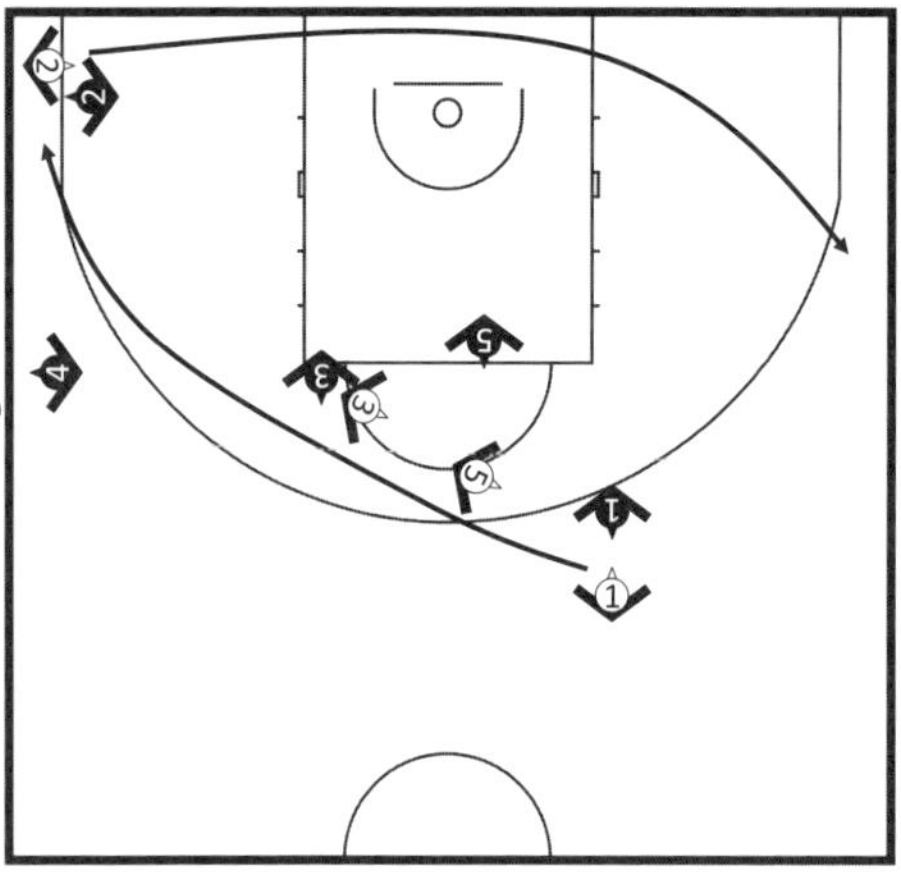

図1

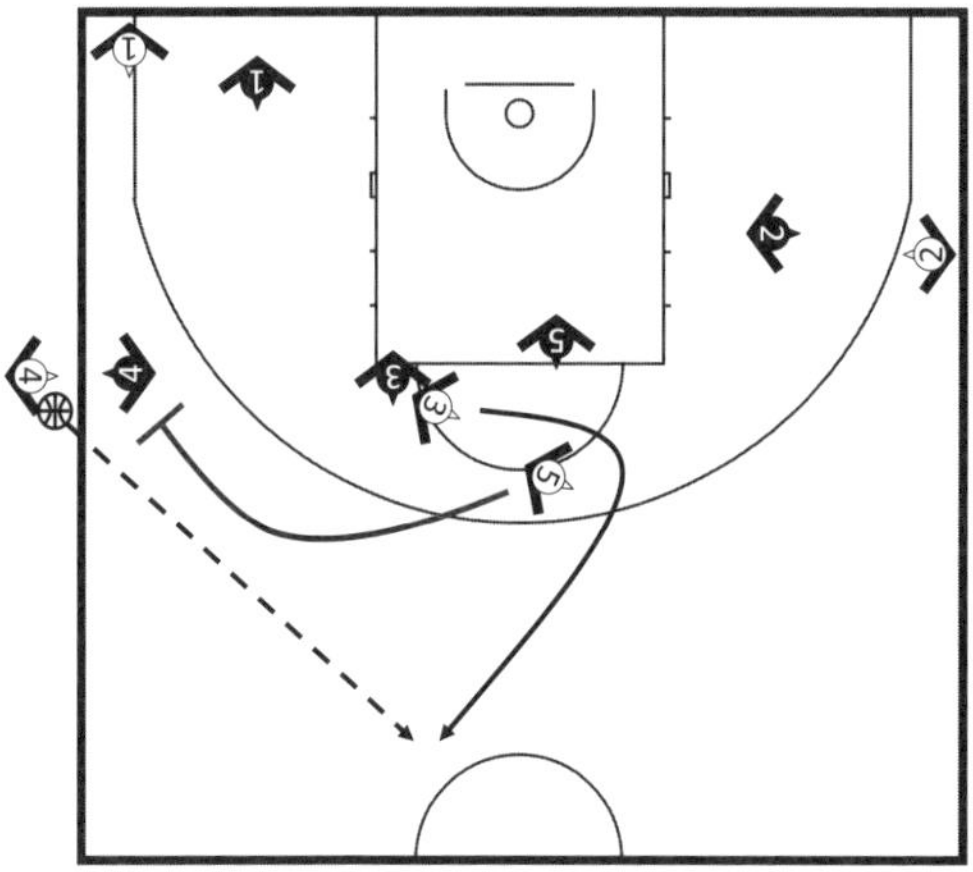

図2

インバウンダーのディフェンスにスクリーンをセットする

インバウンダーとマッチアップするディフェンスにスクリーンをセットし、インバウンダーに3Pショットを放たせるセットです。

津谷一球④がインバウンダー、坂本聖芽②と河村勇輝①は図1のようにポジションをとります。松本礼太③、張正亮⑤はボールサイドのエルボーとトップあたりで中村拓人❶に対してスタッガードスクリーンをセットします。

図1 ④がボールを保持したタイミングで②がマッチアップする野原暉央❷を引き連れ、ウィークサイドのウィングまで駆

図3

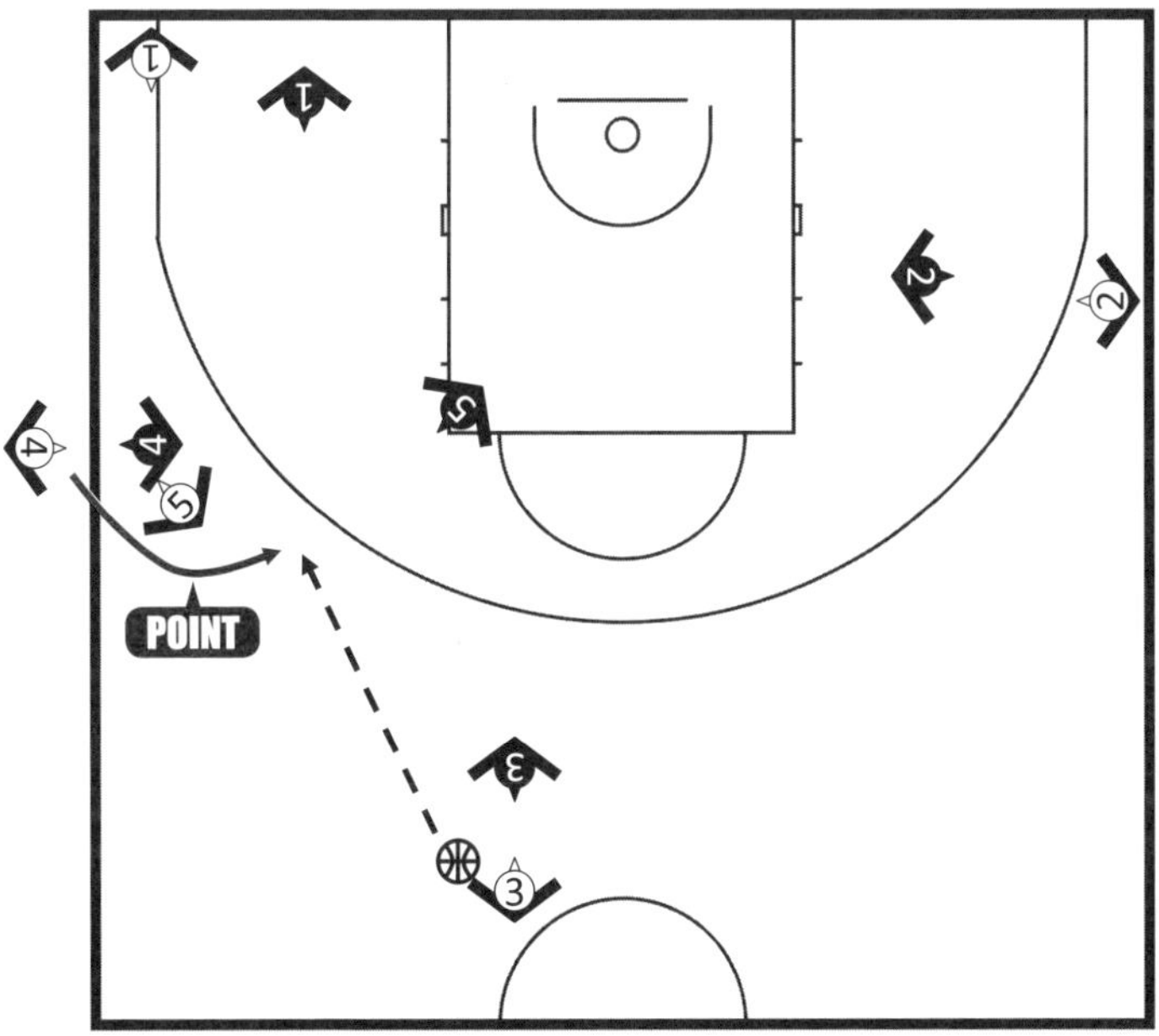

け抜けてボールサイドのスペースを作ります。同時に①は⑤と③によるスタッガードスクリーンを利用し、ボールサイドのコーナーまで中村拓人❶を引き連れて移動し、ハイサイドのスペースを作ります。

図2 ③は①によるスクリーンの利用後、センターサークルあたりまで飛び出し、④からのパスを受けます。⑤は④とマッチアップする飴谷由毅❹に対してスクリーンをセット。

図3 ④は③へとパスを出した後、⑤のスクリーンを利用してコート内に入り込みます。**❹はドリブルの選択肢がないインバウンダーにプレッシャーをかけていたところに突然スクリーンがセットされるため、スクリーンの回避が難しくなります。**ノーマークの④は③からのパスを受けて3Pショットを放ちました。このプレーは、エルボーで構えていたバトゥマニ・クリバリ❺の脅威の身体能力によりブロックされましたが、十分に活用できるセットになります。

GAME DATA
オータムカップ2020決勝
東海大学vs大東文化大学 2Q 9:45

ラムスクリーンによってディフェンスの対応を遅らせて3Pショットを狙う

プレーの動画はこちら

図1

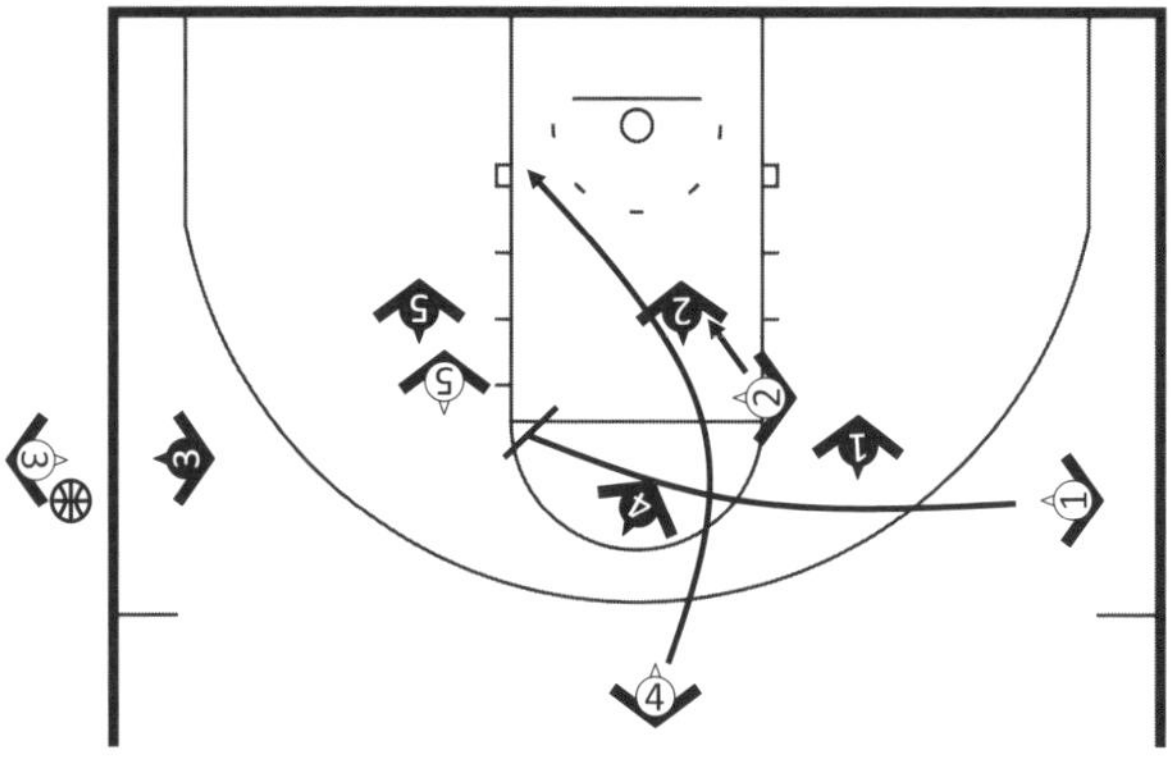

図2

2人がアウトサイドへ飛び出しどちらかが3Pショットを狙う

ラムスクリーンによりスクリーナーとマッチアップするディフェンスの対応を遅らせて3Pショットを狙うセットです。デング・エイデル③がインバウンダーを務め、各プレーヤーは図1のようにポジションをとります。

図1③がボールを保持したタイミングで④がペイント内を通過してボールサイドのブロックへと移動します。同時に①が❺にスクリーンをセットします。⑤はスクリーナーである①のアウトサイド側を通過します。**⑤のアウトサイドショットをそれほど警戒していない❺はアンダ**

図3

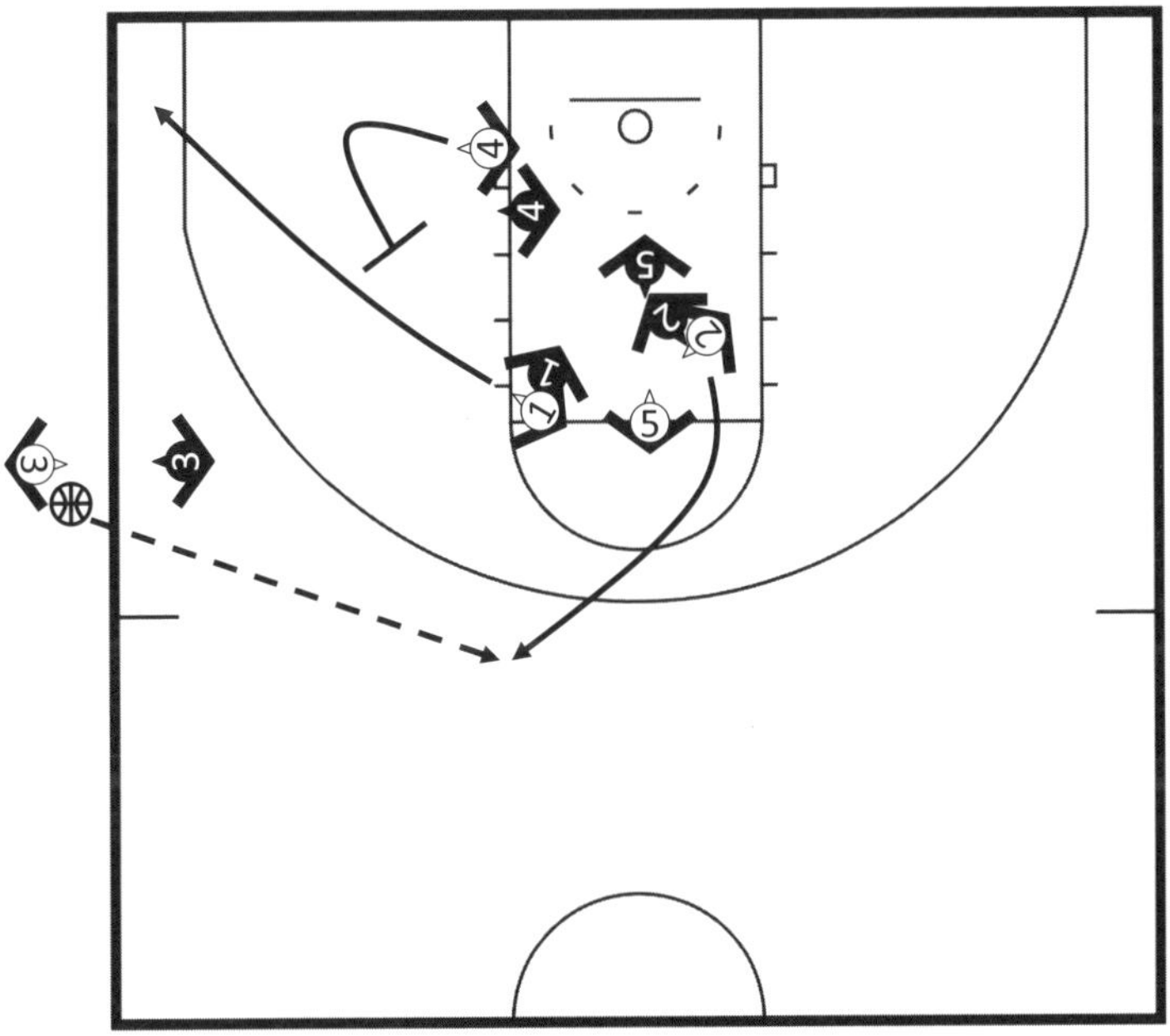

ーを選択します。①と⑤によるスクリーンプレーの間に②はマッチアップする❷とコンタクトし、次に続くスクリーンのためのセットアップをします。

図2 ⑤は①のスクリーンを利用した後、❷に対してスクリーンをセットします。

図3 ②は⑤のスクリーンを利用し、ボールサイドの2ガードポジションへと飛び出します。**アンダーを選択した❺は②のヘルプに飛び出すことができません。**

④は、⑤が①のスクリーンを利用するタイミングを見計らって①とマッチアップする❶にスクリーンをセットします。①は④のスクリーンを利用してボールサイドのコーナーへと飛び出します。②もしくは①は③からのパスを受けて3Pショットを放つことを狙います。この場面では②がパスを受けました。

GAME DATA 2017年NCAAトーナメント 中西部地区2回戦
ルイビル大学vsミシガン大学

Bリーグ

SOB Quick Hitter 3P

ゴール付近に侵入したシューターが再度アウトサイドに出て3Pショットを狙う

プレーの動画はこちら

図1

図2

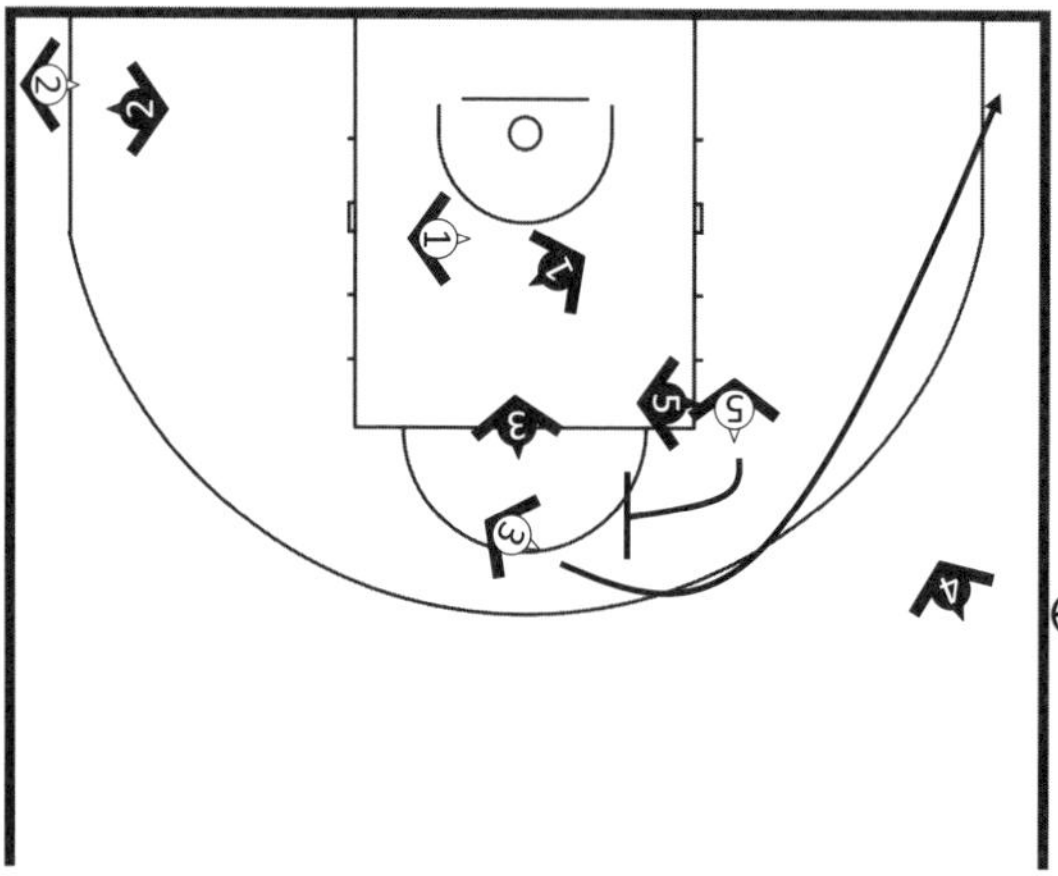

シューターは一度アウトサイドから ゴール付近に侵入する

アウトサイドからゴール付近に侵入したシューターが再度アウトサイドに出て3Pショットを狙うセットです。

インバウンダーはアンソニー・マクヘンリー④、各プレーヤーは図1のようにポジションをとります。

図1 ④がボールを保持したタイミングで栗原ルイス③が西山達哉①とマッチアップするベンドラメ礼生❶に対してスクリーンをセットします。**①は③のスクリーンを利用してゴールへと向かいます。**①が大崎裕太③のスクリーンを利用したタイミングで、ジョシュ・ホーキンソン⑤が

図3

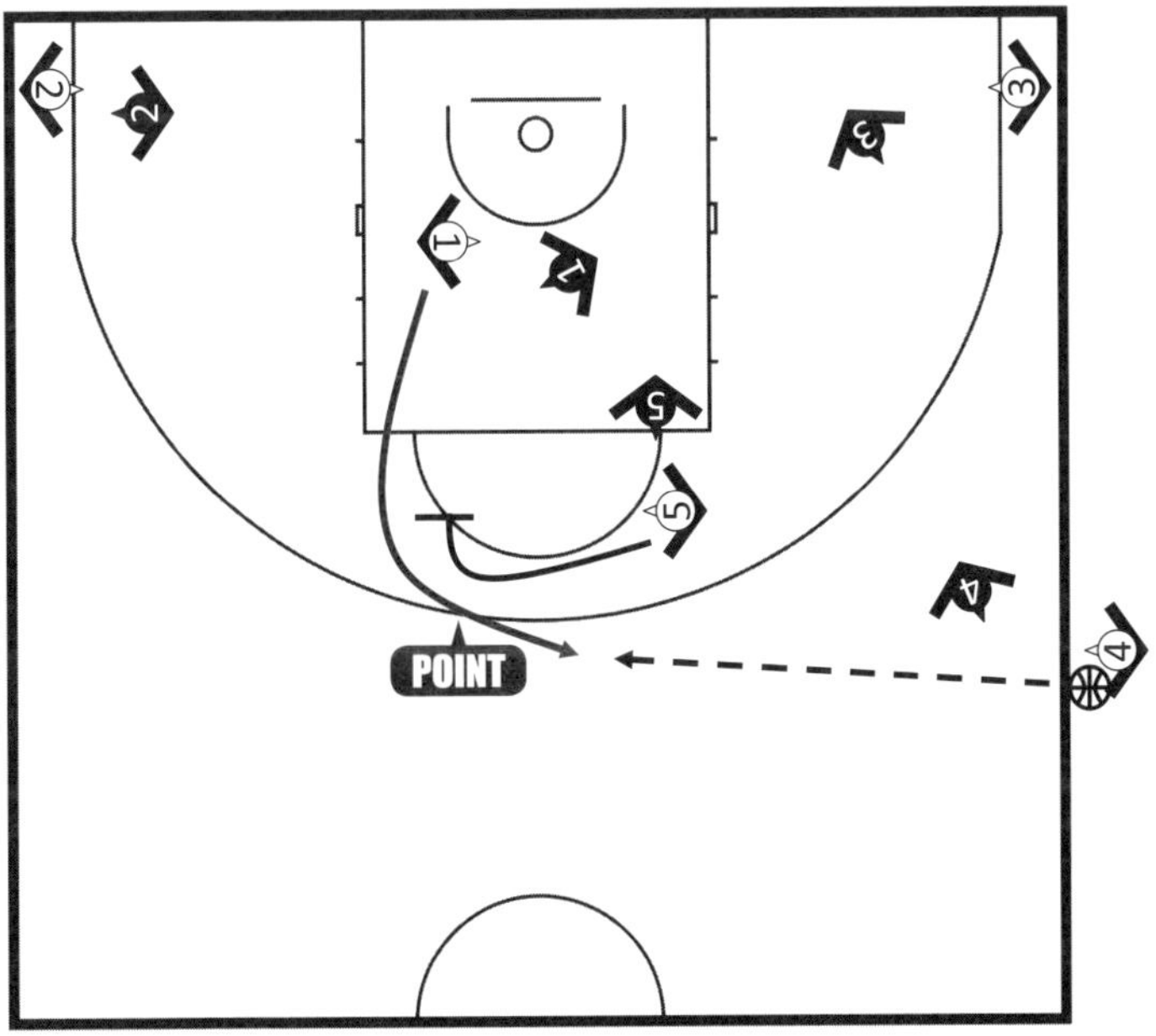

③とマッチアップする❸に対してスクリーンをセットします。

図2 ③は⑤のスクリーンを利用してボールサイドのコーナーへと移動します。また、③と⑤によるスクリーンプレーに合わせて②がウィークサイドのコーナーへと移動します。③と②によるコーナーへの移動は、トップ付近のスペースを作り出す役割を果たします。

図3 ⑤は③によるスクリーンの利用後、今度はペイント内に位置する①とマッチアップする❶に対してスクリーンをセットします。**①は⑤のスクリーンを利用してトップへと移動します。**⑤とマッチアップする❺にとっては連続するスクリーンへの対応、さらには⑤が①によるスクリーンの利用後にアウトサイドへと飛び出し、パスを受けて3Pショットを放つ準備をしたため、①に対応することが難しい状況になります。ノーマークになった①は④からのパスを受けて3Pショットを放ちました。

GAME DATA 2020-2021 Bリーグ
信州ブレイブウォーリアーズvsサンロッカーズ渋谷 4Q 0:44

EURO

SOB Quick Hitter 3P

フレアスクリーンから3Pショットを狙う

図1

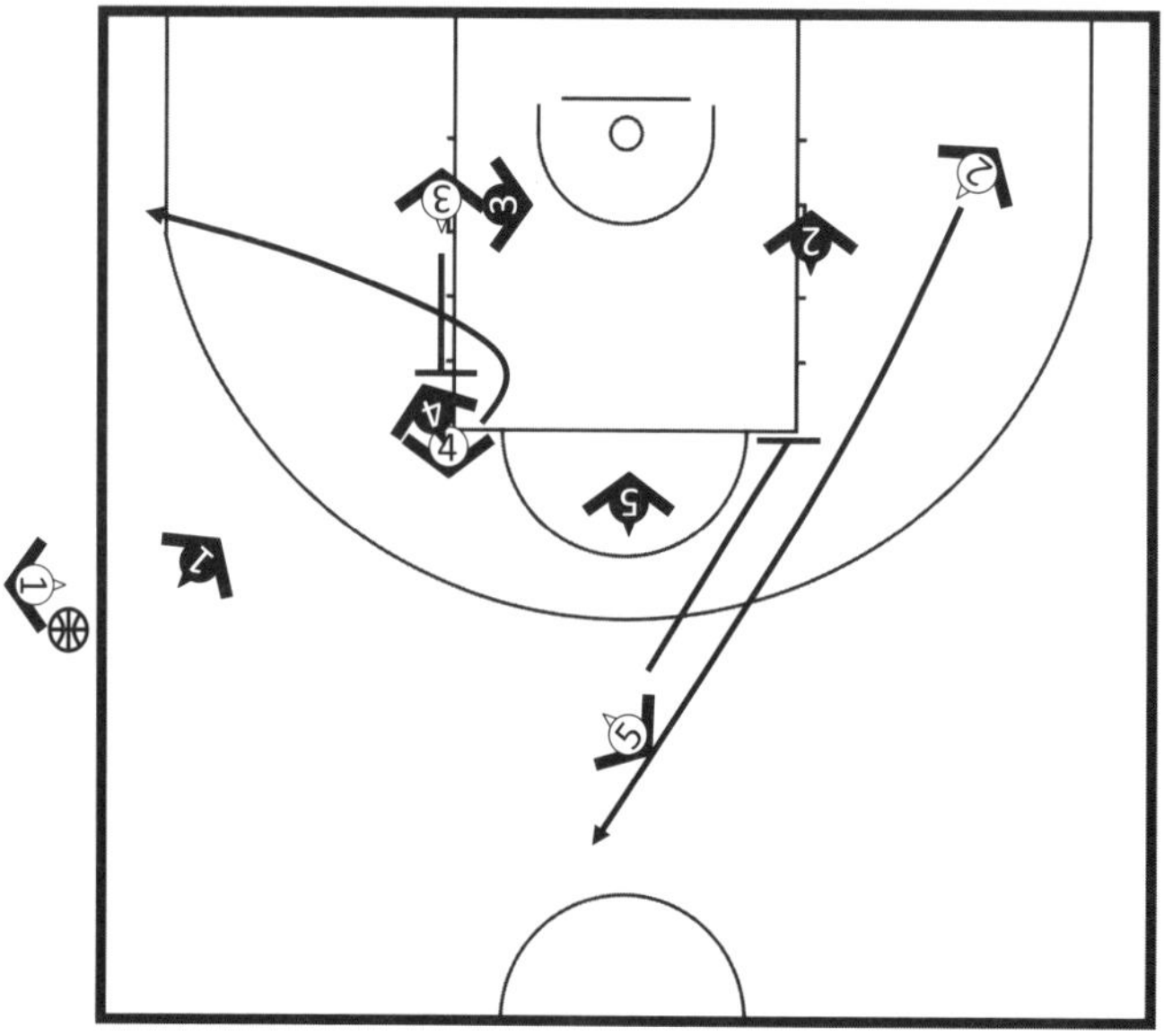

ボールサイドにディフェンスを引きつける

ボールサイドにディフェンスを引きつけてフレアスクリーンによりウィークサイドでの3Pショットを狙うセットです。①がインバウンダーを務め、ボールサイドのブロックに③、ボールサイドのエルボーに④、トップに⑤、ウィークサイドのコーナーからゴール側に入った位置に②がポジションをとります。

図1 ①がボール保持したタイミングで③が④とマッチアップする❹にスクリーンをセット。④は③のスクリーンを利用してボールサイドのウィングとコーナーの間あたりに❹を引き連れて飛び出しま

プレーの動画はこちら

図2

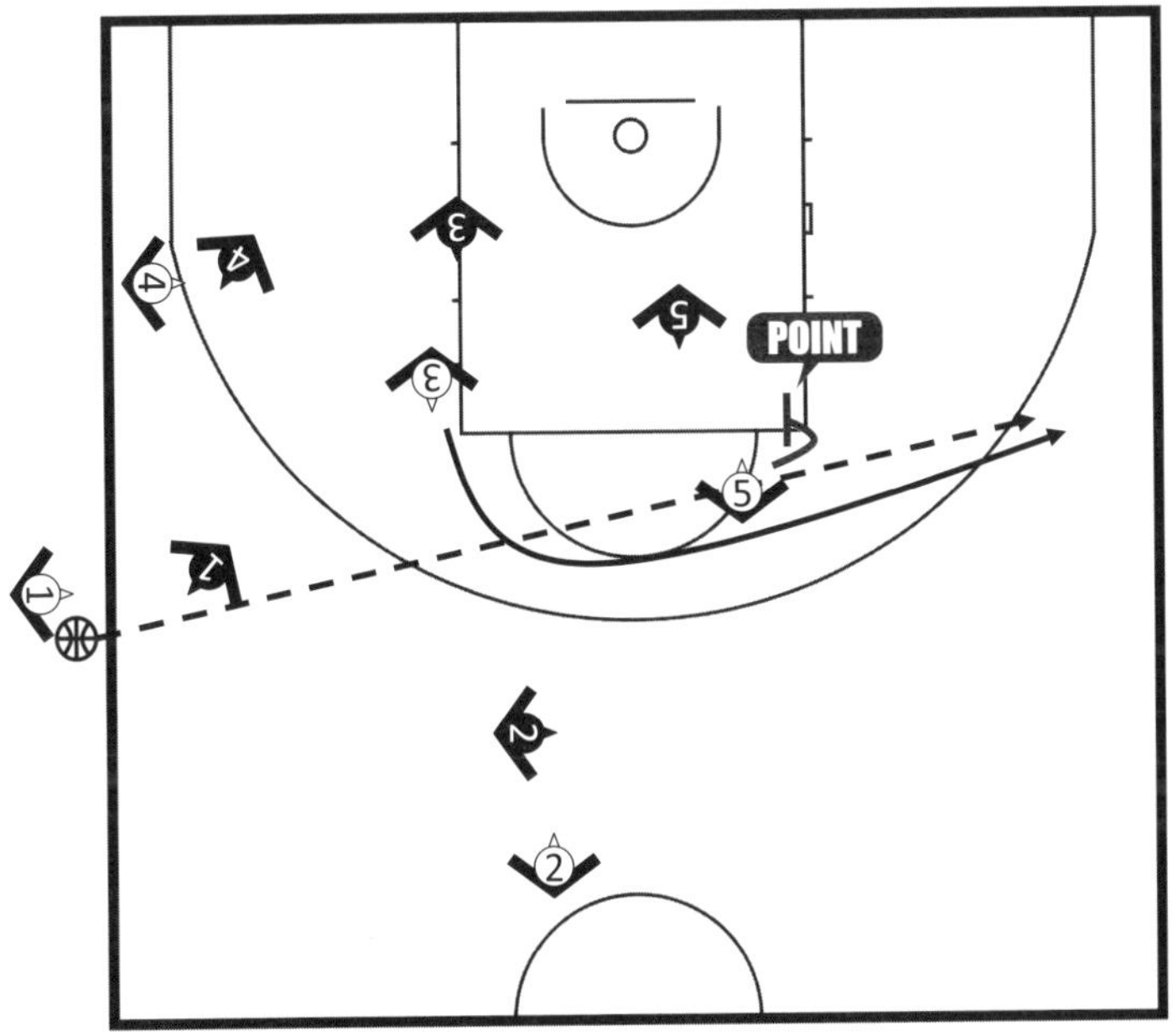

す。同時に⑤はウィークサイドのエルボーあたりで体をベースラインに向けてスクリーンをセット。②は⑤のスクリーンを利用してセンターサークル付近まで❷を引き連れて飛び出します。この④と②の移動はウィークサイドのスペースを作り出す役割を担います。

図2 ⑤は②によるスクリーンの利用後、体をボールサイドのサイドラインに向けてスクリーンをセットします。③は④によるスクリーンの利用後、⑤のスクリーンを利用してウィークサイドのウィングへと飛び出します。**③は④とのスクリーンプレーにおいて❸に対応させることで次に続くスクリーンプレーへの❸の対応を遅らせます。⑤は③の移動に遅れてついてくる❸の進行を阻止するように位置と体の向きを調整します。**ノーマークになった③は①からのパスを受けて3Pショットを放ちました。インバウンダーにはロングパスを正確にタイミングよく出すことができるスキルが求められます。

GAME DATA German League
FRAPORT SKY34vs37WUERZBURG 2Q 0:01

NBA

SOB Quick Hitter 3P

スクリーナーとマッチアップするディフェンスの対応を困難にする

図1

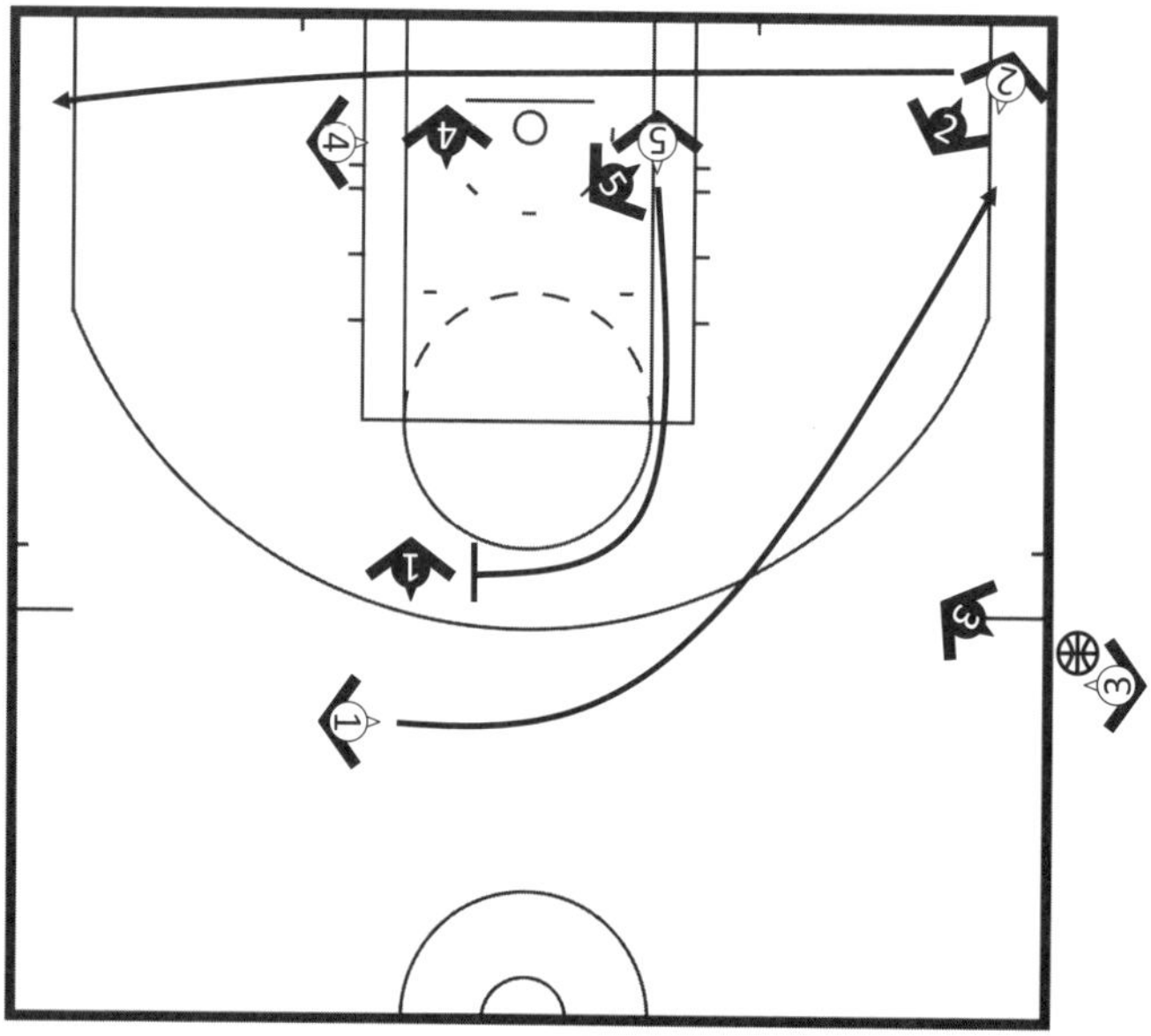

プレーの動画はこちら

スクリーナーが連続してスクリーンをセットする

スクリーナーが連続してスクリーンをセットすることで、スクリーナーとマッチアップするディフェンスのユーザーへの対応を困難にするセットです。

カイル・ラウリー③がインバウンダーになり、ジェイレン・ハリス②がボールサイドのコーナー、サージ・イバカ⑤がボールサイドのブロック、CJ・マイルズ④がウィークサイドのブロック、フレッド・ヴァンブリート①がウィークサイドの2ガードポジションにポジションをとります。

図1 ③がボールを保持したタイミングで⑤が①とマッチアップするコリン・セ

図2

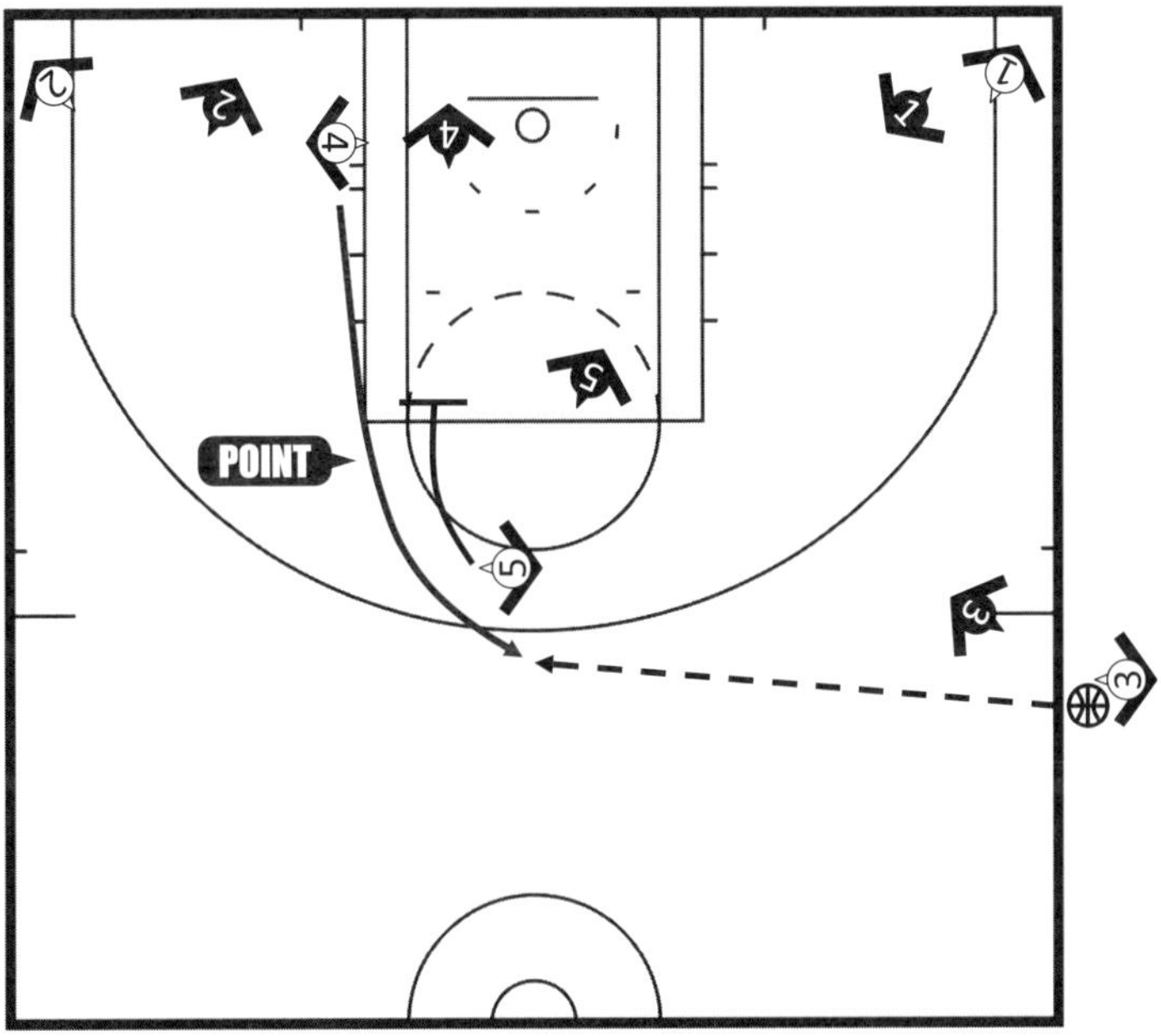

クストン❶にスクリーンをセットします。①は⑤のスクリーンを利用し、ボールサイドのコーナーへと移動します。①と⑤によるスクリーンプレーと同時に、②は④のスクリーンを利用してウィークサイドのコーナーへと移動します。この2つのスクリーンプレーはトップのスペースを作り出すことに貢献します。

図2 ⑤は①によるスクリーンの利用後、④とマッチアップする❹にスクリーンをセット。**④は⑤のスクリーンを利用してトップへと飛び出します。④と⑤とマッチアップする❹と❺は1つ目のスクリーンプレーへの対応があるため、続くスクリーンプレーに対応することが難しくなります。**もちろん、両コーナーに位置する①と②は3Pショットを備えているので、両プレーヤーとマッチアップする❶とジエロン・ブロッサムゲーム❷はトップに近づくことができません。ノーマークになった④は、③からのパスを受けて3Pショットを放ちました。

GAME DATA 2019レギュラーシーズン
ラプターズ24vs25キャバリアーズ 1Q 0:03

スタッガードスクリーンにより3Pショットを狙う

図1

デフォルトは3人のスタッガードスクリーン

3人のスクリーナーによるスタッガードスクリーンをディフェンスに合わせて変更して3Pショットを狙うセットです。

ウシュル・アルベン①がインバウンダーを務め、シューターのペリン・ビルギチ②がウィークサイドのショートコーナー、③がウィークサイドのブロック、④と⑤が両エルボーのややミドルライン側にポジションをとります。

図1 セルビアはマッチアップを変更し、①に❷、②に❶を割り当てます。③がダウンスクリーンをセットするように体の向きをベースライン側に向けます。❶と

プレーの動画はこちら

図2

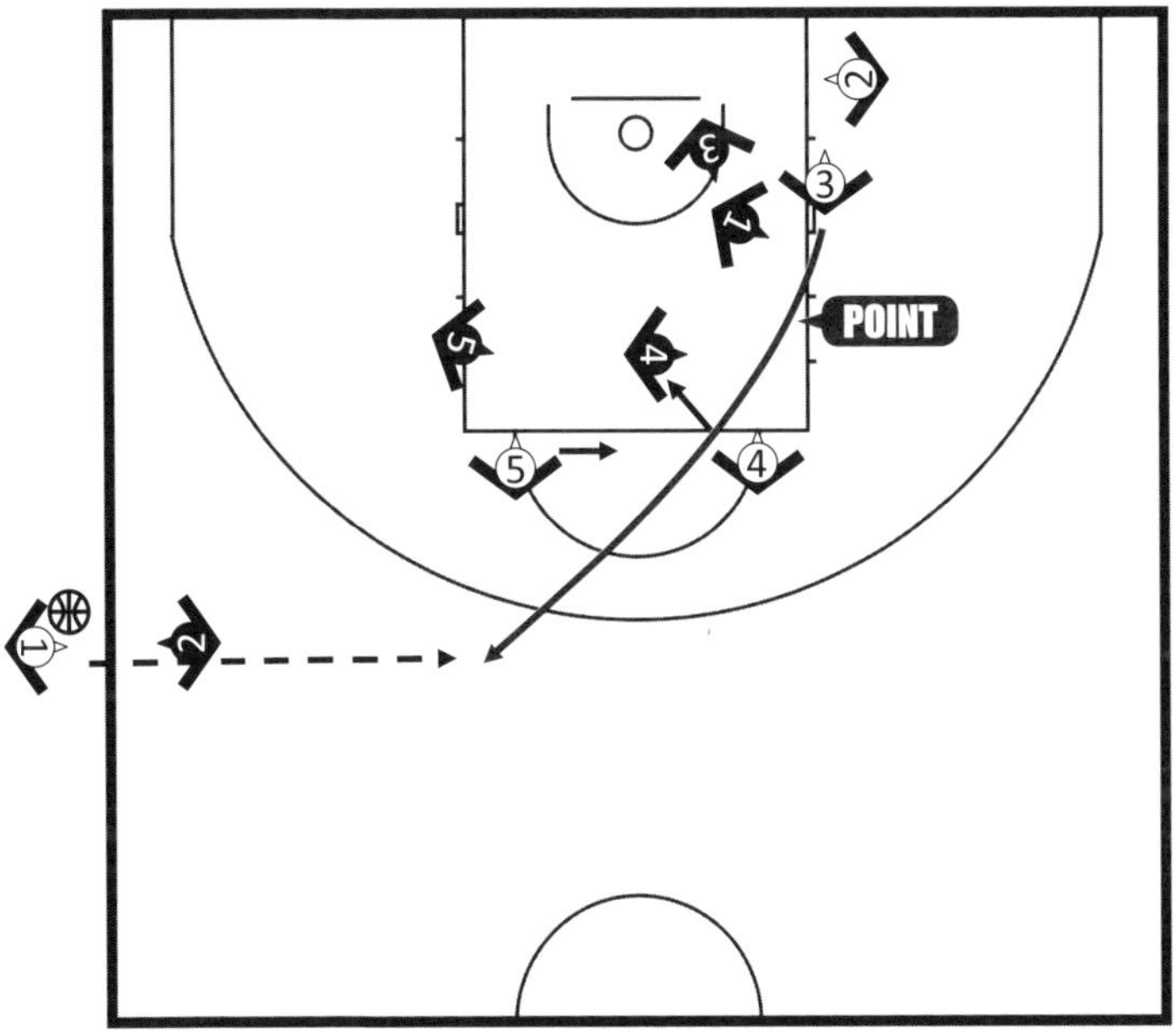

❸は、②と③によるスクリーンプレーを想定し、❶が❸よりもハイサイドに位置し、ユーザーになるであろう②を迎え入れようと待ち構えます。

図2 しかし、スクリーナーであった、もしくは、スクリーナーを装っていた③がトップ方向へと駆け上がり出します。これに合わせて、④がゴール方向へと進み、⑤がミドルライン側へと寄って③とマッチアップする❸に対してスタッガードスクリーンをセットします。

③は、④と⑤によるスタッガードスクリーンを利用してトップ方向へと駆け上がります。スクリーナーのディフェンスとして準備していた❸は、突然、マッチアップする③がユーザーとなって移動を開始したため、不意をつかれてしまい、スタッガードスクリーンを回避することができません。ノーマークになった③はボールサイドの2ガードポジションへと飛び出し、①からのパスを受けて3Pショットを放ちました。

GAME DATA FIBA Women's EuroBasket Qualifiers 2021
トルコ74vs79セルビア代表 2Q 1:32

高校

SOB Normal 2P

アップスクリーンをセットしてパッサーをゴール下に飛び込ませる

図1

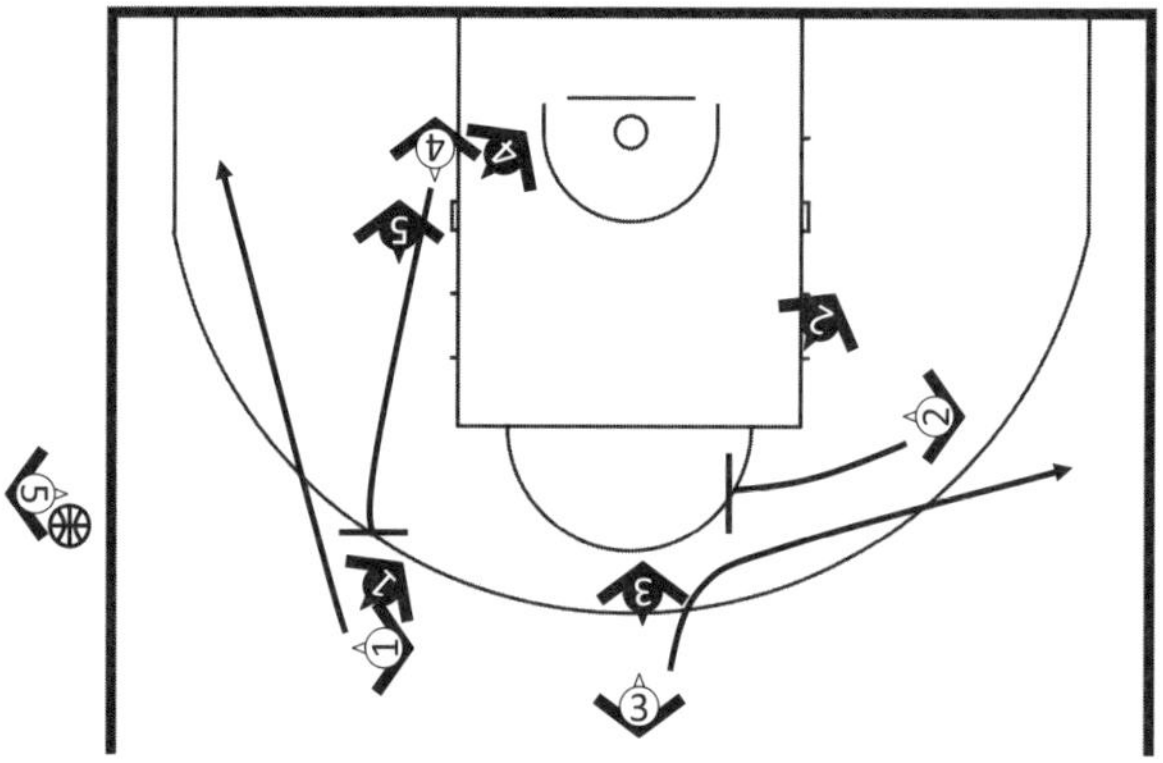

図2

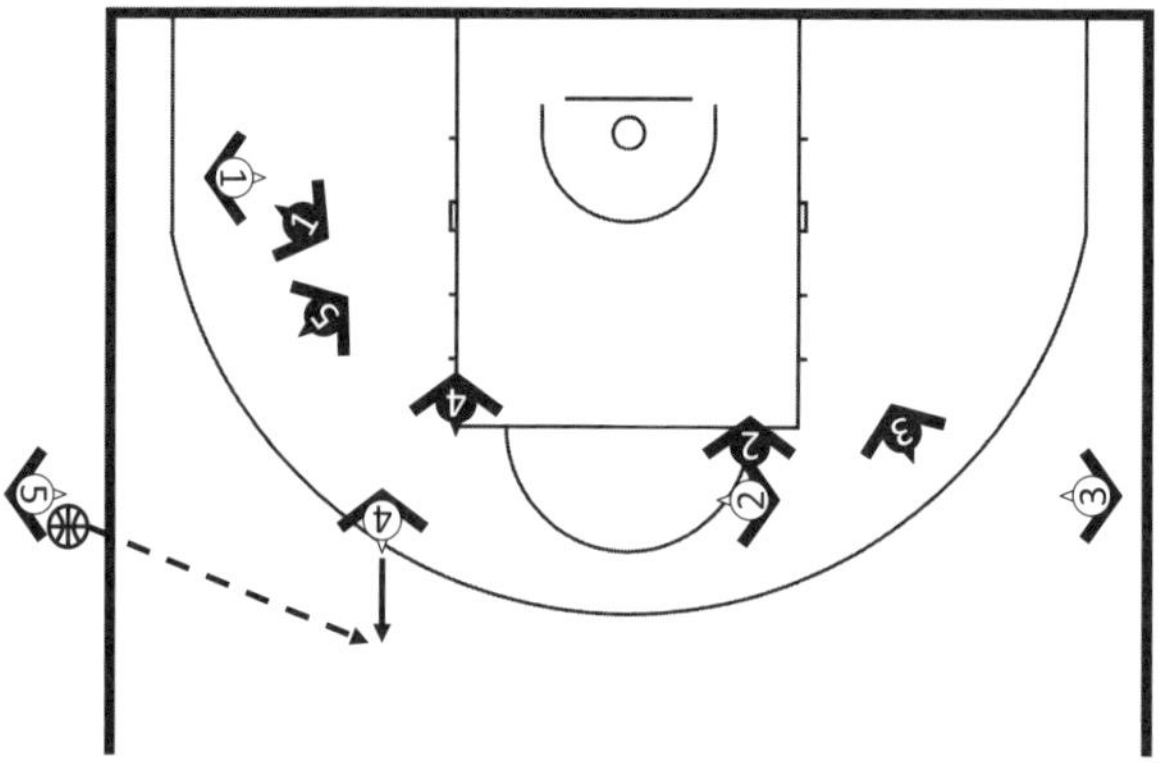

パッサーとマッチアップする相手にアップスクリーンをセット

ハンドオフのパッサーとマッチアップするディフェンスにアップスクリーンをセットして、パッサーをゴール下に飛び込ませるセットです。

伊藤陸斗⑤がインバウンダーを務め、各プレーヤーは図1のようポジションをとります。

図1 ⑤がボールを保持し、園部毅④が植田凛太郎①とマッチアップする❶にスクリーンをセット。①は④のスクリーンでボールサイドのコーナー方向へと移動します。同時に山下寛太②は跡部晃基③とマッチアップする❸にスクリーンをセ

プレーの動画はこちら

図3

図4

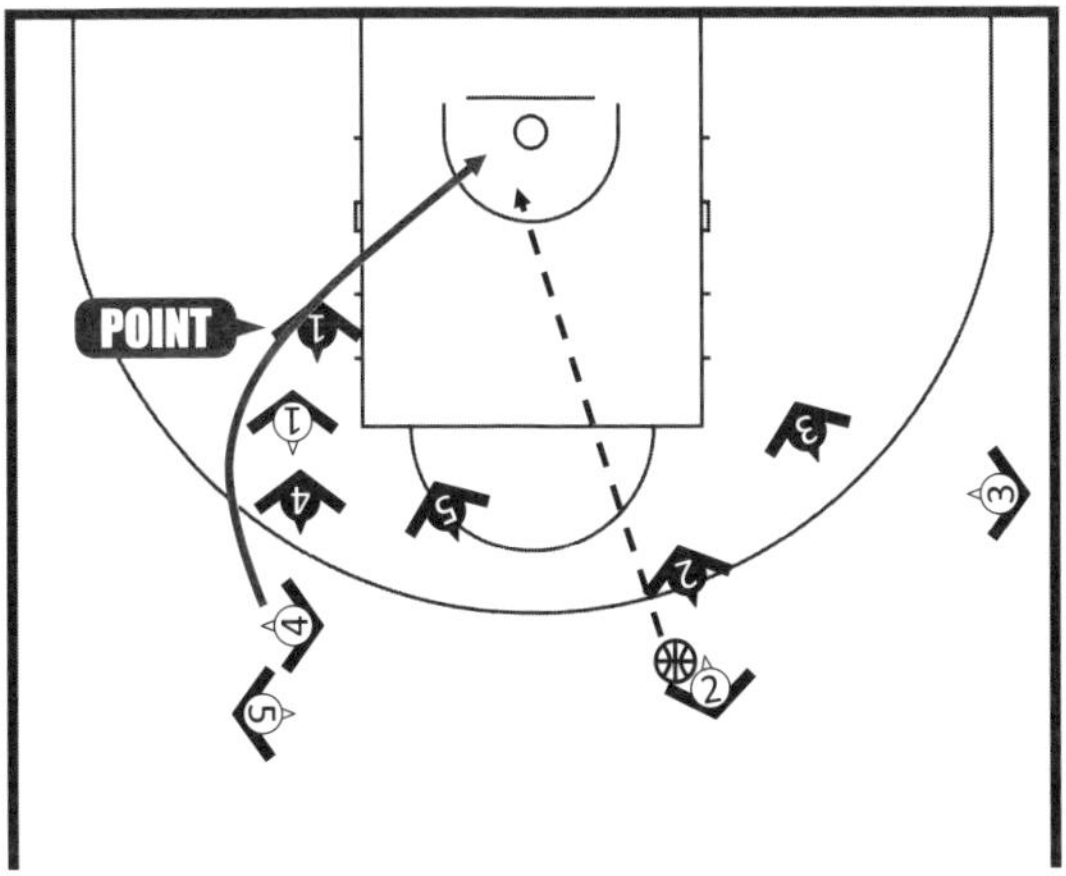

ット。③は②のスクリーンを利用し、❸を引き連れてウィークサイドのウィングへ飛び出し、ボール付近のスペースを作ります。

図2 ②は❷にスクリーンプレーへの対応をさせることで、その後のレシーブを容易にします。④は①のスクリーン利用後、ボールサイドの2ガードポジションへ飛び出し、⑤からのパスを受けます。

図3 ⑤は④へパスを出した直後、④に向かって移動し、④からハンドオフパスを受けます。⑤**がアウトサイドでパスを受けることで、❺がアウトサイドへ引き出されます。**①は⑤と④のハンドオフパスのタイミングを見計らい、④とマッチアップする❹にスクリーンをセット。⑤はパスを受けた直後、②へとパスを出します。

図4 ④**は①のスクリーンを利用して❺がいなくなったゴール付近へと侵入**し、②からのロブパスを受けてゴール間際でのショットを放ちました。

GAME DATA
インターハイ2017 男子二回戦
九州学院4vs11東山 1Q 5:28

大学

SOB Normal 2P

セカンドスクリーナーをゴール下に飛び込ませる

図1

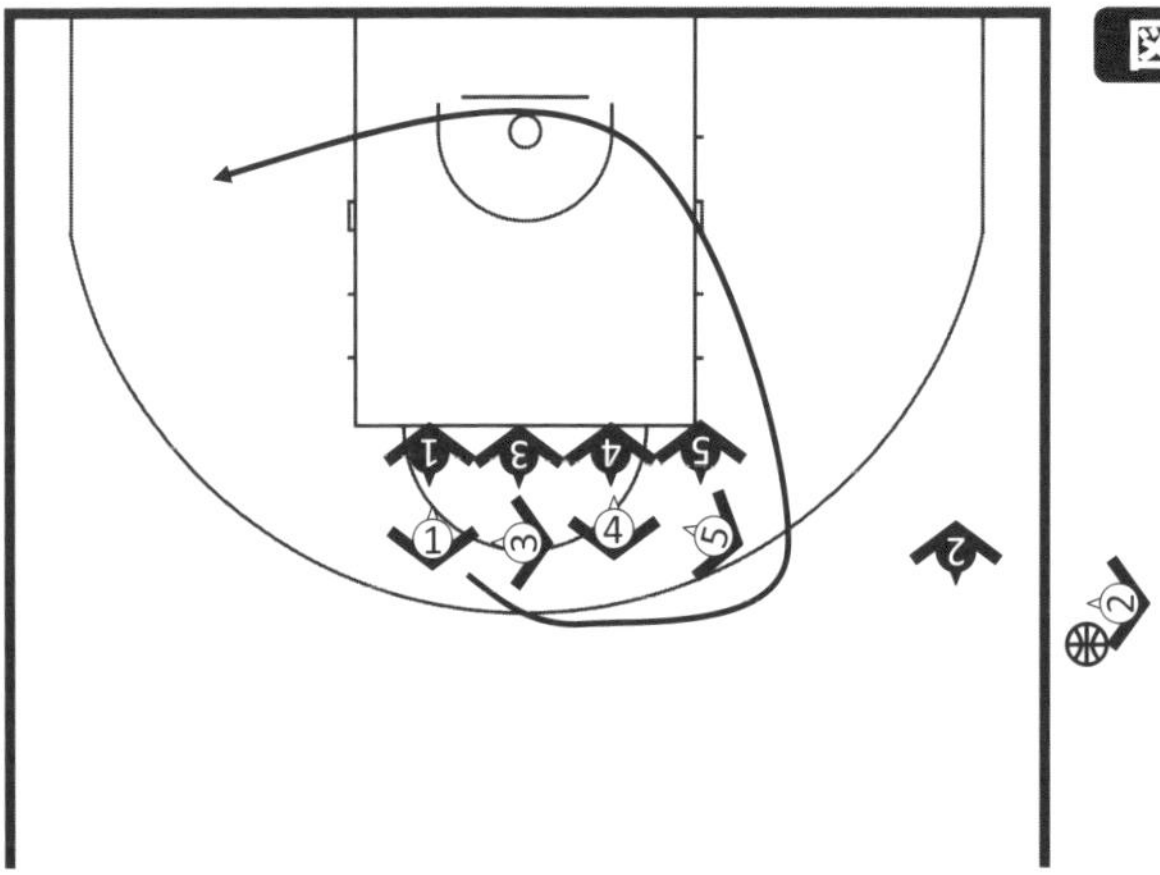

図2

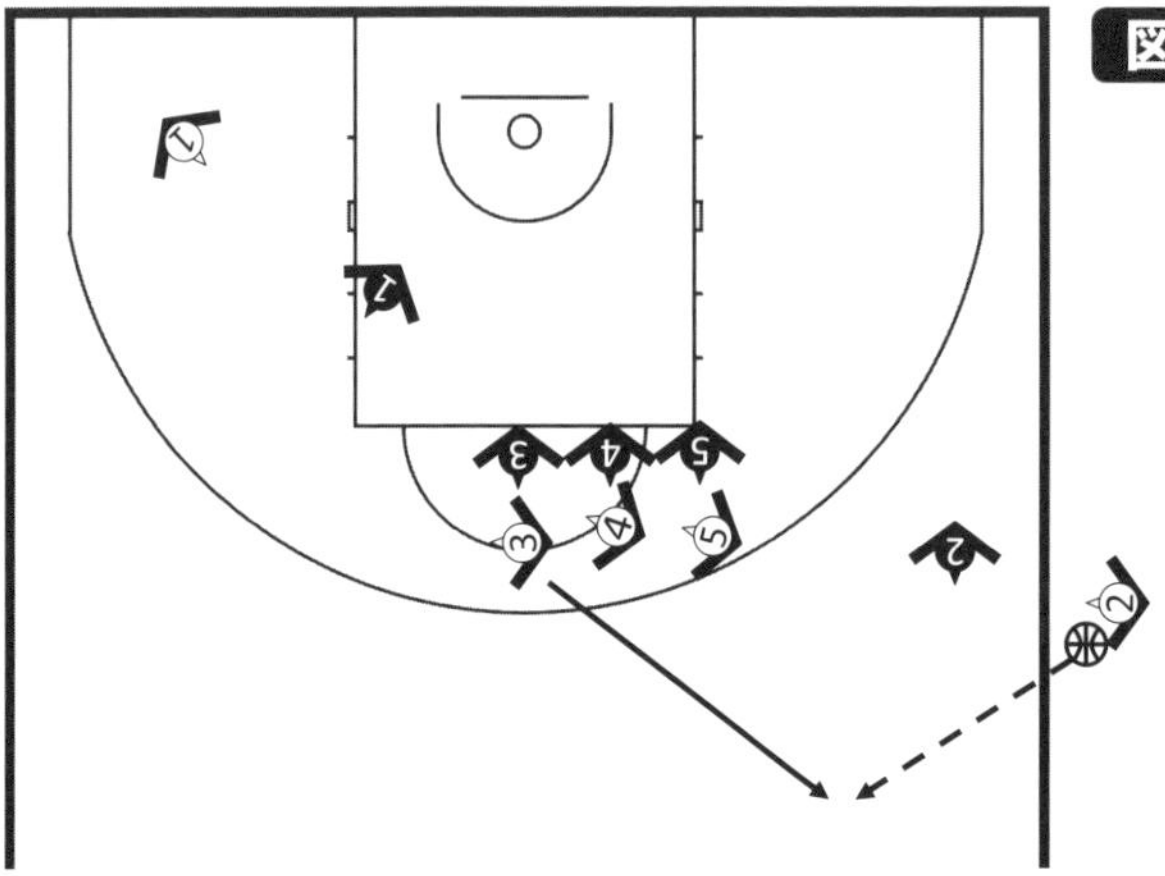

セカンドスクリーナーとマッチアップするディフェンスにスクリーンをセット

ダブルドラッグのセカンドスクリーナーとマッチアップするディフェンスにスクリーンをセットし、セカンドスクリーナーをゴール下に飛び込ませるセットです。池松美波②がインバウンダー、各プレーヤーは図1のように並びます。

図1 ②がボールを保持し、①は③、④、⑤をスクリーンとして利用。ボールサイド側を通ってウィークサイドのコーナーあたりまで移動します。

図2 ④と⑤は①の通過後に向きを変え、③とマッチアップする❸に対してスタッガードスクリーンをセットします。③

プレーの動画はこちら

図3

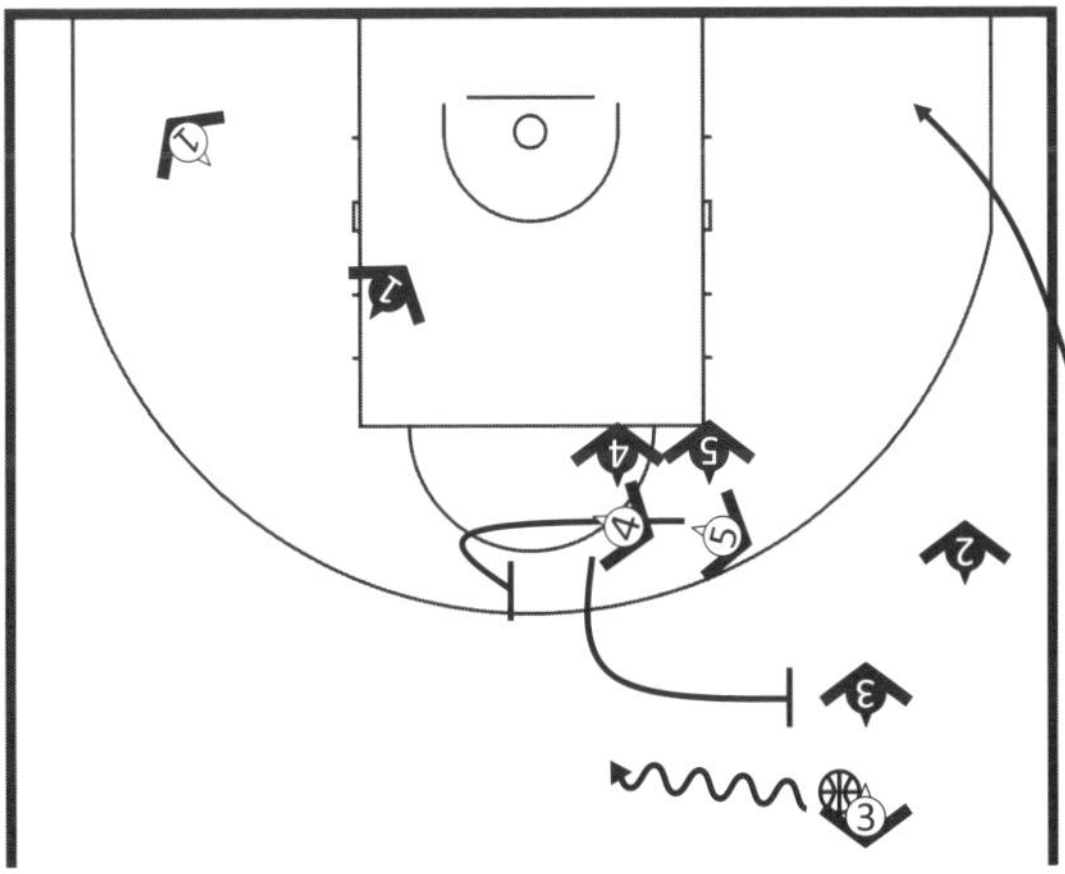

図4

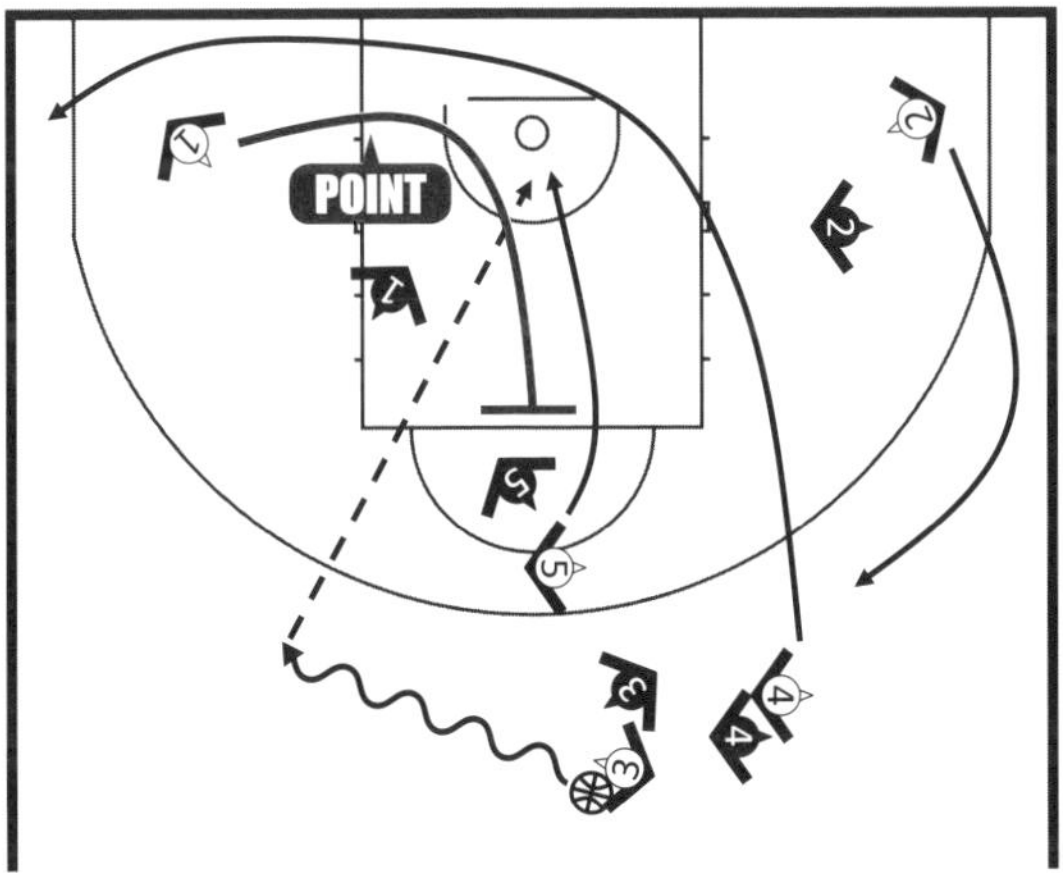

はそれを利用し、ボールサイドのコフィンコーナーあたりで②からのパスを受けます。

図3 ②は③へのパス後、ボールサイドのコーナーあたりへ侵入。④と⑤は③のスクリーン利用後、向きを反転して❸に再度スクリーンをセットします。③は④と⑤によるダブルドラッグを利用し、左サイドへとドリブルで移動。

図4 **①は③がダブルドラッグを利用するタイミングでペイント内へと侵入します。**④は③のスクリーン利用後、ペイント内に侵入してきた①をスクリーナーと見せかけてペイント内を通過。左サイドのコーナーへと移動します。**①は④とすれ違った後、⑤とマッチアップする❺にスクリーンをセット。**⑤は③のスクリーン利用後、①のスクリーンを利用してゴール付近へと侵入します。ゴール付近へ侵入した⑤は、③からのロブパスを受けてゴール近辺でショットを放つことを狙います。

GAME DATA
インカレ2020女子決勝
白鷗大学43vs61東京医療保険大学 4Q 7:11

NCAA

SOB Normal 2P

ゴール下に侵入してのスクリーンでビッグマンをゴール下に飛び込ませる

図1

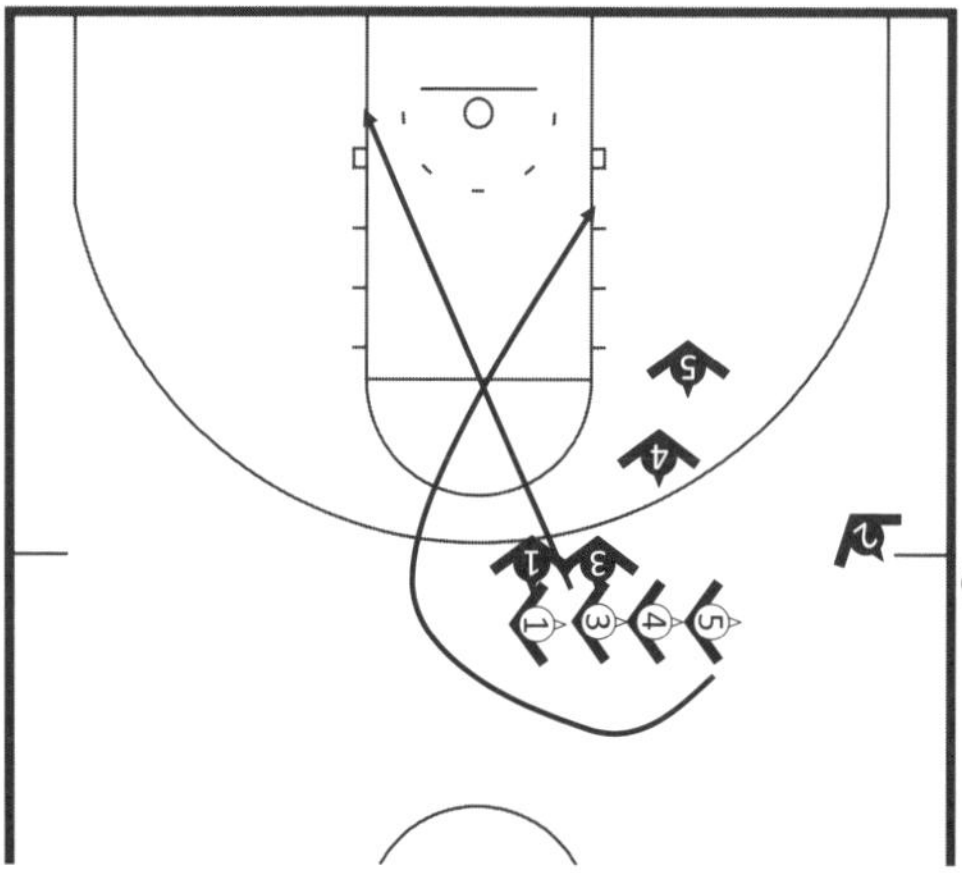

図2

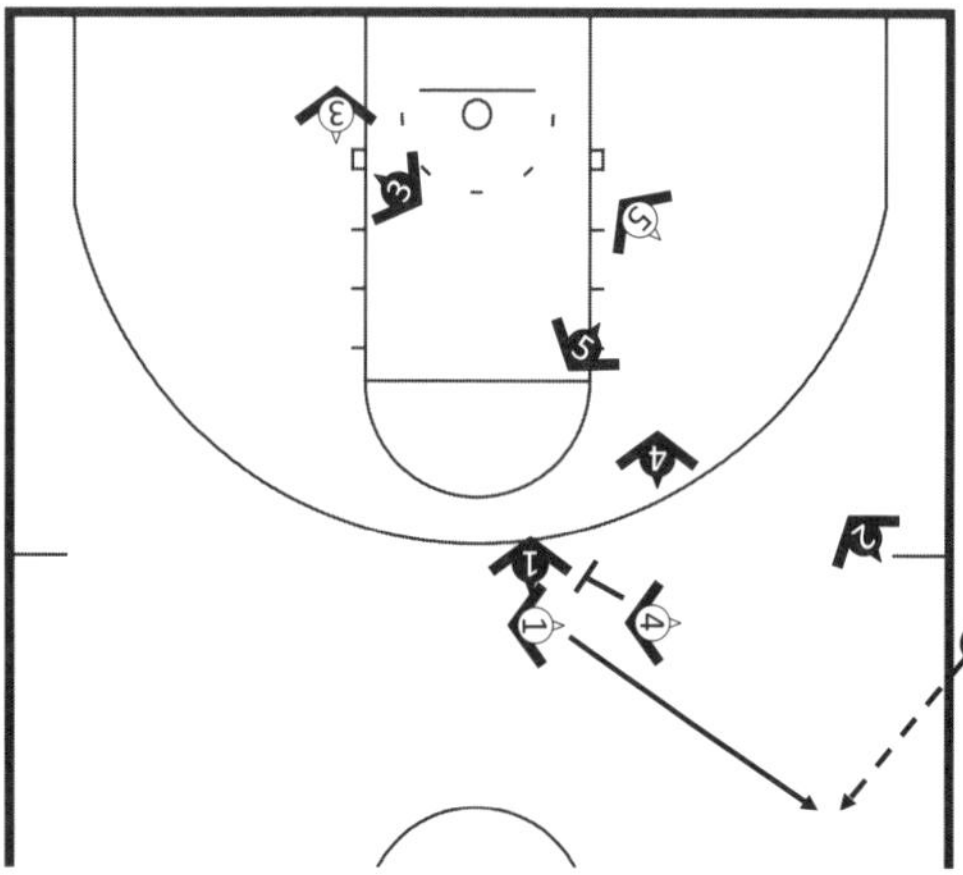

インバウンダーはゴール下に侵入してスクリーンをセット

ゴール下に侵入したインバウンダーによるスクリーンで、ビッグマンをゴール下に飛び込ませるセットです。

トレボン・ブルーイット②がインバウンダーを務め、各プレーヤーは図1の順に並んで体をインバウンダーに向けます。

図1 ②がボールを保持したタイミングで⑤が反転し、④、③、①のハイサイドを回ってボールサイドのローポストへと移動します。③は⑤によるスクリーンの利用後、ウィークサイドのローポストへと移動します。

図2 ④は①とマッチアップする❶に対

プレーの動画はこちら

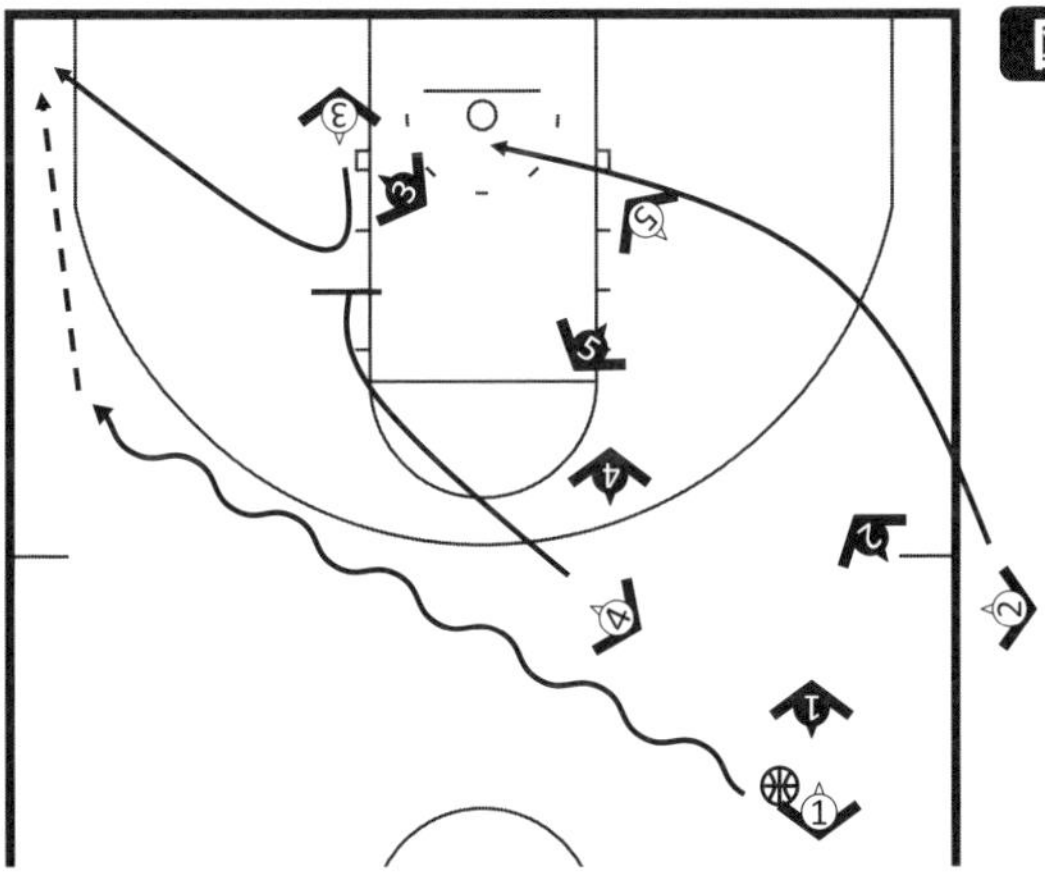

図3

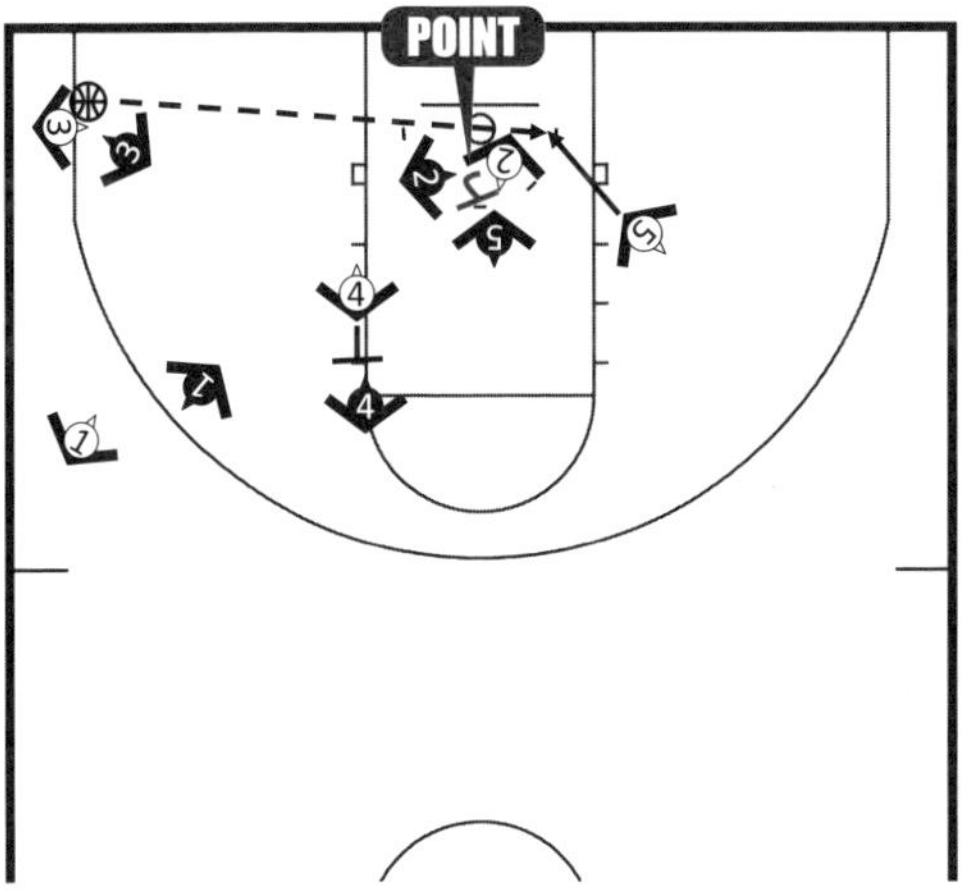

図4

してスクリーンをセットします。①は④のスクリーンを利用してボールサイドのコフィンコーナーあたりで②からのパスを受けます。

図3 パスを受けた①はドリブルで左サイドのウィングまで移動します。④は①によるスクリーンの利用後、③とマッチアップする❸に対してスクリーンをセットします。③は④のスクリーンを利用するように見せかけてから、左サイドのコーナーに飛び出し、①からのパスを受けます。②は①にパスを出した後、ゴール下まで走り込みます。

図4 ボールサイドのブロック付近に⑤が位置するため、**ディフェンス側からすると次に⑤のスクリーンを利用して②がアウトサイドへと飛び出すプレーが想像させられます。しかし、②はスクリーナーとなり、⑤とマッチアップする❺に対してスクリーンをセットします。**⑤は②のスクリーンを利用し、ゴール下で③からのパスを受け、ゴールしました。

GAME DATA
2017NCAAトーナメント西部地区2回戦
ゼビアー大学15vs10フロリダ州立大学 1st half 12:20

NBA

SOB Normal 2P

4度の連続スクリーンプレーでビッグマンを飛び込ませる

図1

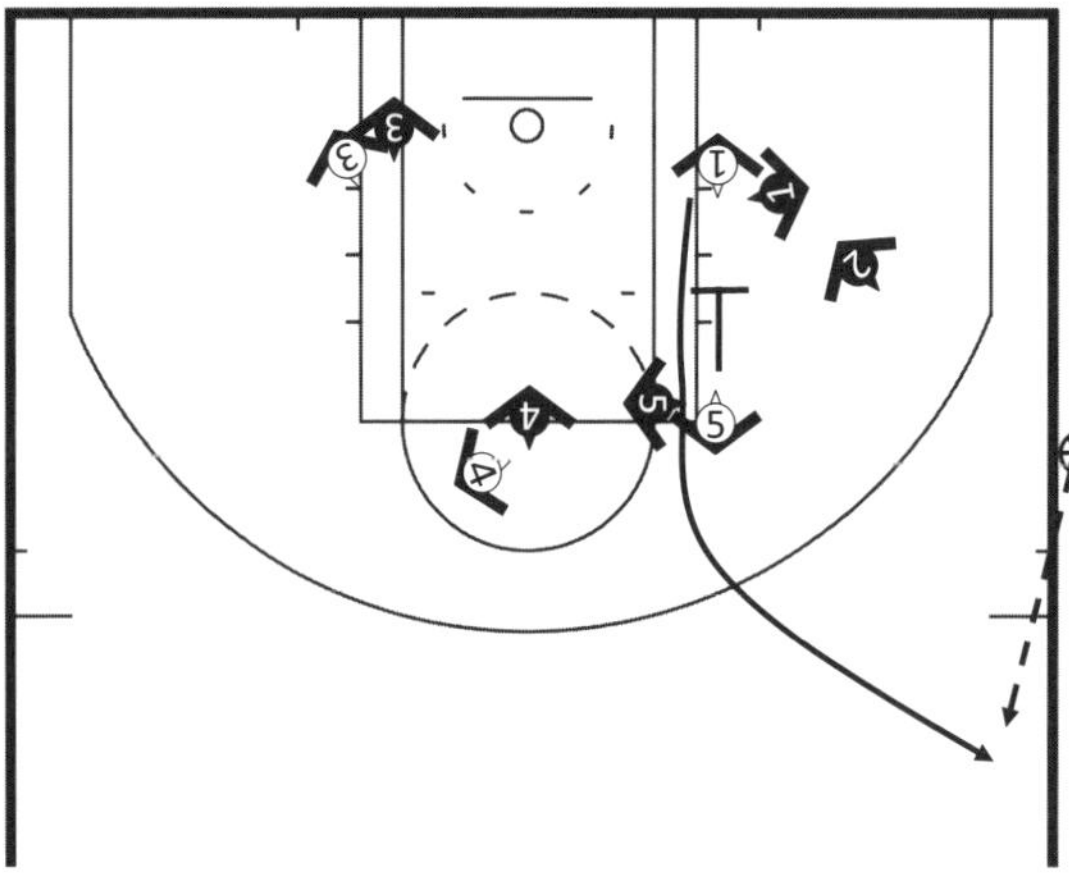

図2

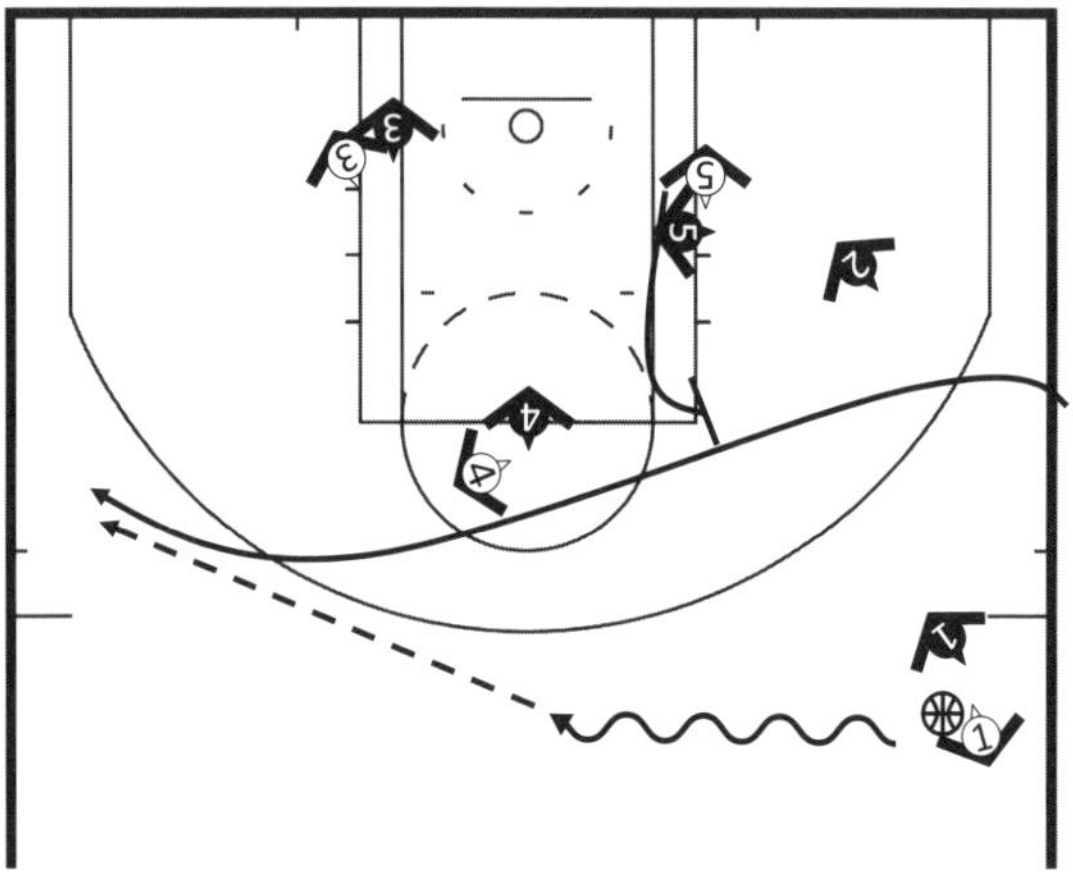

ボールを動かしてディフェンスにポジション変更を強いる

4度の連続スクリーンプレーでビッグマンをゴール下に飛び込ませ、得点を狙うセットです。

アンドレ・イグダーラ②がインバウンダー、各プレーヤーは図1のようにポジションをとります。

図1 ②がボールを保持し、デマーカス・カズンズ⑤がクリフ・リビングストン①とマッチアップする❶にスクリーンをセットします。

①は⑤のスクリーンを利用して2ガードポジション付近に駆け上がり、サイドラインに近づいて②からパスを受けます。

プレーの動画はこちら

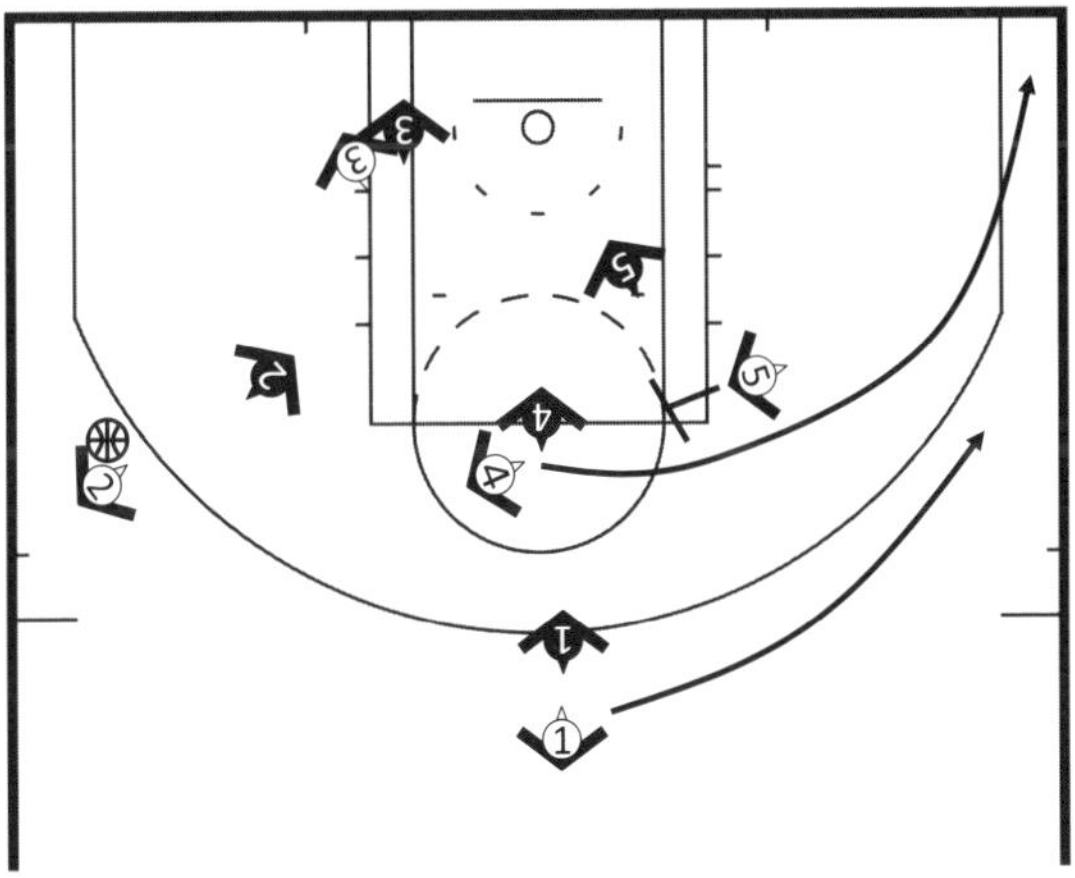

図3

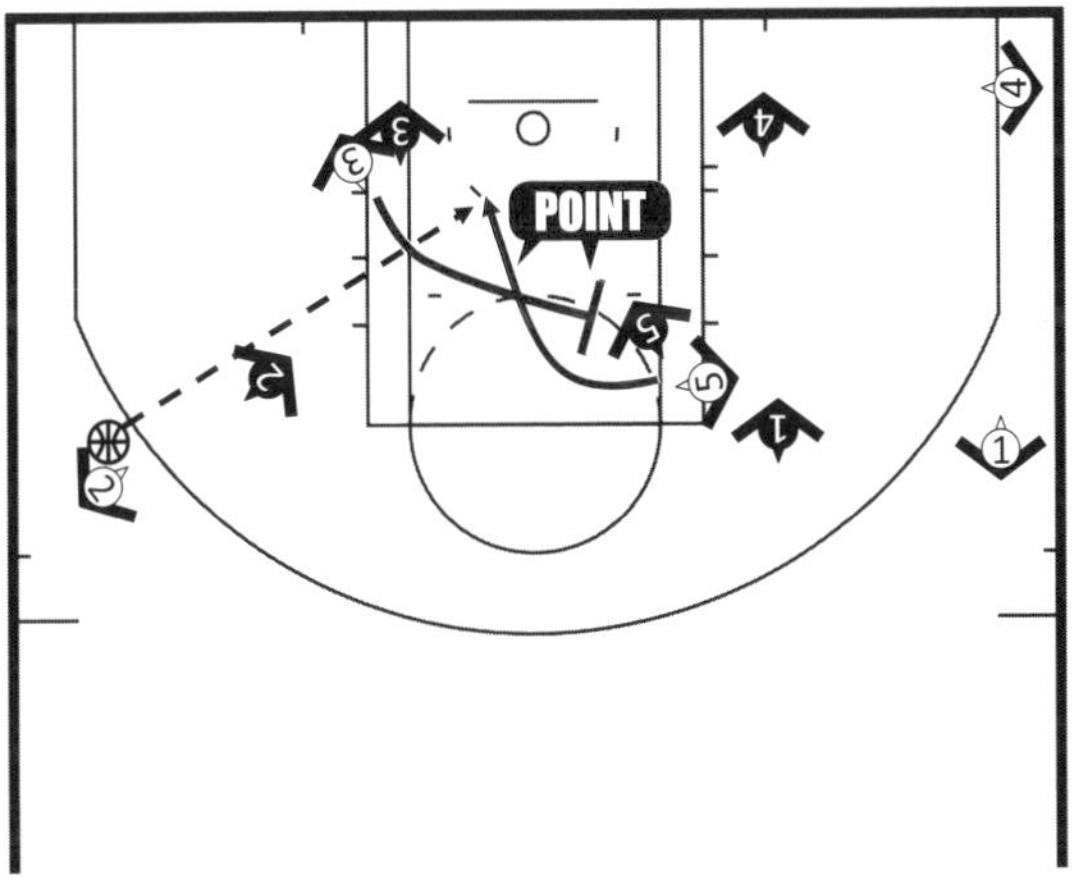

図4

図2 ①はトップへとドリブル。⑤は①のスクリーン利用後、❷にスクリーンをセット。さらにドレイモンド・グリーン④もスクリーンをセットしているため、❷に⑤と④のスタッガードスクリーンがセットされます。②はこのスクリーンを利用して左サイドのウィングへと飛び出し、①からパスを受けます。

図3 ⑤は②のスクリーン利用後に反転。④とマッチアップする❹にスクリーンをセットします。④は⑤のスクリーンを利用して右サイドのコーナーへ、①は右ウイングへ移動します。

図4 クレイ・トンプソン③はそのタイミングで❺にスクリーンをセット。⑤は③のスクリーンを利用してゴール付近に侵入。**❺は連続する4度のスクリーンへの対応が求められ、適切なディフェンスポジションを保ち続けることが難しい状況です。**⑤は②からのパスを受けてゴール間際でのショットを狙います。

GAME DATA
2019レギュラーシーズン
ウォリアーズ33vs27サンズ 2Q 8:28

NT

SOB Normal 2P

インバウンダーを務めるビッグマンをゴール下に飛び込ませる

図1

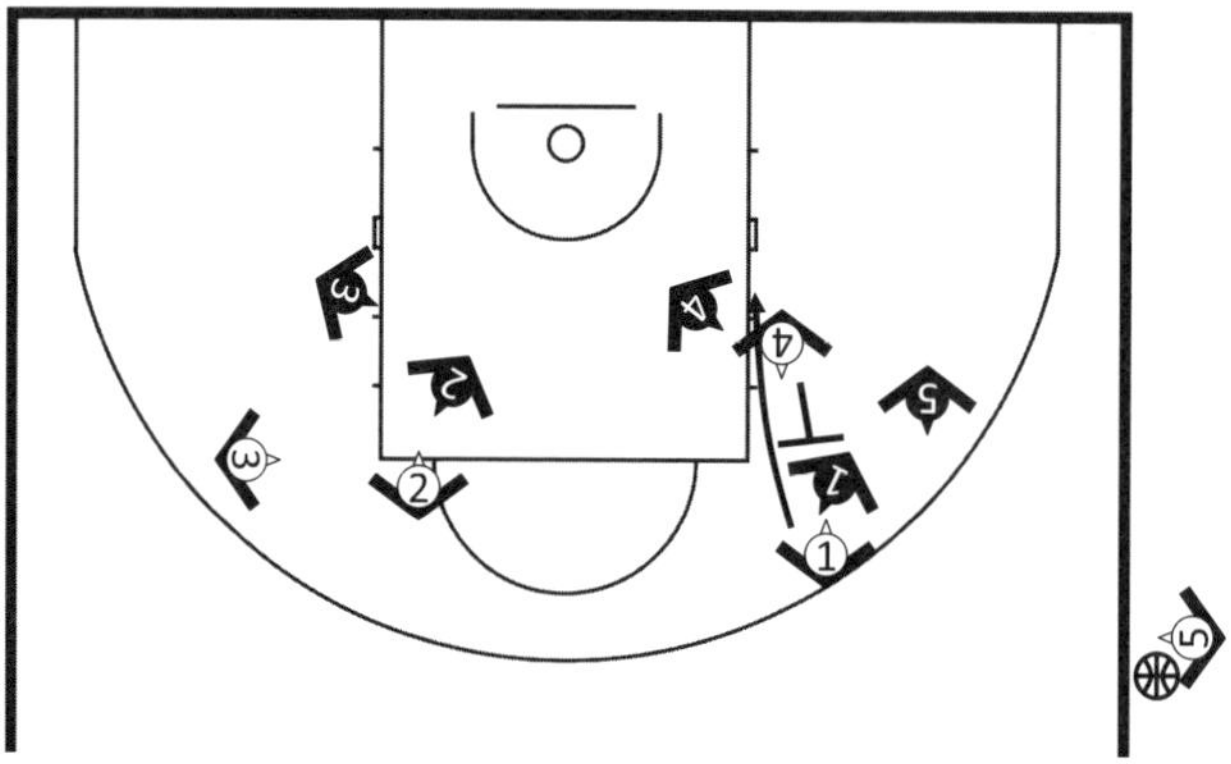

図2

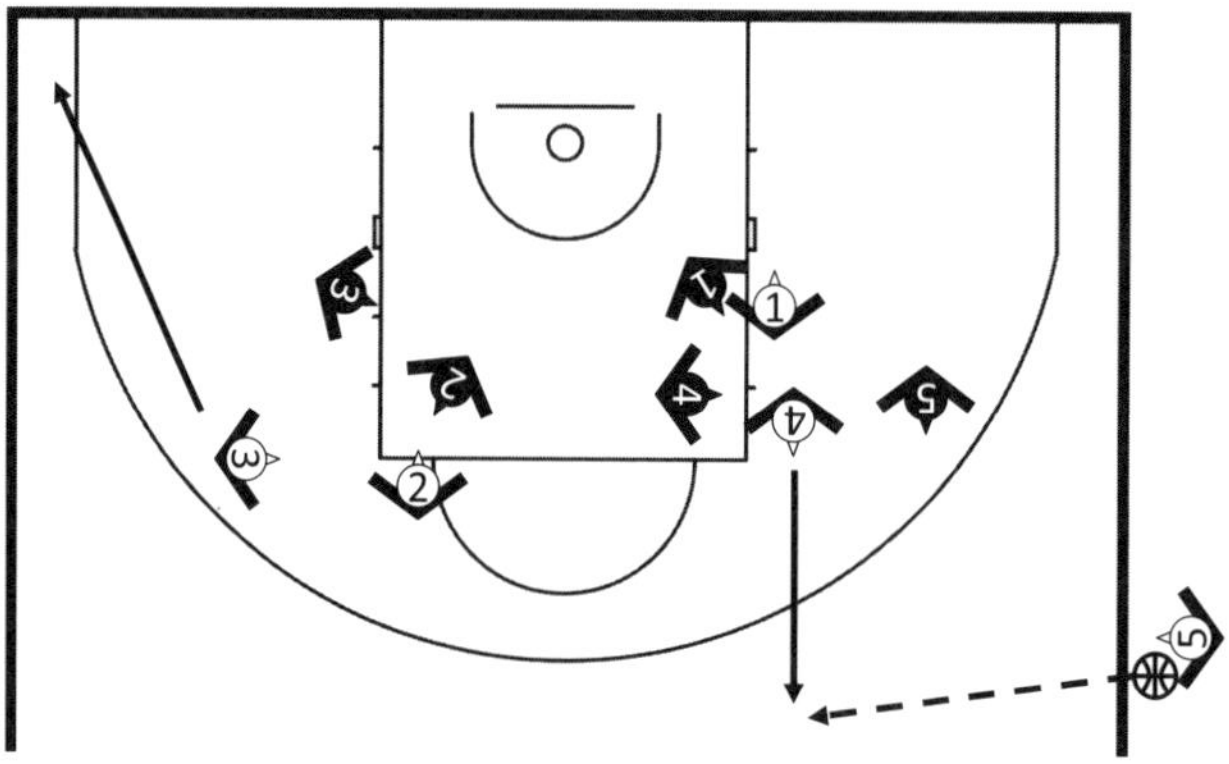

インバウンダーのディフェンスにスクリーンをセットする

インバウンダーとマッチアップするディフェンスにスクリーンをセットすることで、インバウンダーを務めるビッグマンをゴール下に飛び込ませるセットです。

マリアナ・トロ⑤がインバウンダーを務め、ボールサイドの第2ハッシュにカリナ・ジョージ④、ボールサイドの2ガードポジションからゴール側に入った位置にカテイー・エズベリー①、ウィークサイドのエルボーに②、ウィークサイドのウィングからゴール側に入った位置に③がポジションをとります。

図1 ⑤がボールを保持したタイミング

プレーの動画はこちら

図3

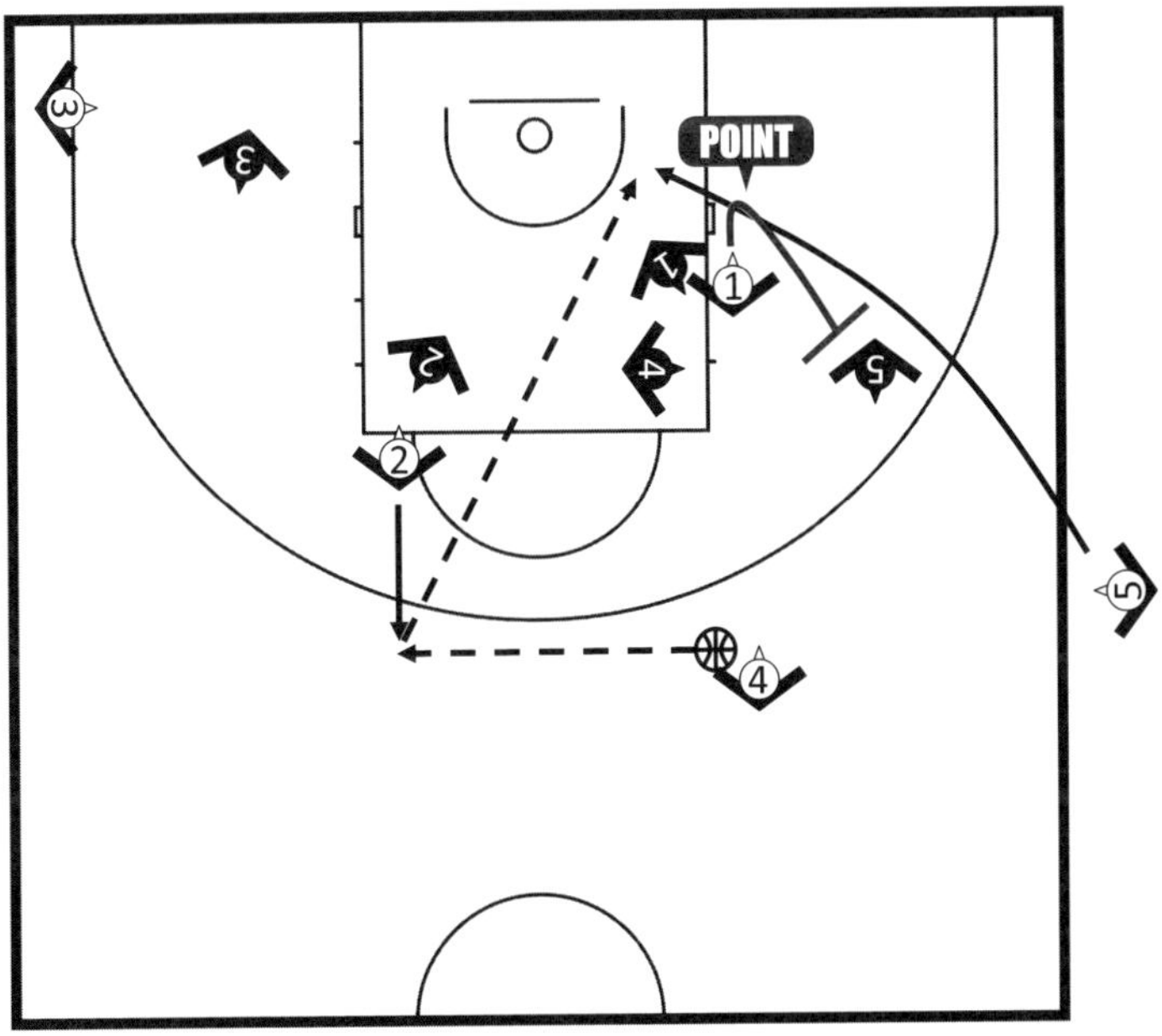

で④が①とマッチアップする本橋菜子❶にスクリーンをセットします。①は④のスクリーンを利用してボールサイドの第2ハッシュまで移動します。

図2 ④は①によるスクリーンの利用後、ボールサイドの2ガードポジションへと飛び出し、⑤からのパスを受けます。③はウィークサイドのコーナーへとマッチアップする宮下希保❸を引き連れて移動することによりゴール付近のスペースを作り出す役割を担います。

図3 ②は④によるボール保持のタイミングを見計らってウィークサイドの2ガードポジションへと飛び出し、④からのパスを受けます。**①は④による②へのパスに合わせ、⑤とマッチアップする渡嘉敷来夢❺に対してスクリーンをセットします。**⑤は①のスクリーンを利用してゴール付近へと侵入し、②からのパスを受けてゴール下でショットを狙います。

GAME DATA FIBA Women's プレオリンピック Qualifying Tournament 2020
日本75vs64オーストラリア 4Q 2:43

ボックスセットからのダウンスクリーンでボールを展開して3Pショットを狙う

図1

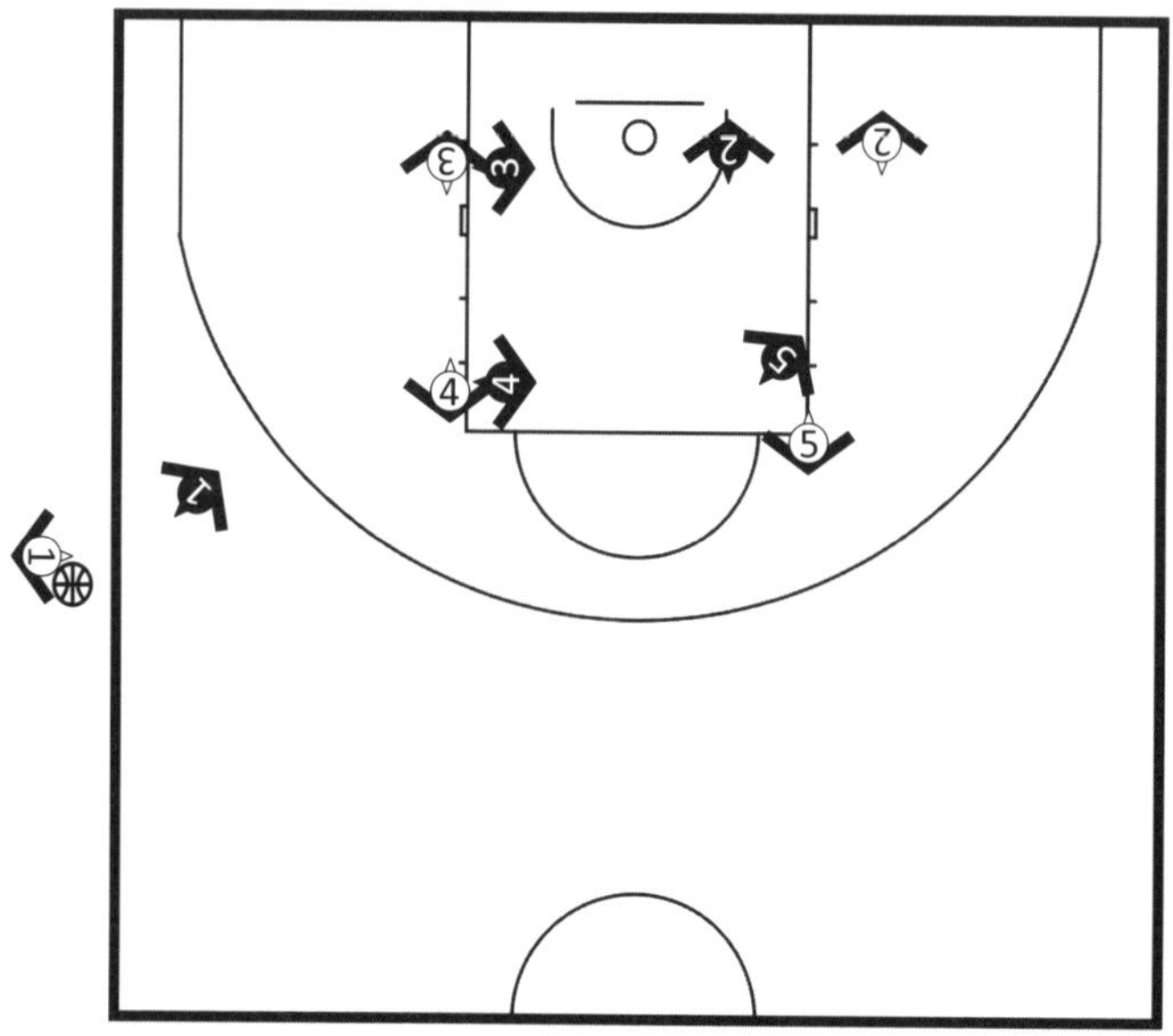

プレーの動画はこちら

4人のオフボールマンでボックスセットを形成して展開する

4人のオフボールマンで四角形を形成するボックスセットから、両サイドでのダウンスクリーンでボールを展開して3Pショットを狙うセットです。

佐々木駿輔①がインバウンダーを務め、ボールサイドの第3ハッシュに中島遙希③、ボールサイドのエルボーに石井息吹④、ウィークサイドの第3ハッシュに廣木啓人②、ウィークサイドのエルボーに黒澤修太郎⑤がポジションをとるボックスセットからスタートします。

図1 ④は体の正面をベースラインに向けてスクリーンセットしています。①が

図2

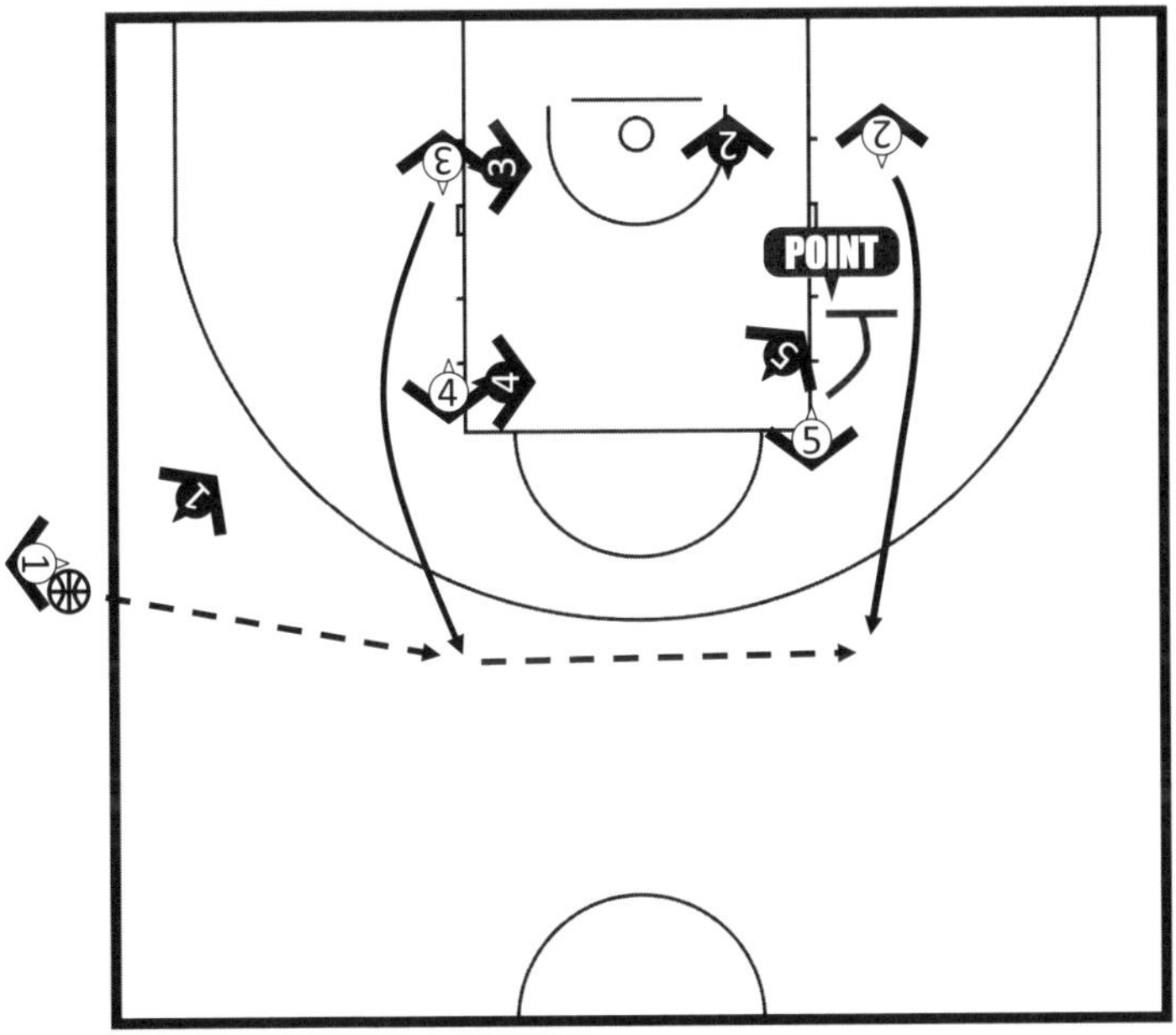

ボールを保持したタイミングで③は④のスクリーンを利用し、マッチアップする渡邉光❸を引き離してボールサイドの2ガードポジションへと飛び出します。

図2 ボールサイドの2ガードポジションへと飛び出した③は①からのパスを受けます。❸を引き離しているため、③は容易にボールレシーブすることができます。**⑤は③が2ガードポジションに飛び出すタイミングを見計らって②とマッチアップする福永淳也❷にスクリーンをセットします。**②は⑤のスクリーンを利用し、❷を引き離してウィークサイドの2ガードポジションへと飛び出します。ノーマークになった②は③からのパスを受けて3Pショットを沈めました。とてもシンプルなセットですが、スクリーンの利用とウィークサイドのアクションをスタートするタイミングが合えば、十分にノーマークを作り出すことが期待できます。

GAME DATA
Bリーグ U15 CHALLENGECUP 2020
茨城ロボッツ24 vs19アースフレンズ東京Z 2Q 2:12

フレアスクリーンをセットして3Pショットを狙う

図1

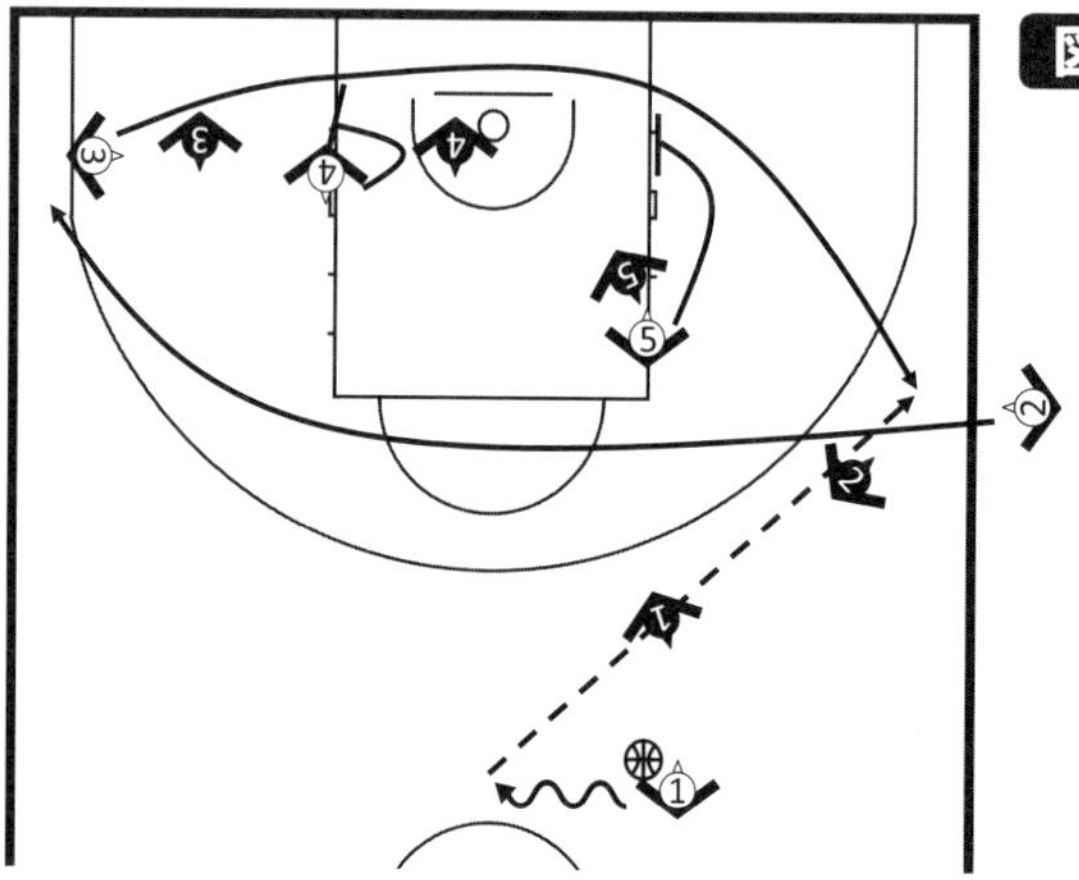

図2

ピック&ロール対策をする相手にフレアスクリーンをセット

ピック&ロールへの準備をするディフェンスにフレアスクリーンをセットして3Pショットを狙うセットです。

大倉颯太②がインバウンダーを務め、各プレーヤーは図1のようにポジションをとります。

図1 ②がボールを保持、⑤は❶に対してスクリーンをセットします。①は⑤のスクリーンを利用してボールサイドの2ガードポジションへ上がり、②からのパスを受けます。

図2 ①はドリブルでトップへ移動。⑤は①のスクリーン利用後、ボールサイドの

プレーの動画はこちら

図3

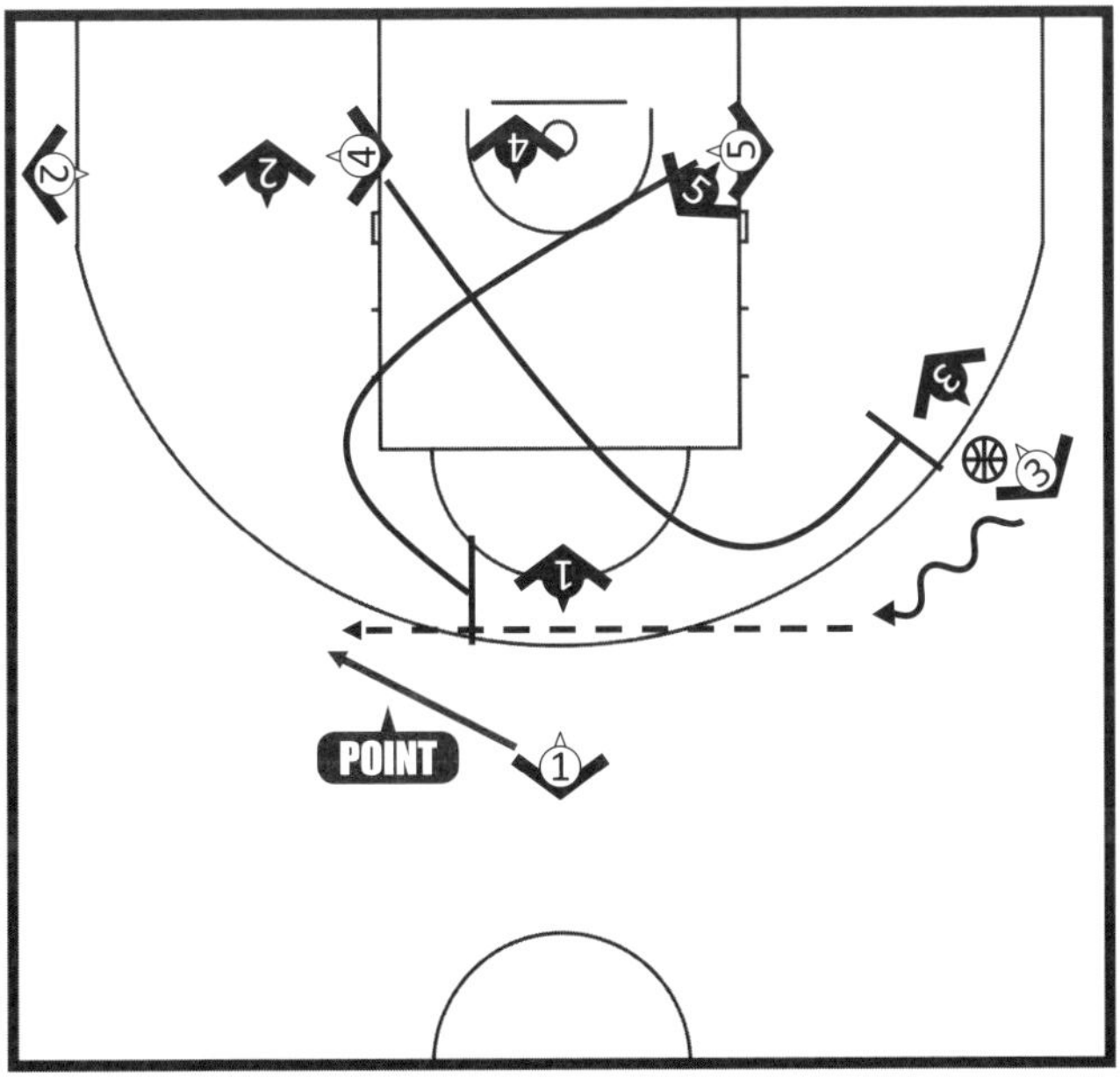

ブロックへと移動し、体をミドルラインに向けてスクリーンをセット。同時に④も③とマッチアップする❸に対してスクリーンをセットします(④と⑤によるスタッガードスクリーン)。③はこのスクリーンを利用して右サイドのウィングまで駆け抜け、①からのパスを受けます。②は③の移動に合わせて、左サイドのコーナーまで移動します。

図3 ④は③のスクリーン利用後、右ウィングで③とマッチアップする❸にピックスクリーンをセットします。⑤は③のスクリーン利用後、①とマッチアップする❶にフレアスクリーンをセットします。③は④のピックスクリーンを利用してドリブルでトップ方向へ移動。**この移動に合わせて①は⑤のフレアスクリーンを利用して左サイドへと移動します。❶はピック&ロールに注意を向けているところにスクリーンがセットされるため、スクリーンの回避が難しくなります。**ノーマークの①は③からパスを受けて3Pショットを放ちました。

GAME DATA オータムカップ2020決勝
東海大学33vs22大東文化大学 2Q 2:30

NCAA

SOB Normal 3P

アウトサイドスクリーンへの対応にフレアスクリーンをセットして3Pショットを狙う

図1

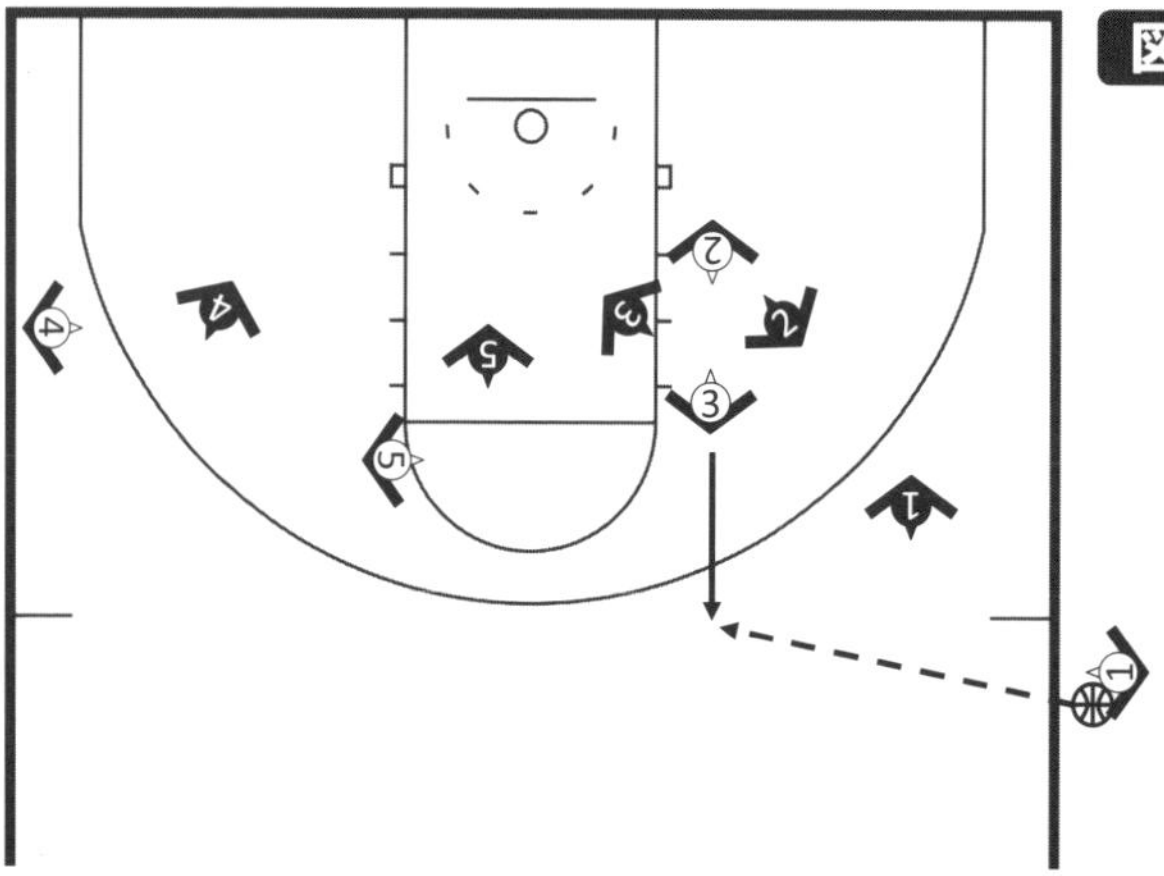

図2

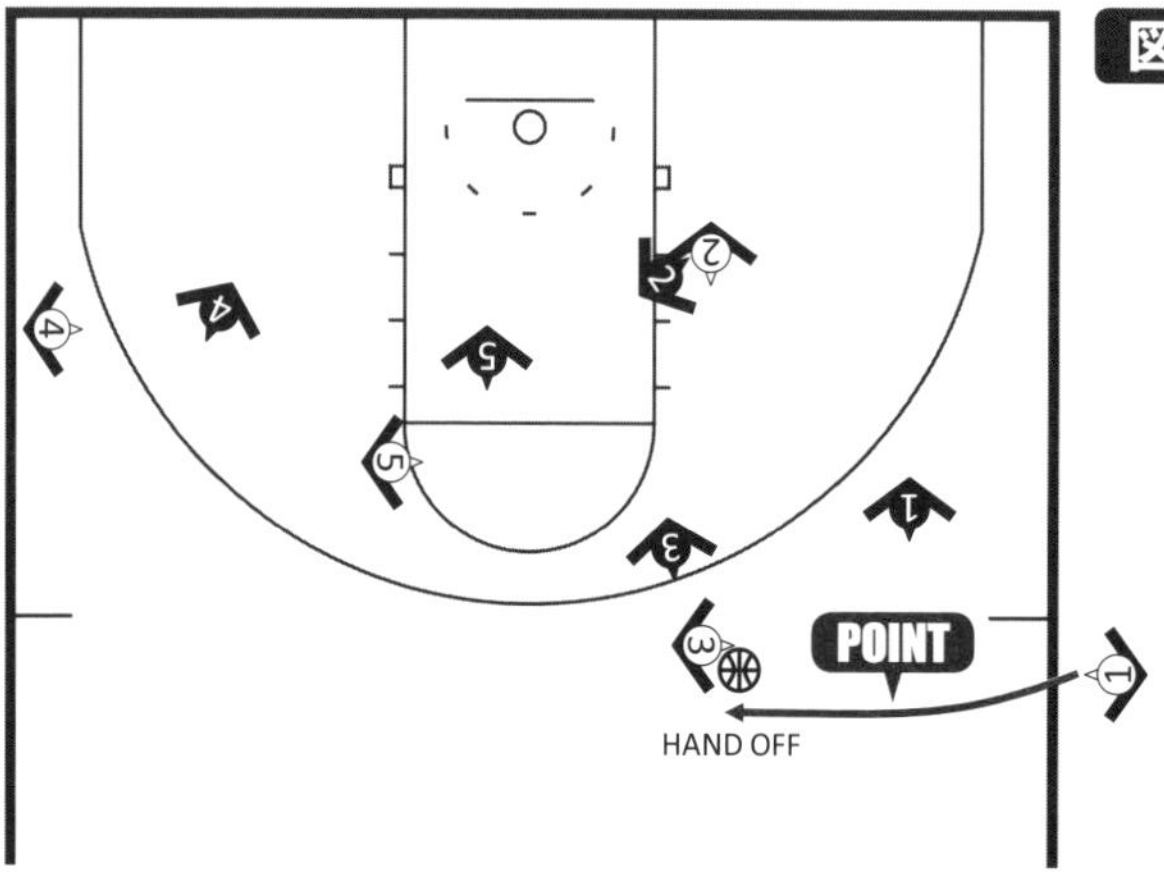

アウトサイドスクリーンに対応するディフェンスがターゲット

ハンドオフによるアウトサイドスクリーンに対応するディフェンスにフレアスクリーンをセットして、3Pショットを狙うセットです。

ブライス・アルフォード①がインバウンダー、各プレーヤーは図1のようにポジショニング。

図1 ③は体をベースラインに向け、②とマッチアップする❷にスクリーンをセットします。しかし、③とマッチアップする❸と❷は③と②によるスクリーンプレーを察知し、マイマンの進行方向に先回りしてポジションをとります。そこで①がボ

プレーの動画はこちら

図3

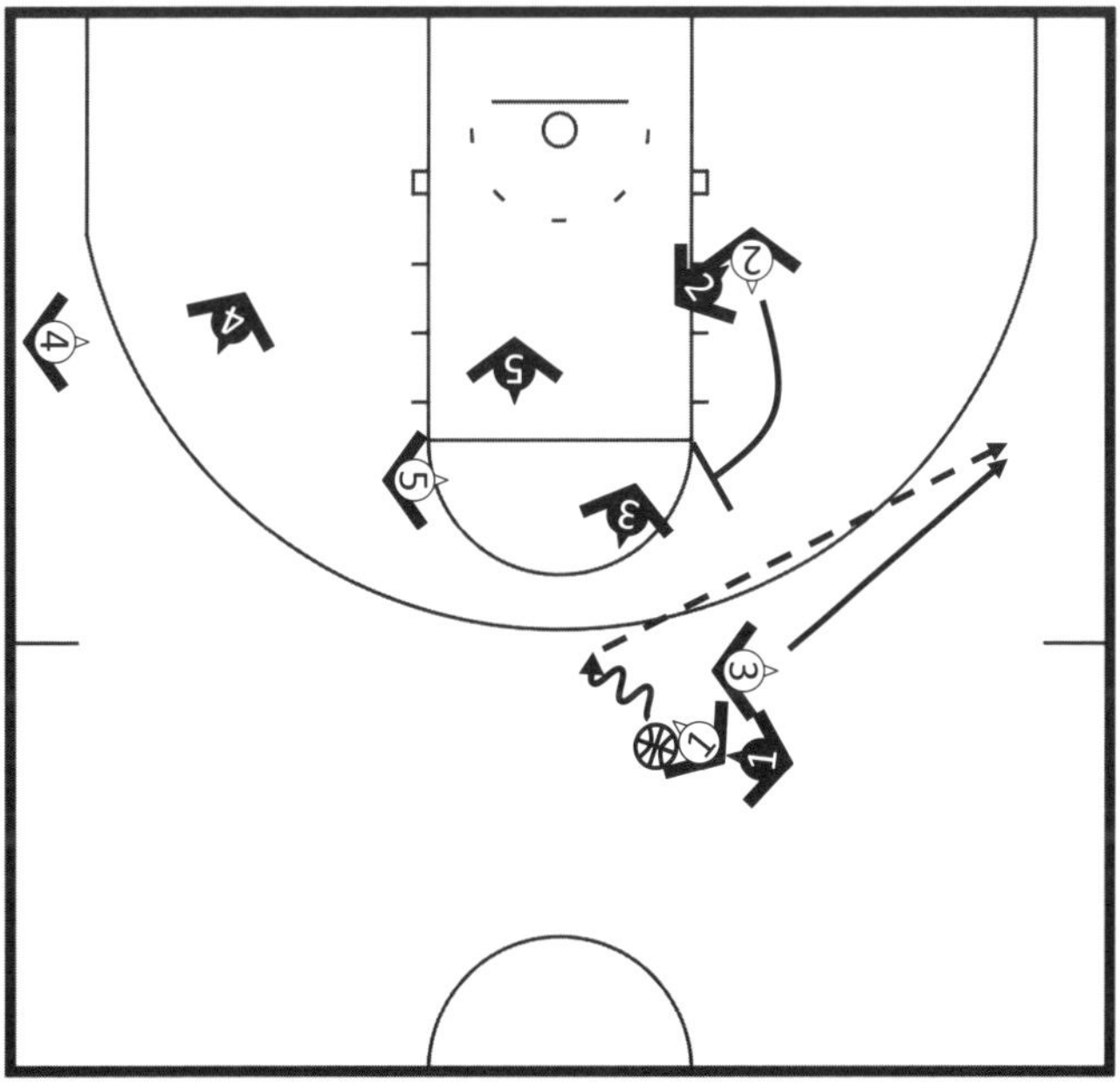

ールを保持したタイミングで③がボールサイドの2ガードポジションへと飛び出します。スクリーンプレーの際に❸が③の進行方向で待ち構えるため、③は①からのパスを容易に受けられます。

図2 ①はパスの直後に③に向かって進み、③からハンドオフパスを受け、トップへとドリブルで進みます。①とマッチアップする❶は①の後を追いかけますが、③がアウトサイドスクリーンとなって①から遅れるため、①に対して❸が対応します。

図3 ③は右ウィングへ移動。②は③の移動に合わせ、右エルボーで体をミドルラインに向けてスクリーンをセット。トップに到達した①は、右ウィングへと移動した③へとパス。❸が慌てて③の動きに対応しようとするも、②のスクリーンにかかって間に合いません。ノーマークの③は3Pショットを放ちました。

GAME DATA
2017 NCAAトーナメント南部地区準決勝
UCLA大学3vs2ケンタッキー大学

Wリーグ

SOB Normal 3P

3Pショットの成功率が高いプレーヤーにノーマークで放たせる

プレーの動画はこちら

図1

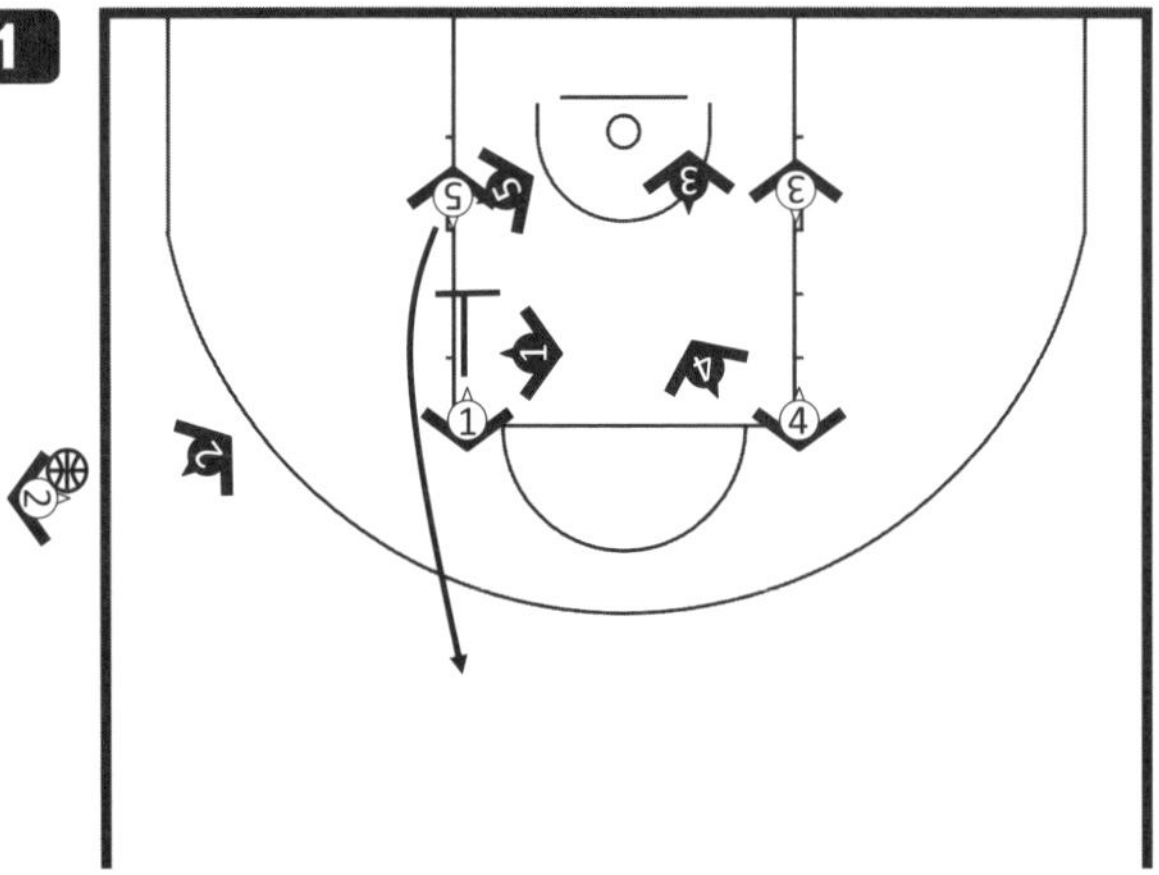

図2

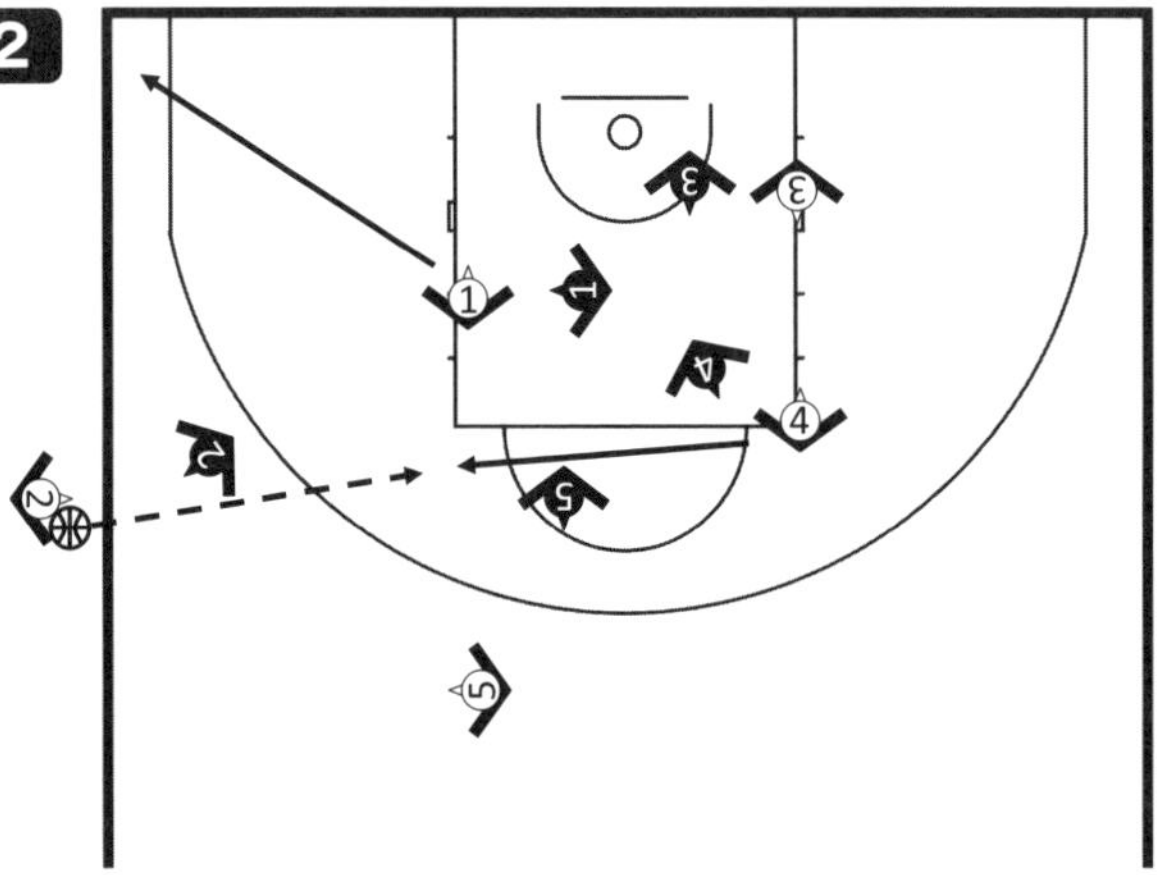

5番に3Pのショット力があれば効果的なセットになる

高確率の3Pショットを備えたプレーヤーに3Pショットを放たせるセットです。

佐藤奈々美②がインバウンダーを務め、ボールサイドのエルボーに曽我部奈央①、ボールサイドのブロックに谷村里佳⑤、ウィークサイドのエルボーに鈴木知佳④、ウィークサイドのブロックに北村悠貴③がポジションをとります。

図1 ②がボールを保持したタイミングで①が⑤とマッチアップするディヤイ・ファトー❺にスクリーンをセットします。⑤は①のスクリーンを利用してボールサ

図3

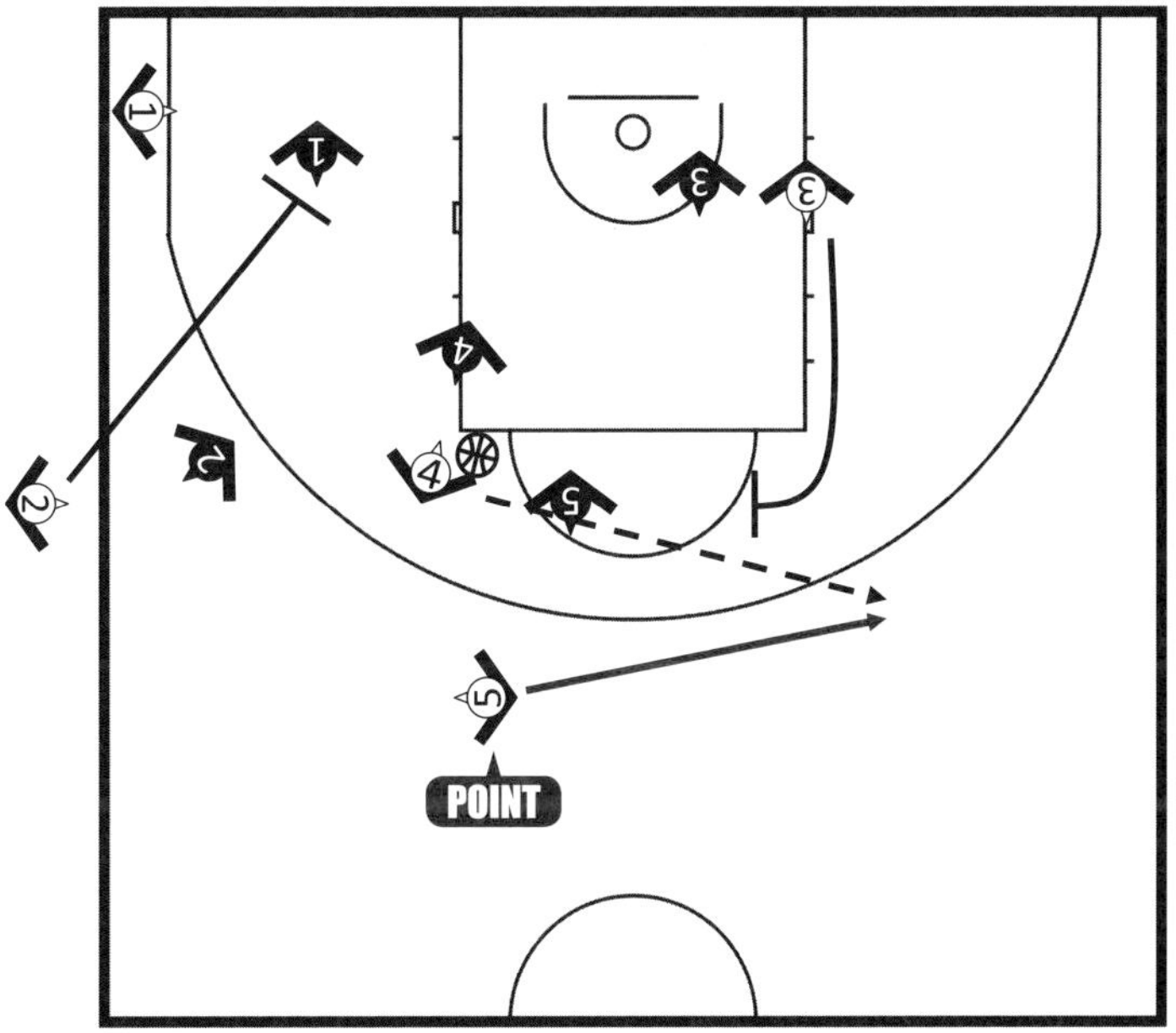

イドの2ガードポジションへと飛び出します。

図2 ①は⑤によるスクリーンの利用後、マッチアップする小池遥❶を引き連れてボールサイドのコーナーへと移動します。⑤の飛び出しと、①のコーナーへの移動によって空いたボールサイドのエルボーのスペースに④がフラッシュし、②からのパスを受けます。③は④がボールを保持するタイミングを見計らってウィークサイドのエルボーあたりで体の正面をミドルラインに向けてスクリーンをセットします。

図3 ⑤は④がボールを保持するタイミングに合わせて、ウィークサイドの2ガードポジションへと移動し、④からのパスを受けます。❺が⑤についていこうとしますが、③のスクリーンによってそのコースを阻まれます。ノーマークになった⑤は3Pショットを放ちました。**5番ポジションのプレーヤーが高確率で3Pショットを成功させるショット力を備えていれば、効果的なセットになります。**

GAME DATA レギュラーシーズン
日立ハイテク41vs37シャンソン 3Q 8:32

図1

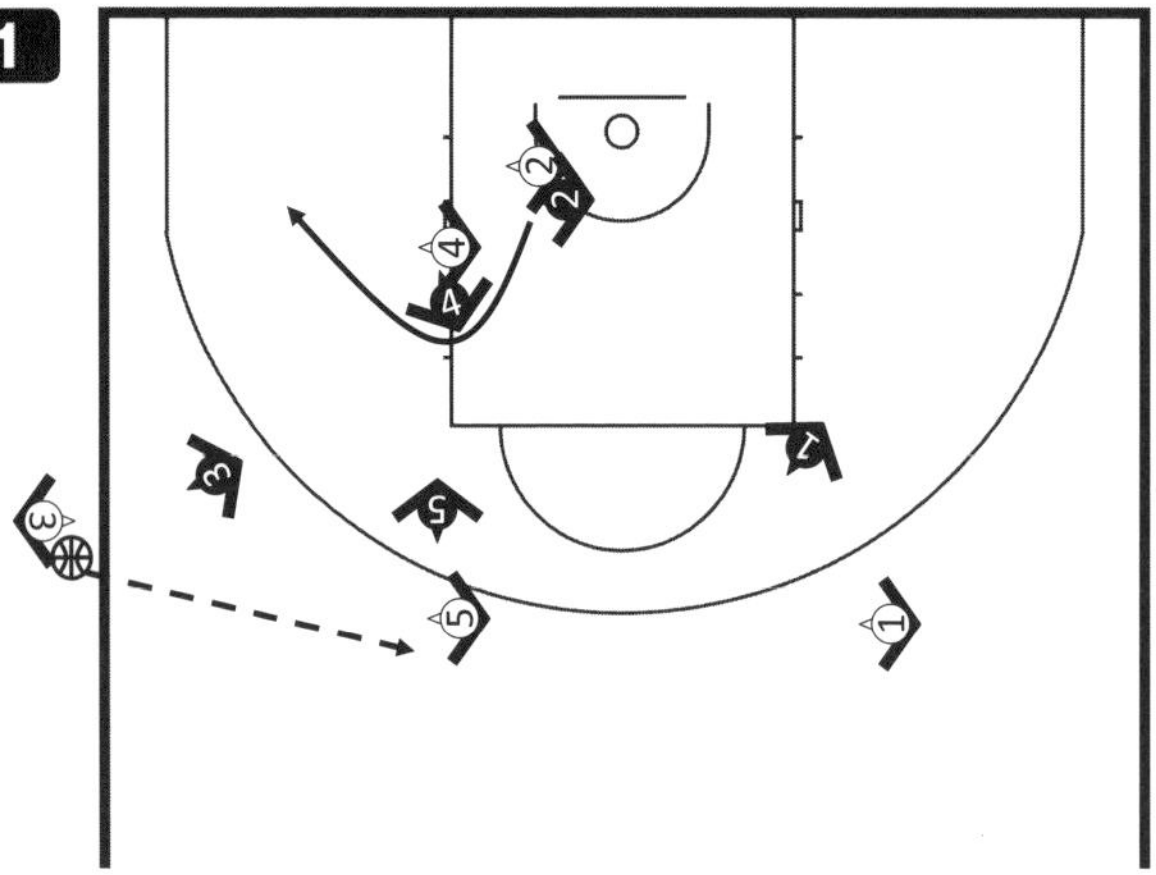

図2

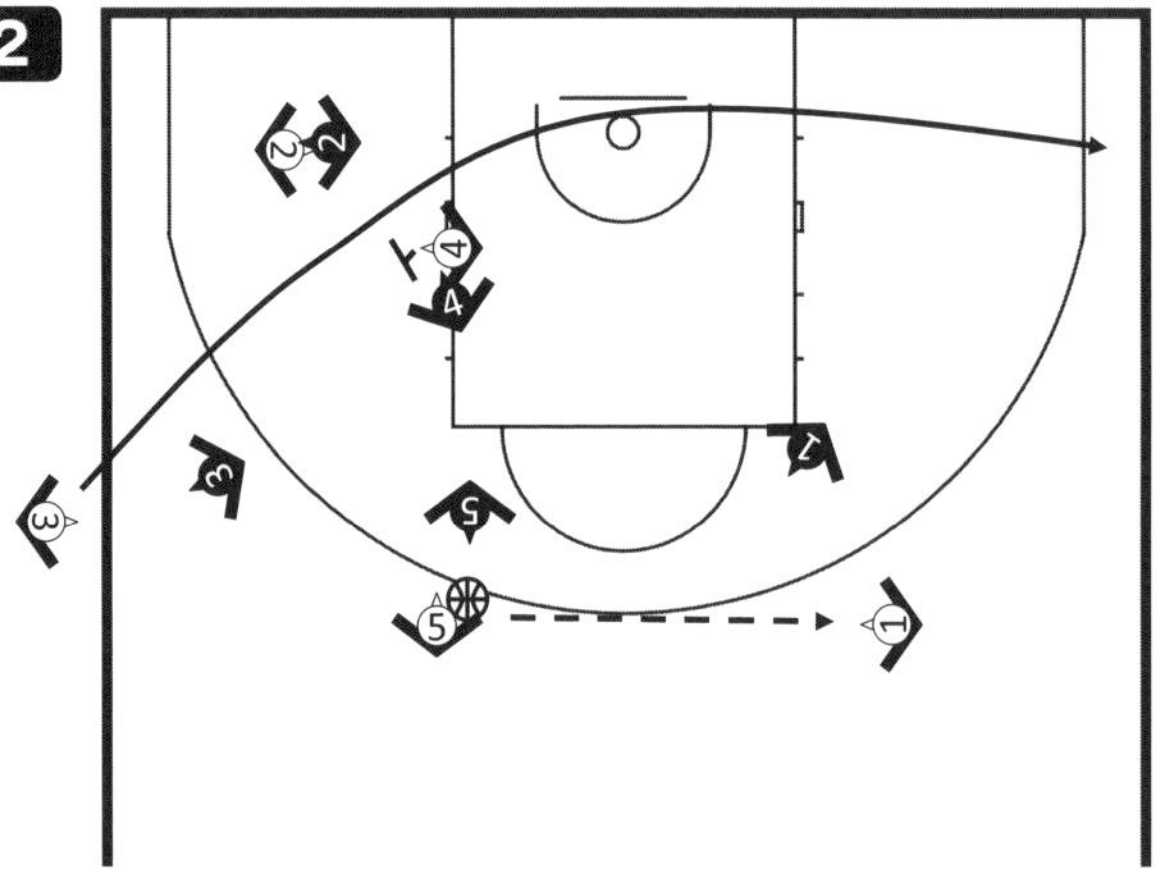

Bリーグ

SOB Normal 3P

スタッガードスクリーンにより ユーザーに3Pショットを放たせる

プレーの動画はこちら

ボールを展開した直後に スタッガードスクリーンをセット

ボールの展開直後のスタッガードスクリーンにより、ユーザーに3Pショットを放たせるセットです。

内海慎吾③がインバウンダー、各プレーヤーは図1のようにポジションをとります。

図1 ❸がボールを保持したタイミングで松井啓十郎❷は永吉佑也❹のハイサイドを通過し、ボールサイドのコーナーからゴール側に入った位置へと移動します。同じタイミングでデイヴィッド・サイモン⑤は、❸からのパスを受けます。

図2 ❸による⑤へのパスに合わせ、❹は

図3

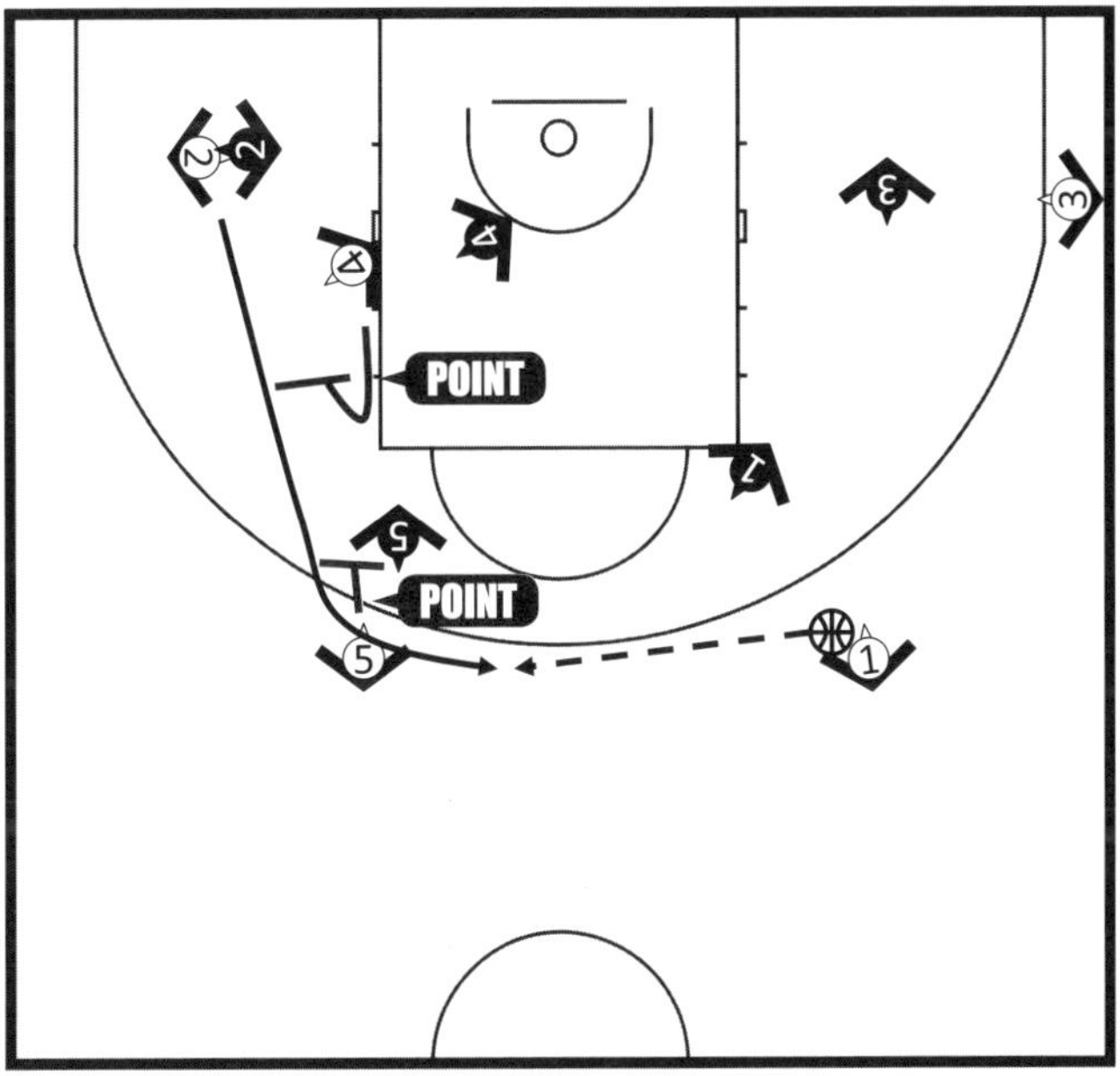

③とマッチアップする❸にスクリーンをセットします。③は④のスクリーンを利用してウィークサイドのコーナーまで移動します。③が④のスクリーンを利用することにより、④とマッチアップする❹に③への対応を強います。④は③によるスクリーンの利用後、体の向きを変え、②とマッチアップする❷にスクリーンをセットします。⑤は③がスクリーンを利用するタイミングを見計らって中村太地①にパスを出します。

図3 ⑤は①へとパスを出した後、3Pラインの内側に入り込み、体の正面をベースライン側に向けてスクリーンをセットします。**④と⑤がスクリーンをセットすることにより、❷に対するスタッガードスクリーンが組まれます。**②はスタッガードスクリーンを利用し、トップへと駆け上がります。スタッガードスクリーンにより❷を引き離し、ノーマークになった②は①からパスを受け、3Pショットを放ちました。

GAME DATA 2019-2020 Bリーグ
京都ハンナリーズ40vs50富山グラウジーズ 3Q 9:18

NBA

SOB Normal 3P

ボールサイドのドライブとウィークサイドのハンマーで3Pショットを狙う

図1

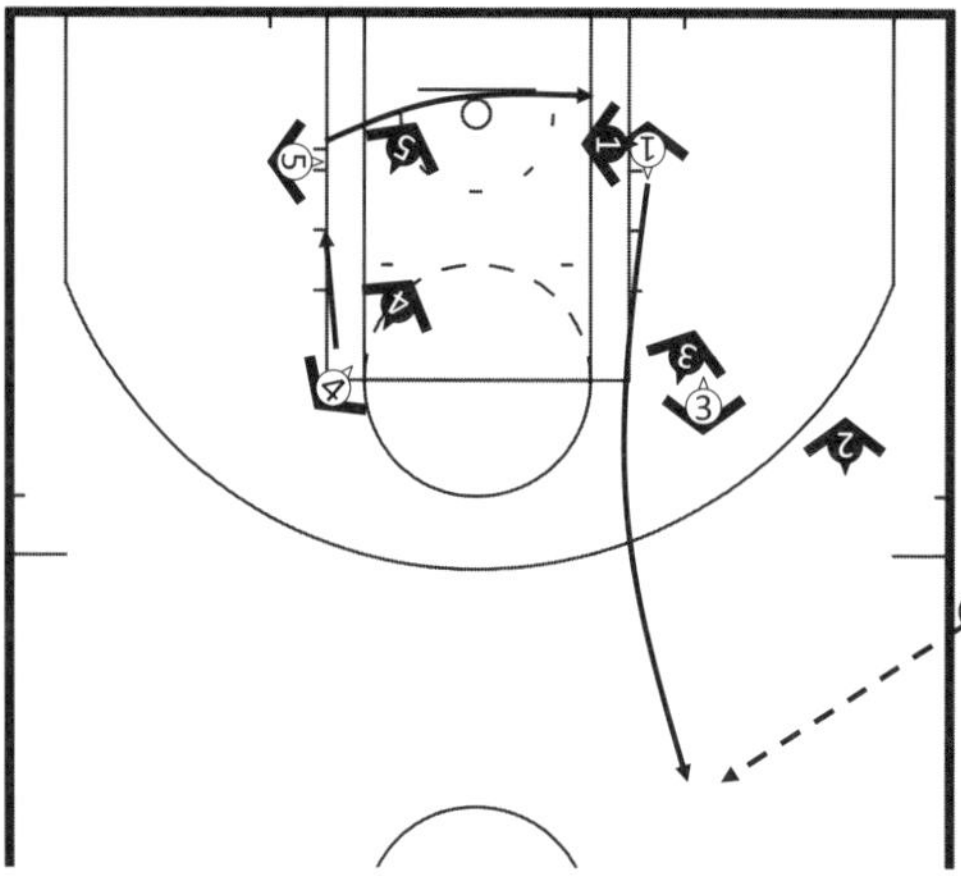

図2

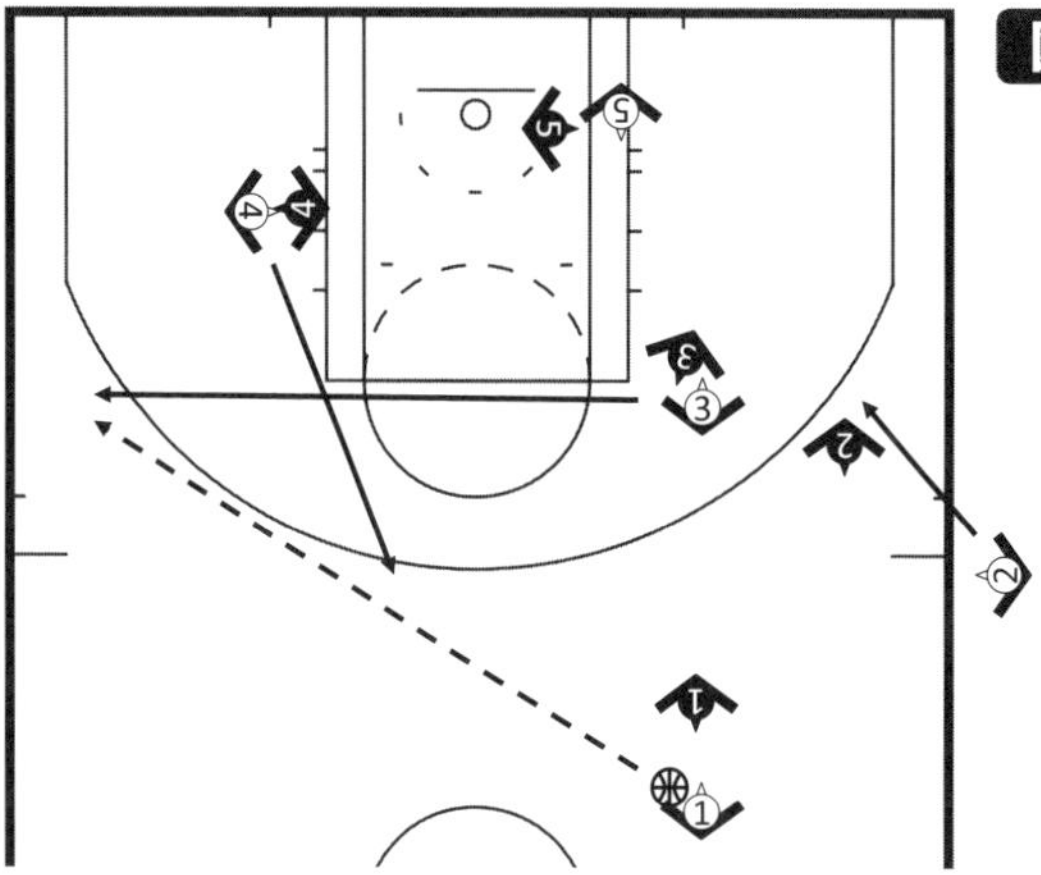

プレーの動画はこちら

ウィークサイドではフレアスクリーンによるハンマー

ボールサイドでのドライブとウィークサイドでのフレアスクリーンによるハンマーで3Pショットを狙うセットです。

ダニー・グリーン②がインバウンダー、ボールサイドのブロックにエイブリー・ブラッドリー①、エルボーとスロットの間あたりにレブロン・ジェームズ③、ウィークサイドのブロックにドワイト・ハワード⑤、エルボーにアンソニー・デイビス④がポジショニング。

図1 ③は体をベースラインに向け、①とマッチアップするデロン・ライト❶に対するスクリーンをセットします。②がボ

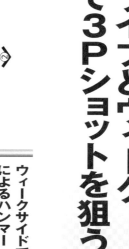

図3

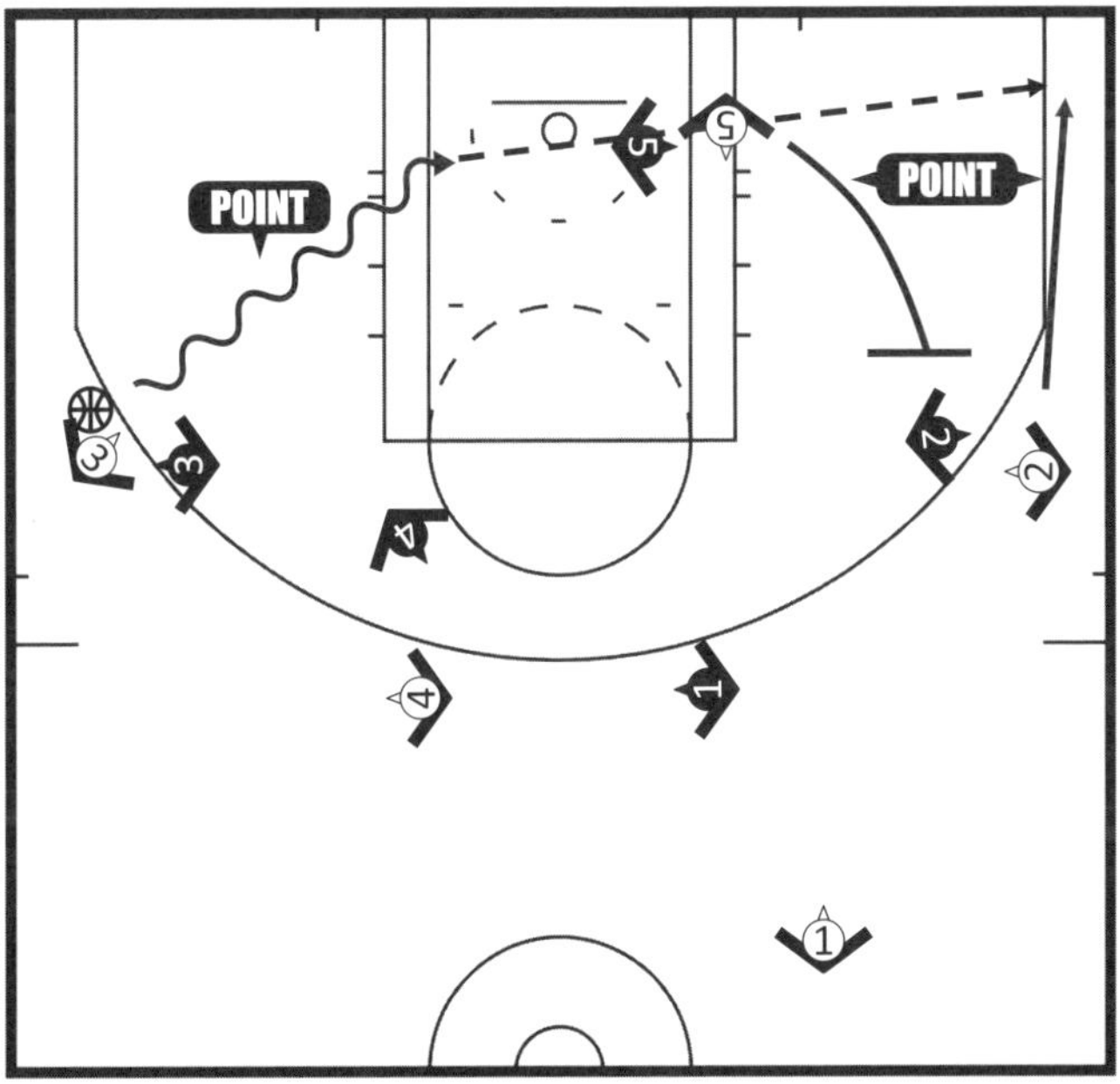

ールを保持したタイミングで①は③のスクリーンを利用して2ガードポジションに駆け上がり、②からのパスを受け、⑤はボールサイドのブロック、④はウィークサイドの第2ハッシュへと移動します。

図2 ③は①によるスクリーンの利用後、左ウィングへと飛び出し、①からのパスを受けます。④は③が左エルボーを通過後、❹を引き連れて左2ガードポジションへと飛び出し、③からベースライン側のスペースを空けます。さらに、⑤は❷に対してスクリーンをセットします。

図3 ①からのパスを受けた③は、すかさずマッチアップするデロン・ライト❸のベースライン側をドライブします。③のドライブに合わせ、②は⑤のスクリーンを利用し、右コーナーへと移動します。⑤とマッチアップするマキシ・クレバー❺には③のドライブへの対応が強いられ、②に対応することができません。ノーマークになった②は③からのパスを受け、3Pショットを放ちました。

GAME DATA
2019 レギュラーシーズン
レイカーズ100vs103マーベリックス 4Q 0:06

NT

SOB Normal 3P

3人の連続したスタッガードスクリーンで3Pショットを狙う

プレーの動画はこちら

図1

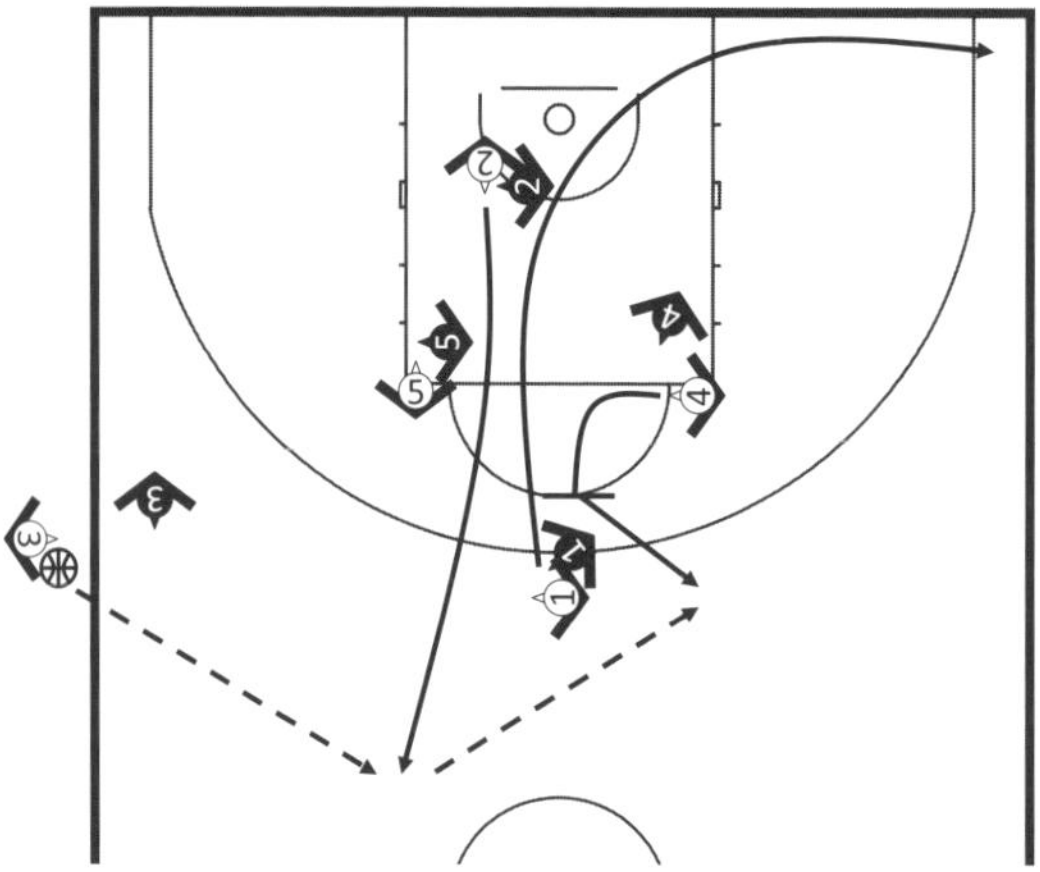

図2

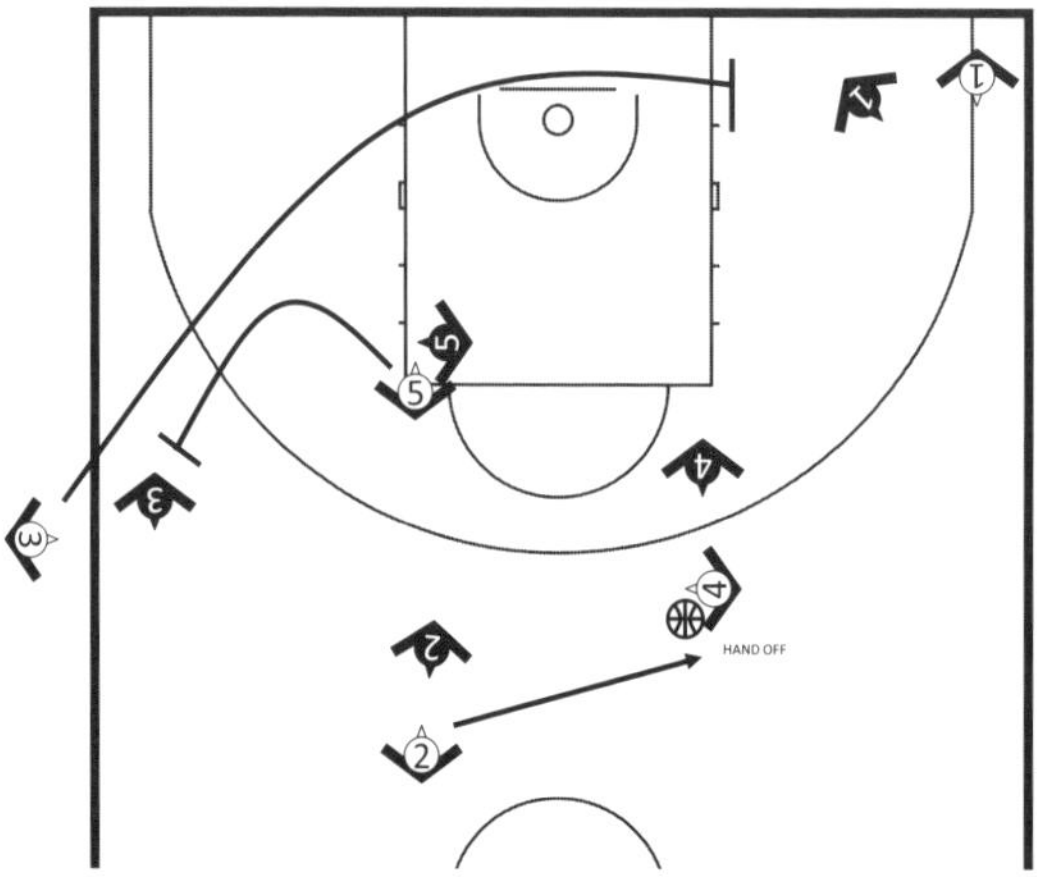

3人のスクリーナーが連続してスクリーンをセット

3人のスクリーナーが連続してスクリーンをセットするスタッガードスクリーンにより3Pショットを狙うセット。

ジョー・イングルス③がインバウンダー、各プレーヤーは図1のようにポジショニング。

図1 ⑤は体をベースラインに向け、❷にスクリーンをセットします。③のボール保持に合わせて②は⑤のスクリーンを利用し、ボールサイドの2ガードポジションで③からパスを受け、④は❶にスクリーンをセット。①は④のスクリーンを利用してペイント内を通過し、ウィークサイド

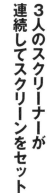

図3

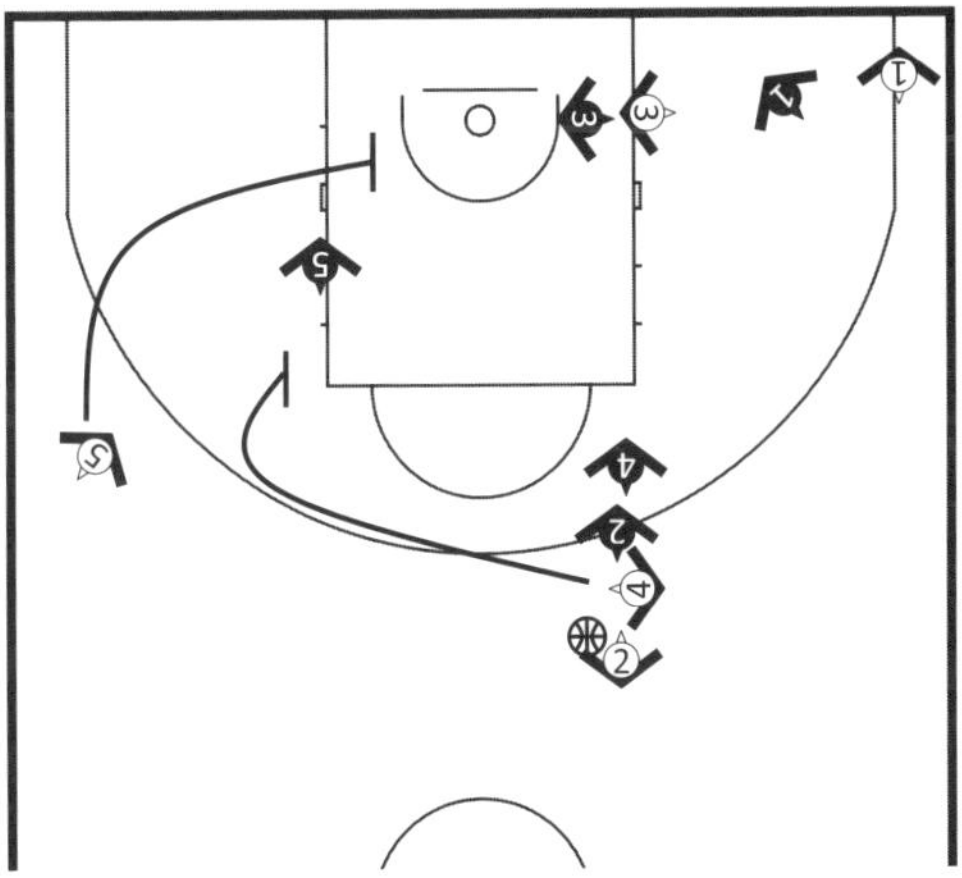

図4

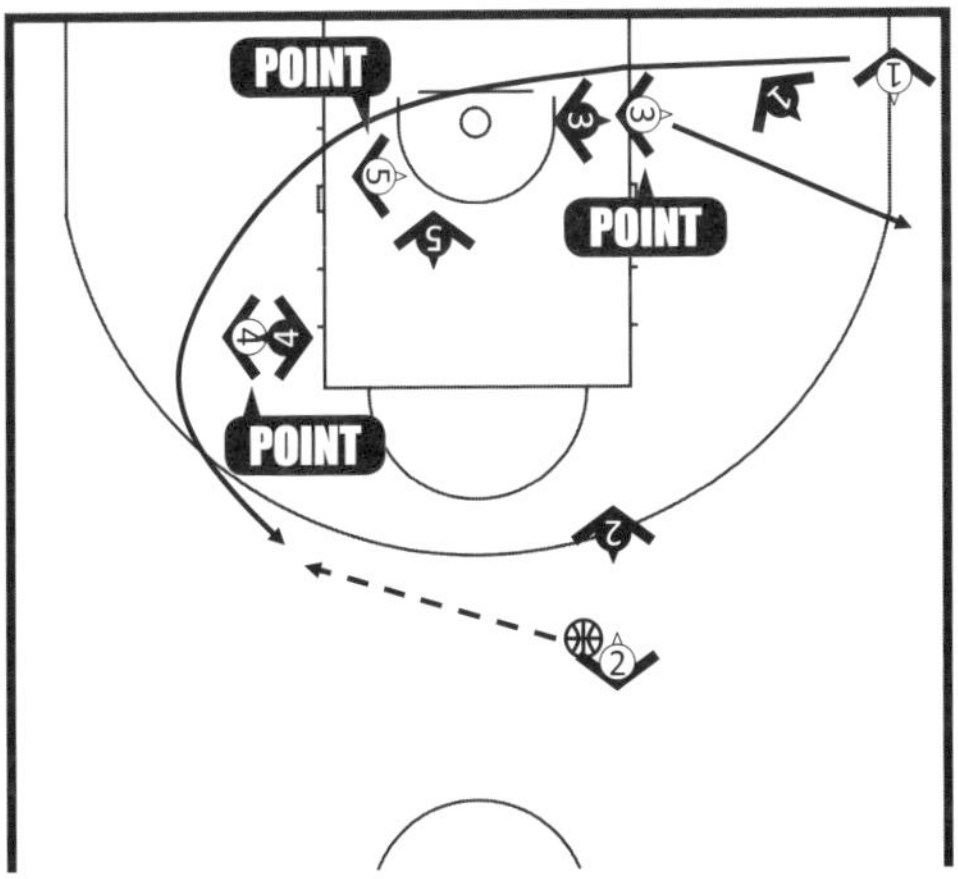

のコーナーへと移動します。④は①のスクリーン利用後、右2ガードポジションへ飛び出し、②からのパスを受けます。

図2 ⑤は②のスクリーン利用後、❸にスクリーンをセット。③は⑤のスクリーンを利用し、右ローポストへ移動して❶にスクリーンをセットします。⑤は③のスクリーン利用後に体を反転させ、左ブロックあたりへと移動して体をミドルラインに向けてスクリーンをセット。②は④へのパス後に④に向かいハンドオフパスを受けます。

図3 ④はパス後、左エルボーあたりへと移動し、体をミドルラインに向けてスクリーンをセット。**❶に対して、③、⑤、④と3つのスクリーンが連続するスタッガードスクリーンが組まれます。**

図4 ①はこのスクリーンを利用してペイント内を通過し、左2ガードポジションへと駆け上がり、ノーマークで②からのパスを受けて3Pショットを放ちました。

GAME DATA ワールドカップ男子2019 準決勝
オーストラリア12vs13スペイン 1Q 4:27

COLUMN

戦略と戦術の違い

文:関根 加琳(流通経済大学スポーツコミュニケーション学科)

“戦術”と“戦略”は似たような言葉ですが、実は異なる意味を持っていることをご存知ですか?

戦略とは、組織などが将来を見通した対策や目的を達成するためのシナリオを意味します。戦略は、最も重要な課題や問題点に対して使われるもので、日常での目標などとは異なります。また、重要な課題や問題点に対して戦略を練るためには調査、分析などが必要になってきます。

一方、戦術とは戦略を達成するための具体的な手段を意味します。戦略において方向性や実現への行動を大まかに決め、戦術によって具体化していくわけです。

バスケットボールでは、ゲームプランなどが戦略にあたり、ピック&ロールやフレックスオフェンス、マンツーマンディフェンス、ゾーンディフェンスなどが戦術にあたります。バスケットボールでは、戦略がなくとも戦術が成り立ちます。しかし、戦略のない、行き当たりばったりの戦術では高いパフォーマンスは期待できないでしょう。ゲームプラン、または大会に向けた長期的なプランのもと、プランを推し進めるための具体的な戦術を採用することで目的を達成する可能性を高めることができます。

皆さんは日々の練習やゲームで、戦略と戦術を使い分けているでしょうか。戦略に基づいて戦術を選択すると、現在採用している戦術とは別のものが見えてくるかもしれません。

第3章

ハーフコート
オフェンス
(SET)プレー

SETの特徴

レギュラーオフェンスではなく いざというときのセットにする

ここで紹介するセットは、チームのレギュラーオフェンスとして採用するものではなく、2点や3点を確実に得たいEOQやタイムアウト明け（ATO）などに用いると効果的です。一方で、ここで紹介するプレーを頻繁に用いると、すぐにディフェンスに対応されてしまいます。その場合の方策もいろいろと考えられますが、とにかく頻繁に用いてしまうと、相手の意表をつくことは難しくなります。結果として確実に2点や3点を得たいシチュエーションで、有効となるセットプレーではなくなってしまうのです。そのためレギュラーのセットとして用いるものではないということを踏まえて、自チームセットへの参考にしてみてください。

またセットオフェンスでは、ボールマンがマッチアップするディフェンスからプレッシャーをかけられ、思うようにエントリ

ーできないことがあり、この点がEOBやSOBと大きく異なる点になります。

対策としては、ディフェンスからプレッシャーをかけられたとしても、セットをスタートするスポットに確実に入れるハンドラーが求められます。

それに加えて、ボールマンがディフェンスからのプレッシャーを受け、エントリーできない場合の方策を事前に準備しておくことも重要です。

EOGで僅差でリードしているチームが用いるセットプレー

また後半では、エンドオブゲーム（EOG）の場面でわずかな点差でリードしているチームが、インバウンズを目的として用いるセットを「インバウンズプレー」として紹介します。

場面が限られるため2つのプレーになりますが、勝敗に大きく関わる重要な場面ですから、チームとして一つはセットを準備しておくとよいでしょう。

パッサーを大きく開いたゴール下に勢いよく走り込ませる

図1

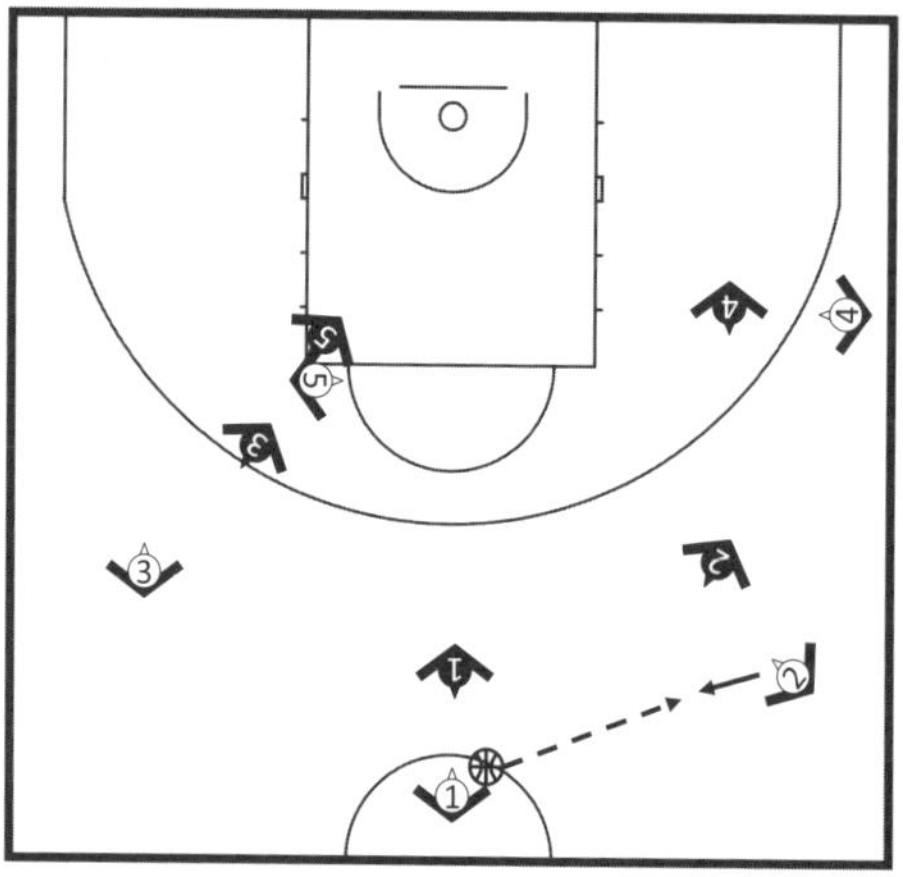

図2

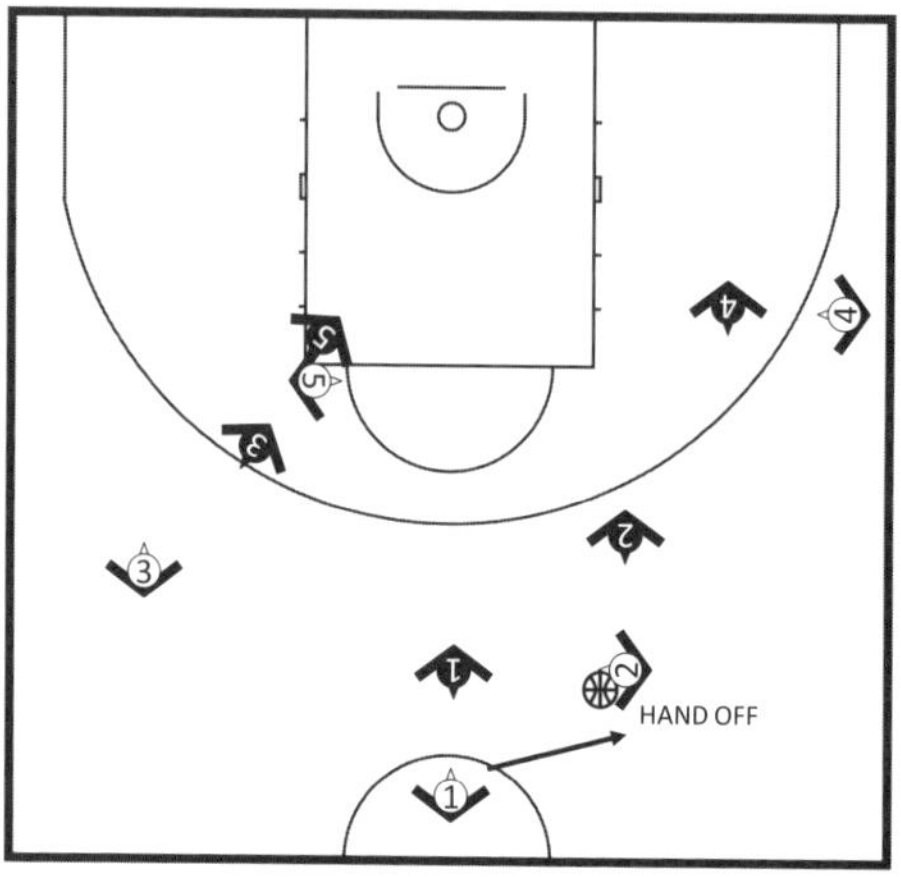

ハンドオフパスを出したパッサーがゴール下に走り込んでショット

ハンドオフパスを出したパッサーを、大きく開いたゴール下のスペースに勢いよく走り込ませるセットです。

ボールマンの塚本舞生①がミドルライン上をドリブルで進みフロントコートへと侵入します。右コフィンコーナーあたりに相原アレクサンダー学②、右ウィングに本間紗斗④、左スロットあたりに田中裕也③、左エルボーに八村阿蓮⑤がポジションをとります。大濠が比較的高い位置からマッチアップするディフェンスを用いることから、明成はオフェンスプレーヤーを高い位置に配置することでゴール付近のス

プレーの動画はこちら

図3

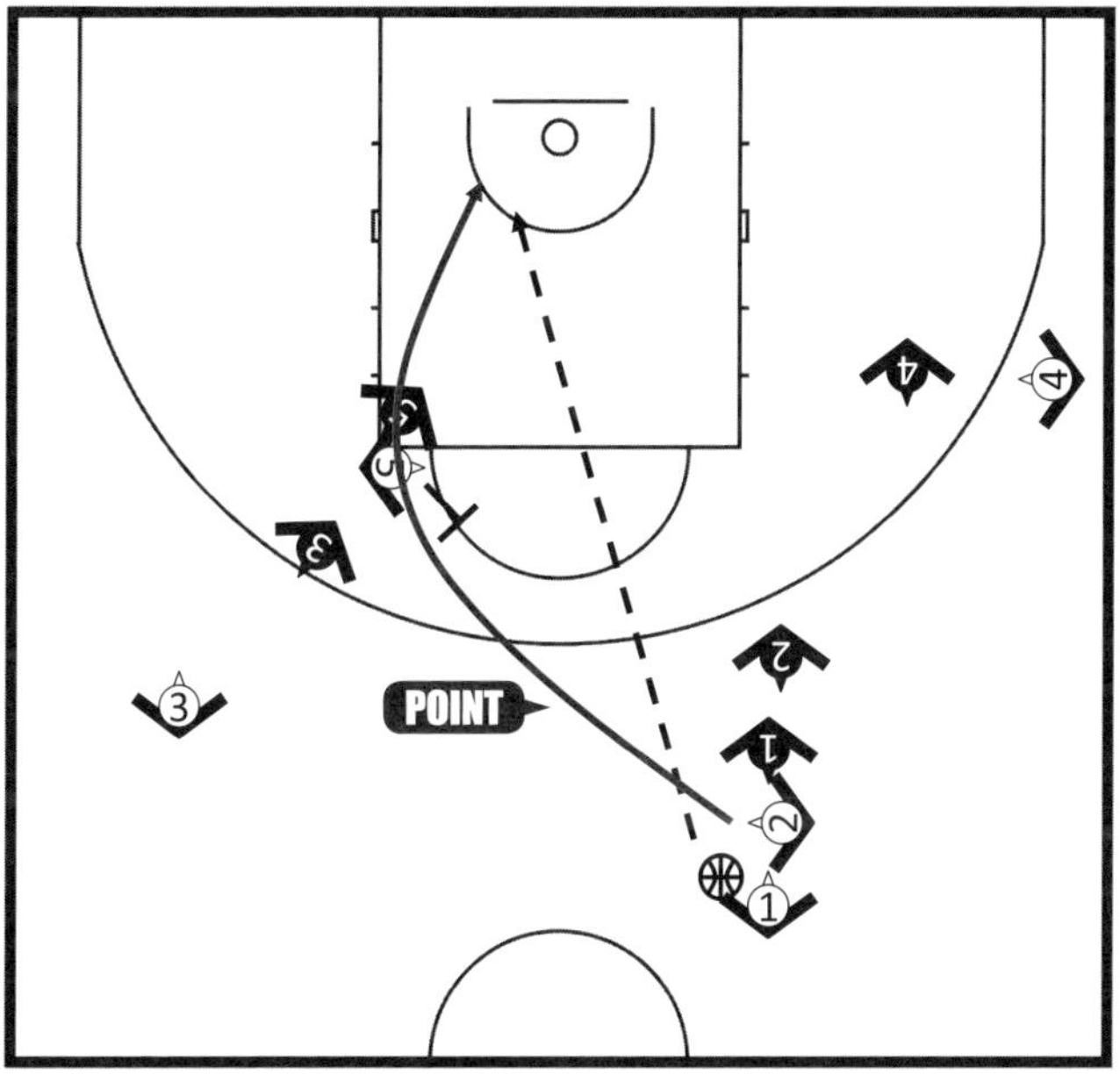

ペースを作り出し、ゴール付近にプレーヤーを飛び込ませることを狙います。

図1 ①は自身に向かってくる②へとパスを出します。

図2 ①はパスをした直後、②へと向かい、②からハンドオフパスを受けます。中田嵩基❶は①と②のハンドオフによるアウトサイドスクリーンに対し、スクリーナーのインサイド側を通過します。したがって、ハンドオフパスを受けた直後の①は余裕を持ってボールを扱える状況になります。

図3 **②は①にハンドオフパスを出した直後、左エルボーを通過し、ゴール付近に侵入します。**②によるゴール付近への侵入に②とマッチアップする横地聖真❷がついていこうとしますが、❷の進行するコースでは⑤がスクリーンをセットして待ち構えます。ノーマークになった②は①からのロブパスを受け、ゴール間際でタップショットを放ちました。

GAME DATA
ウィンターカップ2017男子決勝
明成0vs0福岡大濠 1Q 9:31

大学

SET Quick Hitter 2P

ビッグマンをスクリーンによってゴール下に飛び込ませる

図1

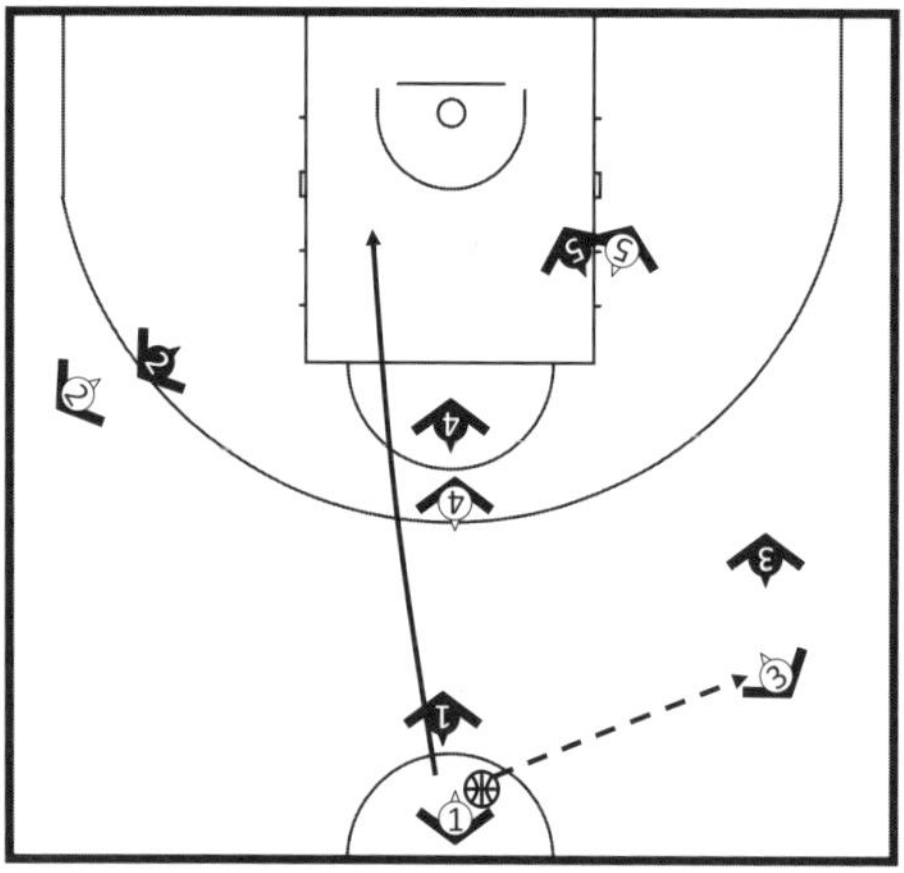

図2

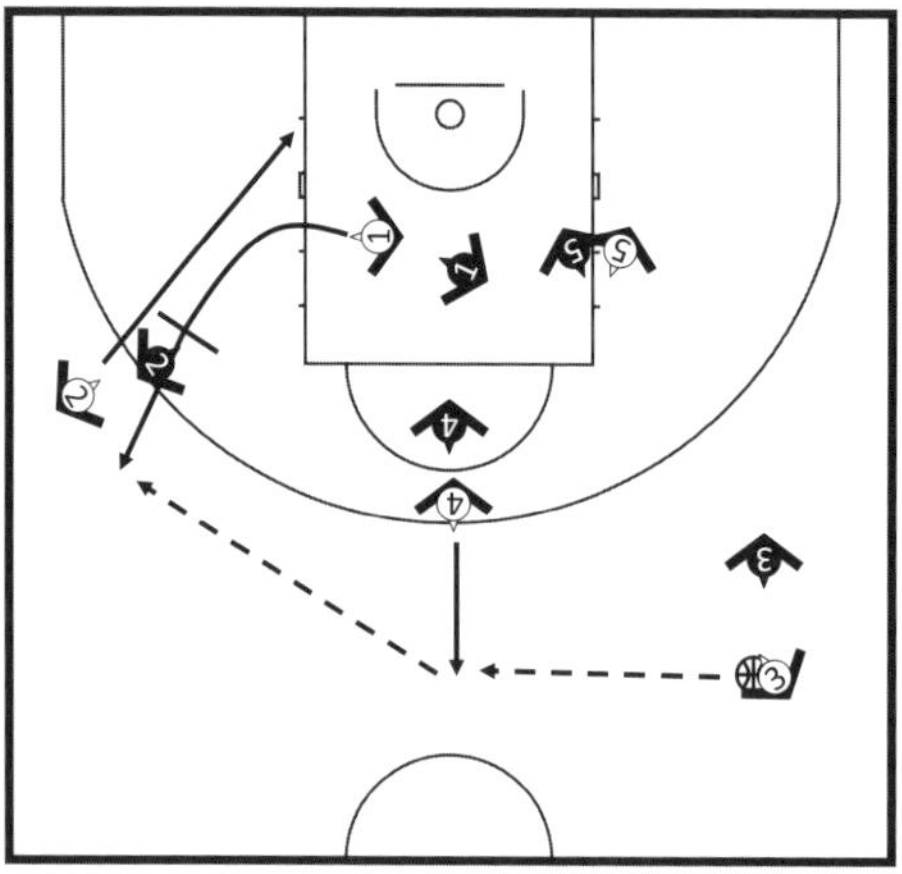

ビッグマンのポジションをやや高めにとる

ポジションをやや高めにとるビッグマンをスクリーンによってゴール下に飛び込ませるセットです。

ボールマンの奥田雄伍①がミドルライン上をドリブルで進み、各プレーヤーは図1のようにポジションをとります。トップに位置する④は体の正面をセンターラインに向けてスクリーンをセットしています。

図1 ①は③にパスを出し、④のスクリーンを利用してペイント内へと侵入します。

図2 ④は①によるスクリーンの利用後、センターサークル方向へと飛び出し、③からのパスを受けます。ペイント内に侵入し

プレーの動画はこちら

図3

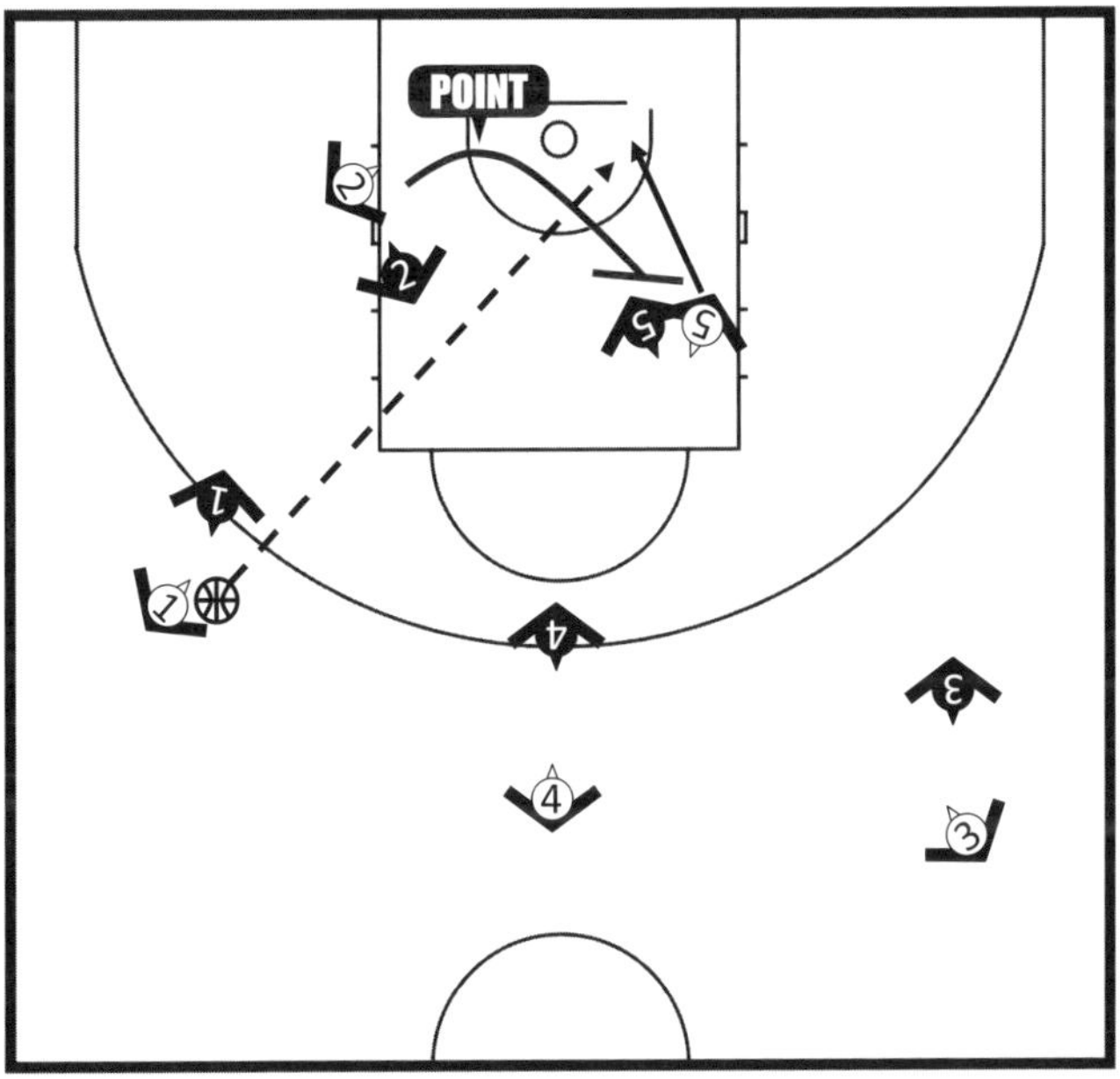

た①は進行方向を変え、②とマッチアップする❷にスクリーンをセットします。②は①のスクリーンを利用してゴール下へと入り込みます。②と①のスクリーンプレーにより、❷が②へのパスコースを遮るように仕向けます。①は②によるスクリーンの利用後、左ウィングへと飛び出し、④からのパスを受けます。①と②によるスクリーンプレーの間にハッサン・モハメド⑤は左エルボーへのフラッシュ、もしくは④とマッチアップする❹に対してスクリーンをセットする素振りを見せます。

図3 ゴール下に入り込んだ②は進行方向を変え、⑤とマッチアップする❺にスクリーンをセットします。⑤は②のスクリーンを利用してゴール下に侵入します。ノーマークになった⑤は①からのロブパスを受けてタップショットを放ちました。❷が⑤にマッチアップすることもできますが、飛び上がった長身の⑤のタップショットに対して❷は眺めることしかできませんでした。

GAME DATA インカレ2020
九州共立大学2vs9天理大学 1Q 6:57

ロングポストへのフラッシュからスペースに走り込んでイージーショットを狙う

図1

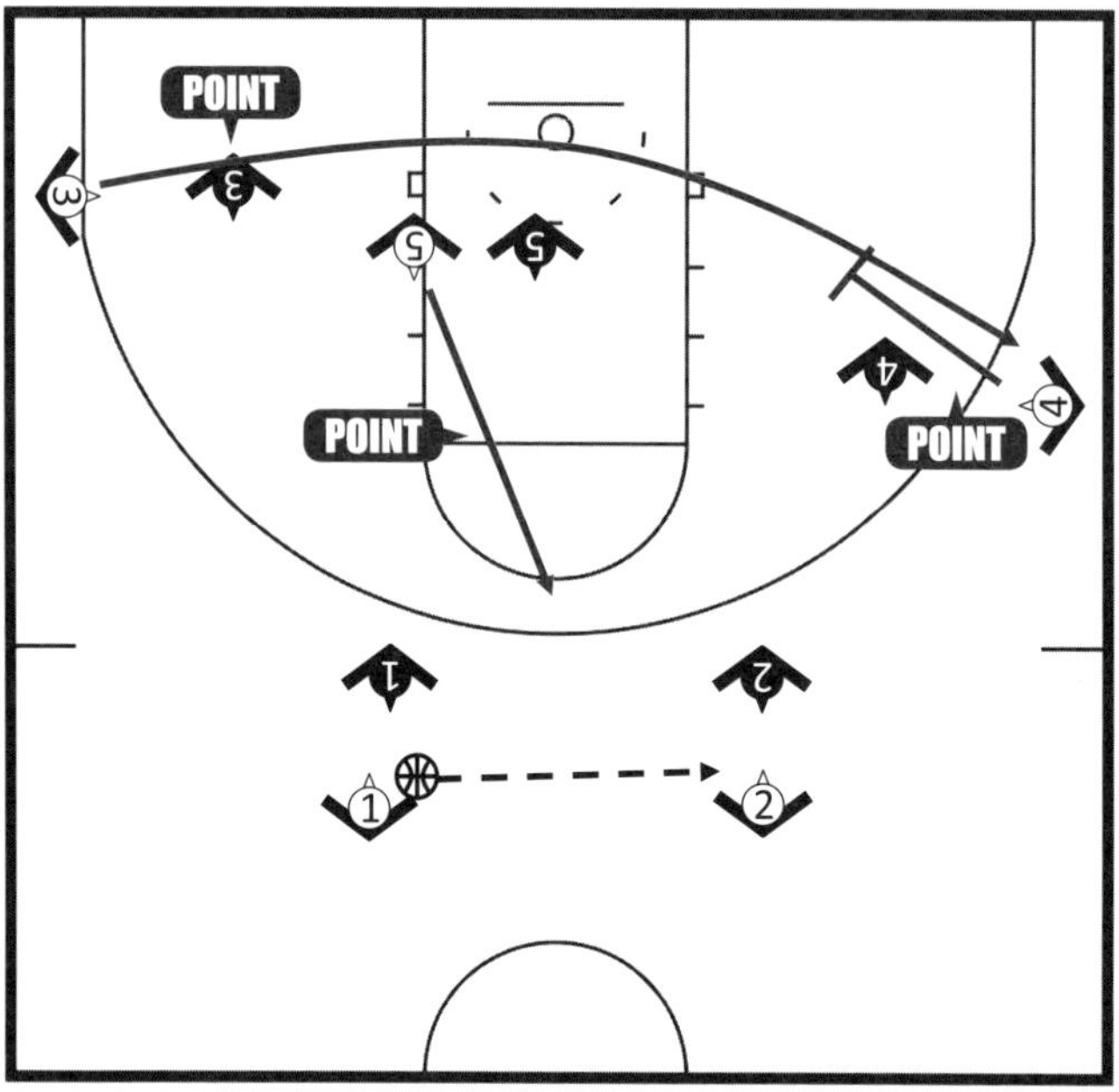

ロングポストへのフラッシュのタイミングでスペースを作る

ロングポストへのフラッシュのタイミングでガードをクリアしたスペースに走り込ませてイージーショットを狙うセットです。

ジャー・モラント①が左2ガードポジションにドリブルエントリーし、左コーナーにテビン・ブラウン③、左ローポストにダーネール・コワート⑤、右2ガードポジションにシャック・バッチャナン②、右ウィングにKJ・ウィリアムズ④がポジションをとります。

図1 ①が②にパスを出すタイミングで、⑤がマッチアップするセオ・ジョーン❺

プレーの動画はこちら

図2

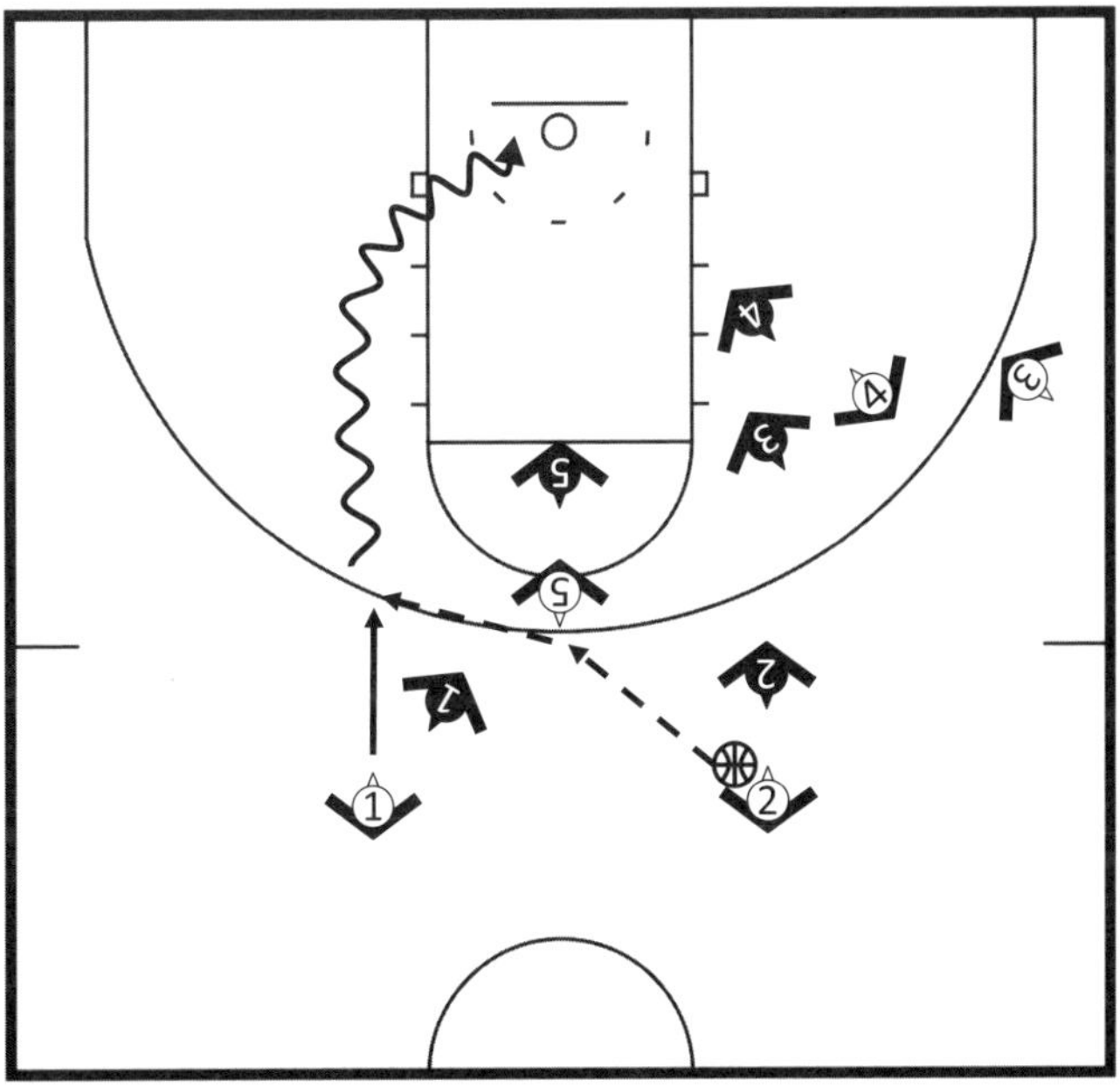

を引き連れてトップへとフラッシュします。同時に③は、マッチアップするマーカス・ハワード❸を引き連れ、ペイント内を通過して右ウィングへと移動します。④はゴール方向へと移動し、マーカス・ハワード❸が進行するコースにスクリーンをセットします。③と④によるオフボールスクリーンにより、❸と❹に対してスクリーンプレーへの対応を強い、❸と❹を右サイドに留めます。**①のパスをきっかけとした、③、④、⑤による一連のアクションによって左サイドに大きなスペースが作られます。**

図2 ①とマッチアップするブレンダン・ベイリー❶は、②に対するヘルプポジションをとることで、①とゴールを結ぶコースにディフェンスがいない状況になります。②から⑤へとパスがつながり、①はゴールへと向かって駆け出します。ゴールへと向かう①に⑤がパスを出し、①はボールをリングの中に叩き込みました。

GAME DATA 2019年NCAAトーナメント西部地区1回戦
マーリー州立大学49vs38マーケット大学

EURO

SET Quick Hitter 2P

スクリーナーのディフェンスを惑わせて ビッグマンをゴール下に飛び込ませる

図1

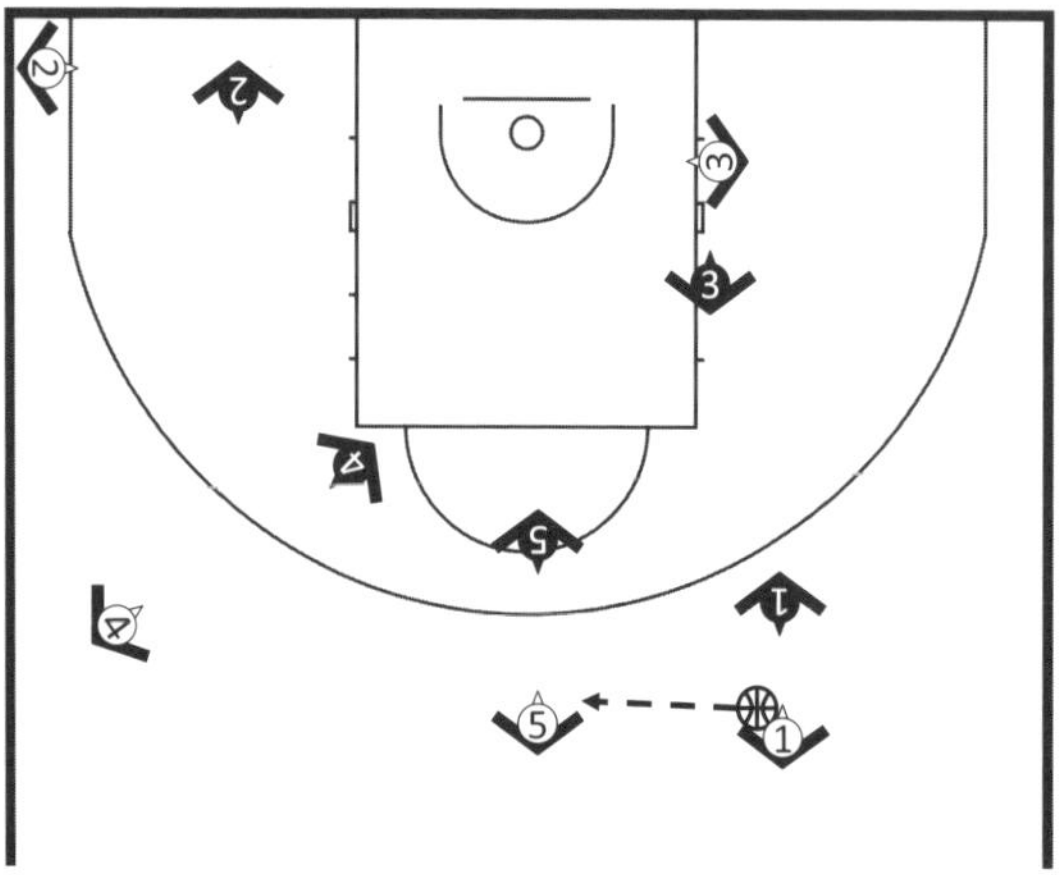

図2

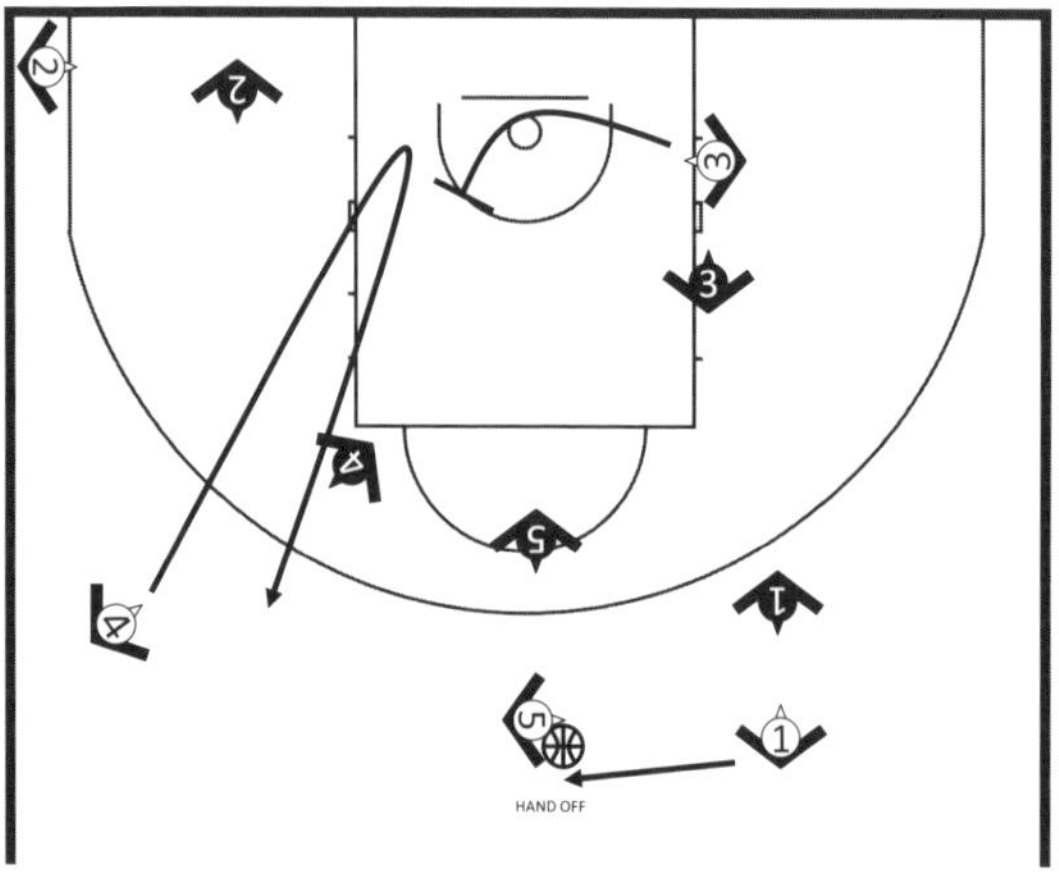

見せかけのスクリーンセットで ディフェンスを惑わせる

見せかけのスクリーンのセットによりスクリーナーのディフェンスを惑わせてビッグマンをゴール下に飛び込ませるセットです。山下泰弘①が右ツーガードポジションにドリブルエントリーし、各プレーヤーは図1のようにポジションをとります。佐藤公威②は左コーナーに留まり続けることで右サイドのスペースを作り出す役割を果たします。

図1 ①はブライアン・クウェリ⑤へとパスを出します。

図2 ①はパスの直後に⑤のほうへ向かってハンドオフパスを受け、ロバート・カー

プレーの動画はこちら

図3

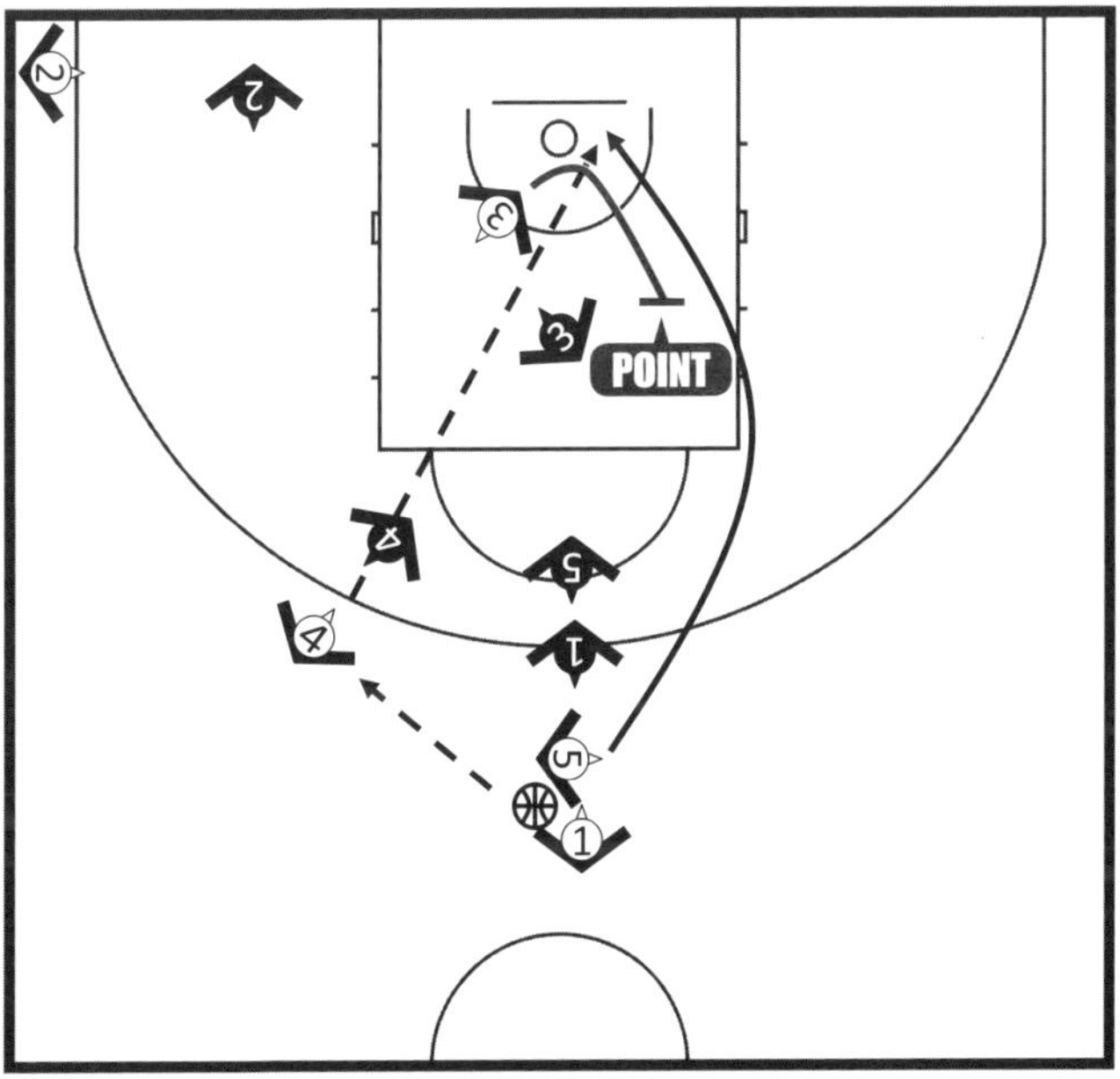

ター④はリングに向かいます。相馬卓弥③は❹が④を追って進むコースに立ちはだかりスクリーンをセットします。❸は自身と③との間のスペースを使って❹を通させ、スクリーンを回避させようと③からネイル方向へと離れます。しかし、④は③のスクリーンを利用するふりをして左2ガードポジションへと飛び出します。

図3 ④は①からのパスを受けます。⑤は①へとハンドオフパスを出した後、ゴール。**③は④がアウトサイドへ向かうと体の向きを変え、右サイドへと移動し、⑤とマッチアップする❺が進むコースにスクリーンをセットします。**⑤は③のスクリーンを利用してペイント内へと侵入します。❸はネイル方向へと③から離れたため、⑤に対応することができません。ノーマークになった⑤は①からのロブパスを受け、リング間際でタップショットを放ちました。

GAME DATA 2019-2020 Bリーグ
島根69vs55新潟 4Q 5:07

EURO

SET Quick Hitter 2P

ドリブルハンドオフに見せかけてビッグマンを飛び込ませる

図1

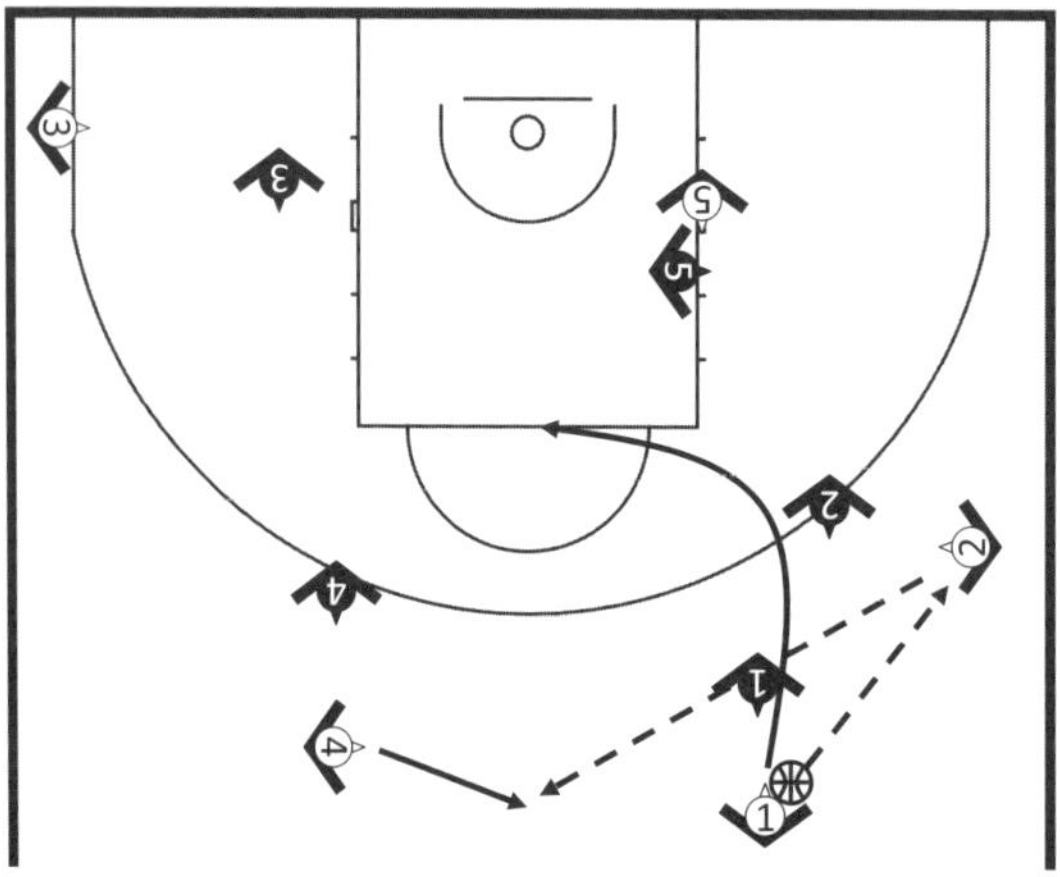

図2

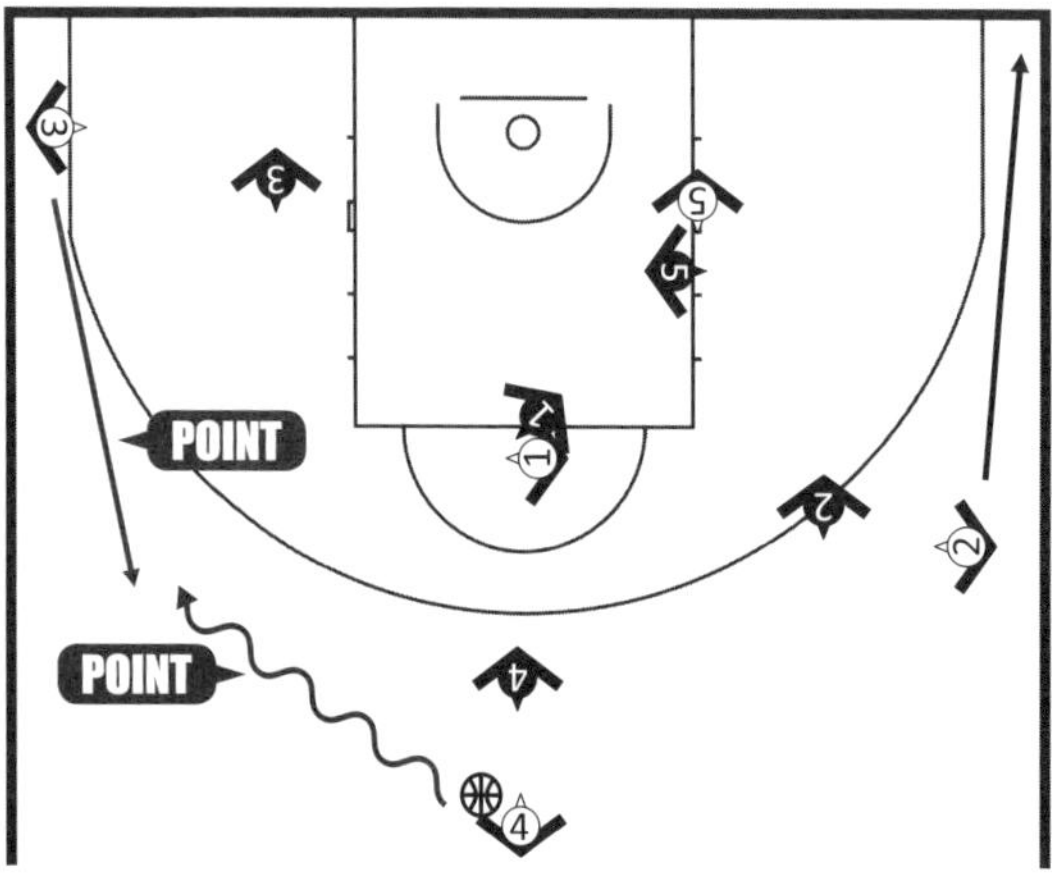

見せかけのドリブルハンドオフに相手を反応させてスクリーンをセット

見せかけのドリブルハンドオフに反応したディフェンスにスクリーンをセットしてビッグマンをゴール下に飛び込ませるセットです。

①が右2ガードポジションにドリブルエントリーし、各プレーヤーは図1のようにポジションをとります。

図1 ①は②へとパスを出し、ボールサイドカットからネイル方向へと移動します。①がクリアしたタイミングで④がトップへと移動し、②からのパスを受けます。

図2 ②は④へパスを出した後、右コーナーへと移動します。ボールを保持した

プレーの動画はこちら

図3

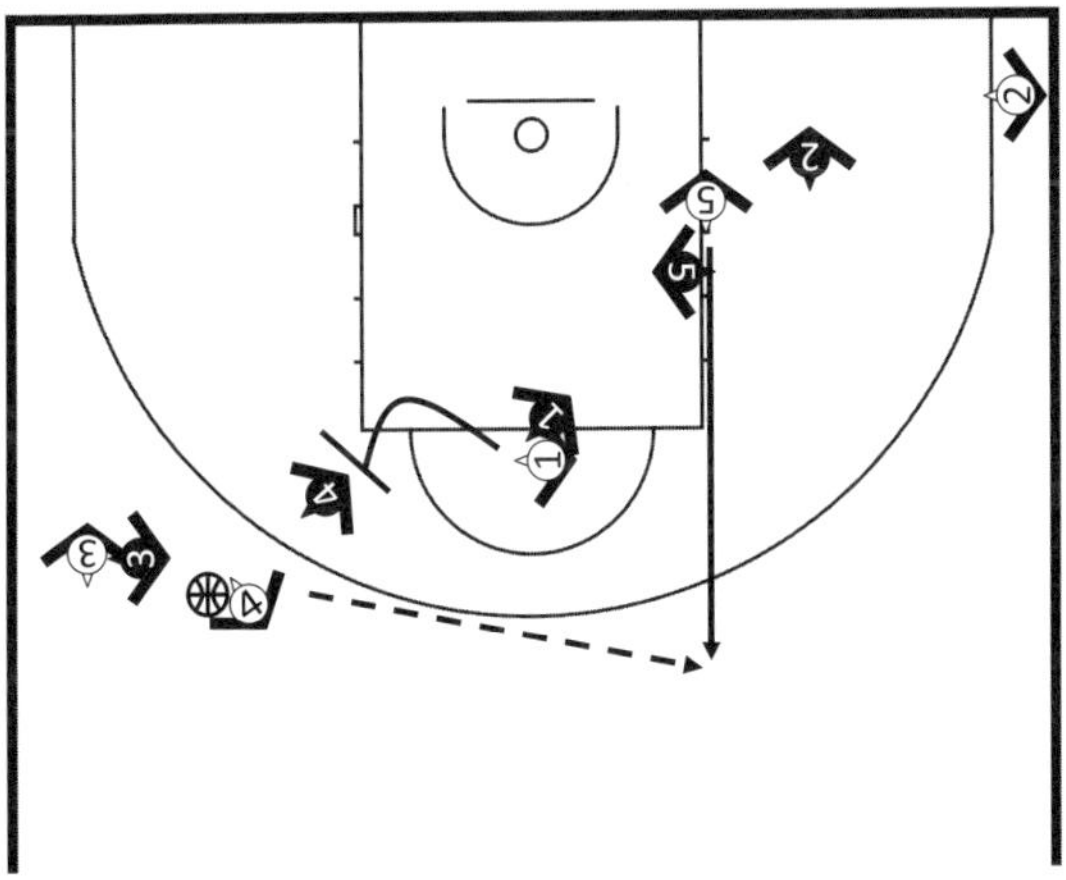

図4

④はドリブルで左スロットへと移動を開始します。④のドリブルの移動に合わせ、③は左スロットへと移動を開始します。**ボールマンの④とオフボールマンの③が同時に左スロットへと向かうことで、マッチアップする❸と❹に④と③によるドリブルハンドオフを予測させます。**

図3 ①は左エルボー付近へと移動し、体の正面を左スロットに向けてスクリーンをセット。④と③が左スロットへ到達するタイミングで⑤が右2ガードポジションへと飛び出し、④からのパスを受けます。

図4 ④は⑤へのパスの直後、①のスクリーンを利用し、誰もいないペイント内へと侵入します。④と③によるドリブルハンドオフを予測していた❹は、①のスクリーンを回避することが難しい状況です。①とマッチアップする❶が④の侵入に対応したとしても体格差があるため④に押し切られてしまうでしょう。ノーマークになった④は⑤からのパスを受けてゴール下でのショットを沈めました。

GAME DATA
EUROリーグ
MACCABI53vs23ZALGRIS 3Q 9:55

NT

SET Quick Hitter 2P

ピック&ロールとクロススクリーンにより ゴール下でビッグマンがボールを保持する

図1

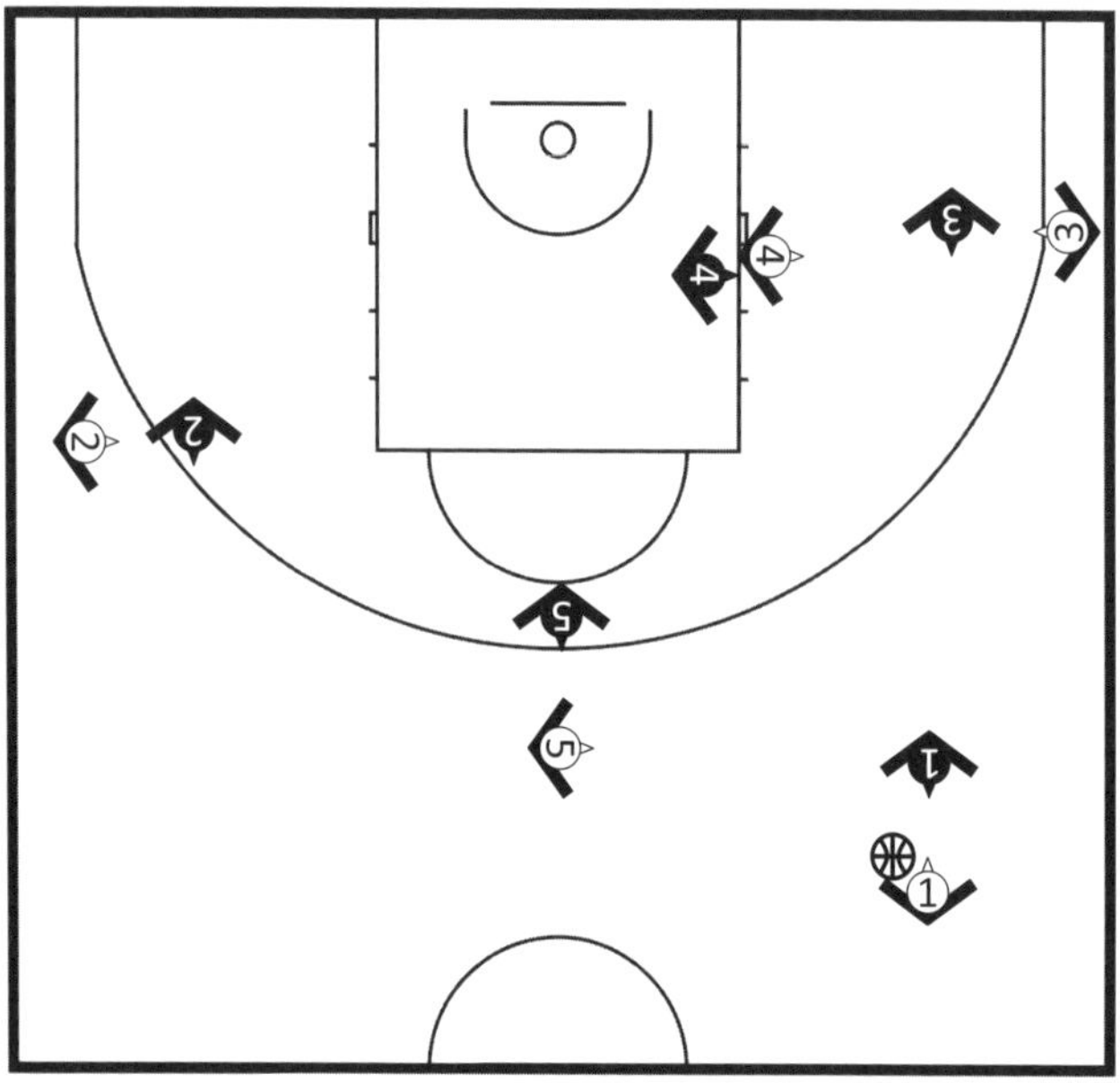

ピック&ロールとクロススクリーンを同じタイミングで実行する

ピック&ロールとクロススクリーンを同じタイミングで実行することによりビッグマンにゴール下でボールを保持させるセットです。

図1 ファクンド・カンパッソ①が右コフィンコーナーあたりへとドリブルエントリーし、右コーナーにパトリシオ・ガリーノ③、右ブロックにマルコス・デリア④、トップにルイス・スコラ⑤、左ウィングにニコラス・ブルッシーノ②がポジションをとります。

図2 ⑤が①とマッチアップするステファン・ヨヴィッチ❶にピックスクリーンを

プレーの動画はこちら

図2

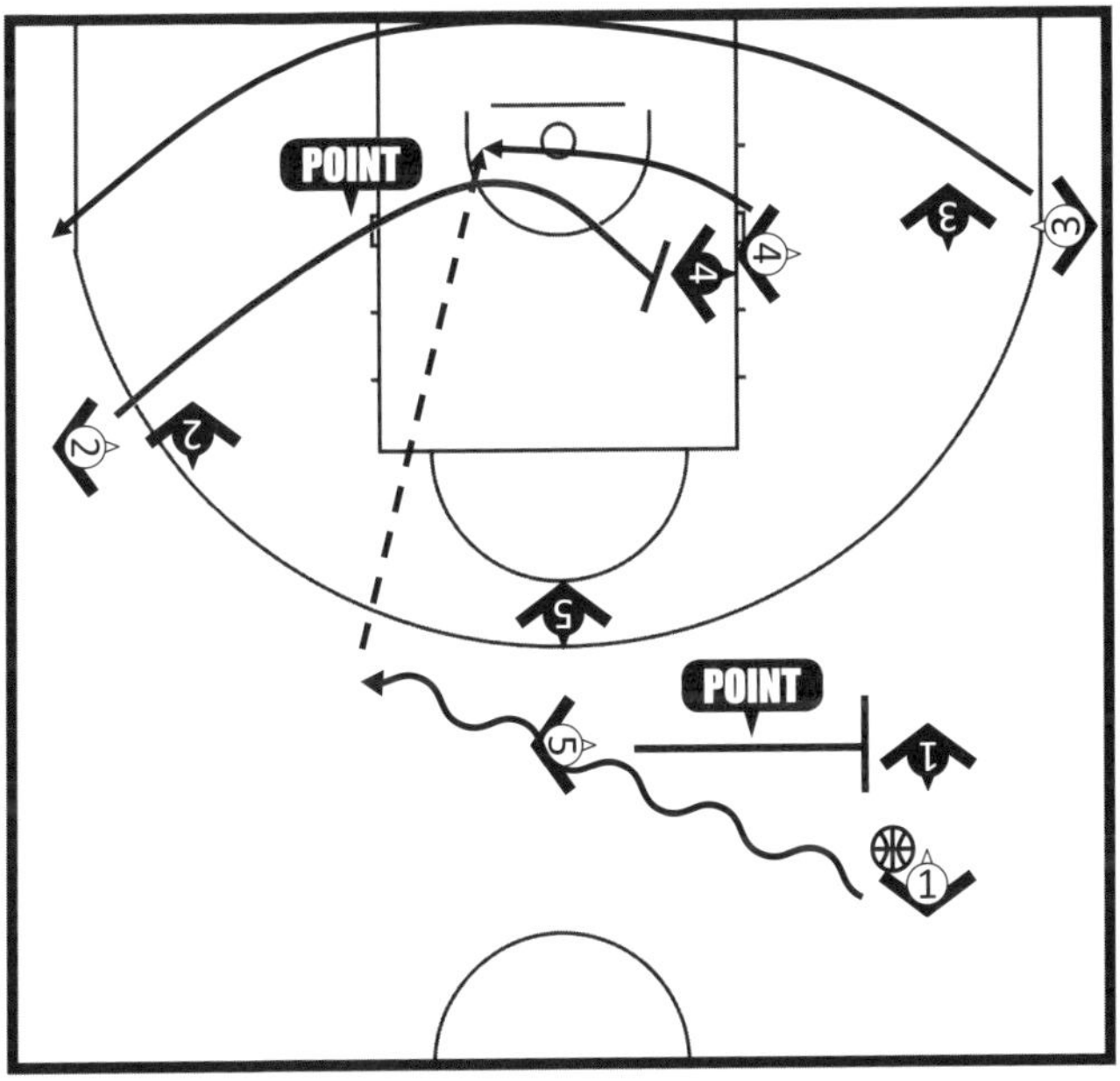

セットします。⑤によるスクリーンのセットに合わせて③が左コーナーまで駆け抜けます。また、②は④とマッチアップするミロスラフ・ラドゥリサ❹にスクリーンをセットします。①は⑤のピックスクリーンを利用し、ドリブルで左2ガードポジションまで進みます。ボールの位置が変わるので❹にはポジションの変更が求められますが、③がマッチアップするボグダン・ボグダノビッチ❸を引き連れて左コーナーへと移動したため、**❹がピック&ロールでの⑤によるダイブをケアしなければなりません。そこに②のスクリーンがセットされるため、❹にとってスクリーンの回避が難しい状況になります。**④は②のスクリーンを利用してゴール下へと飛び込みます。ノーマークになった④は①からのパスを受け、ボールをリングに叩き込みました。

GAME DATA 2019男子ワールドカップ決勝トーナメント準々決勝
アルゼンチン5vs2セルビア1Q8:55

セカンドスクリーンにより確実にユーザーをノーマークにする

図1

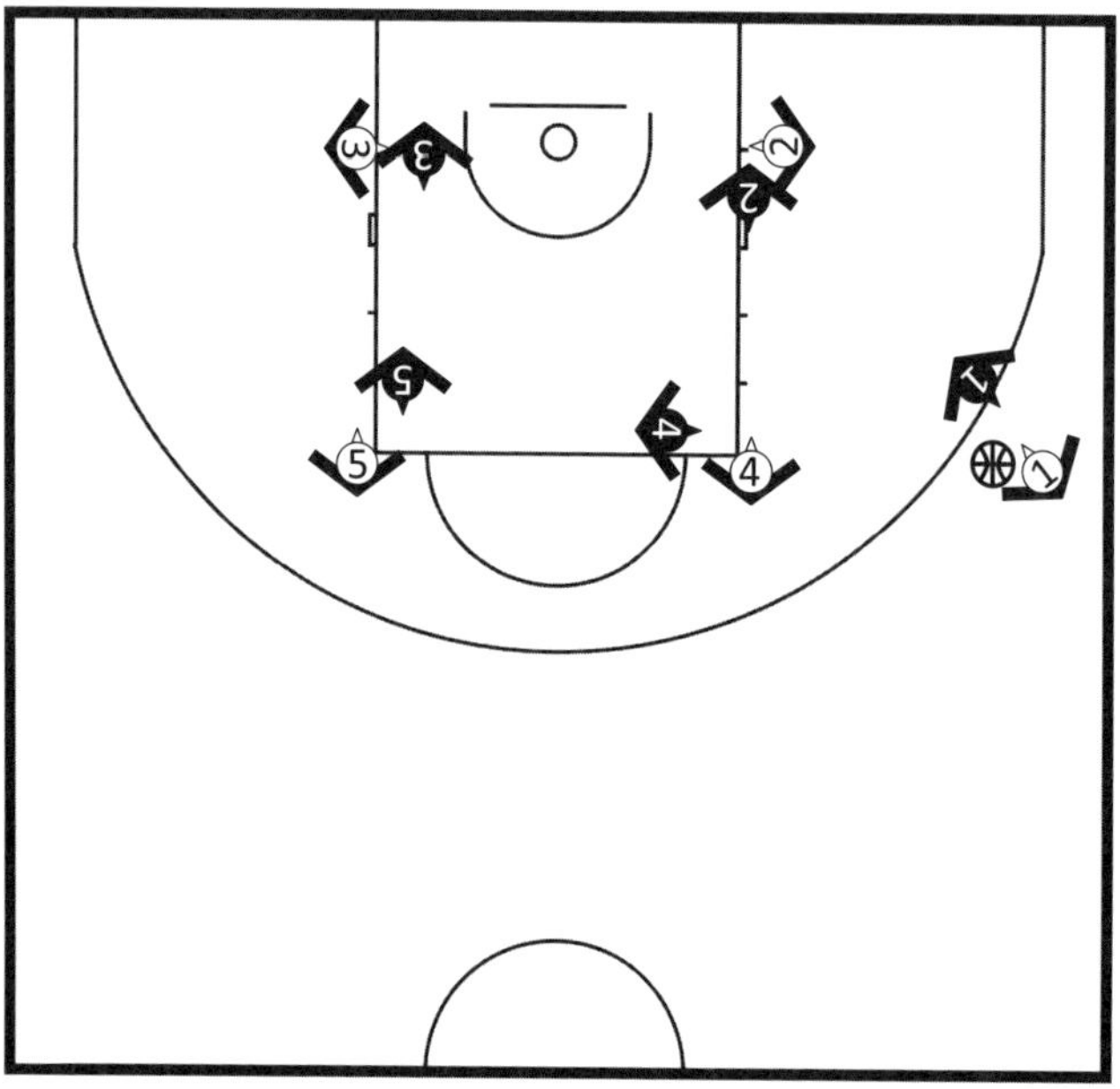

ファーストスクリーンで引き離し セカンドスクリーンをセット

ファーストスクリーンで引き離したディフェンスのコースを狙ってセカンドスクリーンをセットし、確実にユーザーをノーマークにするセットです。

図1 廣木啓人①が右ウィングへとドリブルエントリーし、右のブロックに石井息吹②、右エルボーに箕輪武蔵④、左ブロックに吉澤翔③、左エルボーに中野滉士郎⑤がポジションをとります。

図2 ④が②とマッチアップする前田健冴❷にスクリーンをセット。②は④のスクリーンを利用し、右エルボーへと移動することで❷を引き離します。右エルボー

プレーの動画はこちら

図2

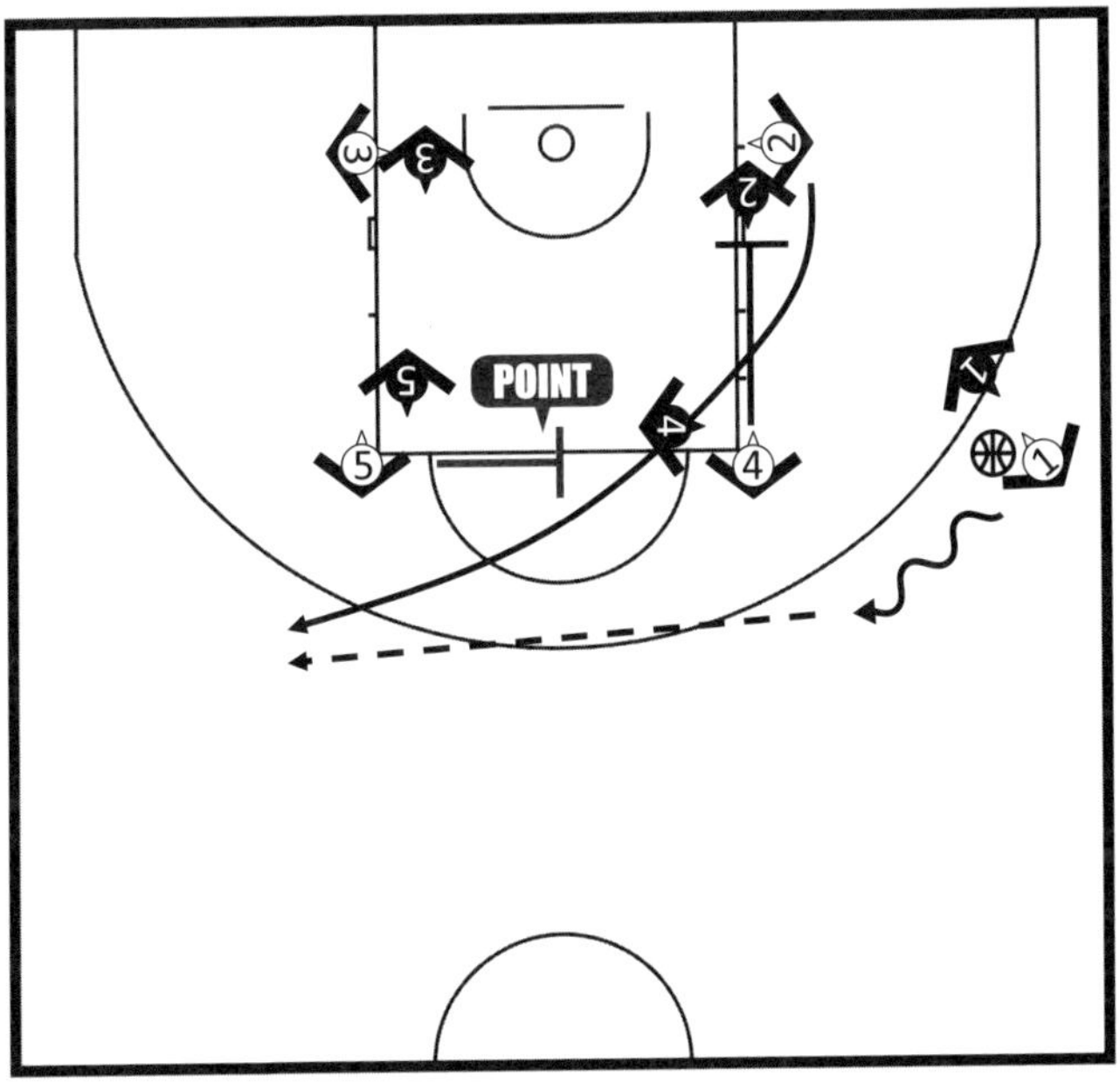

へ移動した②はさらに左2ガードポジションへと移動。**②が移動するタイミングで⑤は、②から引き離された❷と②の間に入り込み、ネイルで体の正面を右サイドラインに向け、❷に対してスクリーンをセットします。**④のスクリーンとは異なる方向からタイミングよくセットされる⑤のスクリーンによって、❷は②からさらに引き離されます。ノーマークで左2ガードポジションに飛び出す②にパスを出すために、①は右2ガードポジションあたりまでドリブルで移動し、パスのアングルを確保します。右2ガードポジションあたりまで移動した①は、②へボールをフィードし、②が3Pショットを放ちました。④が②のスクリーン利用後、③とマッチアップする豊田晃士❸にスクリーンをセットし、③が④のスクリーンを利用して右コーナーかウィングへと飛び出すため、②のショットチャンスが絶たれたとしても、③がショットという選択肢もあります。

GAME DATA アースフレンズ東京Z 前座試合
茨城28vs52東京 3Q 5:35

高校

SET Quick Hitter 3P

カーテンスクリーンに対応する相手にスタッガードスクリーンをセットし3Pを狙う

図1

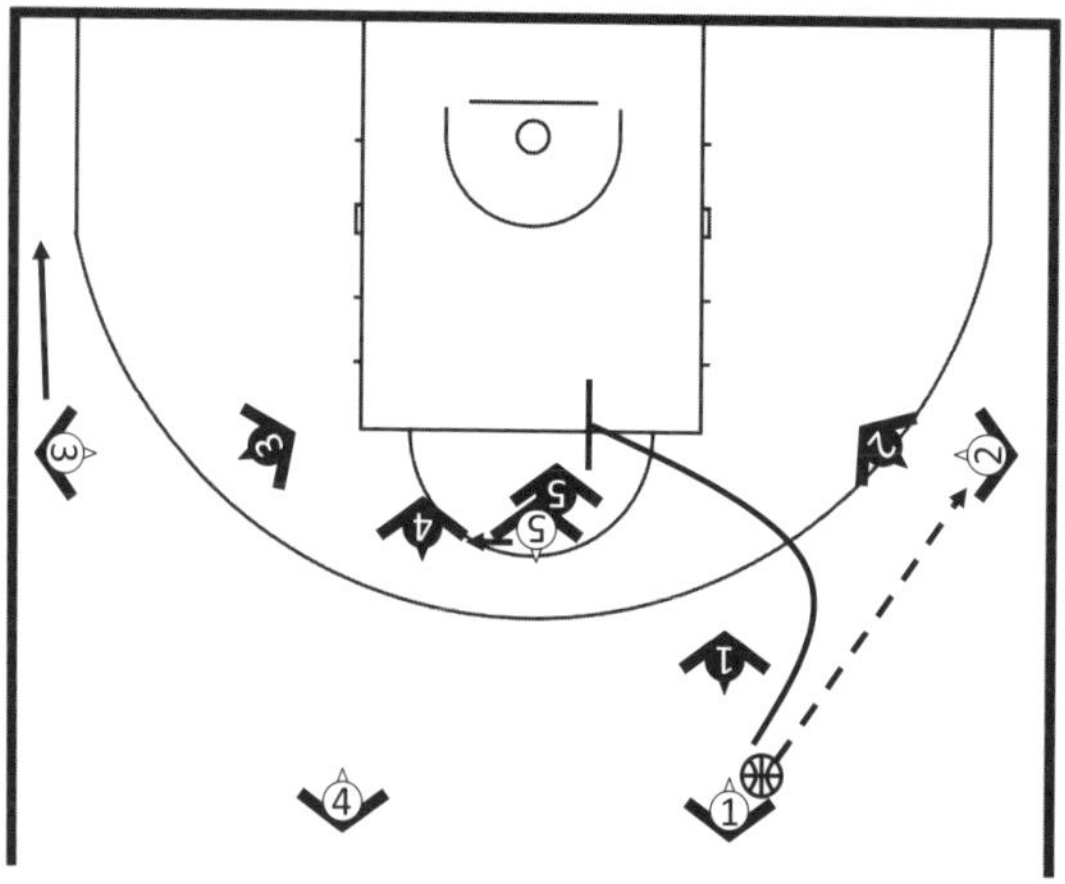

図2

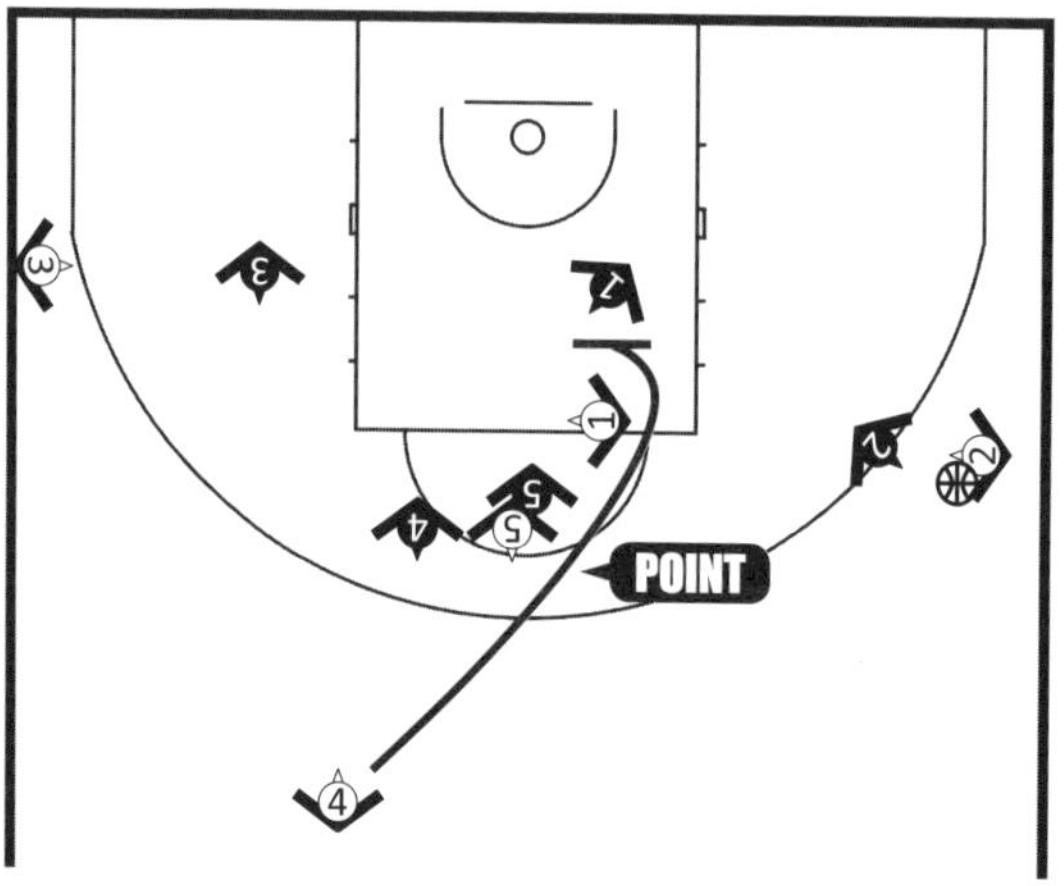

ディフェンスにスクリーンの回避を難しくさせてショット

カーテンスクリーンに対応しようとするディフェンスにスタッガードスクリーンをセットして3Pショットを狙うセットです。

中田嵩基①が右2ガードポジションにドリブルエントリーし、右ウィングに土家大輝②、トップに木林優⑤、左2ガードポジションに浅井修伍④、左ウィングに横地聖真③がポジションをとります。

図1 ①は②へパスを出した直後にネイルへと移動し、体を左のサイドラインに向けてスクリーンをセットします。さらに、⑤も④とマッチアップする松崎裕樹❹に近づき、❹に対するスクリーナーとなりま

プレーの動画はこちら

図3

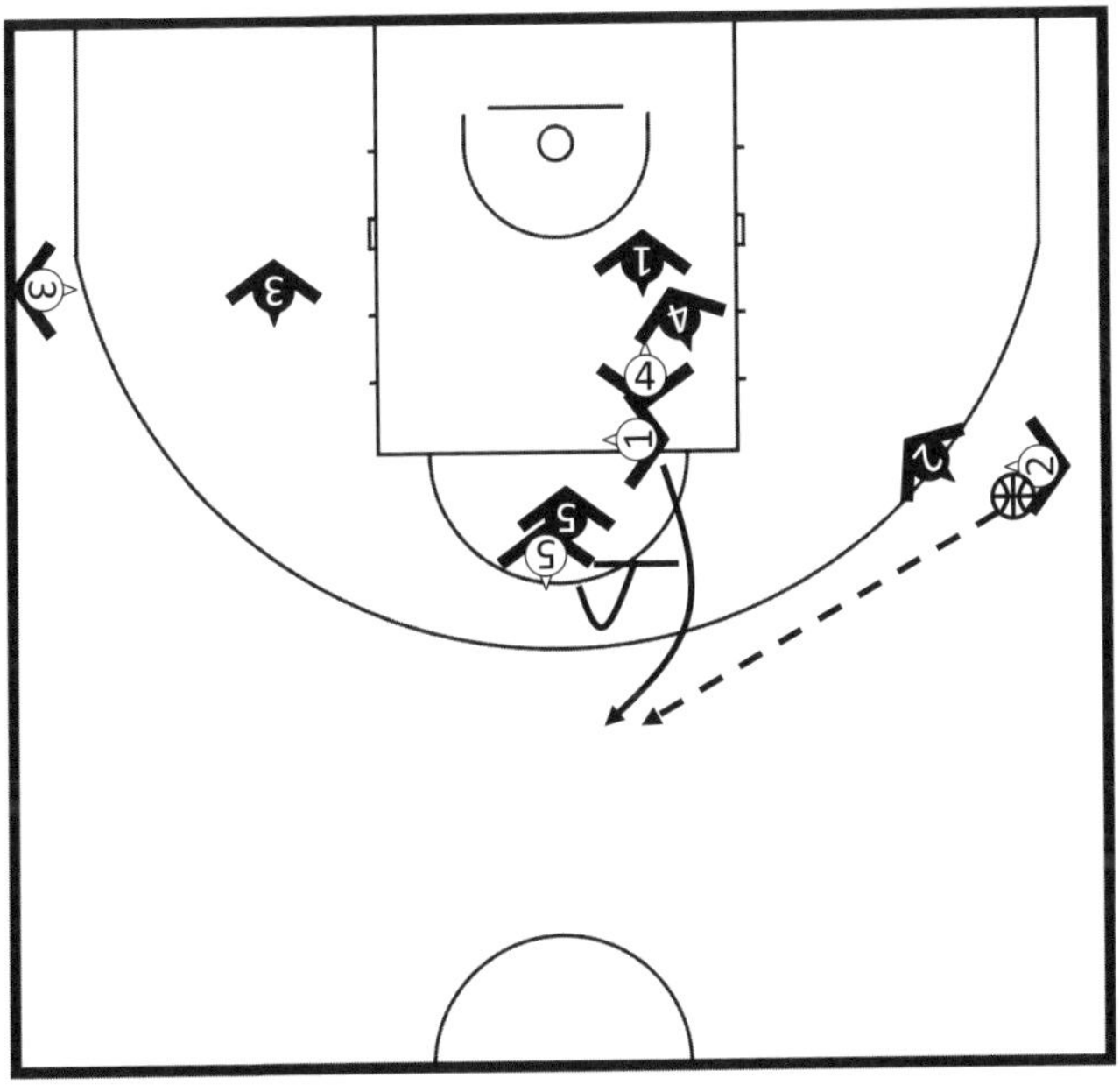

す。この①と⑤のアクションにより、❹に対してカーテンスクリーンがセットされます。

図2 ④はカーテンスクリーンを利用し、ボールサイドを通過します。**①とマッチアップする小川麻斗❶は❹を自身と①との間を通過させようと①から離れてゴール方向へと移動します。しかし、④が❶と①の間に入り込み、❶に対してスクリーンをセットします。**さらに、⑤も体の正面をベースラインに向けてスクリーンをセットします。つまり、今度は❶に対して④と⑤によるスタッガードスクリーンがセットされたことになります。

図3 ①はスタッガードスクリーンを利用してトップへと駆け上がります。❶にとってはスクリーナーのディフェンスとして準備していたところにスタッガードスクリーンがセットされるため、スクリーンの回避が難しい状況です。ノーマークになった①は②からのパスを受けて3Pショットを放ちました。

GAME DATA 2018ウインターカップ福岡県予選男子決勝
福岡第一7vs6福大大濠 1Q 7:50

ビッグマンのスクリーンでシューターをアウトサイドに出し3Pショットを狙う

プレーの動画はこちら

図1

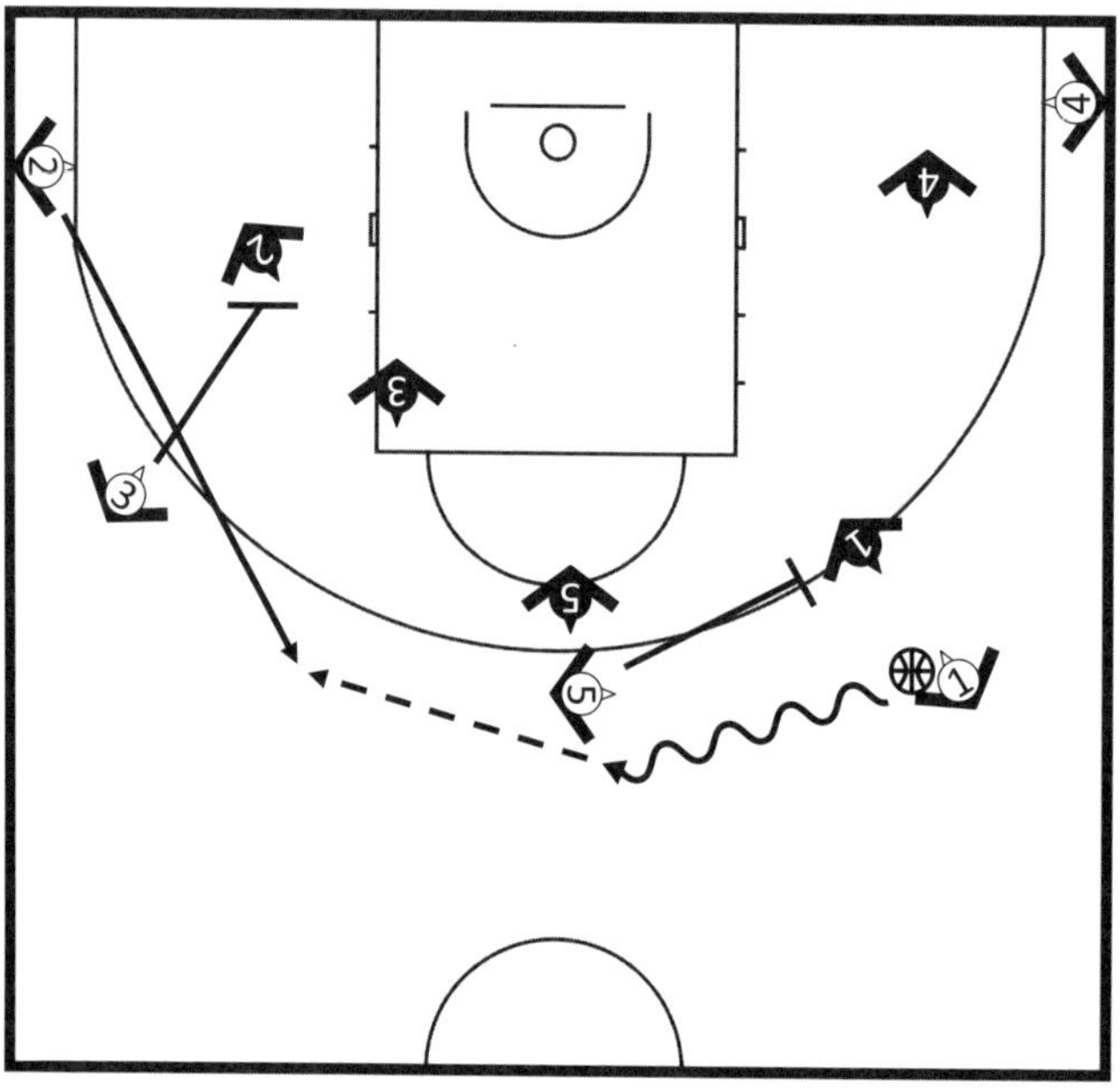

シューターは5メンアウトからインサイドに侵入する

5メンアウトからインサイドに侵入したシューターを、ビッグマンのスクリーンによってアウトサイドに出して3Pショットを狙うセットです。

千葉恵実①が右ウィングへとドリブルエントリーし、右コーナーに池田朱里④、トップに林真由⑤、左ウィングに池田莉央③、左コーナーに堀ゆず妃②がポジションをとる5メンアウトのアライメントからスタートします。

図1 ④は右コーナーに居続けることで、マッチアップするディフェンスを右コーナー付近に留め、ファールラインよりも

図2

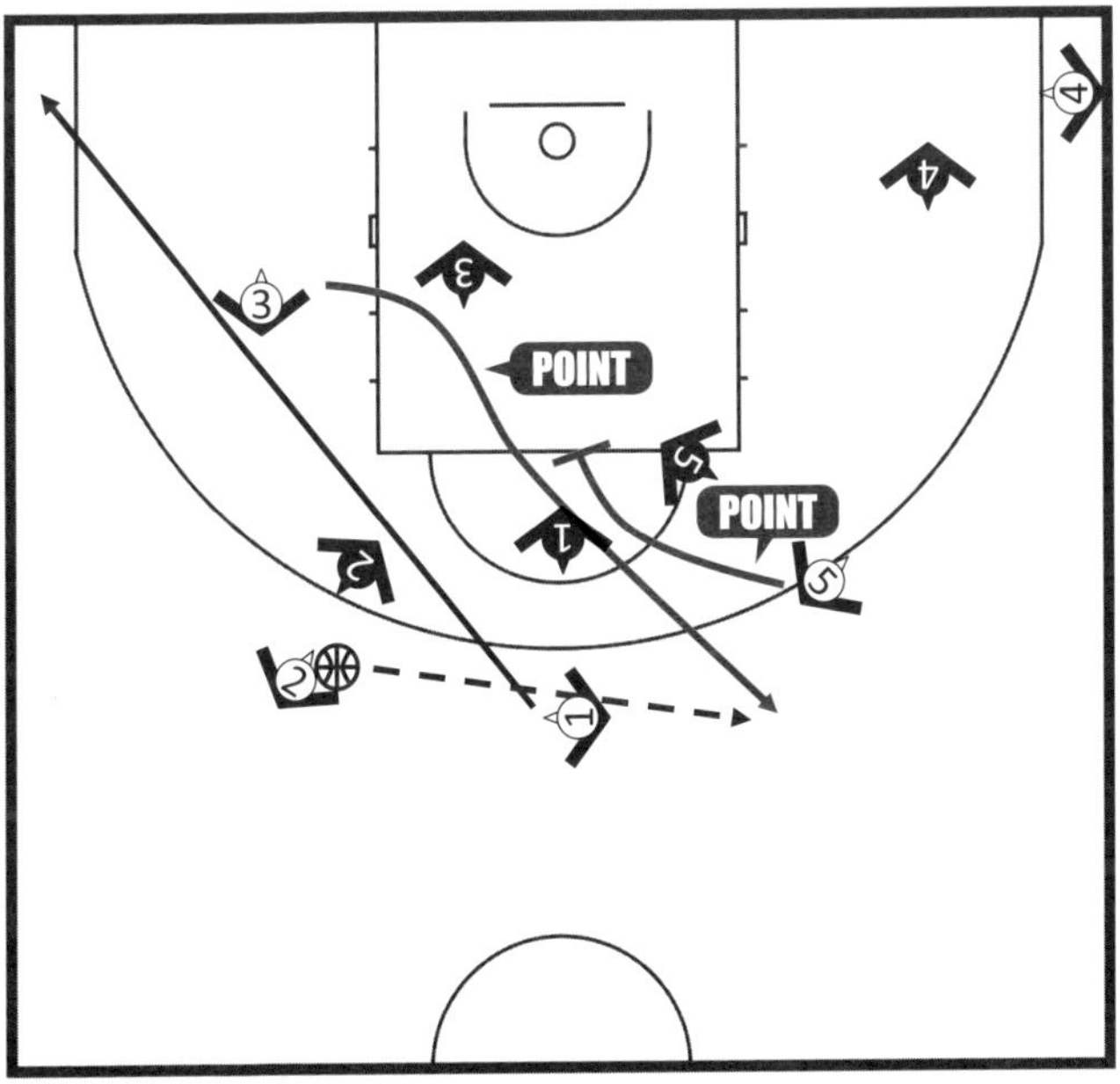

センターライン側のスペースを作り出す役割を果たします。⑤は①とマッチアップする北川聖❶にピックスクリーンをセット。①は⑤のスクリーンを利用してトップへとドリブルで進みます。①と⑤によるピック&ロールの間に③は②とマッチアップする金田愛奈❷にスクリーンをセット。②は③のスクリーンを利用して左2ガードポジションへと飛び出し、①からのパスを受けます。

図2 ⑤は①によるスクリーンの利用後に体の向きを変え、③とマッチアップする篠原陽夏❸にスクリーンをセットします。③は⑤のスクリーンを利用して右2ガードポジションへと飛び出します。❸にとっては、ダウンスクリーンに対応した直後にスクリーンがセットされるため、スクリーンの回避が難しい状況です。ノーマークになった③は②からのパスを受けて3Pショットを放ちました。

GAME DATA 2020インカレ1回戦
札幌学院大学6vs14大阪人間科学大学 1Q 5:26

オフボールスクリーンから3Pショットを狙う

図1

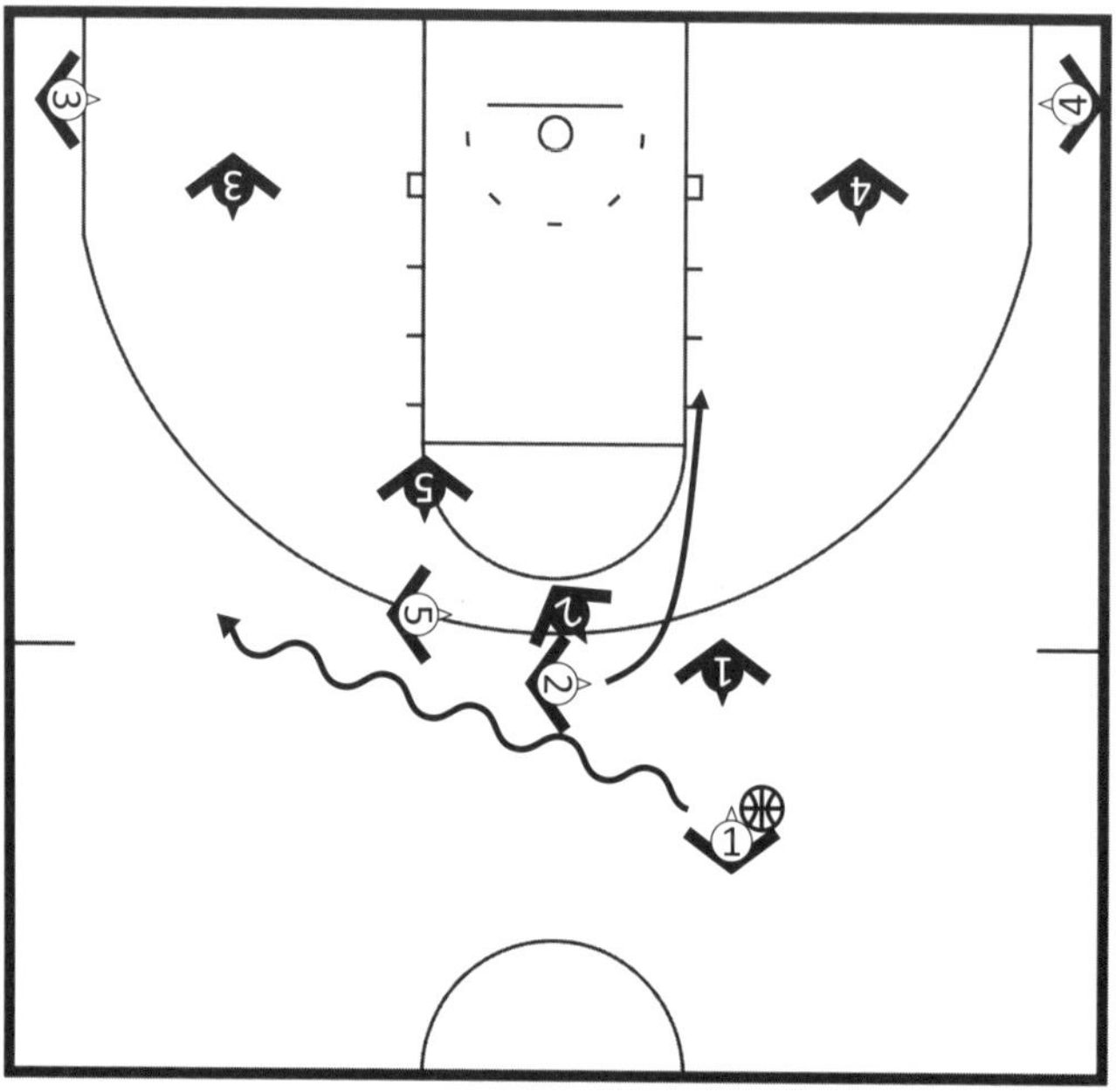

ダブルドラッグの2人のスクリーナーがオフボールスクリーンをセットする

ダブルドラッグのファーストスクリーナーとセカンドスクリーナーによるオフボールスクリーンで3Pショットを狙うセットです。

アンソニー・コーワンJr①が右2ガードポジションへとドリブルエントリーし、トップにメロ・トゥリンブル②、左2ガードポジションにデイモンテ・ドッドゥ⑤、左コーナーにケビン・ハーター③、右コーナーにジャスティン・ジャクソン④がポジションをとります。

図1 ②と⑤は、①とマッチアップするクウェンティン・グッディン❶に体の正面

プレーの動画はこちら

図2

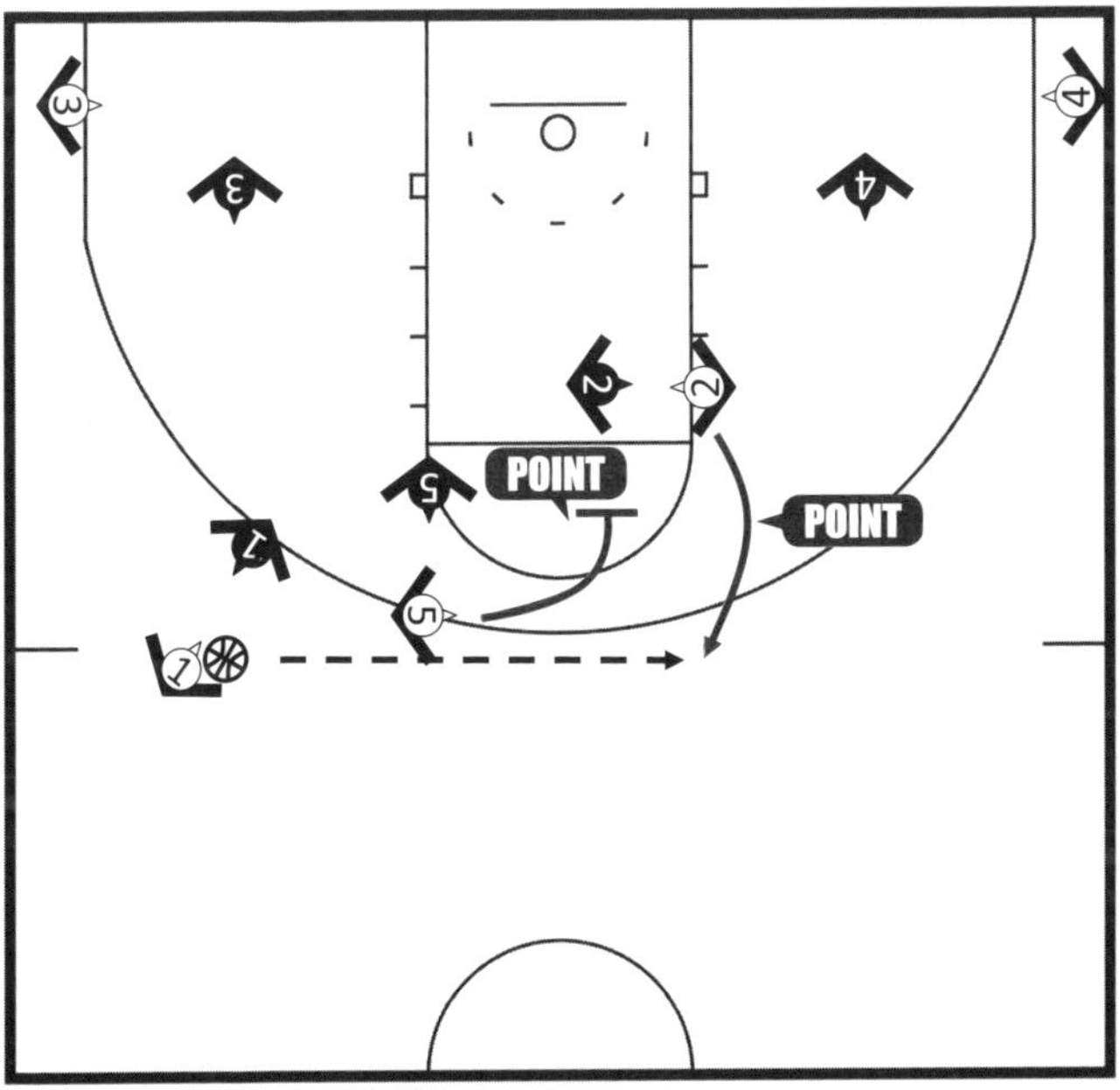

を向けてスクリーンをセットします。つまり、❶に対して②と⑤によるダブルドラッグがセットされていることになります。①はダブルドラッグを利用して左スロットへドリブルします。②は①のスクリーン利用後、右第1ハッシュへと移動します。

図2 ⑤はネイルあたりへと移動し、②とマッチアップするマルコム・バーナード❷に対してスクリーンをセットします。右第1ハッシュに達した②は進行方向を変え、⑤のスクリーンを利用して右2ガードポジションへと駆け上がります。⑤とマッチアップするタイリーク・ジョーンズ❺と❷にとっては、ダブルドラッグの後に続くダウンスクリーンのため、②に対応することが難しい状況です。ノーマークになった②は①からのパスを受けて3Pショットを放ちました。

GAME DATA 2017年NCAAトーナメント西部地区1回戦
ゼビアー大学38vs40メリーランド大学 2nd half 17:06

Wリーグ

SET Quick Hitter 3P

左右への展開とスクリーン・ザ・スクリーナーからシューターに3Pを放たせる

図1

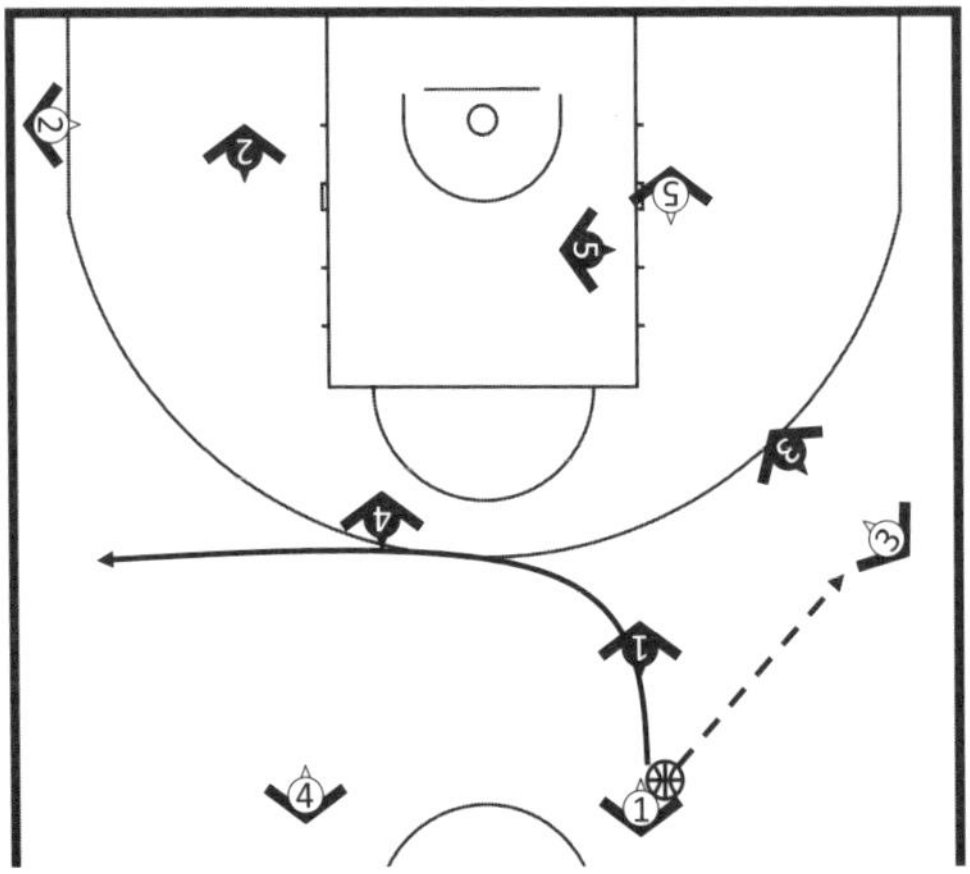

図2

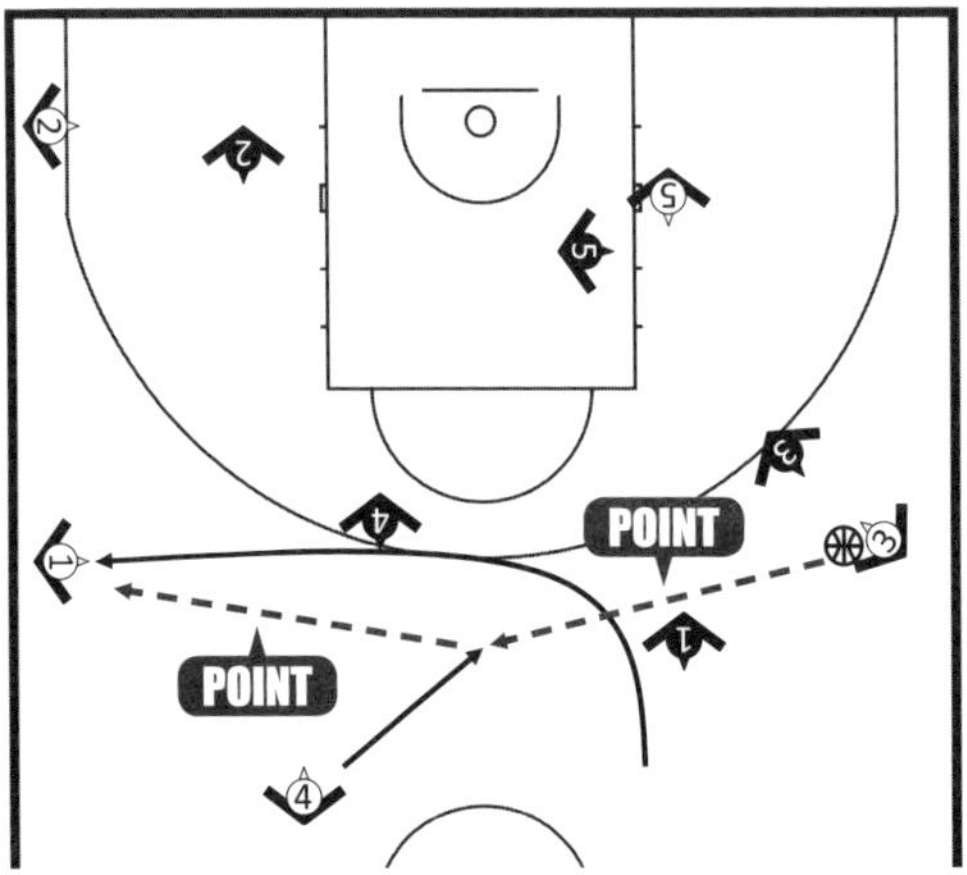

右2ガードポジションへ飛び出してショット

左右への大きなボールの展開とスクリーン・ザ・スクリーナーによりシューターをノーマークにして3Pショットを狙うセットです。

町田瑠唯①が右2ガードポジションへとドリブルエントリーし、各プレーヤーは図1のようにポジションをとります。

図1 ①は③へパスを出して右エルボー方向へ移動します。

図2 ④は①のクリア後にトップへ移動し、③からパスを受けます。⑤は③が④へパスを出すタイミングで、❸にフレアスクリーンをセット。③は④へのパス後、⑤の

プレーの動画はこちら

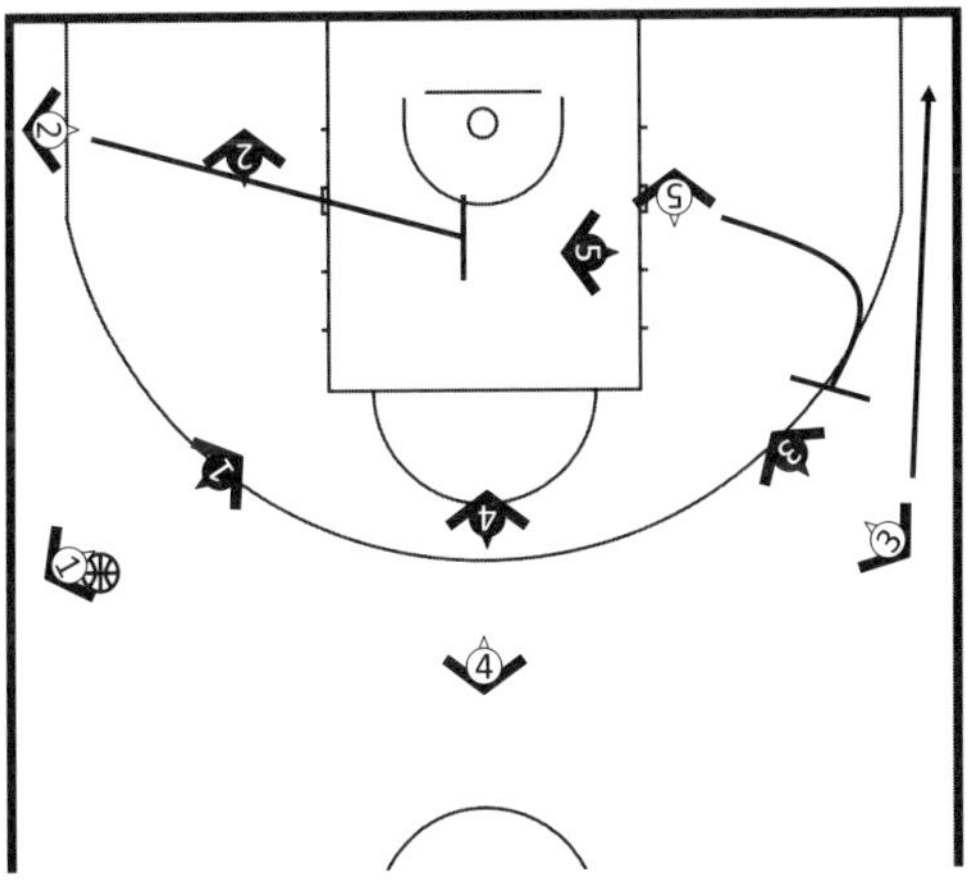

図3

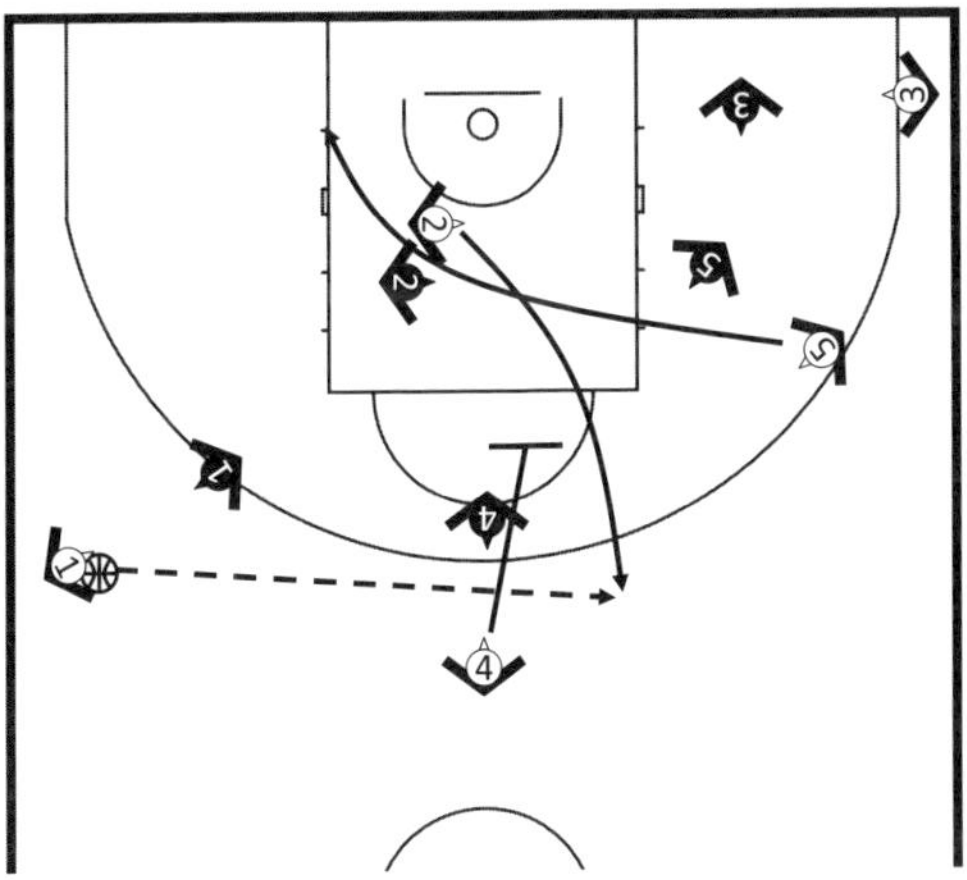

図4

スクリーンを利用し、❸を引き連れて右コーナーへと移動（トップのスペースを作り出す）。①は3Pラインあたりで進行方向を変え、左スロットへと飛び出して④からパスを受けます。**ボールを右から左へ素早く大きく展開することで、ディフェンス側に素早いポジションチェンジを強い、この後のスクリーンプレーへの対応を困難にします。**

図3 ②は、③が⑤のスクリーンを利用するタイミングで、ペイント中央で⑤とマッチアップする❺にスクリーンをセット。

図4 ⑤は③のスクリーン利用後、②のスクリーンを利用して、左ローポストへ移動します。④は①へのパス後、⑤が②のスクリーンを利用するタイミングで、❷にスクリーンをセットします。②は⑤のスクリーン利用後、④のスクリーンを利用し、右2ガードポジションへと飛び出します。ノーマークになった②は、①からのパスを受けて3Pショットを放ちました。

GAME DATA
2020レギュラーシーズン
富士通33vs55日立ハイテク 3Q 7:51

SET Quick Hitter 3P

クロススクリーンのスクリーナーがノーマークになり3Pショットを狙う

図1

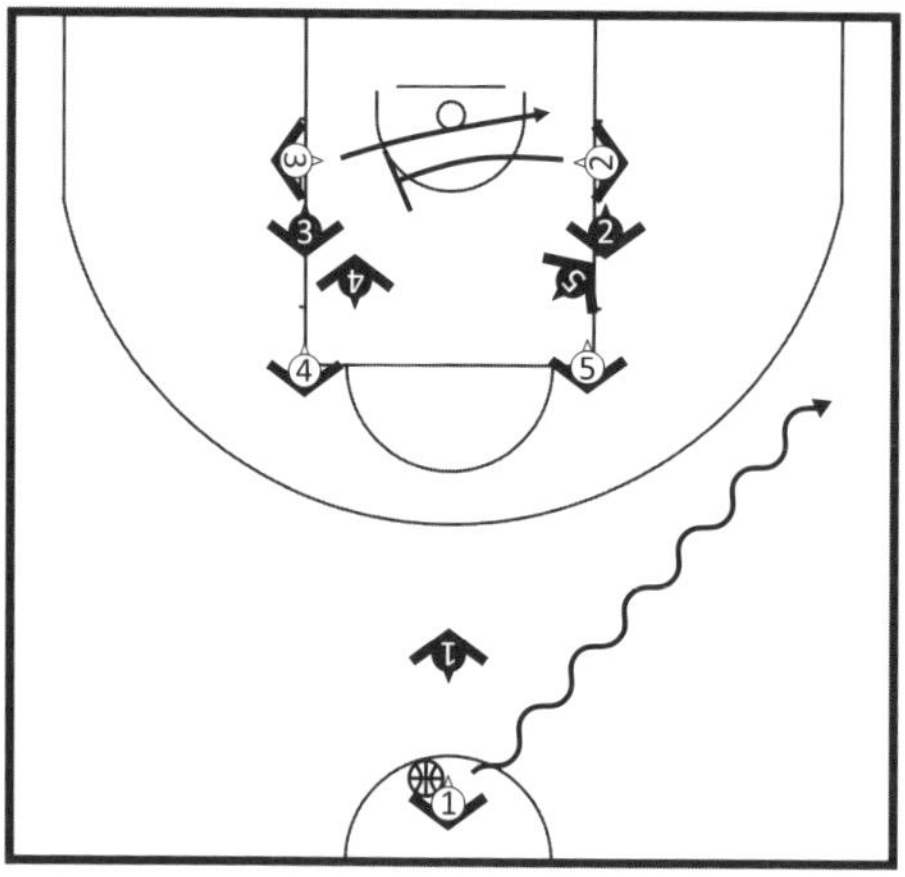

図2

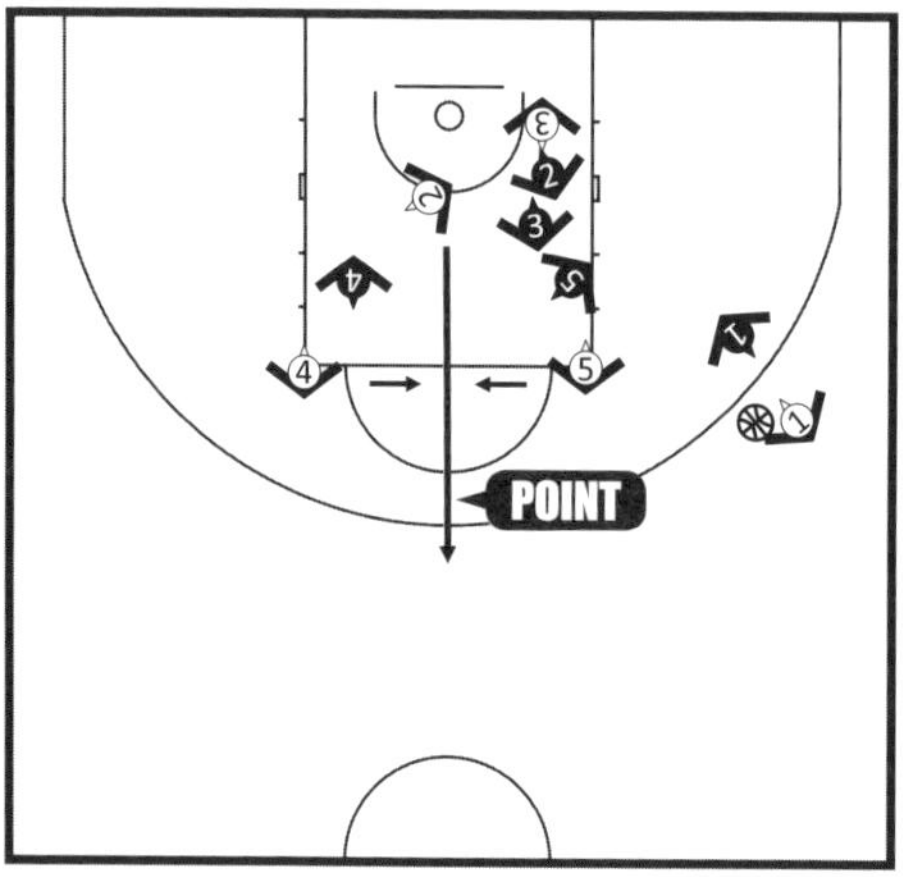

クロススクリーンのスクリーナーがエレベータースクリーンを利用する

クロススクリーンのスクリーナーがエレベータースクリーンを利用してノーマークになり3Pショットを狙うセットです。

橋本竜馬①が右ウィングへとドリブルエントリーし、右エルボーにマーク・トラソリーニ⑤、右ブロックに多嶋朝飛②、左エルボーに市岡ショーン④、左ブロックにマーキース・カミングス③がポジションをとります。

図1 ①の右ウィングへのドリブルに合わせて、②が③とマッチアップするアキ・チェンバース❸にスクリーンをセットします。③は②のスクリーンを利用し、①から

プレーの動画はこちら

図3

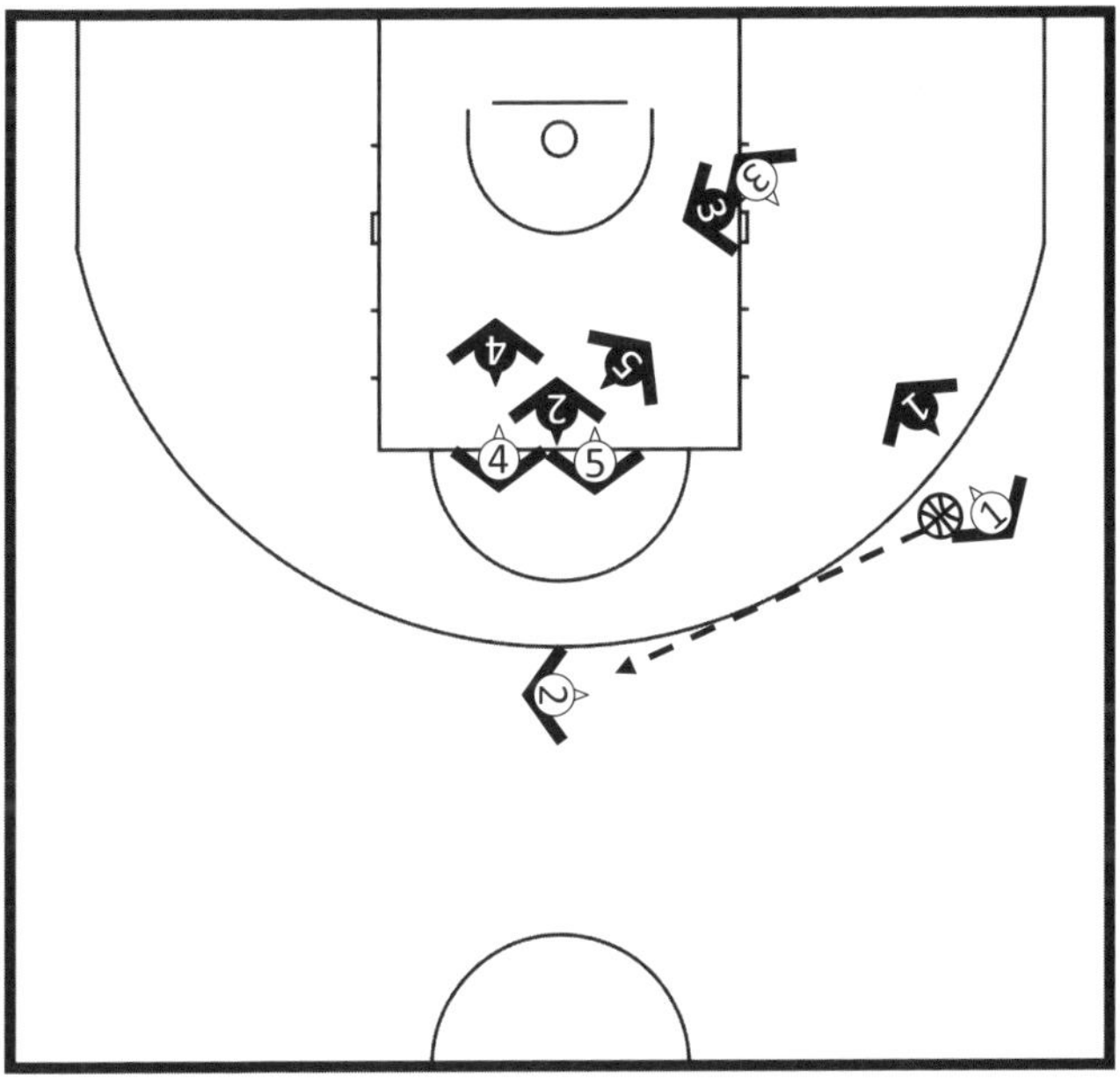

のパスを受けるようにゴール下の右側へと移動します。このアクションにより、スクリーナーである②とマッチアップする秋山皓太❷に③への対応を強います。❷と❸とでスイッチをして対応したいところですが、ローポストにおける❷と③のマッチアップでは体格のミスマッチが大きく影響します。したがって、❷は③に対応した後、②に戻る必要があります。

図2 ❷が③に対応している間に②は、⑤と④の間を通過してトップへと飛び出します。⑤と④は②の通過後、お互いの間を詰めます。つまり、❷に対する⑤と④によるエレベータースクリーンになります。

図3 ③に対応した❷は、②の飛び出しに遅れたため、⑤と④によるエレベーターに引っかかってしまいます。ノーマークになった②は①からのパスを受けて3Pショットを放ちました。

GAME DATA 2019-2020 Bリーグ
レバンガ北海道47vs56横浜ビーコルセアーズ4Q 9:34

EURO

SET Quick Hitter 3P

ハンドオフからのフロッピーでユーザーに3Pショットを放たせる

プレーの動画はこちら

図1

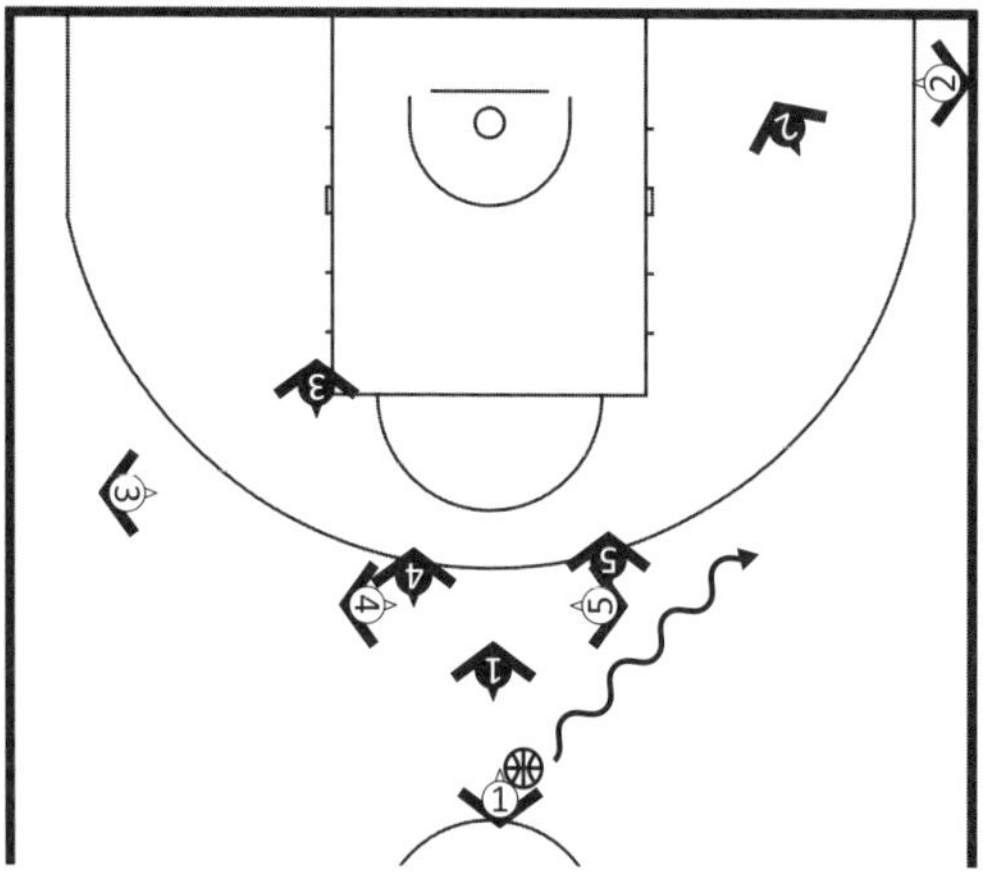

図2

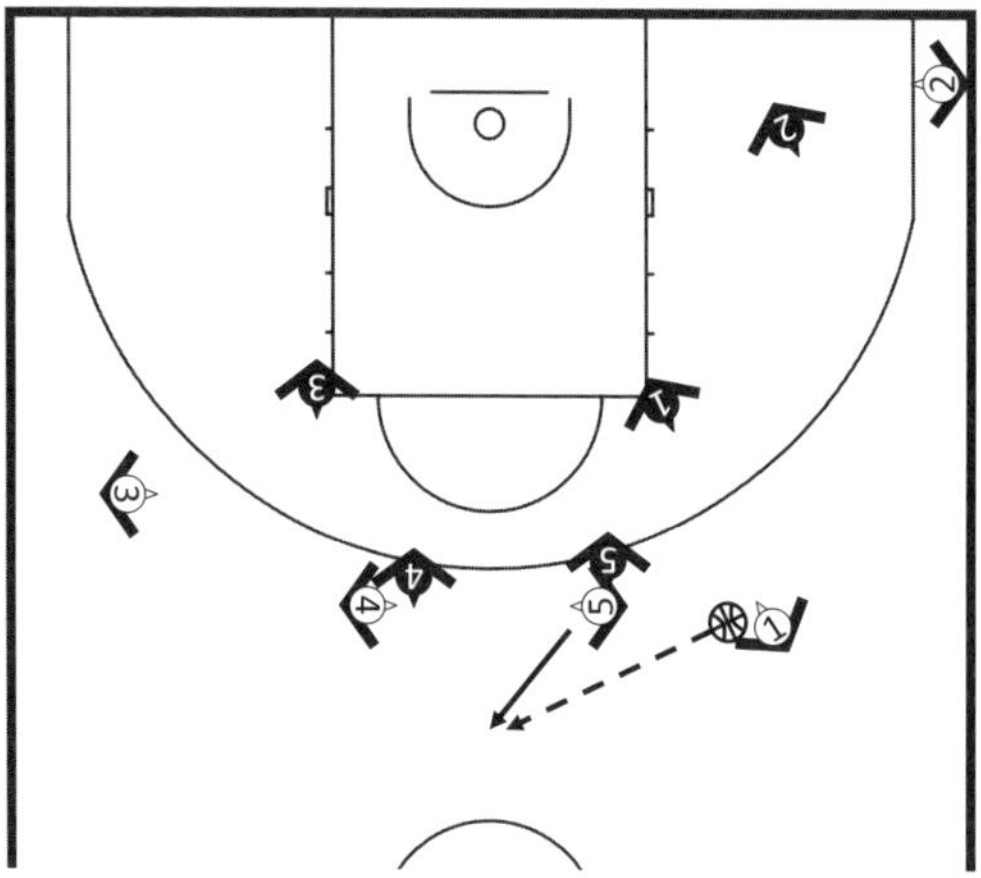

フロッピーによってディフェンスの対応を困難にさせる

ハンドオフからのフロッピーによりディフェンスの対応を困難にさせてユーザーに3Pショットを放たせるセットです。

①がトップでボールをコントロールし、各プレーヤーは図1のようにポジションをとります。

図1 ①は⑤のスクリーンを利用し右2ガードポジションへとドリブル。

図2 ⑤は①のスクリーン利用後にトップへ飛び出し、①からのパスを受けます。

図3 ⑤がパスを受けるタイミングで、③が⑤へと向かい⑤からハンドオフパスを受けます。③と⑤によるハンドオフの

図3

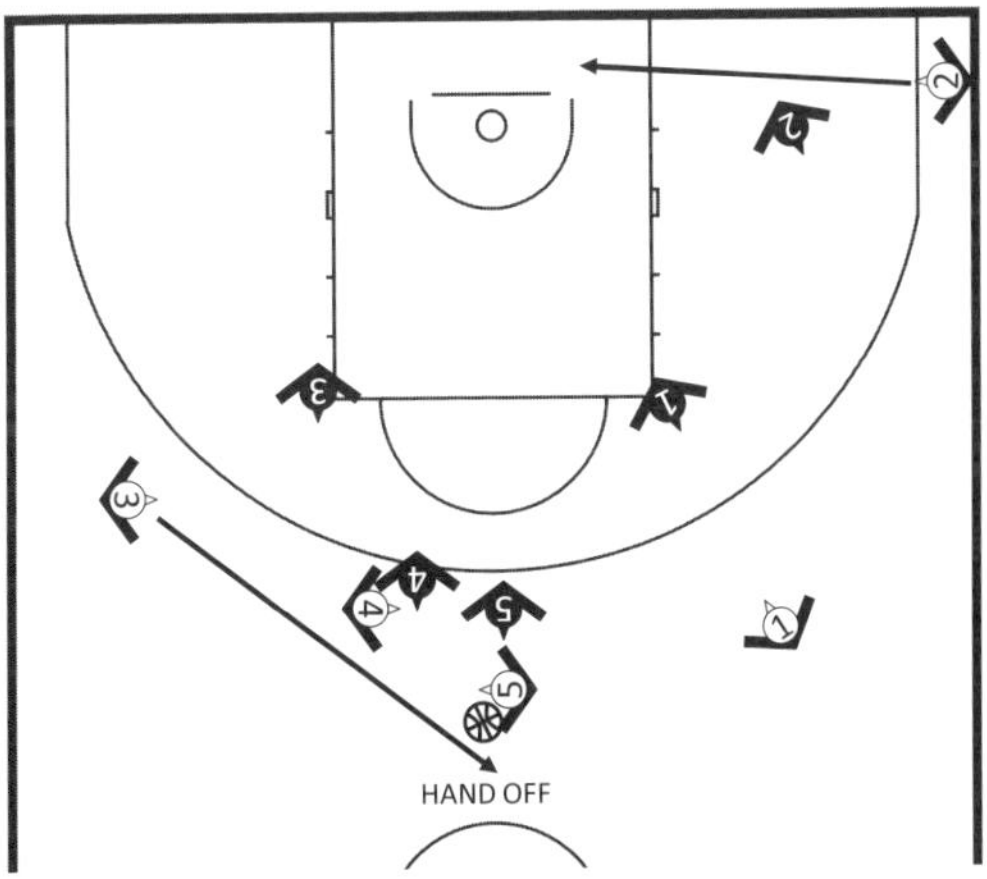

図4

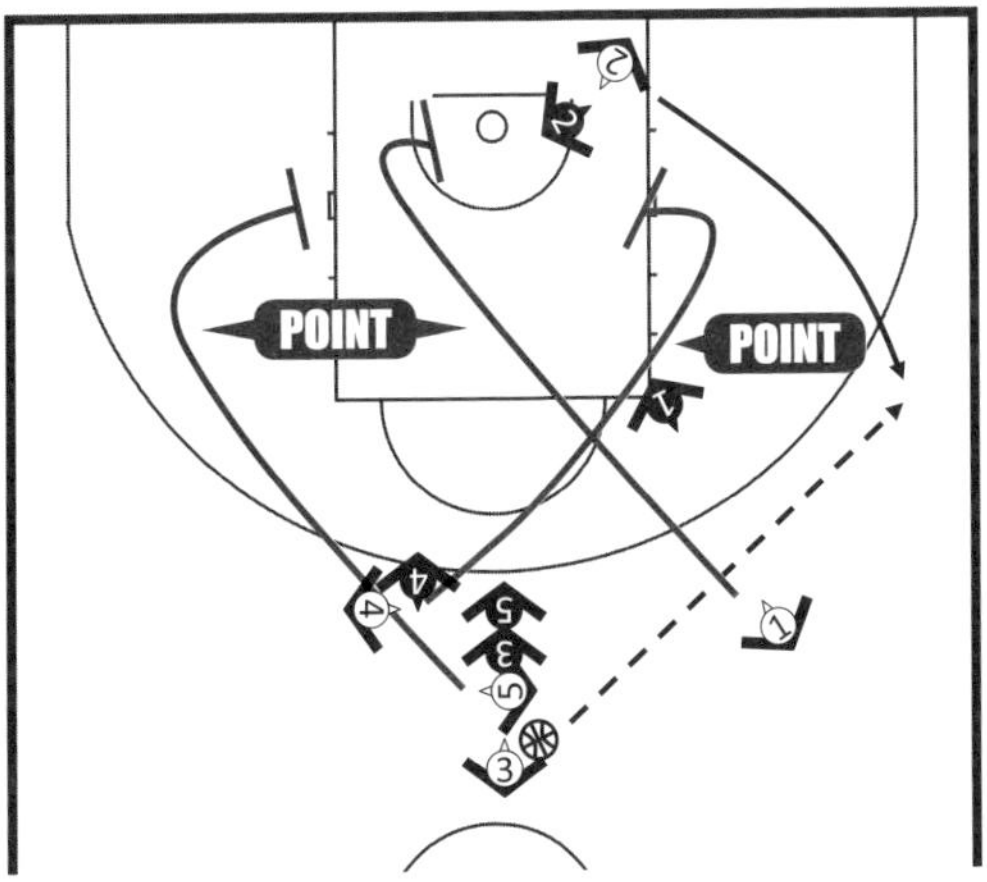

間に②はゴール下へと移動します。

図4 ④は①による⑤のスクリーン利用後、右サイドのブロックへと移動し、❷にスクリーンをセット。①は⑤へのパス後ペイント内に侵入し、左サイド側からノーチャージセミサークルあたりで❷にスクリーンをセットします。さらに⑤も③へのハンドオフパス後、左ブロックへと移動し、❷にスクリーンをセットします。④、①、⑤のスクリーンのセットにより、**②が右サイドへと移動すれば④によるシングルスクリーン、左サイドへと移動すれば①と⑤によるスタッガードスクリーンを利用することができる「フロッピー」が完成します。** ❷からすると②がどちらのサイドのスクリーンを利用するかわからないため、スクリーンを回避する準備をすることが難しい状況になります。このゲームでは②が④によるシングルスクリーンを選択し、右ウィングへと飛び出して③からのパスを受け3Pショットを放ちました。

GAME DATA EURO LEAGUE
REAL MADRID21vs20AX MILAN 2Q 8:00

NBA

SET Quick Hitter 3P

オフボールスクリーンでセカンドスクリーナーに3Pショットを放たせる

図1

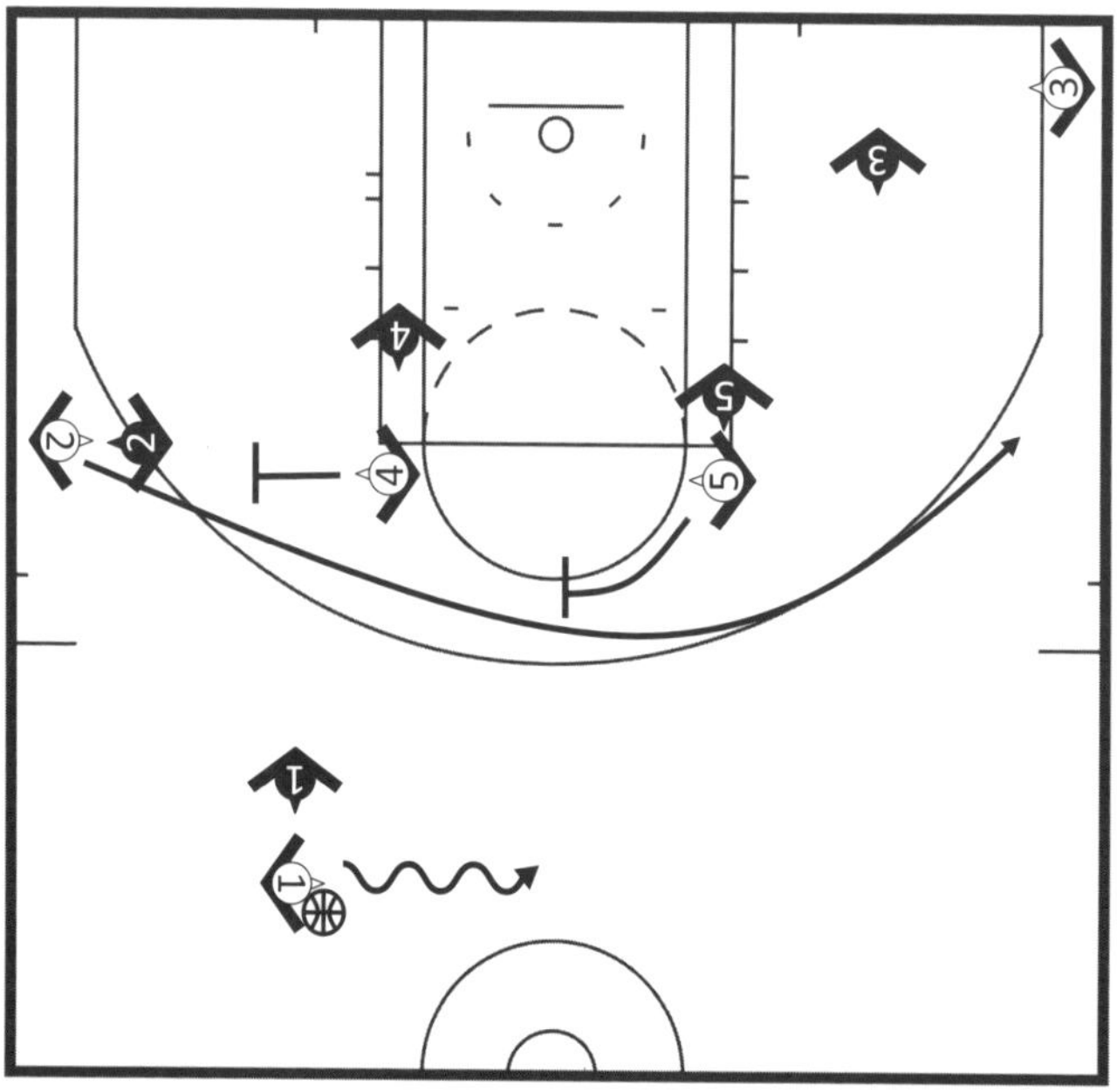

A―のファーストとセカンドスクリーナーでオフボールスクリーンをセットする

AIのファーストスクリーナーとセカンドスクリーナーによるオフボールスクリーンでセカンドスクリーナーに3ポイントショットを放たせるセットです。

ジョージ・ヒル①が左2ガードポジションにドリブルエントリーし、各プレーヤーは図1のようにポジションをとります。

図1④は❷にスクリーンをセットし、⑤はトップで体を左サイドラインに向けてスクリーンをセット。つまり、❷に対して④と⑤によるスタッガードスクリーンがセットされます。②はスタッガードスクリーンを利用し、右ウィングへ。両エル

プレーの動画はこちら

図2

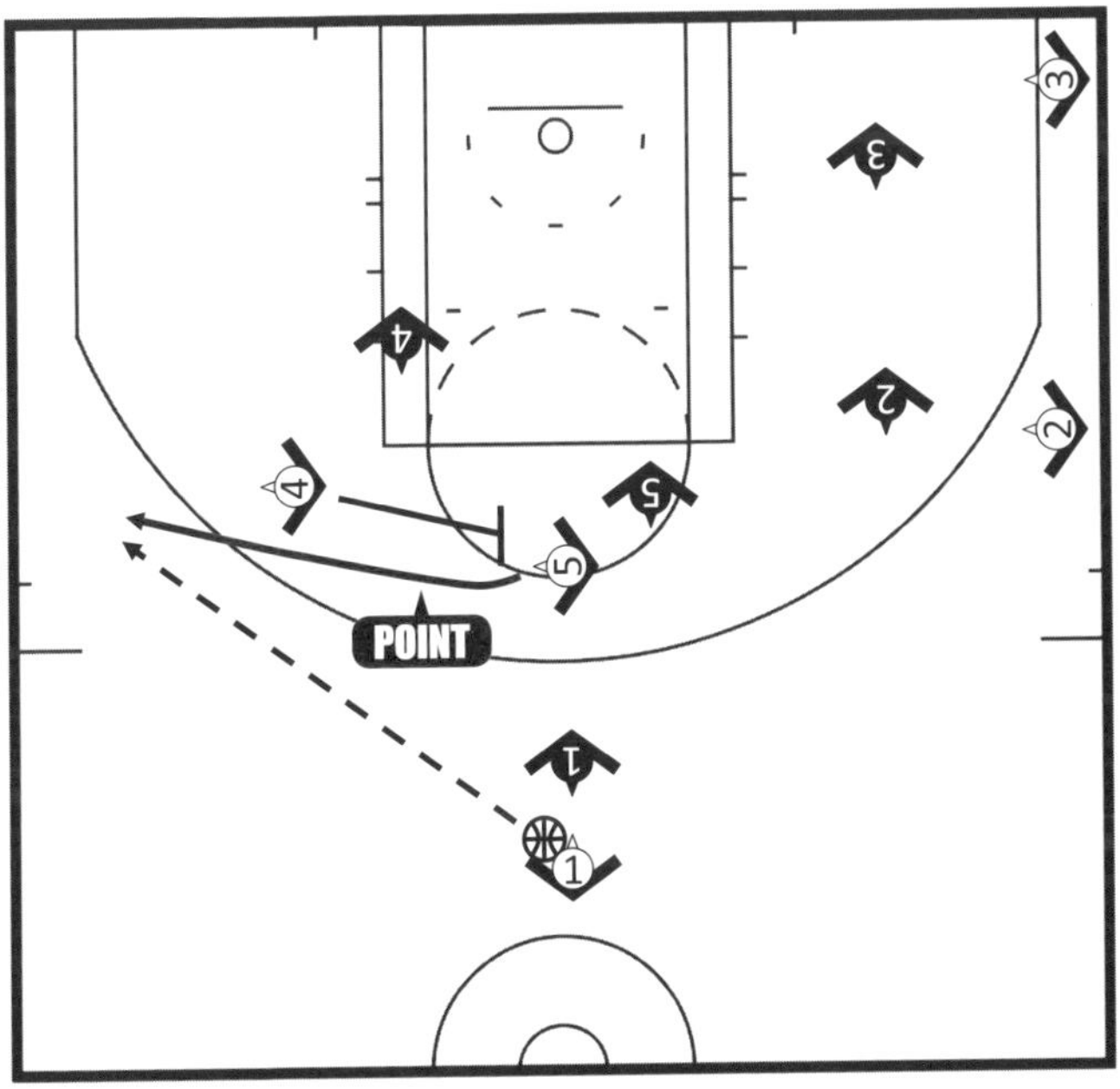

ボーでのスタッガードスクリーンを利用した②によるカットは「アイバーソンカット(AI)」とも呼ばれ、ディフェンスの対応が難しいスクリーンプレーの1つです。このプレーで❺は②への対応を強いられます。①は右ウィングへと飛び出す②とのパスアングルを作るようにトップへドリブルで移動。この①の移動は、左サイドのスペースを作り出す役割も果たします。

図2 ④は②のスクリーン利用後、体の向きを変え、❺にスクリーンをセット。⑤は④のスクリーンを利用して左ウィングへ。**❺にとっては②に対応している間に⑤が飛び出すため、⑤についていくことが難しくなります。**ノーマークになった⑤は①からのパスを受けて3Pショットを放ちました。**高確率の3Pショットを放てる5番ポジションのプレーヤーがいるからこそ採用可能な戦術になります。**

GAME DATA
2019プレイオフ
バックス87vs68ピストンズ 3Q 2:41

2人のスクリーナーによるオフボールスクリーンで3Pショットを狙う

図1

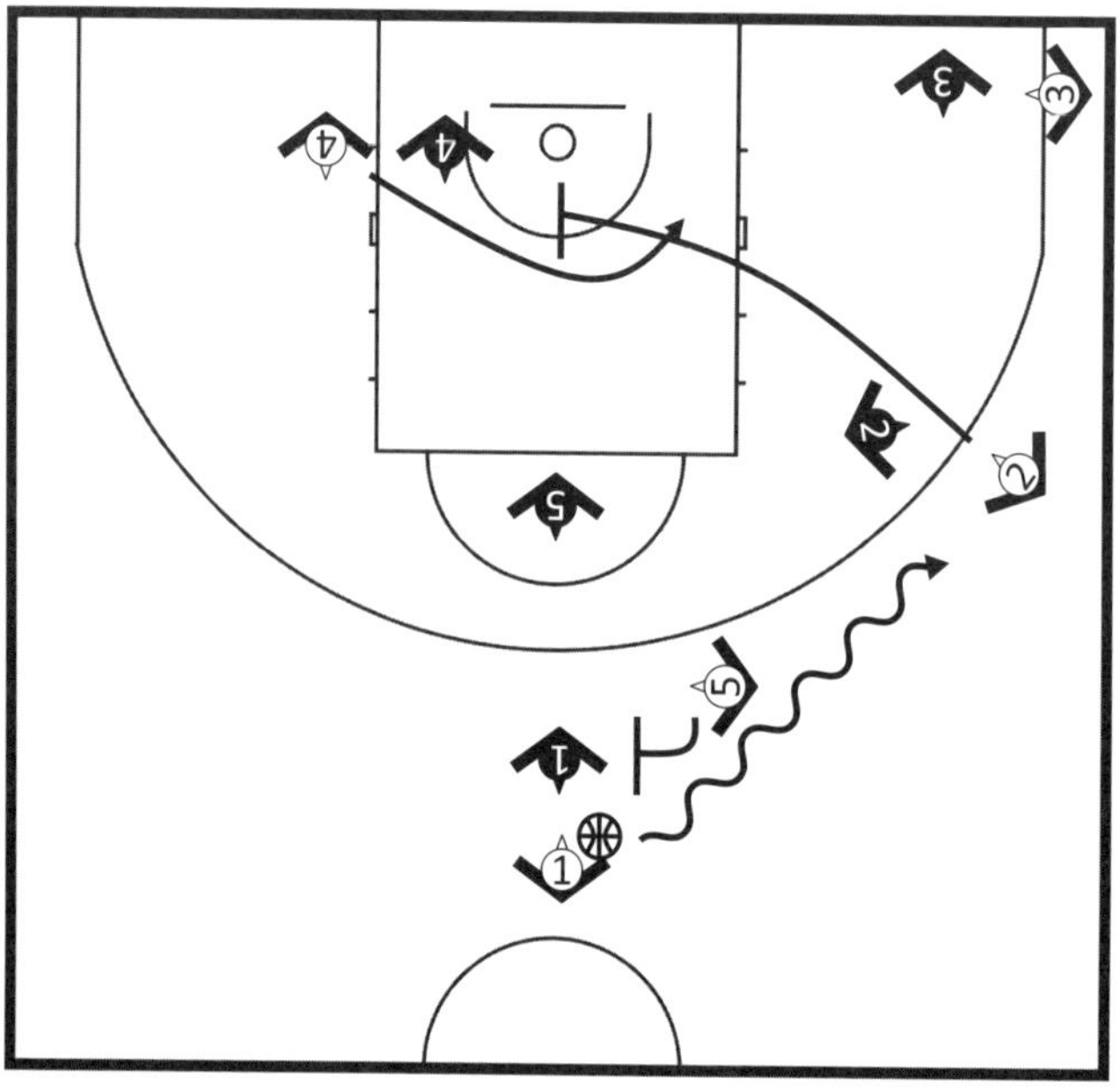

プレーの動画はこちら

クロススクリーンとピック&ロールのスクリーナーによるプレー

クロススクリーンのスクリーナーとピック&ロールのスクリーナーによるオフボールスクリーンで3Pショットを狙うセットです。

マシュー・デラベドバ①がトップでボールをコントロールし、右2ガードポジションにニック・カイ⑤、右ウィングにパティ・ミルズ②、右コーナーにジョー・イングルス③、左第3ハッシュにアーロン・ベインズ④がポジションをとります。

図1 ⑤は①とマッチアップするパウ・リバス❶にピックスクリーンをセット。①は⑤のスクリーンを利用し、ドリブルで

図2

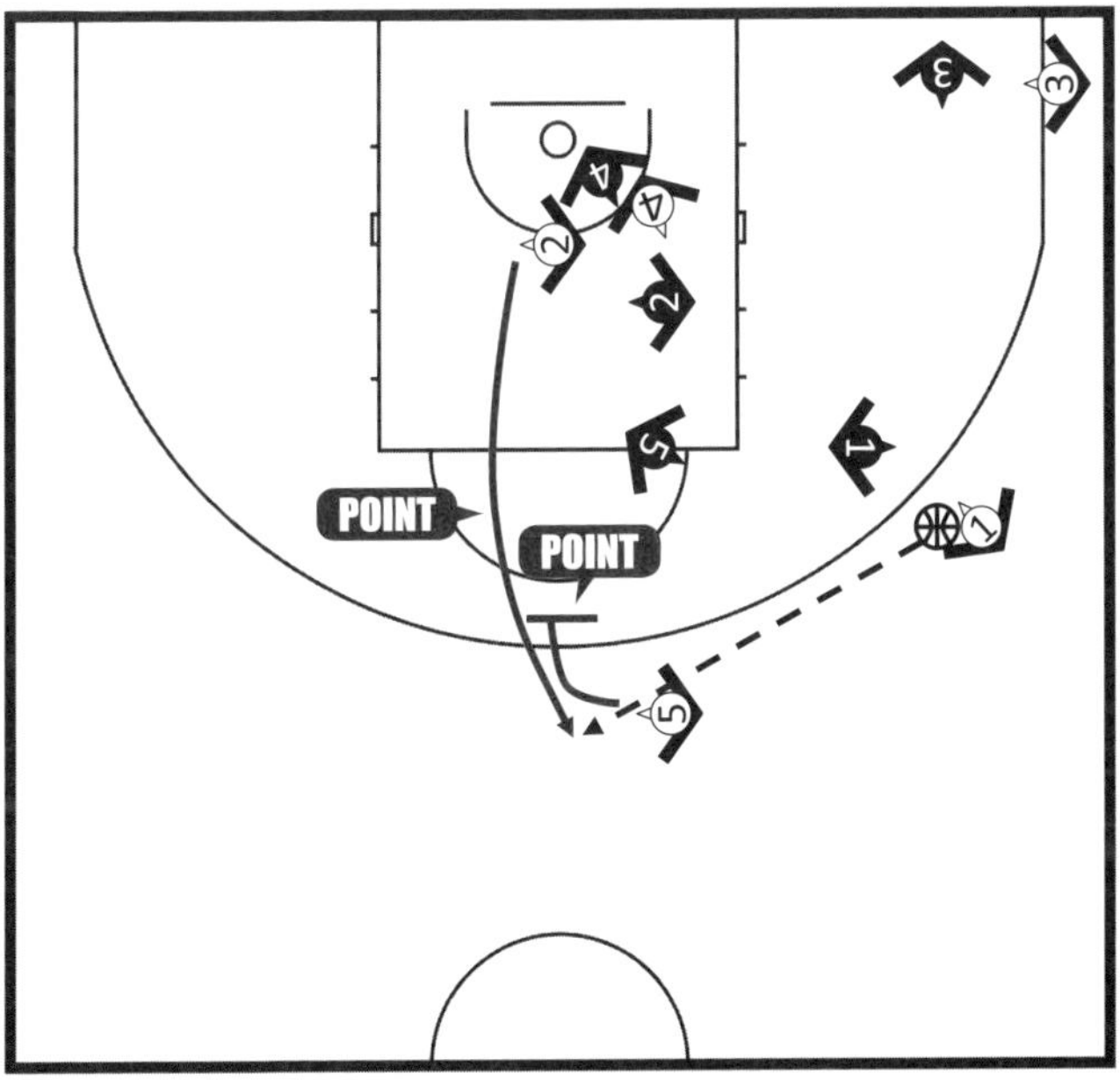

右ウィングへと進みます。⑤と①のスクリーンプレーにより、ファン・エルナンゴメス❺に①への対応を強います。②は、⑤がスクリーンをセットするタイミングでペイント内へと侵入し、④とマッチアップするマルク・ガソル❹にスクリーンをセット。④は②のスクリーンを利用し、右ローポストへと移動します。④と②のスクリーンプレーにより②とマッチアップするセルヒオ・リュル❷に④への対応を強います。

図2 ⑤は①によるピックスクリーンの利用後、トップで体をベースラインに向けてスクリーンをセットします。②は④によるスクリーンの利用後、⑤のスクリーンを利用してトップへと飛び出します（実際には②がクロススクリーンにおいてスリップ）。**❷と❺は、②と⑤によるスクリーンプレーの前に組まれたスクリーンプレーでのユーザーの対応を強いられているため、トップに飛び出す②への対応が難しい状況です。**ノーマークになった②は①からのパスを受け、3Pショットを放ちました。

GAME DATA 2019年ワールドカップ準決勝
オーストラリア67vs65スペイン 4Q 2:59

図1

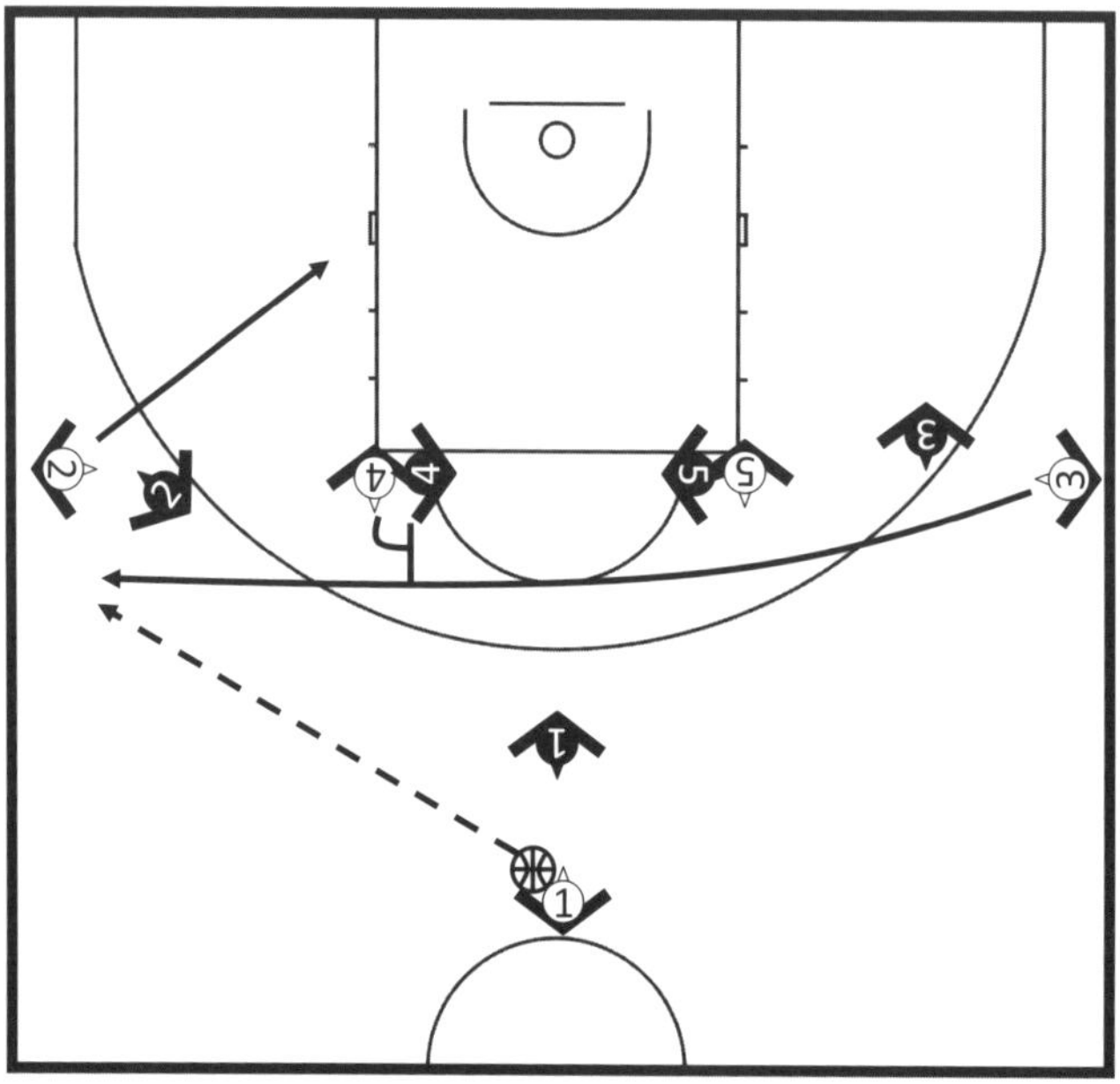

高校

SET Normal 2P

AIのファーストスクリーナーをオフボールスクリーンでゴール下に飛び込ませる

プレーの動画はこちら

1・4ハイセットによりゴール付近に大きくスペースを作り出す

AIのファーストスクリーナーをオフボールスクリーンでゴール下に飛び込ませるセットです。

村口宗羅①がトップでボールをコントロールし、右ウィングに藤田龍之介③、右エルボーにマム・リバス⑤、左エルボーに木村貴郎④、左ウィングに富永啓生②がポジションをとる1・4ハイセットのアライメントからスタートします。

図1 ③は両エルボーに位置する⑤と④によるスタッガードスクリーンを利用し、アイバーソンカットで左ウィングへと飛び出して①からパスを受けます。②は③の

図2

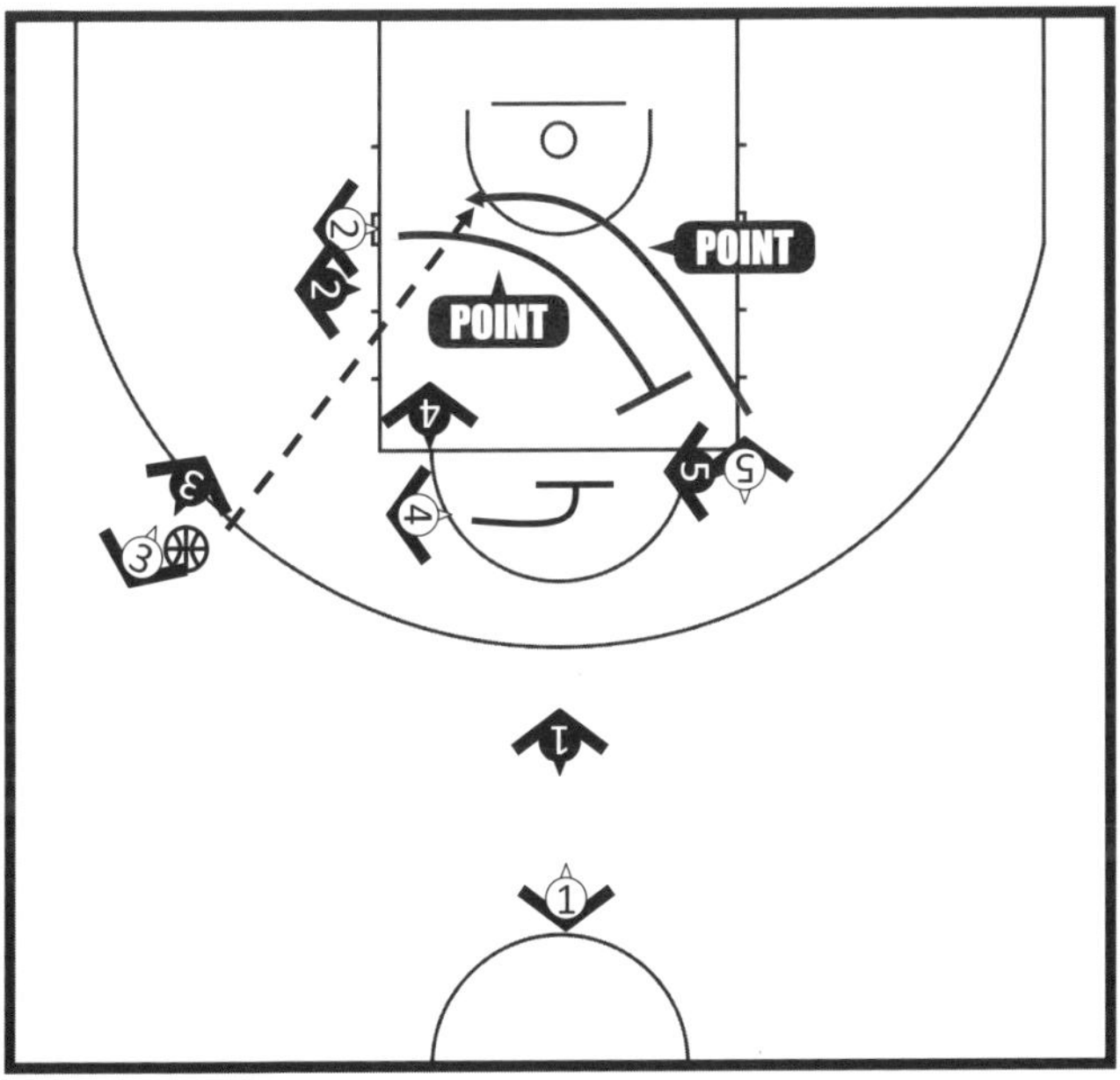

移動に合わせて左ブロックへと移動します。

図2 さらに、**②は③が⑤のスクリーンを利用するタイミングを見計らって、⑤とマッチアップするクベマジョセフ・スティーブ❺にスクリーンをセット。⑤は②のスクリーンを利用し、1・4ハイセットにより大きくスペースが作られたゴール付近へと侵入します。**この間に④がネイルへと移動し、体の正面をベースラインに向けてスクリーンをセットします。スーパースコアラーである②は⑤によるスクリーンの利用後、④のスクリーンを利用することが考えられるため、②とマッチアップする古橋正義❷は②から離れて⑤に対応することが難しくなります。ノーマークになった⑤はゴール付近で③からのパスを受け、❺を少し押し込み、リング間際でのショットを放ちました。

GAME DATA
インターハイ2018 ウィンターカップ 準決勝
桜丘48VS46福岡第一 3Q 9:28

大学

SET Normal 2P

ボールの展開とラムスクリーンによりビッグマンを飛び込ませる

図1

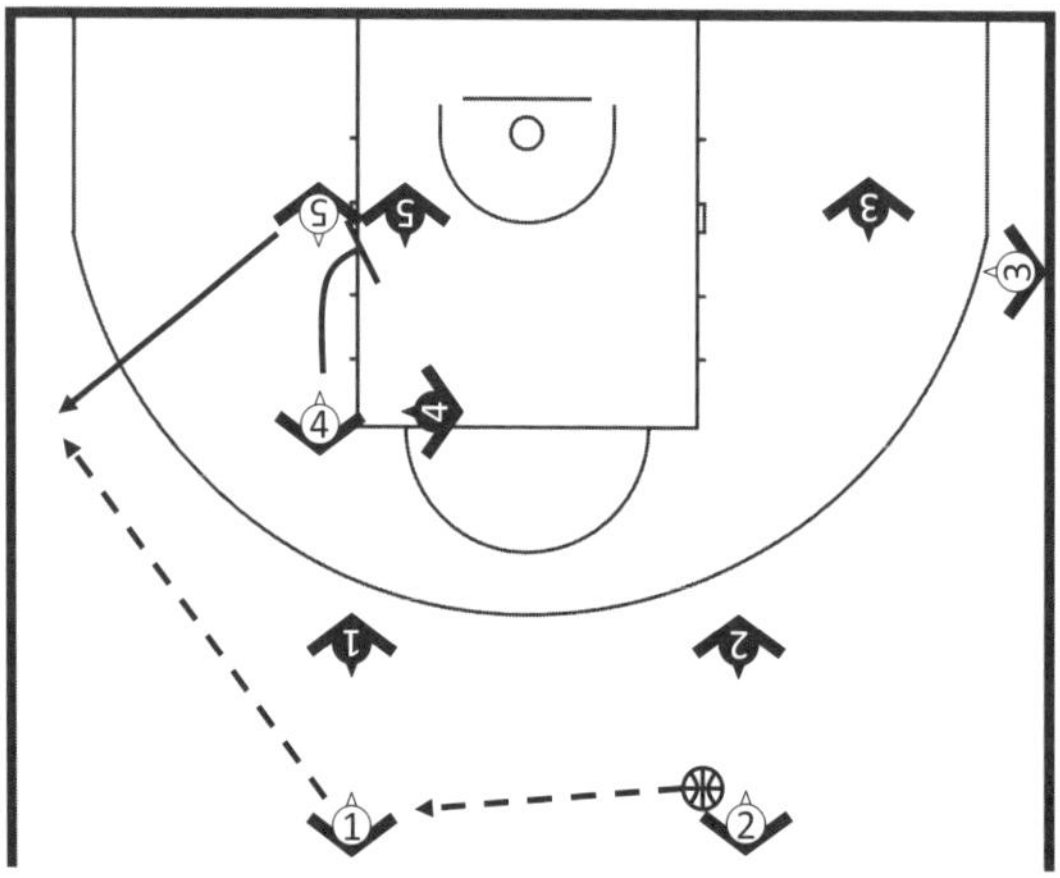

図2

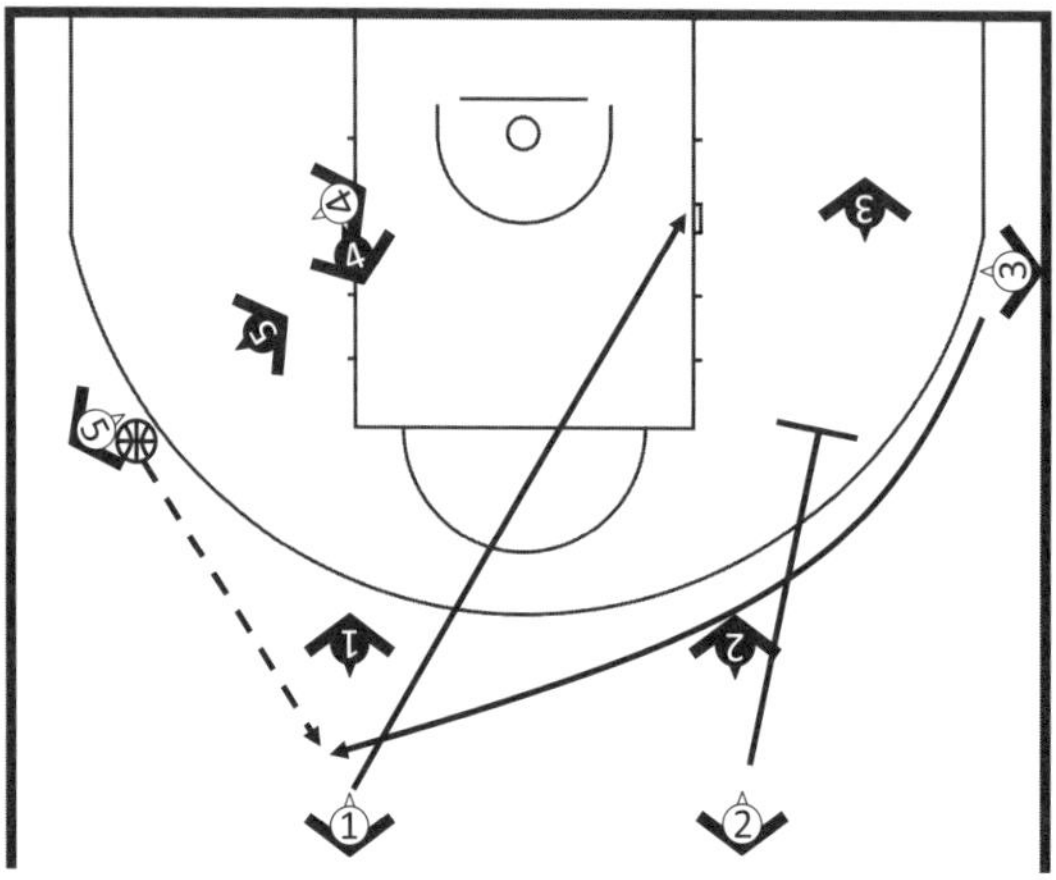

ディフェンスの対応を困難にして アウトサイドのビッグマンが飛び込む

ボールの展開とラムスクリーンによりディフェンスの対応を困難にして、アウトサイドに位置するビッグマンをゴール下に飛び込ませるセットです。

中村拓人②が右2ガードポジションへとドリブルエントリーし、各プレーヤーは図1のようにポジションをとります。

図1 ②が①にパスを出し、同時に④が⑤とマッチアップする❺にスクリーンをセットします。⑤は④のスクリーンを利用して左ウィングへと飛び出し、①からのパスを受けます。

図2 ②は①へのパス後、③とマッチア

プレーの動画はこちら

図3

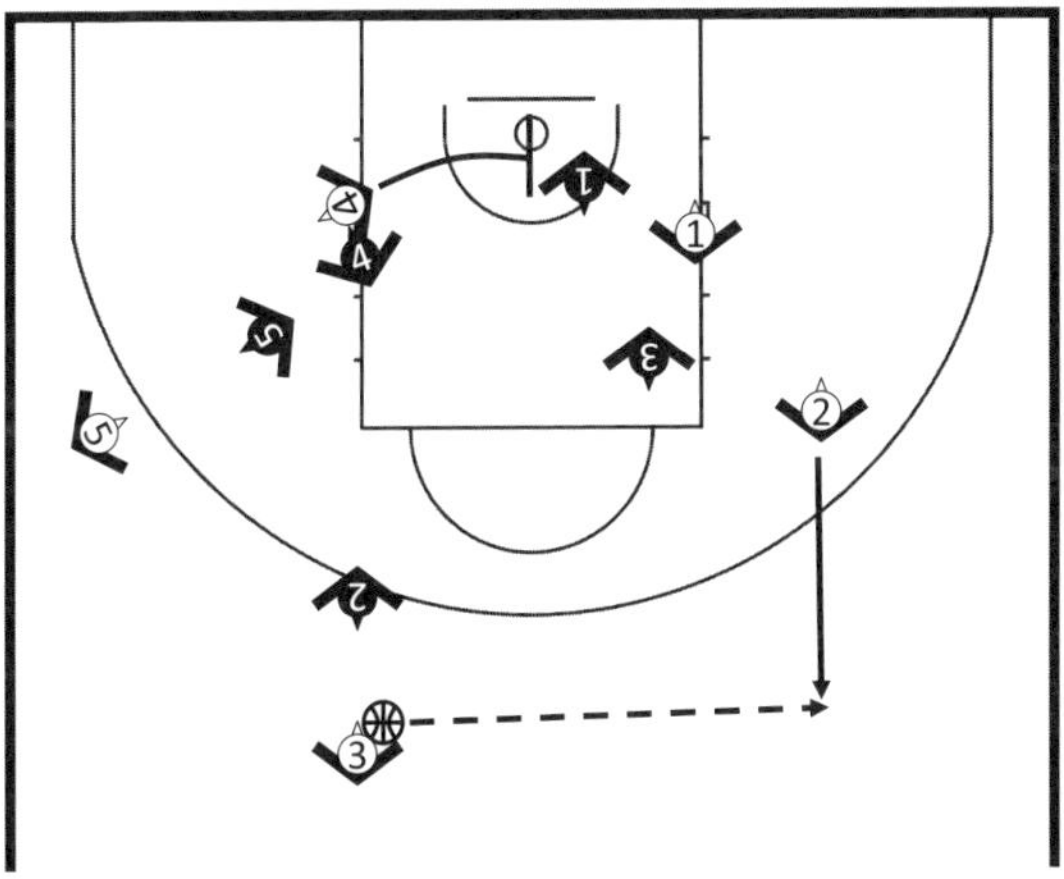

図4

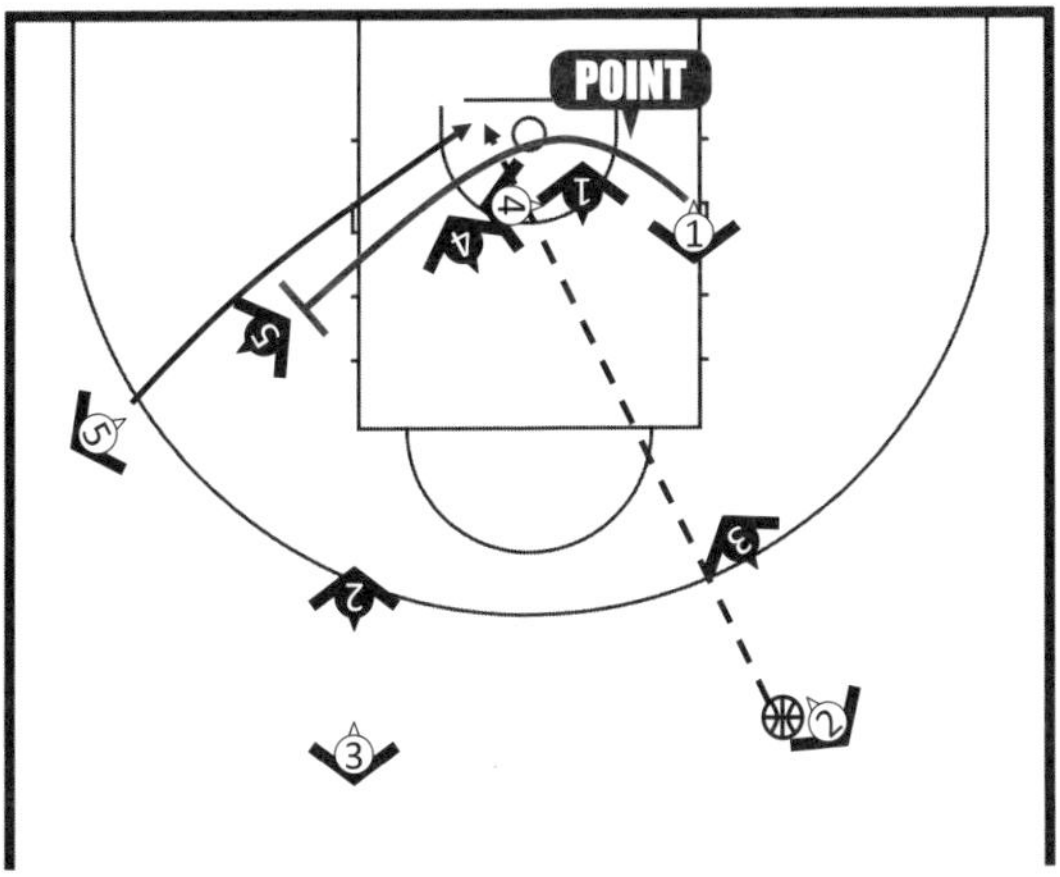

ップする❸にスクリーンをセットします。①は⑤へとパスを出した後、右ブロックへと移動します。③は②のスクリーンを利用して左2ガードポジションへと飛び出し、⑤からのパスを受けます。

図3 ②は③によるスクリーンの利用後、右2ガードポジションあたりに飛び出し、③からのパスを受けます。ボールが左サイドから右サイドへと展開される間に、④は①とマッチアップする❶にスクリーンをセットします。

図4 **①は④のスクリーンを利用して左ウィング方向へと移動し、今度は❺にスクリーンをセットします。**⑤は①のスクリーンを利用し、ゴール付近に侵入します。ここまでのスクリーンプレーに対してスイッチで対応してきた筑波でしたが、ボールの展開と連続するスクリーンプレーにより、ディフェンスが乱れ、⑤に対応することができません。ノーマークになった⑤は②からのロブパスを受けて、アリウープを狙いました。

GAME DATA
オータムカップ2020 準決勝
大東文化大学34vs35筑波大学 3Q 6:45

Wリーグ

SET Normal
2P

両サイドでのDHOからビッグマンをゴール下に飛び込ませてゴールを狙う

図1

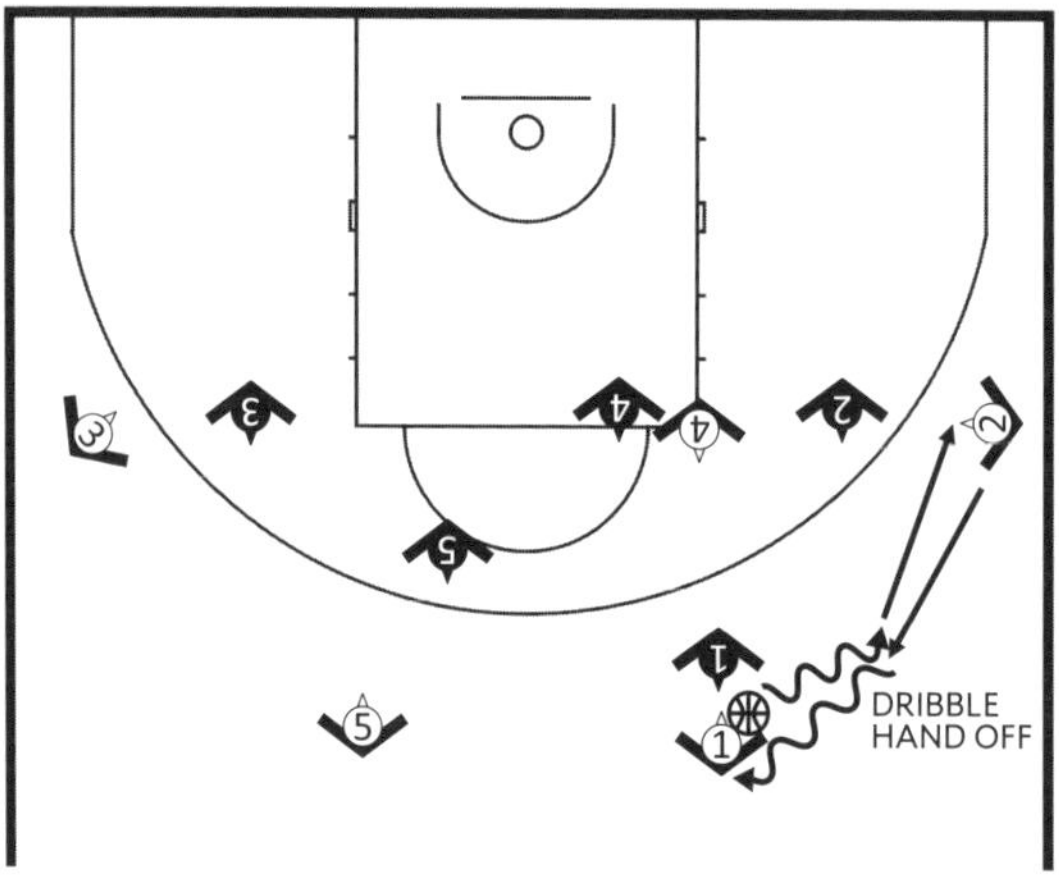

図2

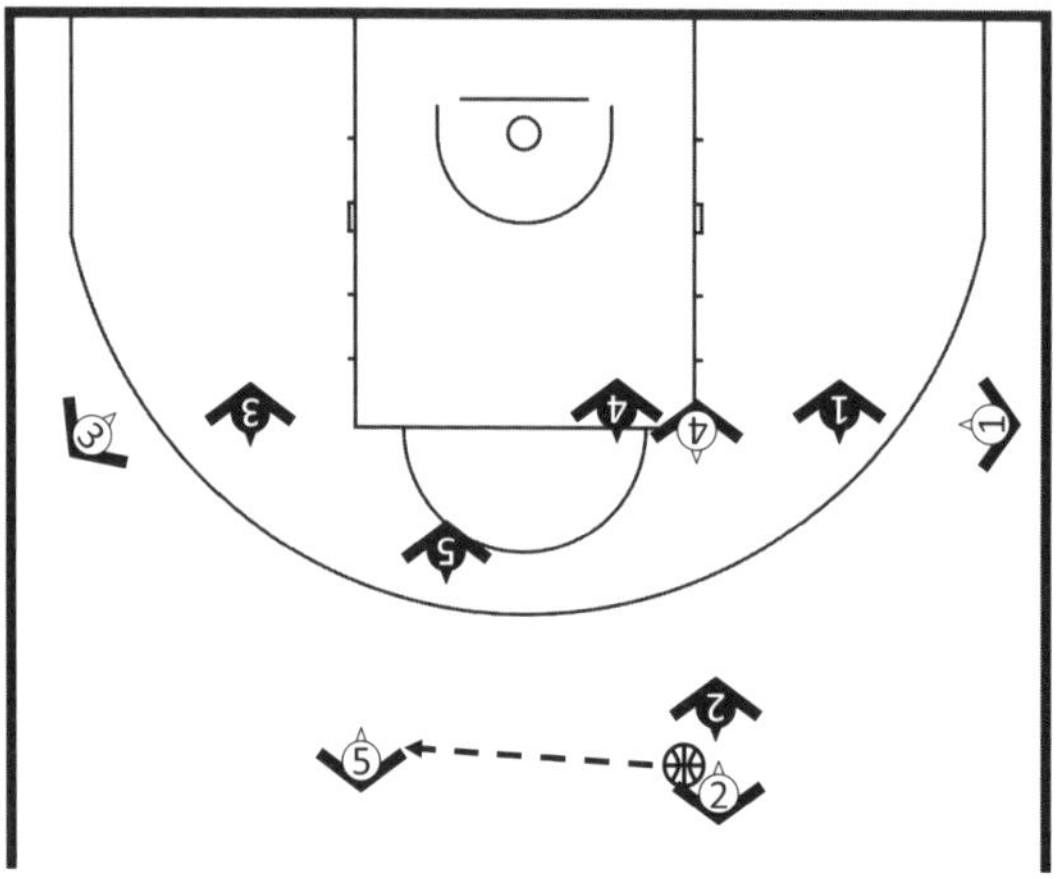

パッサーを務めるビッグマンがゴール下での高確率なショットを狙う

両サイドでのドリブル・ハンド・オフ（DHO）からパッサーを務めるビッグマンをゴール下に飛び込ませ、ゴール下での高確率なショットを狙うセットです。

鶴見彩①が右2ガードポジションにドリブルエントリーし、各プレーヤーは図1のようにポジションをとります。

図1 ①が右スロットへとドリブルで進み、向かってくる②へハンドオフパス。ハンドオフパスを受けた②はドリブルで右2ガードポジションへと進みます。

図2 ②は⑤へパス。④は②がパスを出すタイミングを見計らって、❷にスクリー

プレーの動画はこちら

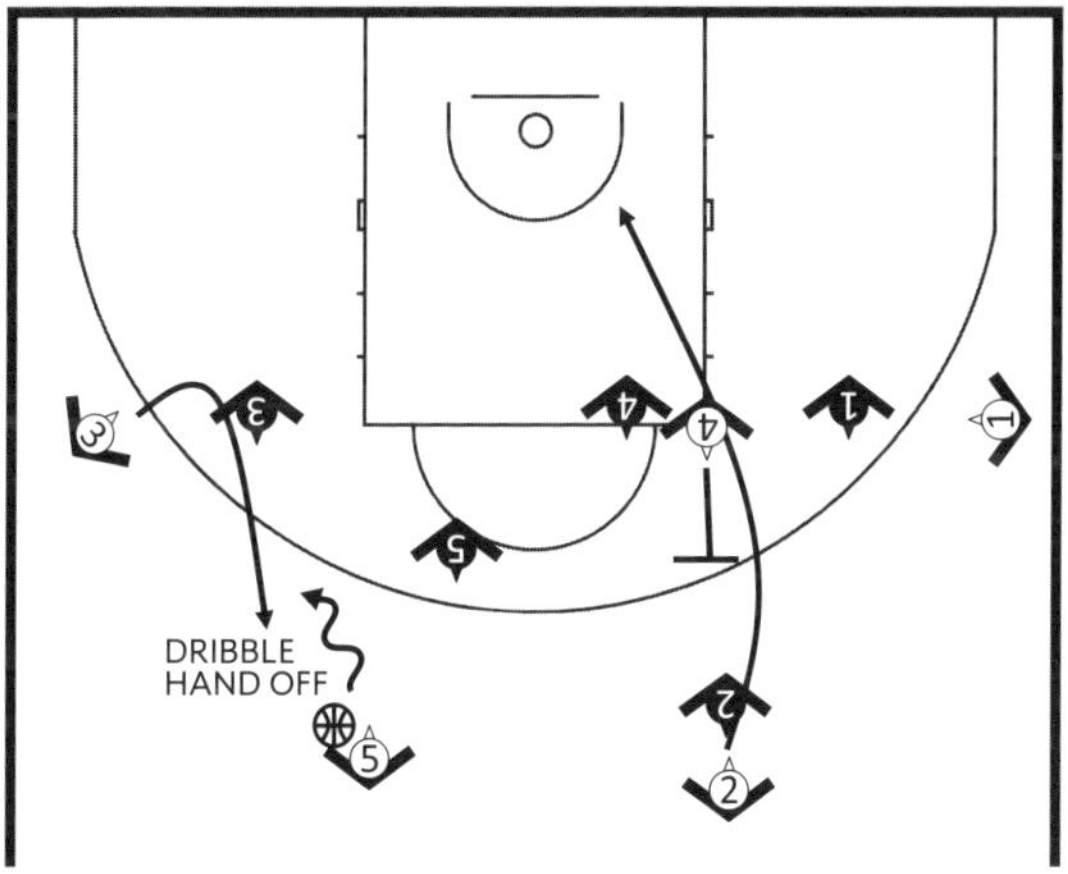

図3

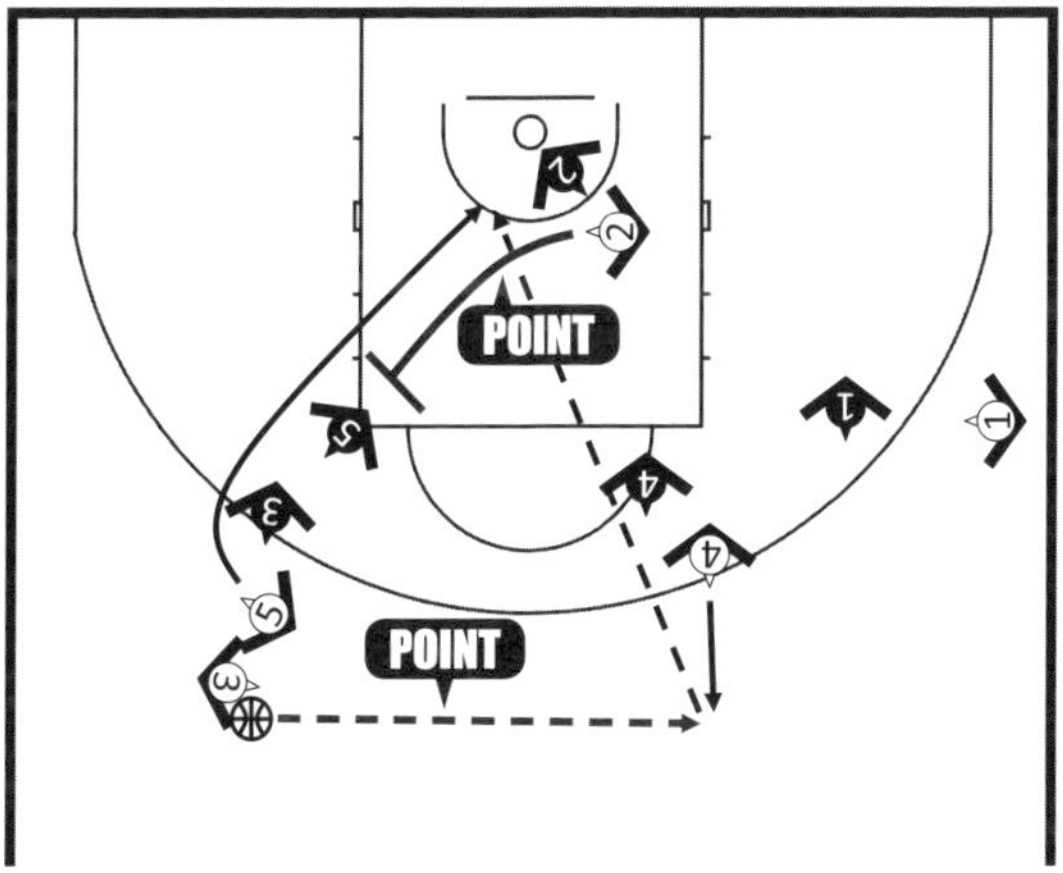

図4

ンをセットします。

図3 ②は⑤へのパス後、④のスクリーンを利用してゴール付近へと侵入します。④は②のスクリーン利用後、右2ガードポジションへ飛び出します。②からのパスを受けた⑤は左スロットへとドリブルで進み、向かってくる③へハンドオフパス。パスを受けた③はドリブルで左2ガードポジションへと進みます。

図4 ③は④へパス。②は⑤がハンドオフパスを出すタイミングで❺にスクリーンをセットします。⑤は③にハンドオフパスを出した後、②のスクリーンを利用してゴール付近に侵入します。**ボールが右から左、さらに右へとサイドを変えて展開されることにより、ディフェンスはポジションの変更を何度も強いられます。さらに、❺にとってはDHOに対応しているところに背後からスクリーンがセットされるため、スクリーンの回避が難しい状況です。**ノーマークになった⑤は④からのパスを受け、ゴールにボールをねじ込みました。

GAME DATA
2020シーズン
日立ハイテク14vs14エネオス 1Q 2:02

Bリーグ

SET Normal 2P

フロッピーからのクロススクリーンでゴール下に飛び込ませる

図1

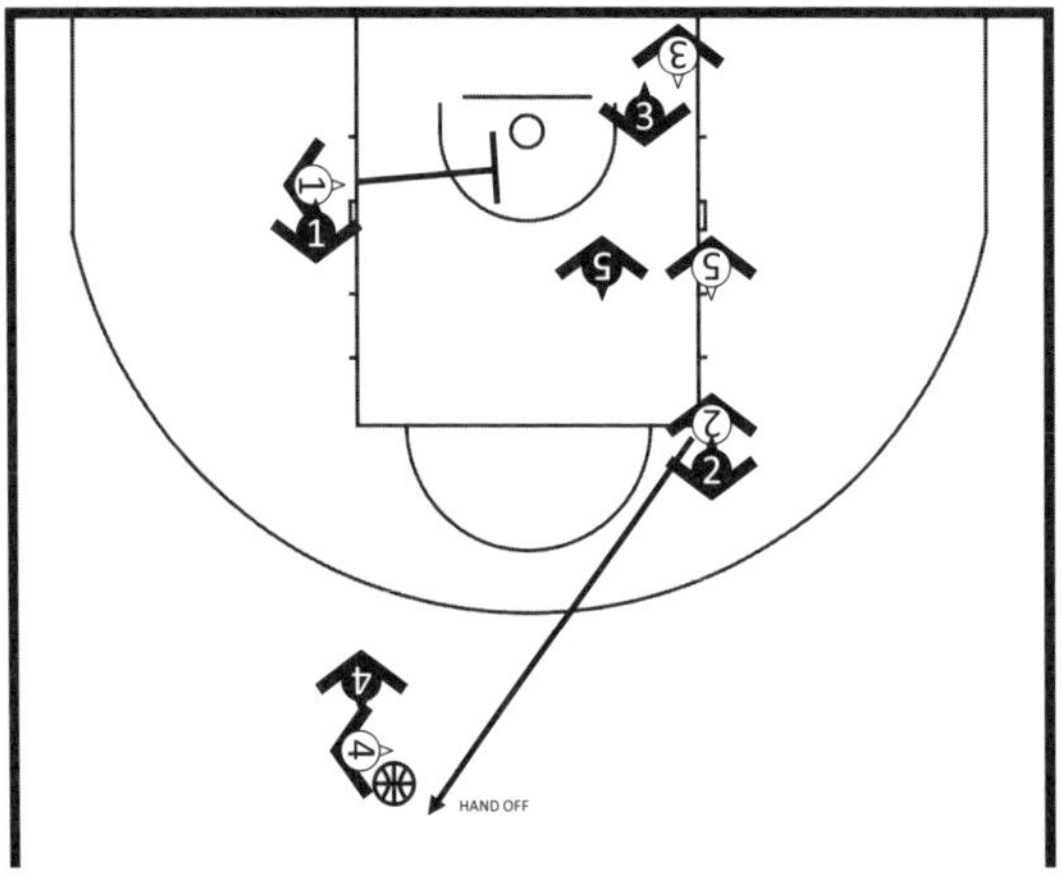

図2

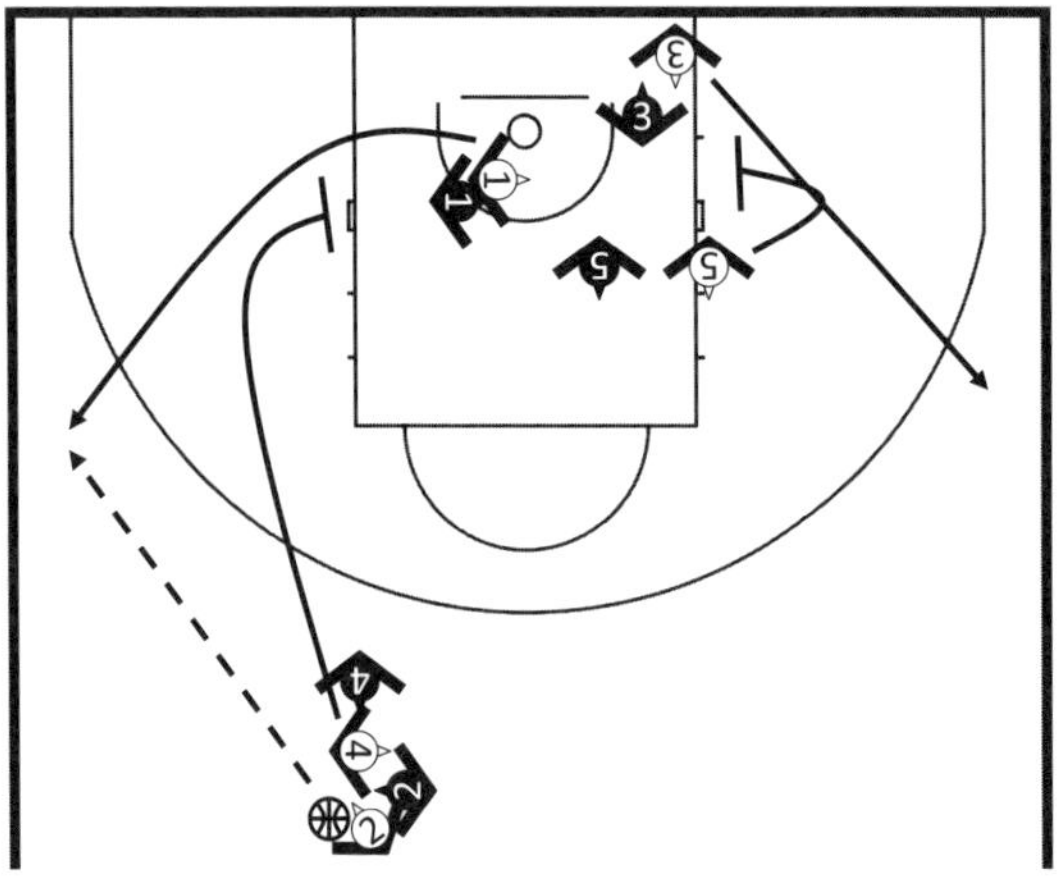

ビッグマンをボールサイドのゴール下に飛び込ませる

フロッピーからのクロススクリーンによりビッグマンをボールサイドのゴール下に飛び込ませるセットです。

ライアン・ケリー④が左2ガードポジションへとドリブルエントリー、各プレーヤーは図1のようにポジションをとります。

図1 ②が④に向かって移動し、④からのハンドオフパスを受けます。①は②と④によるハンドオフパスを確認した後、ペイント内に入り込み、③とマッチアップする❸に対してスクリーンをセットします。

図2 ①の動きと同時に⑤は右サイド

プレーの動画はこちら

図3

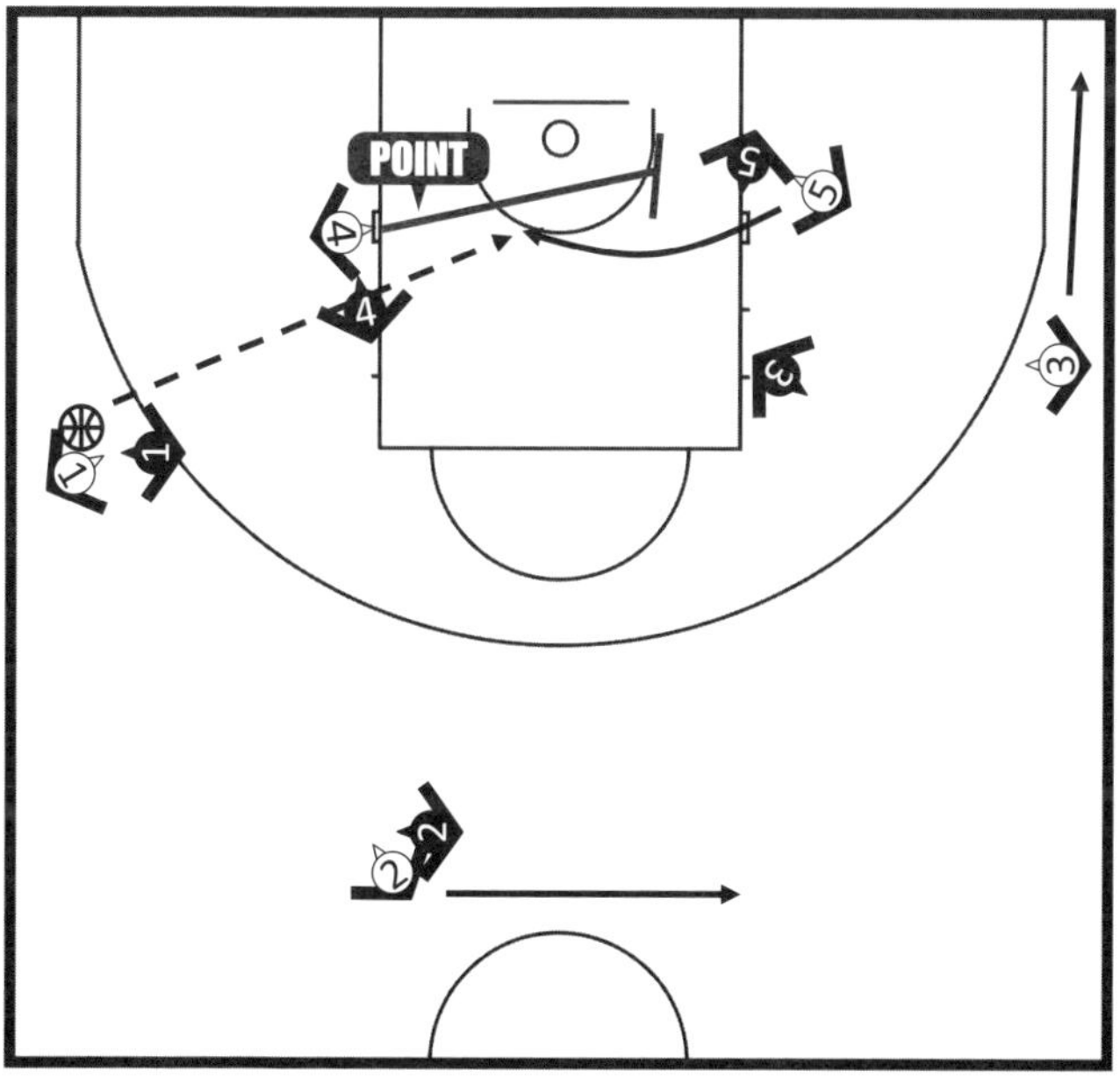

から❸に対してスクリーンをセットします。さらに、④は②へのハンドオフパス後に左ブロックへ移動し、体の正面をミドルラインに向けてスクリーンをセットします。①と④、⑤によるスクリーンのセットにより、③が右サイドへと移動すれば⑤によるシングルスクリーン、左サイドへと移動すれば①と④によるスタッガードスクリーンを利用することができるフロッピーが完成します。しかし、①は体を反転させ④のスクリーンを利用して左ウィングで②からのパスを受けます。①と④によるスクリーンプレーの間に、③は⑤のスクリーンを利用し、右ウィングへと移動します。

図3 ④は①によるスクリーンの利用後、⑤とマッチアップする❺にスクリーンをセットします。⑤は④のスクリーンを利用し、左ローポスト方向へと移動します。ノーマークになった⑤は、ペイント内で①からのパスを受け、ゴール付近でのショットを放ちました。

GAME DATA 2019-2020 Bリーグ
サンロッカーズ渋谷65vs65琉球ゴールデンキングス4Q 4:30

EURO

SET Normal 2P

スタッガードスクリーンからスペインピックでビッグマンを飛び込ませる

図1

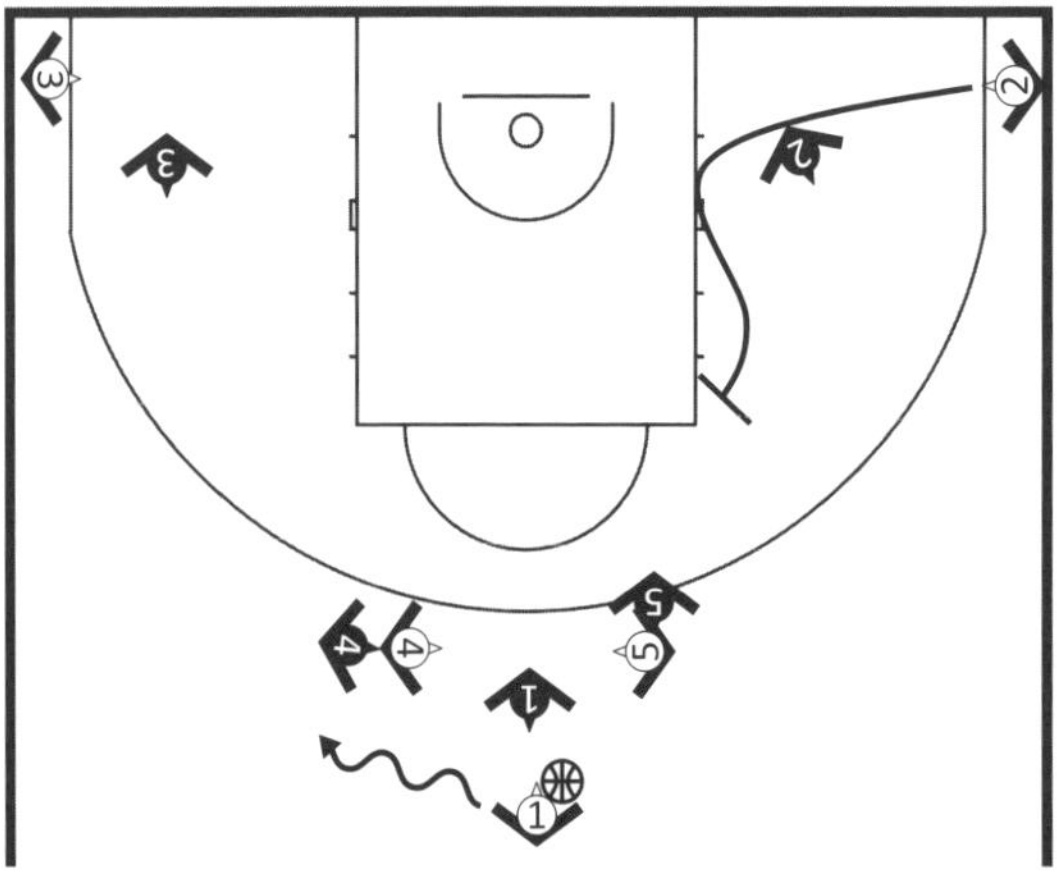

図2

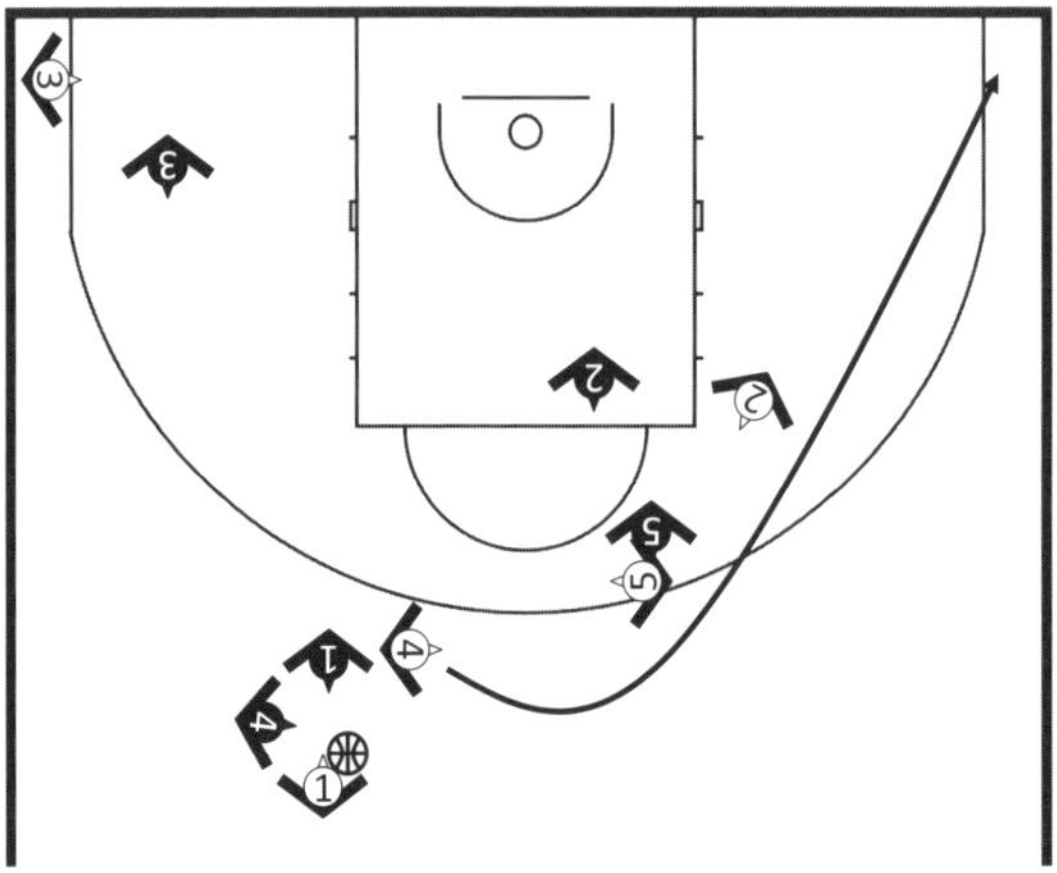

スクリーン回避を困難にしノーマークでショット

スタッガードスクリーンからスペインピックへと繋げることによりビッグマンをゴール下に飛び込ませるセットです。

①がトップでボールをコントロールし、各プレーヤーは図1のようにポジションをとるホーンセットからスタートします。

図1 ①は④のスクリーンを利用し、左2ガードポジションへドリブル。❹は①の進行するコースにいったん飛び出すことで①と④によるピック&ロールに対応します。①と④によるピック&ロールの間に②は右エルボーへと移動し、体をトップに向けてスクリーンをセットします。

プレーの動画はこちら

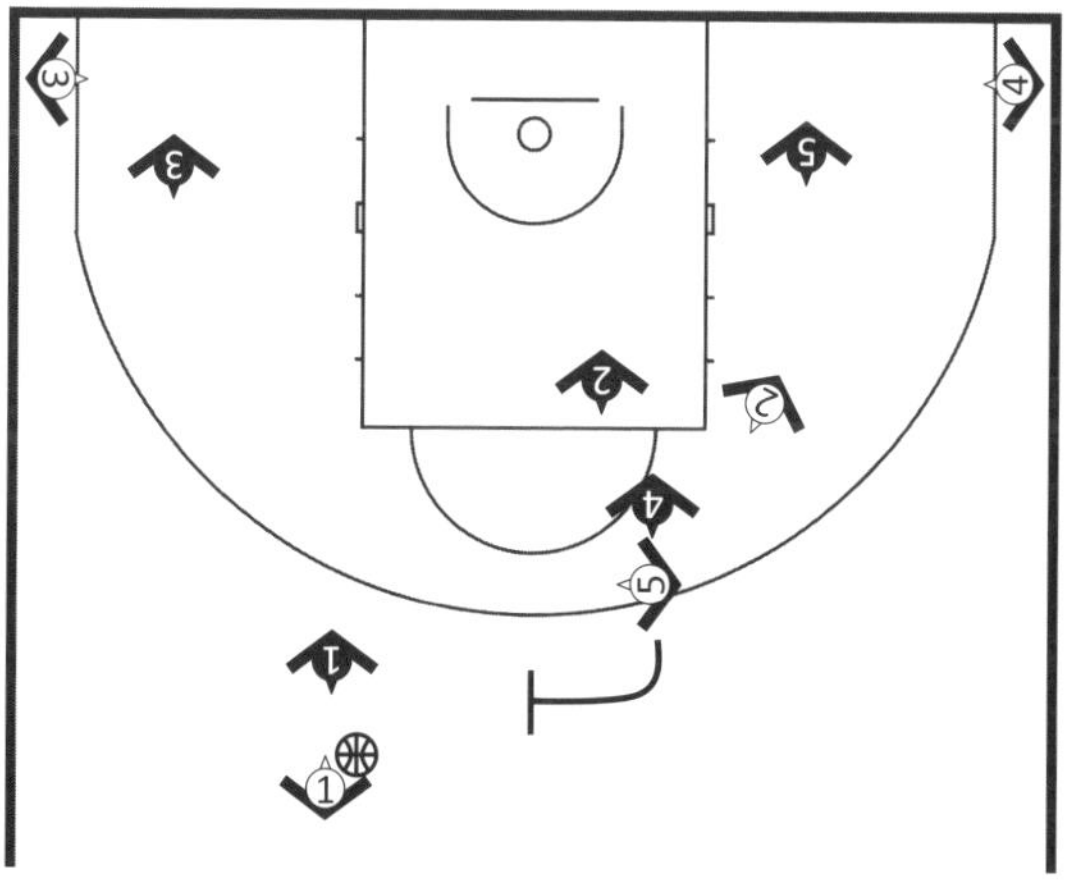

図3

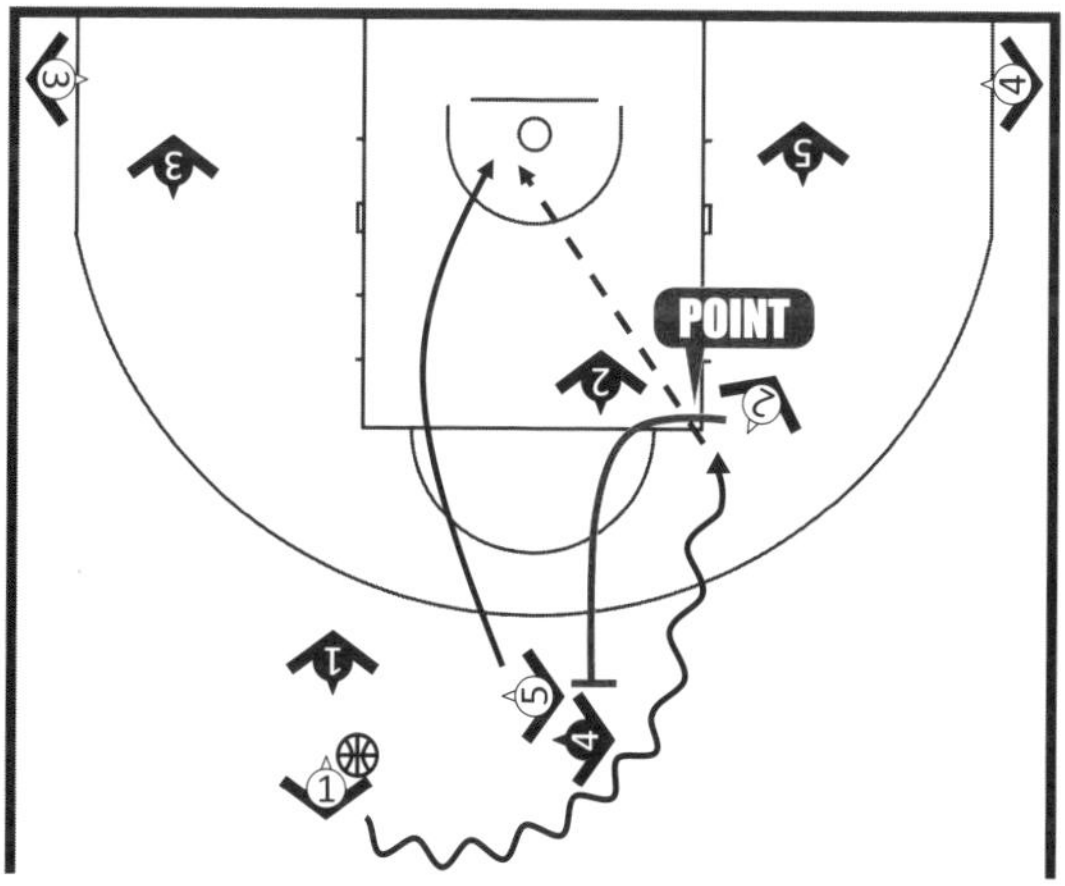

図4

図2 ④は①のスクリーン利用後、⑤と②によるスタッガードスクリーンを利用し、右コーナーへと移動します。①と④によるピック&ロールで①に対応した❹は④の移動に大きく遅れたため、❹と❺とでスイッチすることにより、ディフェンス側は④によるスタッガードスクリーンの利用に対応します。

図3 ⑤は④のスクリーン利用後、①とマッチアップする❶へピックスクリーンをセットします。

図4 ①は⑤のスクリーンを利用し、右エルボーへドリブル。**②は①が⑤のスクリーンを利用するタイミングで、❹にベースライン側からスクリーンをセット。**⑤は①によるスクリーンの後、②によるスクリーンを利用してゴール付近へと侵入。ディフェンス側はスイッチやショウといった対応で乱れており、❹は②のスクリーン回避することが困難に。ノーマークになった⑤は①からのロブパスを受けてボールをリングに叩き込みました。

GAME DATA German League
FRAPORT SKY33vs40B.MUENCHEN 3Q 8:16

NBA

SET Normal 2P

シザースのセカンドカッターをゴール下に飛び込ませる

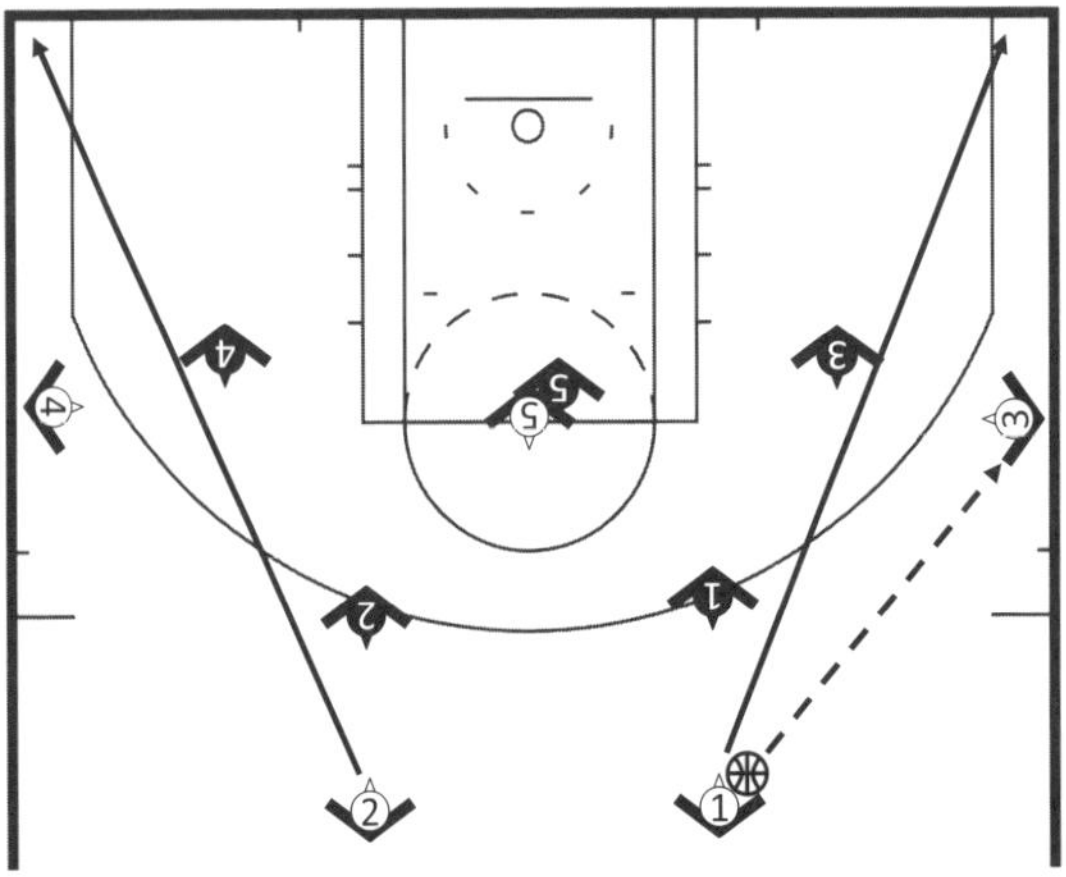

図1

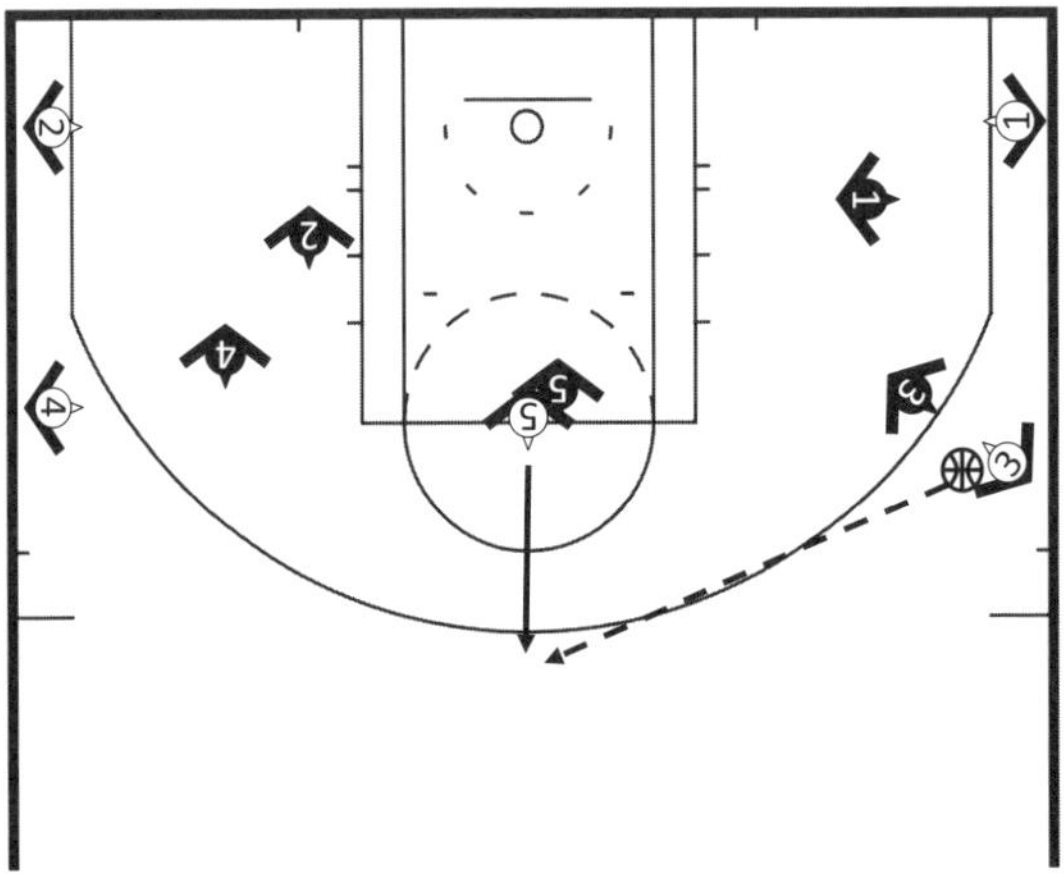

図2

ゴール間際での高確率のショットを狙う

シザースのセカンドカッターをゴール下に飛び込ませることにより、ゴール間際での高確率のショットを狙うセットです。

①が右2ガードポジションへとドリブルエントリーし、各プレーヤーは図1のようにポジションをとります。

図1 ①は③へパスを出し、右コーナーへと移動。同時に②は左コーナーへ移動します。両コーナーに①と②が位置することでマッチアップする❶と❷をコーナーに引きつけ、ペイント内のスペースを作り出す役割を担います。

図2 ③がボール保持したタイミングで

プレーの動画はこちら

図3

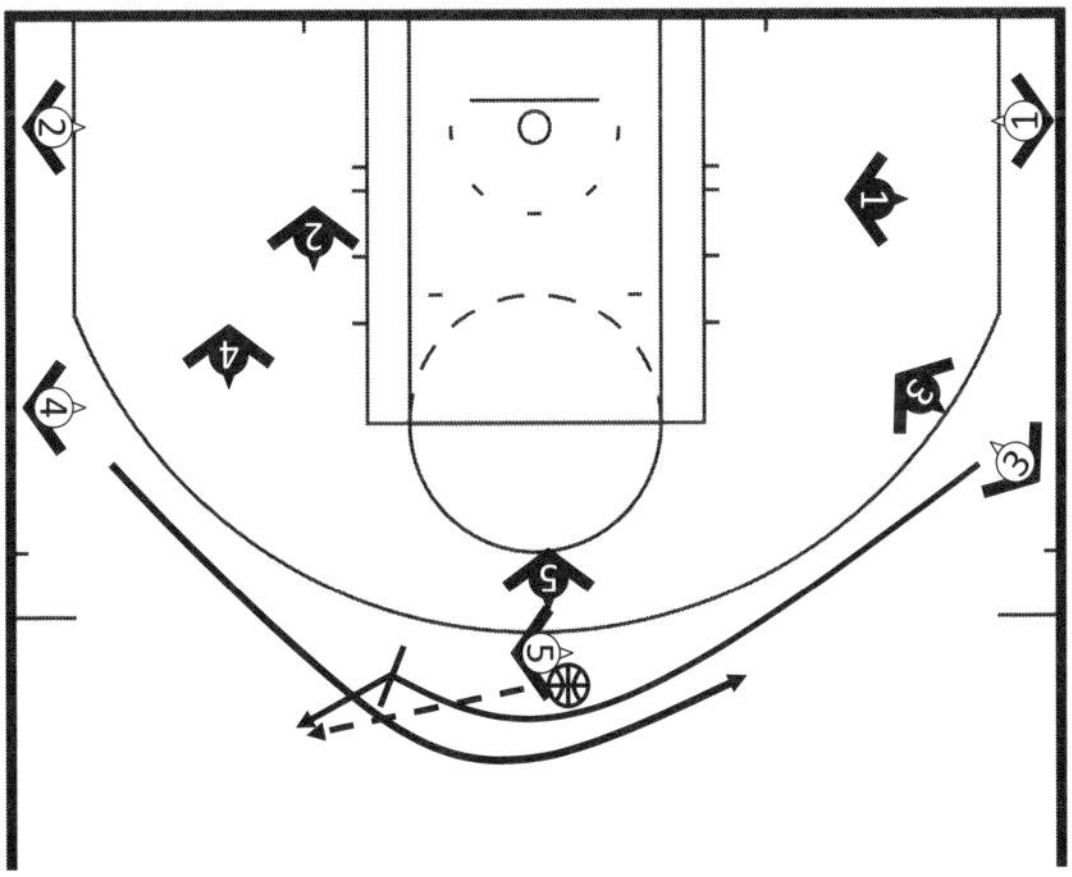

図4

⑤がトップへ飛び出し、③からパスを受けます。

図3 ③はパス後、ハンドオフパスを受けるように⑤のアウトサイド側を通過。③の動きに合わせ、④もトップへと移動。③は❹にスクリーンをセット。④は③のスクリーンを利用し、⑤のアウトサイド側を通過します。❶に対して、オフボールスクリーンとアウトサイドスクリーンが連続してセットされている状況になり、❹は④を追いかける形になります。③は④のスクリーン利用後、左2ガードポジションへと飛び出し、⑤からのパスを受けます。

図4 ⑤は③へのパス後、③とマッチアップするタイラー・ヒーロー❸にスクリーンをセット。**⑤のスクリーンにより、❺と❸は⑤がスクリーンをセットした位置から離れることができません。**したがって、④の後追いの❹を助けるディフェンスがいなくなり、④はゴール付近で③からパスを受け、ゴールにボールをねじ込みました。

GAME DATA
2020年プレイオフイースタンカンファレンスファイナル第4戦
ボストン64vs60マイアミ 3Q 6:54

ディフェンスをアウトサイドに引きつけ ビッグマンをゴール下に飛び込ませる

図1

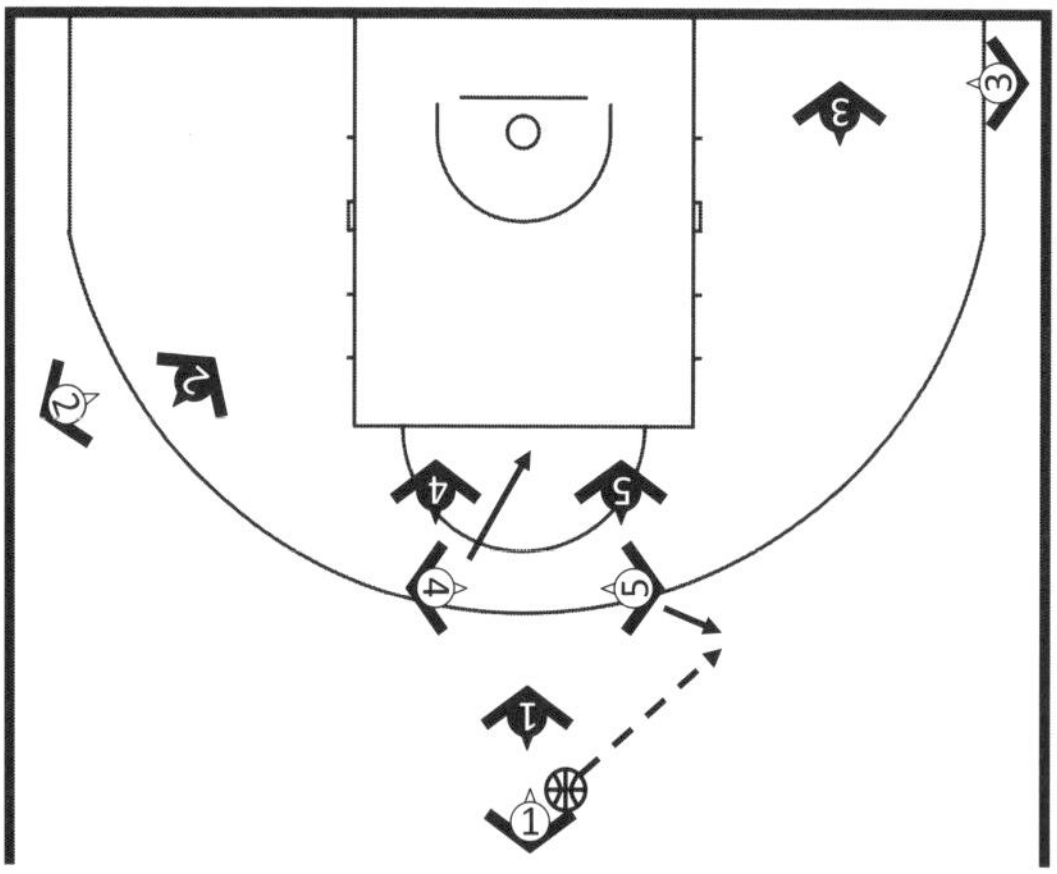

図2

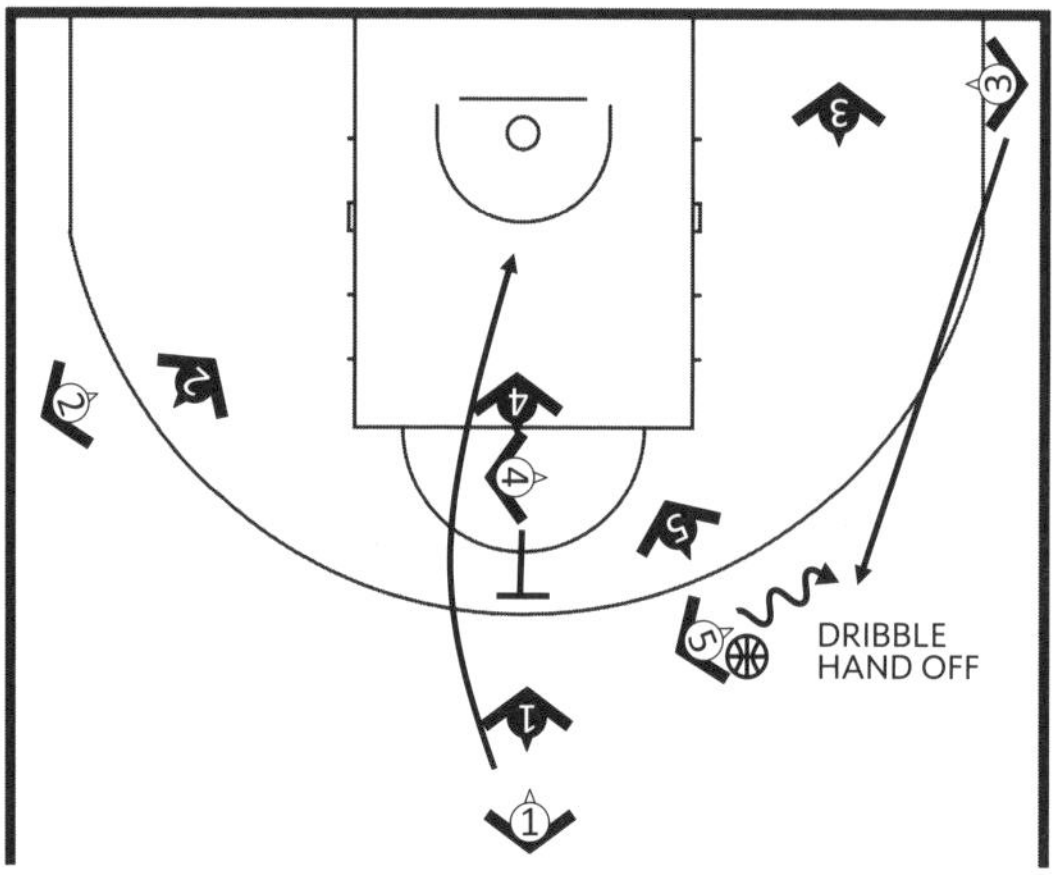

プレーの動画はこちら

ボール展開とスクリーンプレーの連続でディフェンスをアウトサイドに引きつける

ボールの展開と連続するスクリーンプレーによりディフェンスをアウトサイドに引きつけ、ビッグマンをゴール下に飛び込ませるセットです。

ステファン・ヨキッチ①がミドルラインのセンターサークルあたりでボールをコントロールし、各プレーヤーは図1のようにポジションをとります。基本の形はホーンセットになるでしょう。

図1 ⑤が右2ガードポジションに飛び出し、①からのパスを受けます。同時に④は一度、ネイルへ移動し、それから①とマッチアップする❶にスクリーンをセットし

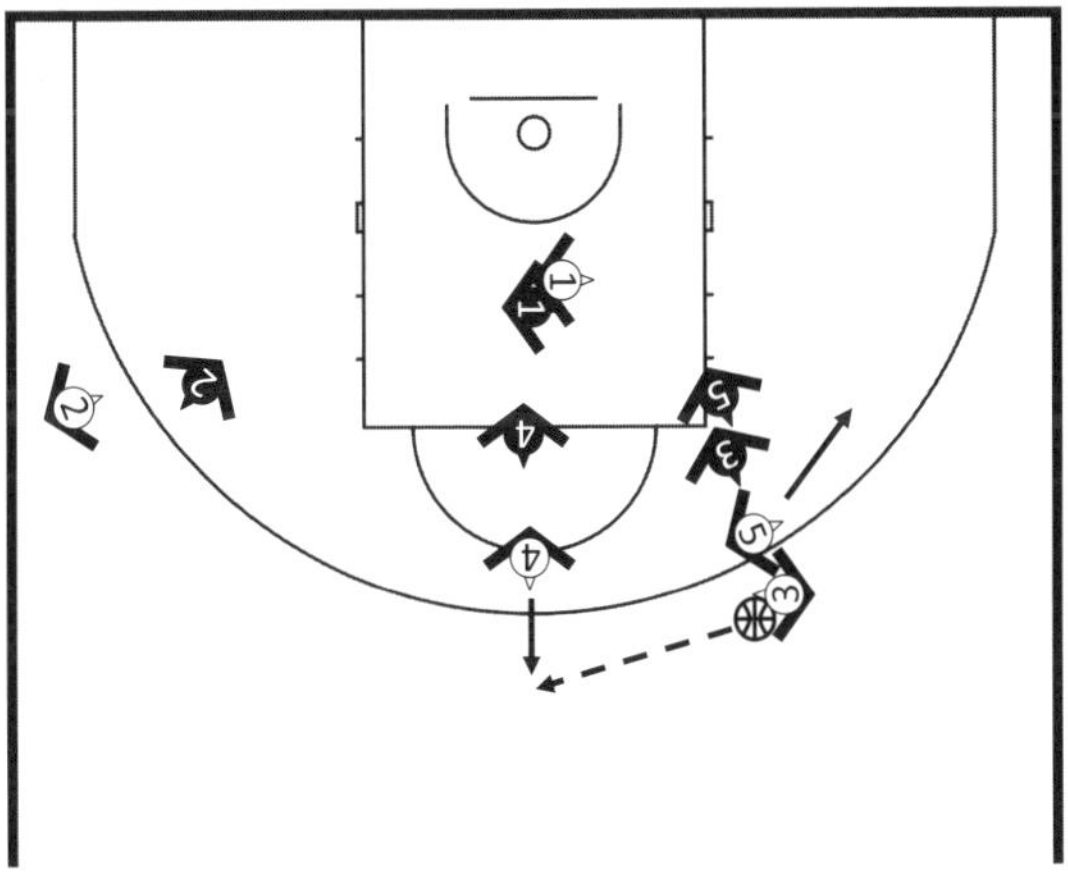

図3

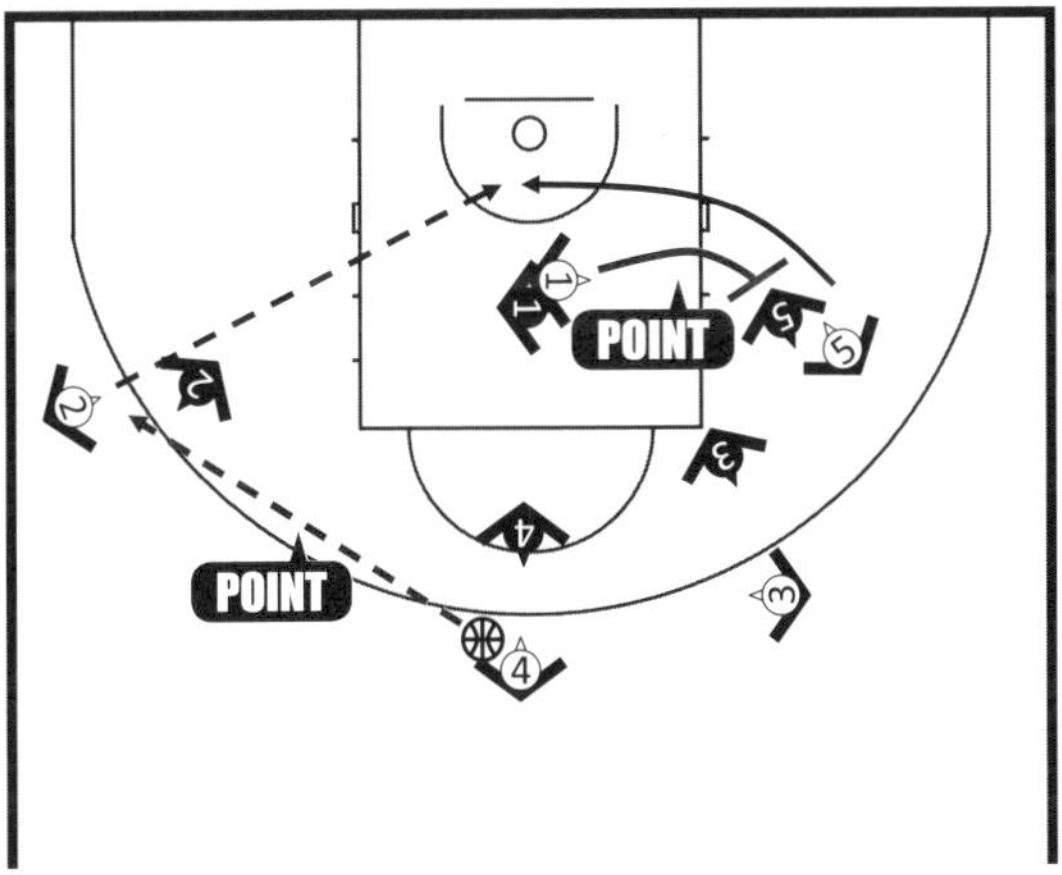

図4

ます。

図2 ①は④のスクリーンを利用し、ペイント内へと侵入。⑤は右スロットへドリブルし、向かってくる③にハンドオフパスを出します。

図3 ④は①のスクリーン利用後トップへ飛び出し、③からのパスを受けます。

図4 さらに④は②へとパスを出し、左サイドへボールを展開します。このボールの展開に合わせて、①は⑤とマッチアップする❺にスクリーンをセットします。⑤は①のスクリーンを利用し、ゴール下へと侵入します。**❺にとっては、ボールの展開により、素早いポジションの変更を強いられ、さらにドリブルハンドオフへの対応を終えた直後にスクリーンがセットされるため、スクリーンの回避が困難となります。**また、体格差が大きいため❶が⑤に対応することも難しい状況です。ノーマークになった⑤は②からのパスを受け、ゴールにボールをねじ込みました。

GAME DATA ワールドカップ2019年予選リーグ
アンゴラ0vs0セルビア 1Q 9:55

3人のスタッガードスクリーンで3Pショットを狙う

図1

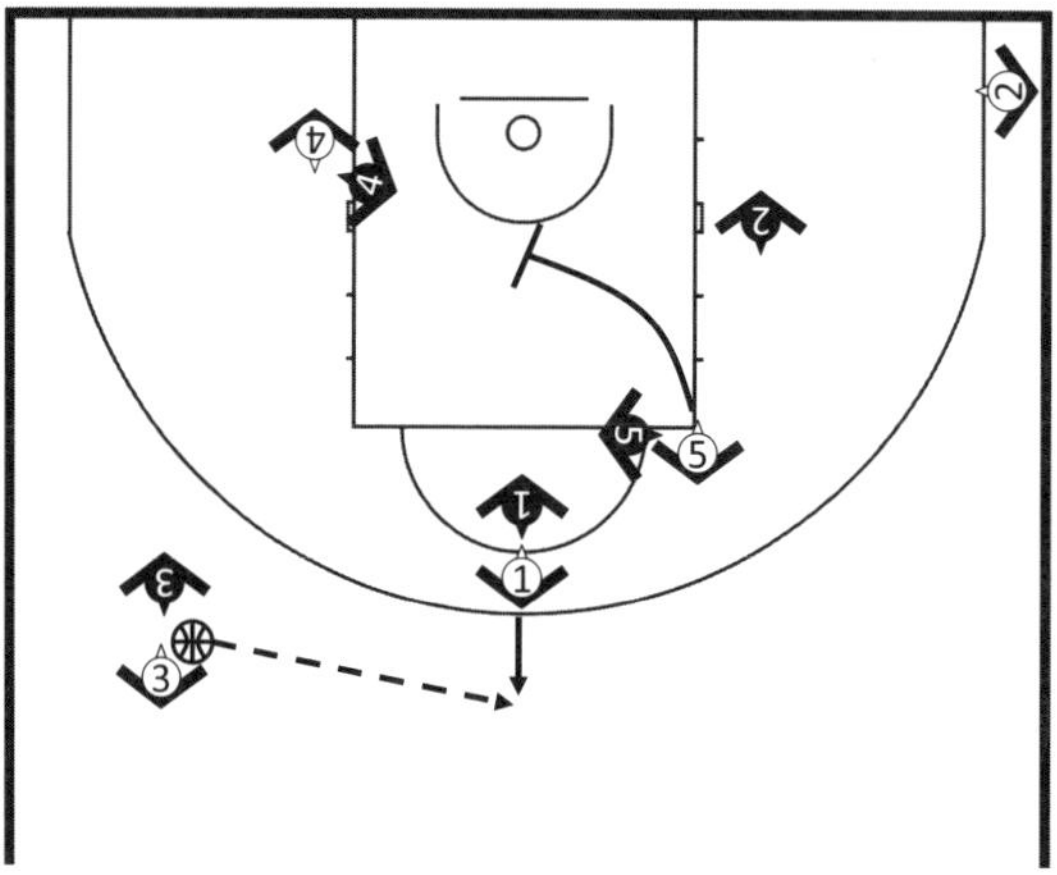

図2

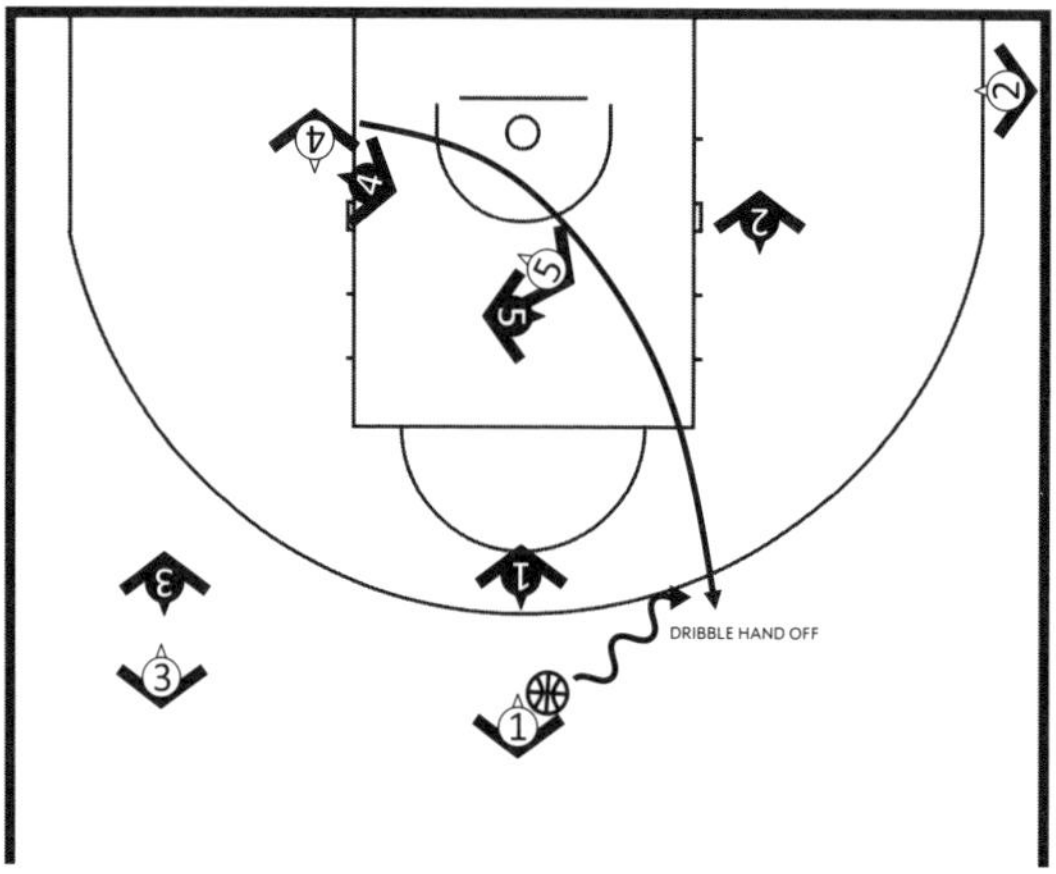

2度のDHOから3人がスタッガードスクリーンをセット

2度のDHOから3人のスクリーナーによるスタッガードスクリーンをセットすることで3Pショットを狙うセット。

赤根涼介③が左スロットあたりにドリブルエントリーし、左ブロックあたりに越後晴貴④、トップに福田虎琉①、右エルボーに内藤耀悠⑤、右コーナーに中辻竜哉②がポジションをとります。

図1 ①が3Pエリアに飛び出し、③からのパスを受けます。

図2 ①は右2ガードポジションへドリブル。①がパスを受けると同時に⑤は中野珠斗❹にスクリーンをセットします。

プレーの動画はこちら

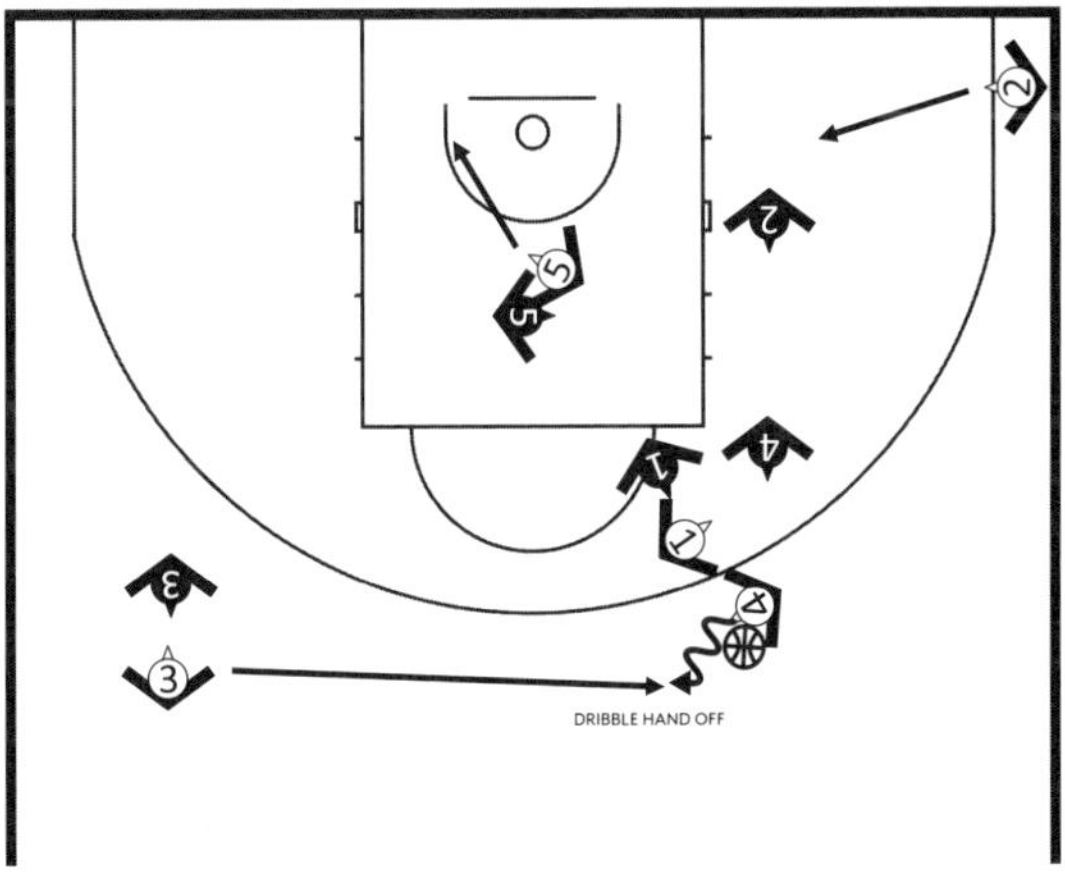

図3

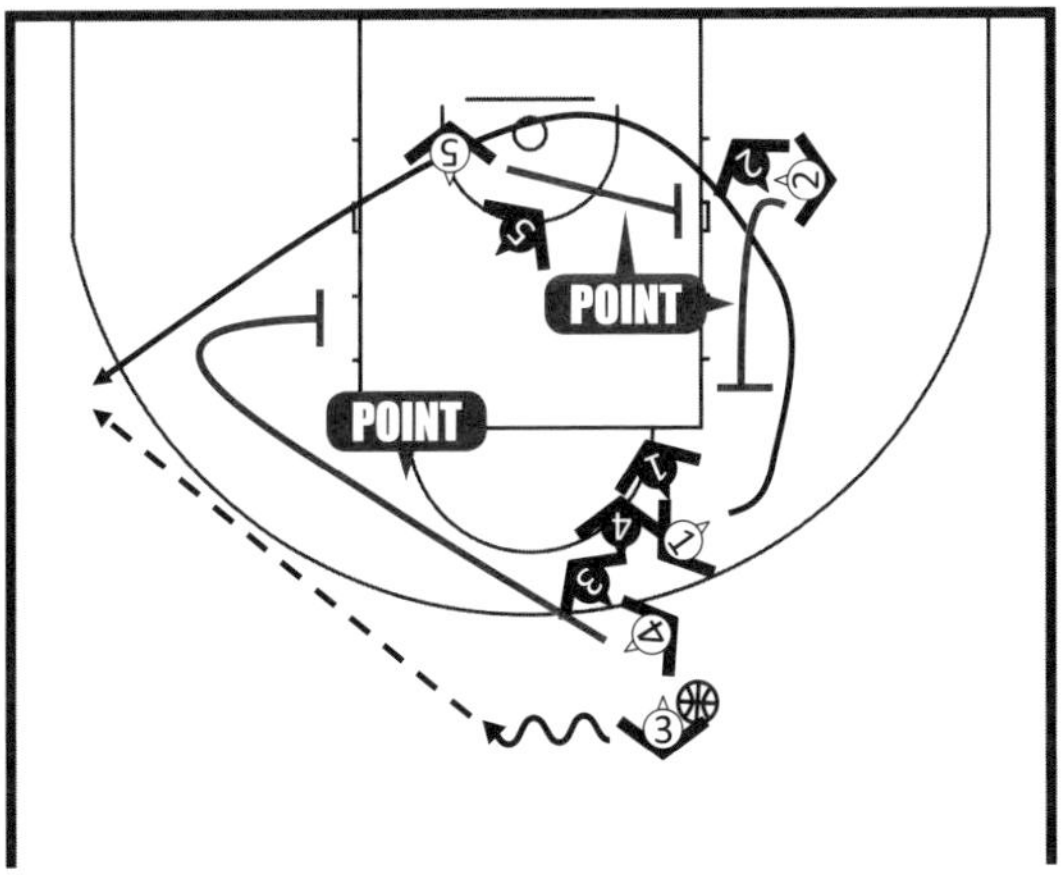

図4

④は⑤のスクリーンを利用して移動し、①からハンドオフパスを受けます。

図3 ⑤は④のスクリーン利用後に左ゴール下へと移動し、②は右ブロック付近まで移動します。④はトップ方向へドリブルで進み、③にハンドオフパス。その間に②は右エルボーで体をセンターラインに向けてスクリーンをセットし、⑤も右ブロックで体を右サイドラインに向けてスクリーンをセットします。さらに④も③へのパス後、左エルボー付近へと移動し、体をミドルラインに向けてスクリーンをセットします。**❶に対して②、⑤、④の3つのスクリーンが連続するスタッガードスクリーンがセットされたことになります。**

図4 ①はスタッガードスクリーンを利用し、左ウィングへと飛び出しますが、マッチアップする❶は①から大きく遅れをとります。ノーマークの①は左サイドでショットを放ちました。ゲームでの①はミドルショットを放ちましたが、3Pショットも十分に狙えるセットです。

GAME DATA Jr WINTER CUP 2020-21
レバンガ北海道 27vs39 秋田市立城南中学校 3Q 7:18

ボールサイドの変更とスタッガードスクリーンの連続で3Pショットを狙う

図1

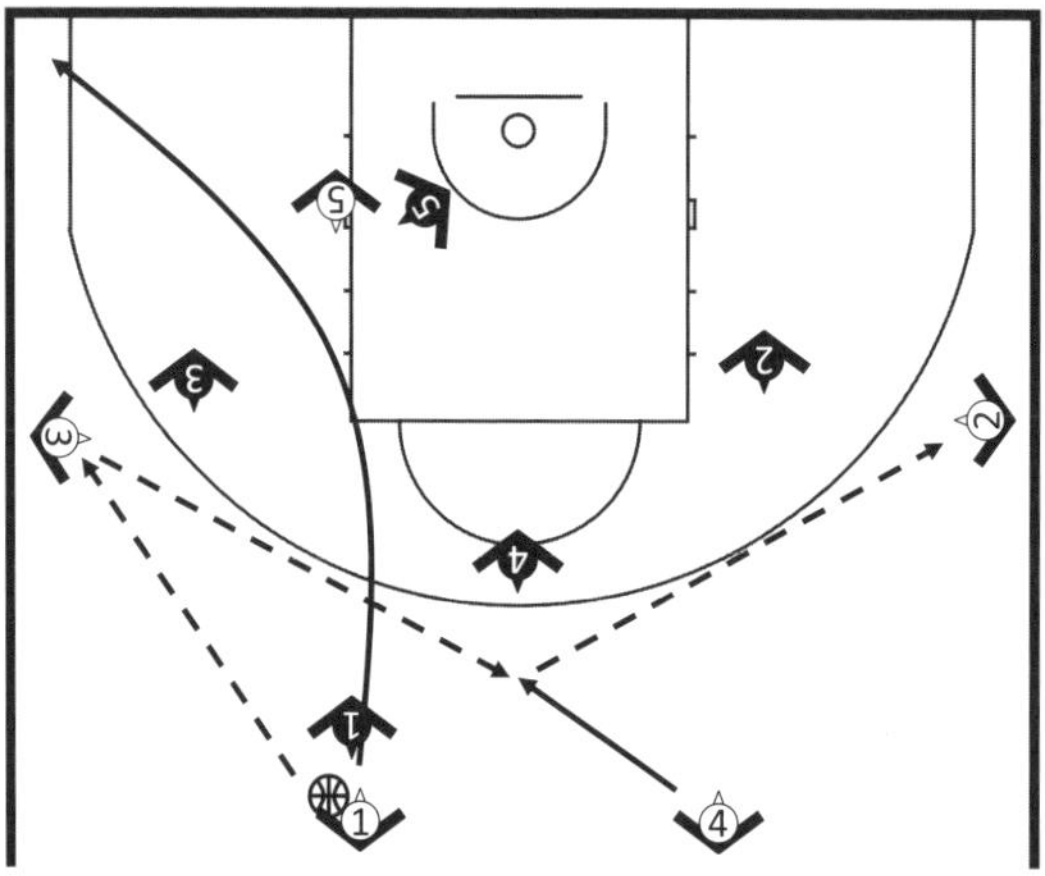

図2

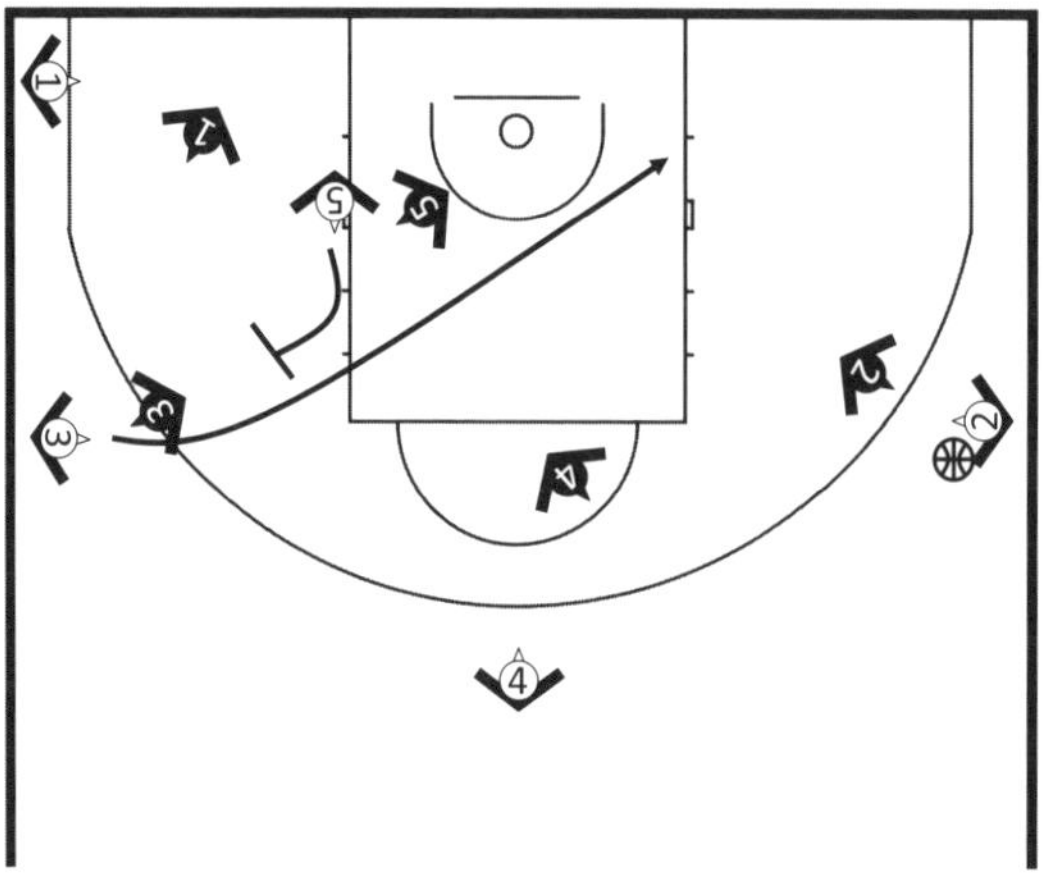

複数回ボールサイドを変更し スタッガードスクリーンを連続する

複数回のボールサイドの変更と連続するスタッガードスクリーンによりシューターをノーマークにして3Pショットを狙うセットです。

中山玄己①が左2ガードポジションにドリブルエントリーし、各プレーヤーは図1のようにポジションをとります。

図1 ①は高橋裕心③へのパス後に左コーナーへ移動。同時に高橋輝④はトップへ移動し、③からのパスを受けます。さらに、④は佐々木駿汰②へとパスを出し、右サイドへボールを展開します。

図2 森山陽向⑤は③が④へとパスを出

プレーの動画はこちら

図3

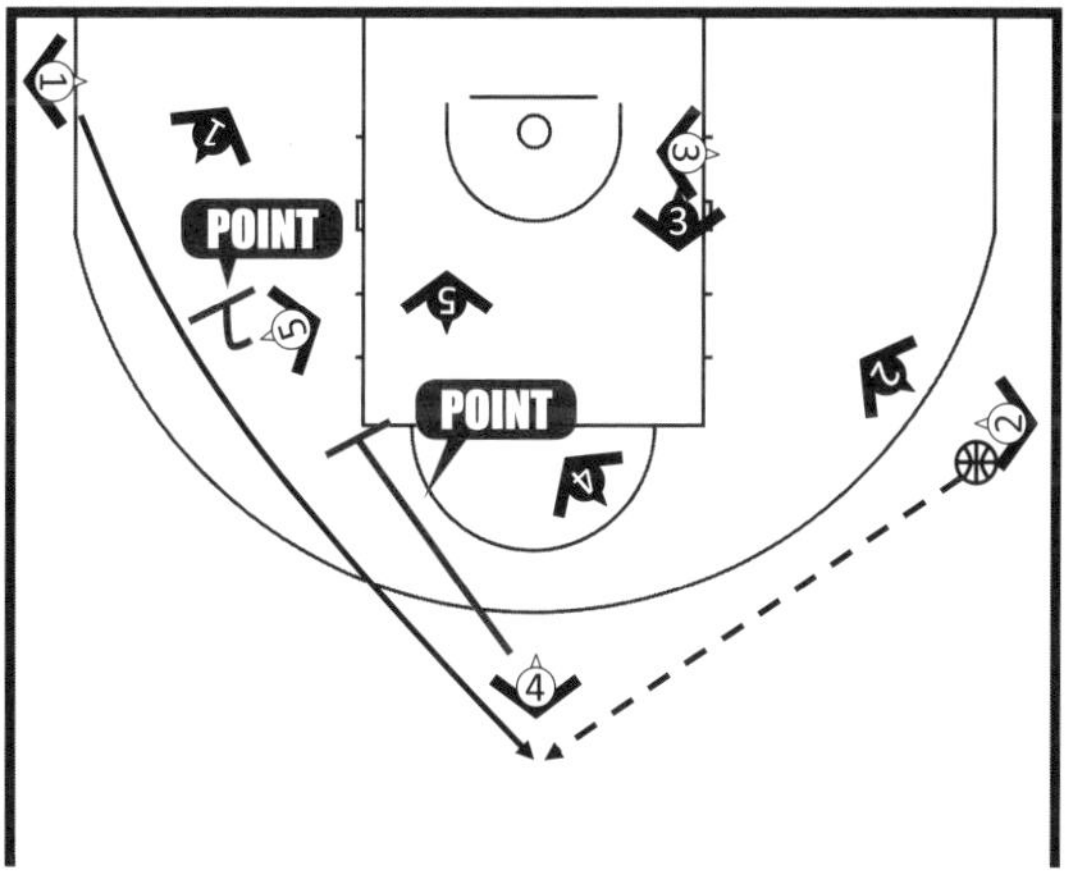

図4

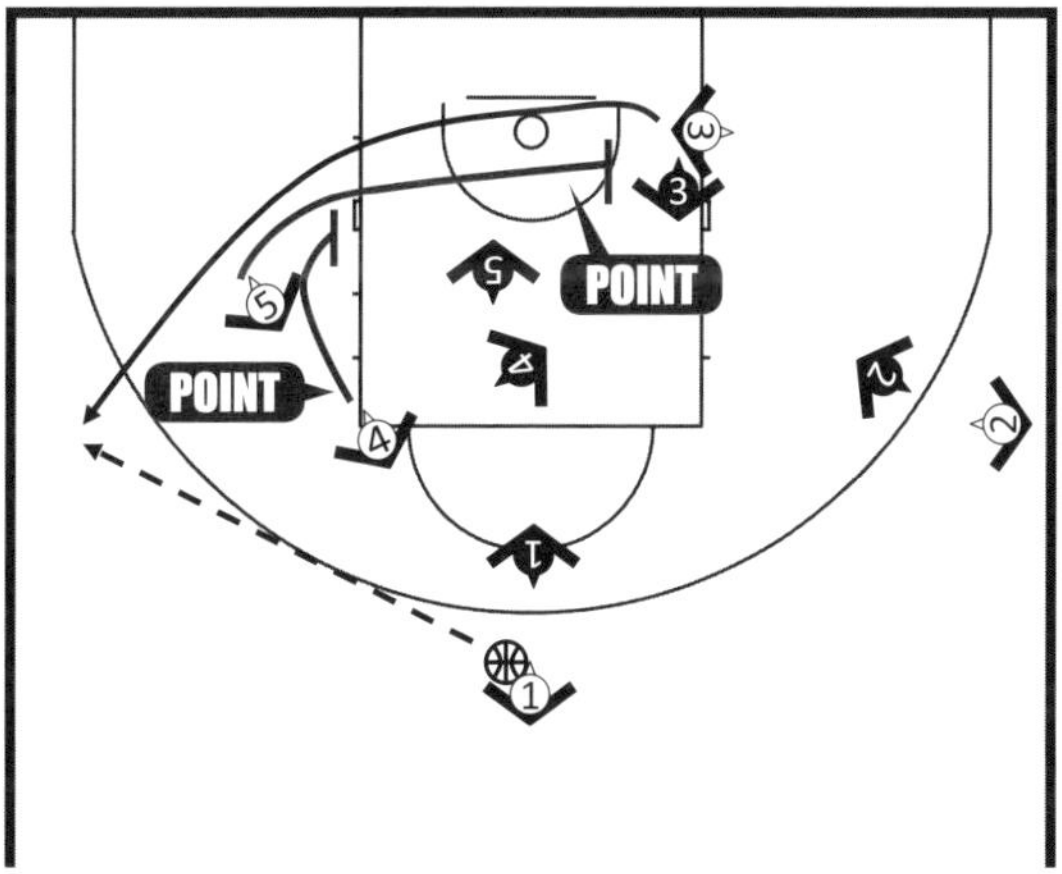

すタイミングで、越田大翔❸にスクリーンをセット。③は⑤のスクリーンを利用し、右ブロックへと移動します。

図3 ⑤は③のスクリーン利用後、❶にスクリーンをセット。さらに、④はパス後左エルボーへと移動し、体を❶に向けてスクリーンをセットします（**❶への⑤、④によるスタッガードスクリーン**）。①はスタッガードスクリーンを利用してトップへ飛び出し、②からパスを受けます。

図4 ⑤は①のスクリーン利用後にペイント内に入り、❸にスクリーンをセット。また、④は左ブロックへと移動し、体をミドルラインに向けてスクリーンをセットします（**今度は❸への⑤と④によるスタッガードスクリーン**）。③はスクリーンを利用し、左ウィングへと飛び出します。❹と❺は連続するスタッガードスクリーンにより、③への対応が困難になります。③は①からパスを受け、ノーマークで3Pショットを放ちました。

GAME DATA 2020 東北新人大会 男子決勝
能代工業7vs23明成 1Q 2:11

大学

SET Normal 3P

ハンドオフパスからのエレベータースクリーンにより3Pショットを狙う

図1

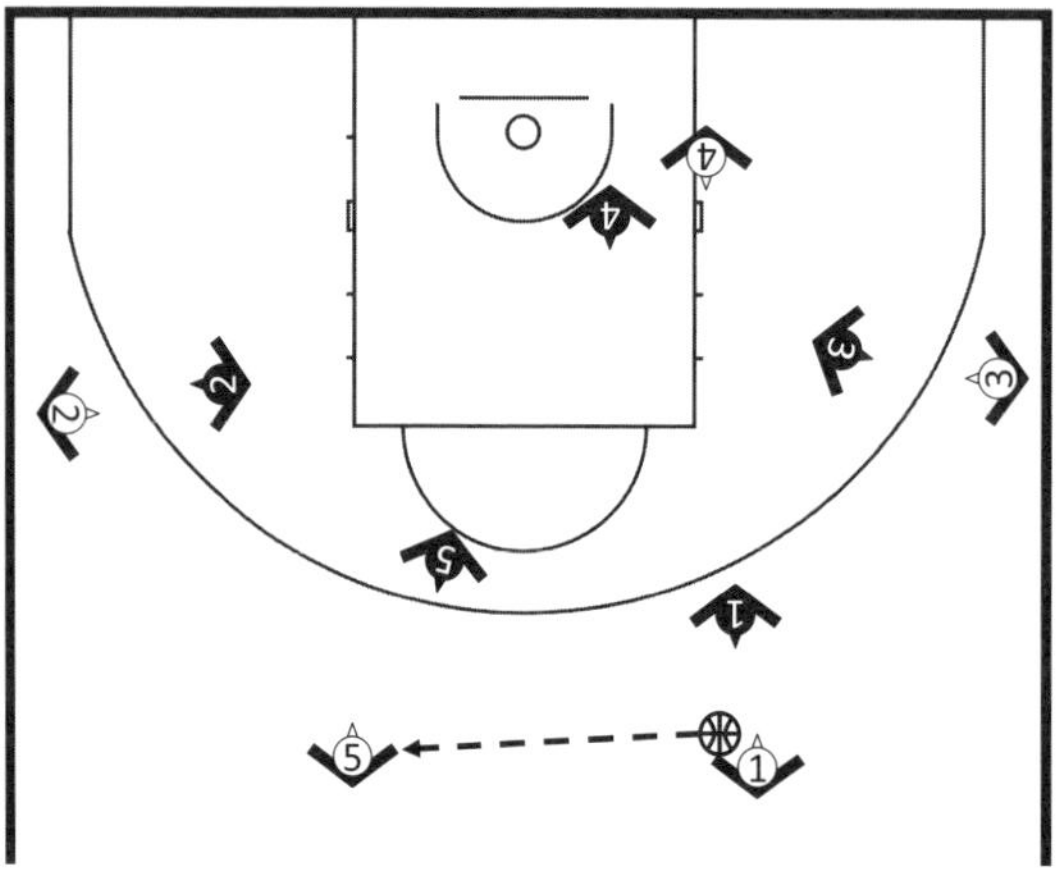

図2

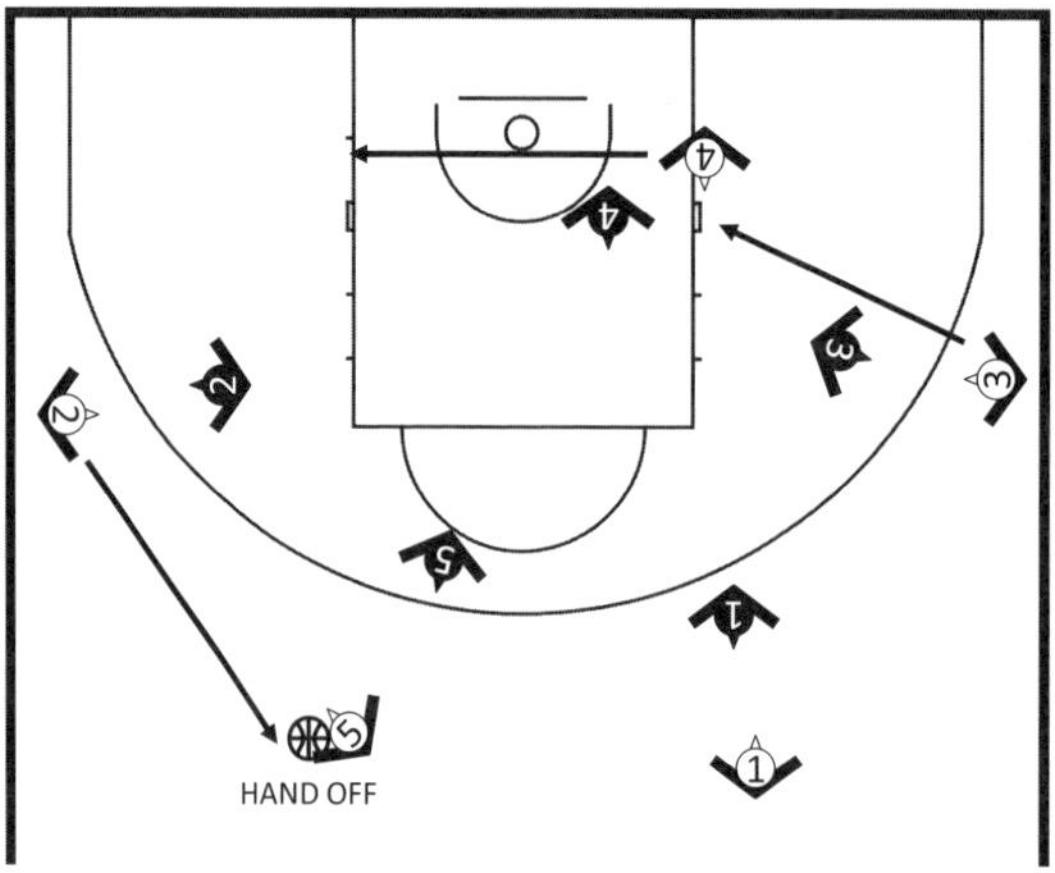

プレーの動画はこちら

ハンドオフパスを出したパッサーがスクリーナーになる

ハンドオフパスを出したパッサーがスクリーナーになるエレベータースクリーンにより、シューターをノーマークにして3Pショットを狙うセットです。

奥田雄伍①が右2ガードポジションにドリブルエントリーし、右ウィングに豊田嵐士③、右ブロックに岡優樹④、左2ガードポジションにハッサン・モハメド⑤、左ウィングに上田直輝②がポジションをとります。

図1 ①が⑤へとパスします。

図2 ②はボールを保持した⑤へと向かって移動し、⑤からハンドオフパスを受け

図3

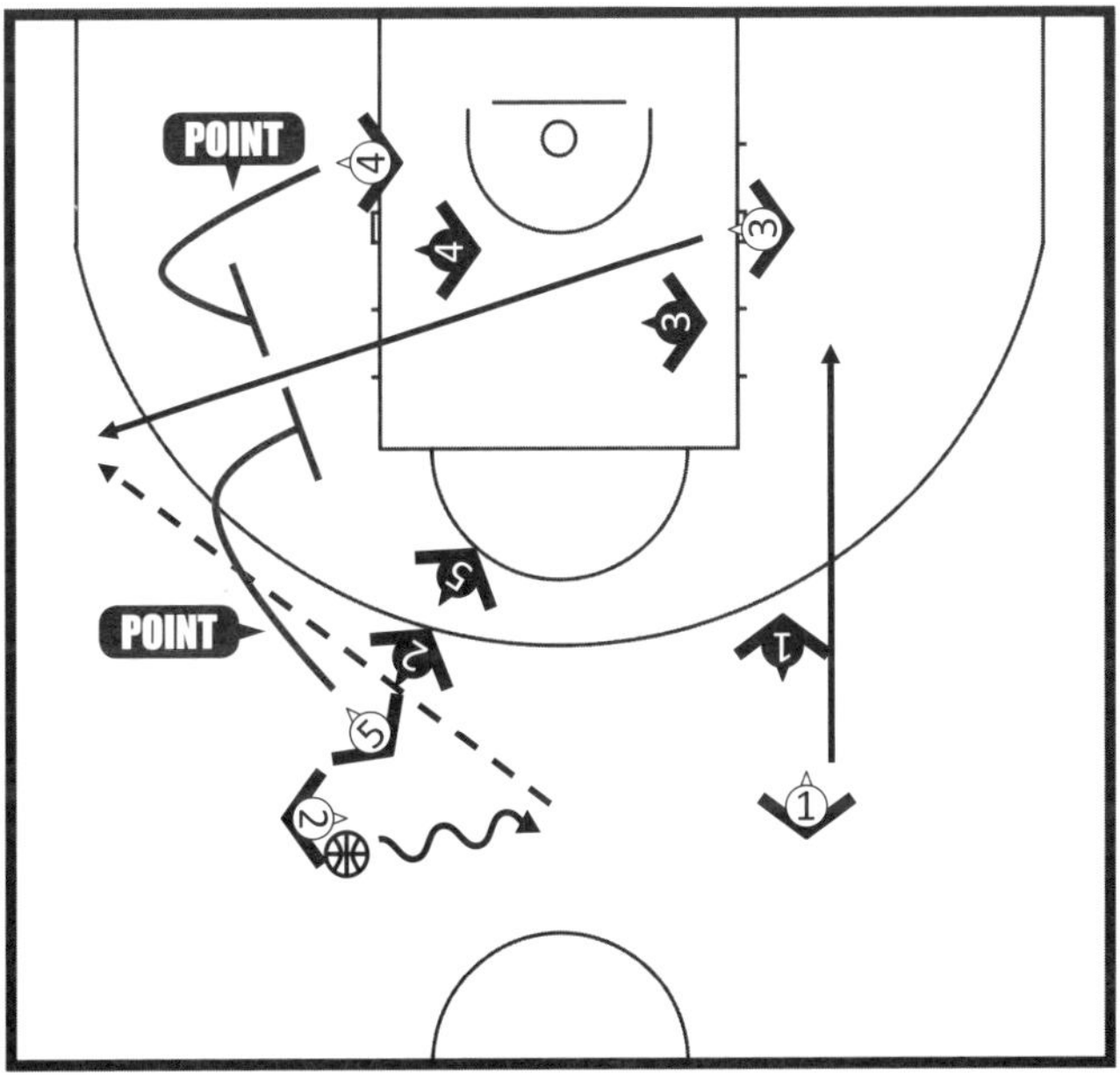

ます。②と⑤によるハンドオフパスの間に、④は左ブロック、③は右ブロックへと移動します。

図3 ハンドオフパスを受けた②はトップへとドリブルで進み、①は②のドリブルに合わせてバックカットをします。この①と②のアクションにより、ディフェンスの注意を右サイドに向けさせます。**⑤は②にハンドオフパスを出した後、左エルボー付近へと移動し、体の正面を右ブロックに向けてスクリーンをセットします。④も⑤と並んでスクリーンをセットします。**③は④と⑤の間を通過し、左ウィングへと飛び出します。④と⑤は③の通過後、お互いの間を詰めて、③の後を追いかける高橋育実❸の進行を阻止します。つまり、④と⑤によるエレベータースクリーンになります。ノーマークになった③は②からのパスを受け、3Pショットを放ちました。

GAME DATA インカレ2020 1回戦
九州共立大学35vs33天理大学 3Q 9:40

NCAA

SET Normal 3P

見せかけのスクリーンからのエレベータースクリーンで3Pショットを狙う

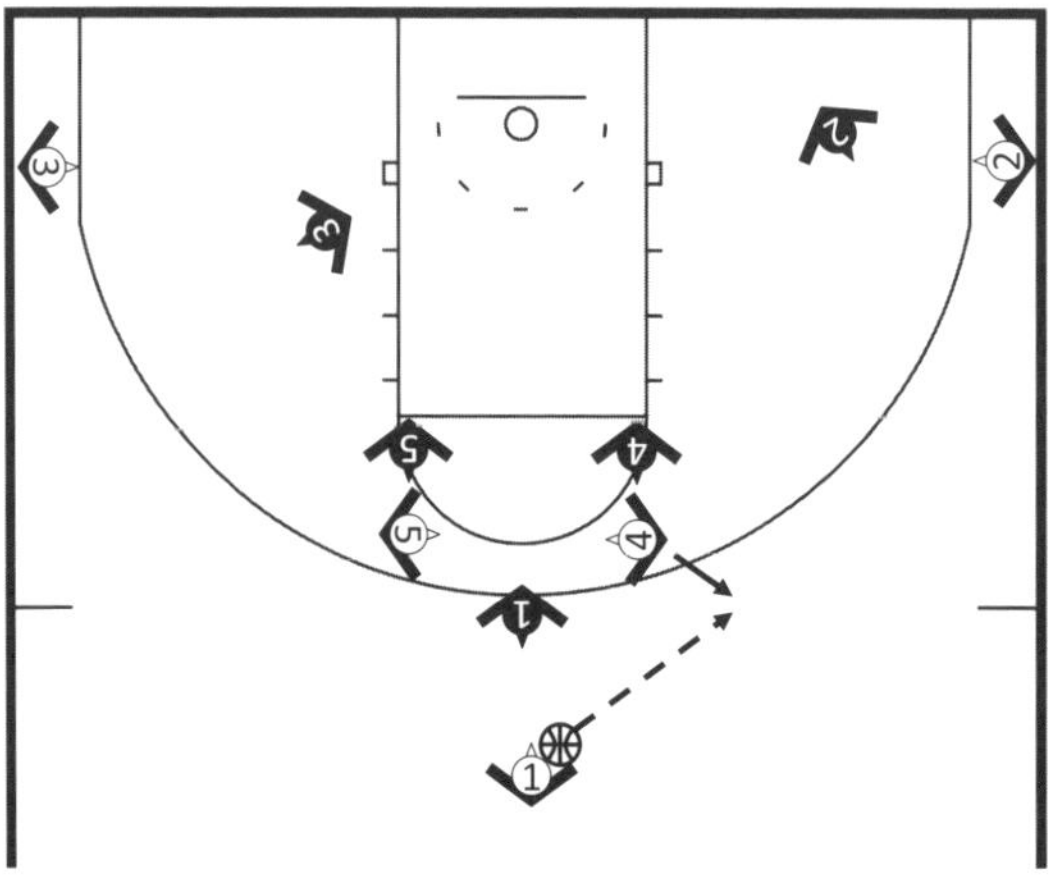

図1

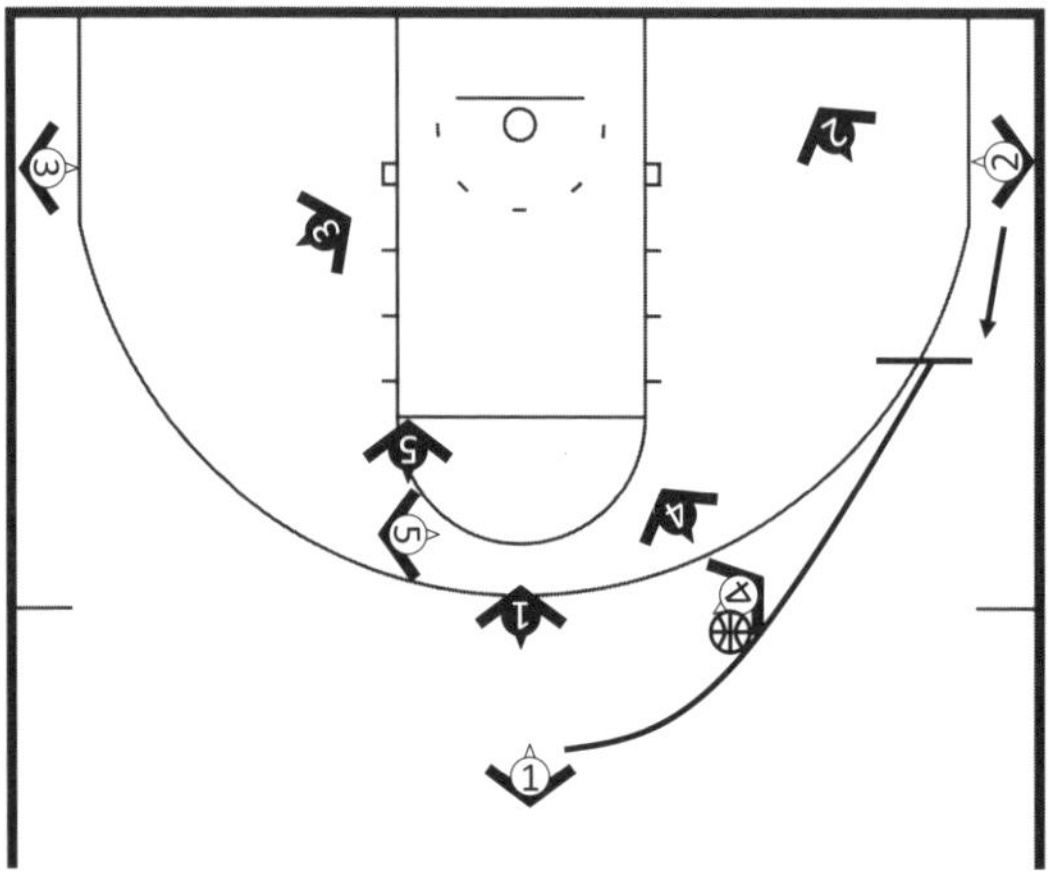

図2

見せかけのスクリーンにディフェンスを対応させて展開する

見せかけのスクリーンにディフェンスを対応させ、エレベータースクリーンを利用して3Pショットを狙うセットです。

ダジュワン・グラフ①がトップ、①とマッチアップする❶を挟むようにデルビン・ディカーソン④とカイル・ベントン⑤が両サイドからスクリーンをセットし、左コーナーにパトリック・コール③、右コーナーにラショーン・マディソン②のホーンセットのアライメントからスタートします。

図1 ④が3Pエリアに飛び出し、①からのパスを受けます。

図2 ①は④へのパス後、ハンドオフパス

プレーの動画はこちら

図3

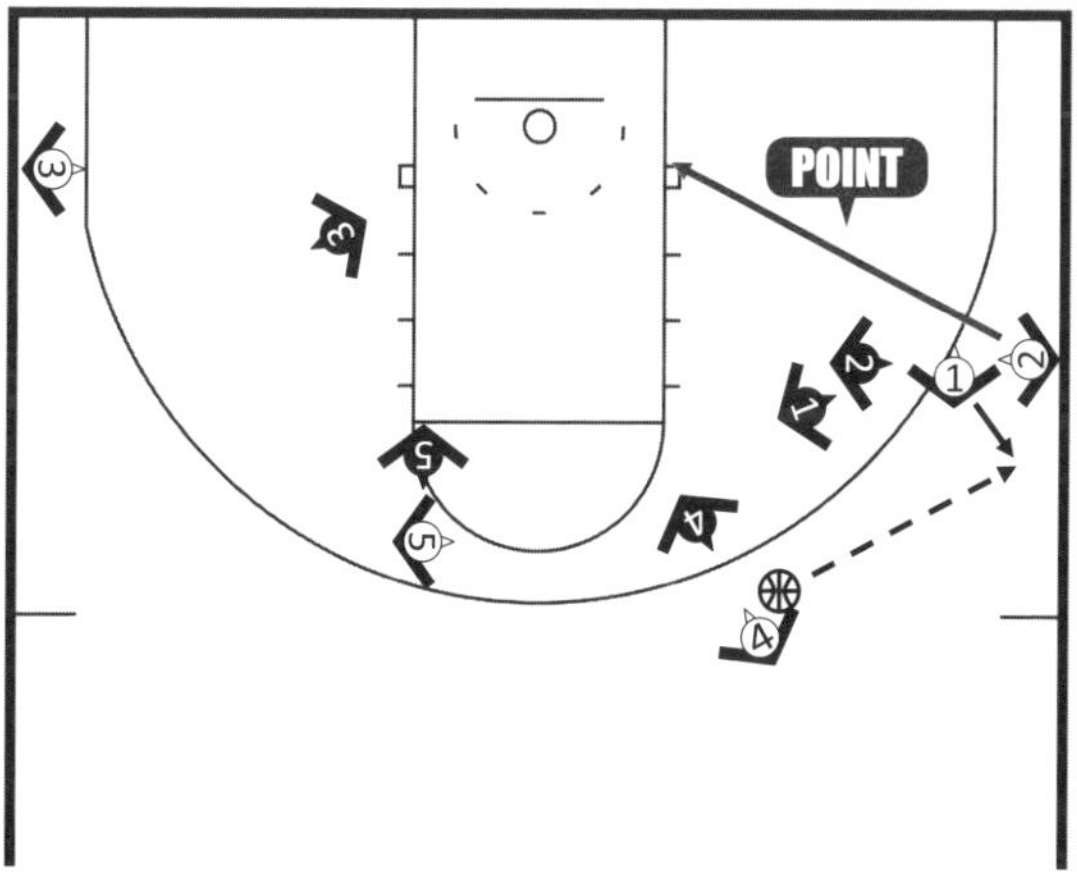

図4

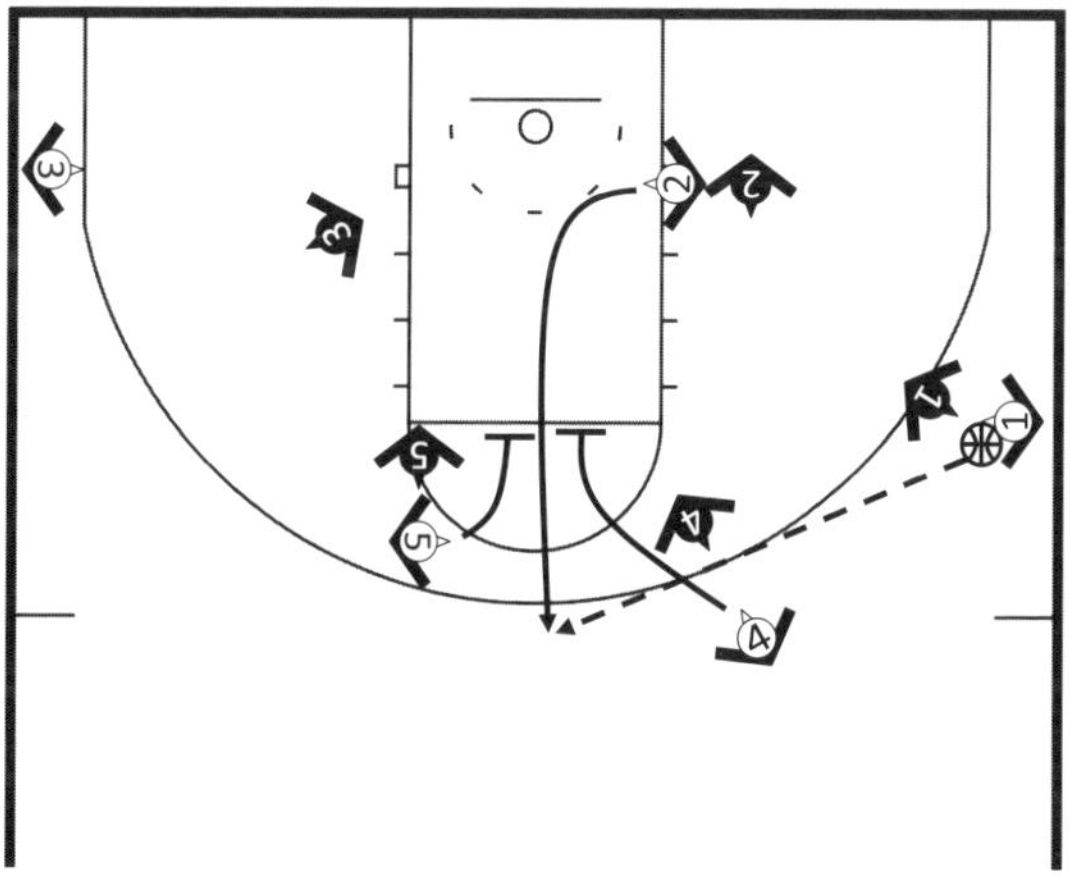

を受けるように見せかけて④の横を通過して右ウィングへと向かい、②とマッチアップする❷にスクリーンをセットします。②は①のスクリーンを利用するように右ウィングへと向かいます。

図3 **②はスクリーンに到達した瞬間に進行方向を変え、右ブロックへと向かい、グラハム❷が②を追う形を作ります。**①は②が進行方向を変えたときにサイドライン側へ飛び出し、④からパスを受けます。

図4 ④はパス後にネイルへと移動し、体をベースラインに向けてスクリーンをセット。⑤も④と並んでスクリーンをセットします。②は進行方向を変えて⑤と④の間を通過し、トップへと飛び出します。⑤と④は②の通過後に間を詰め、❷の進行を阻止します。つまり、❷に対する⑤と④によるエレベータースクリーンになります。ノーマークになった②は①からのパスを受け、3Pショットを放ちました。

GAME DATA 2017年NCAAトーナメント
ノースカロライナ・セントラル大学34vs33UCデイビス大学 2nd half 18:57

Wリーグ

SET Normal 3P

3人が連続して仕掛ける スタッガードスクリーンから3Pショットを狙う

プレーの動画はこちら

図1

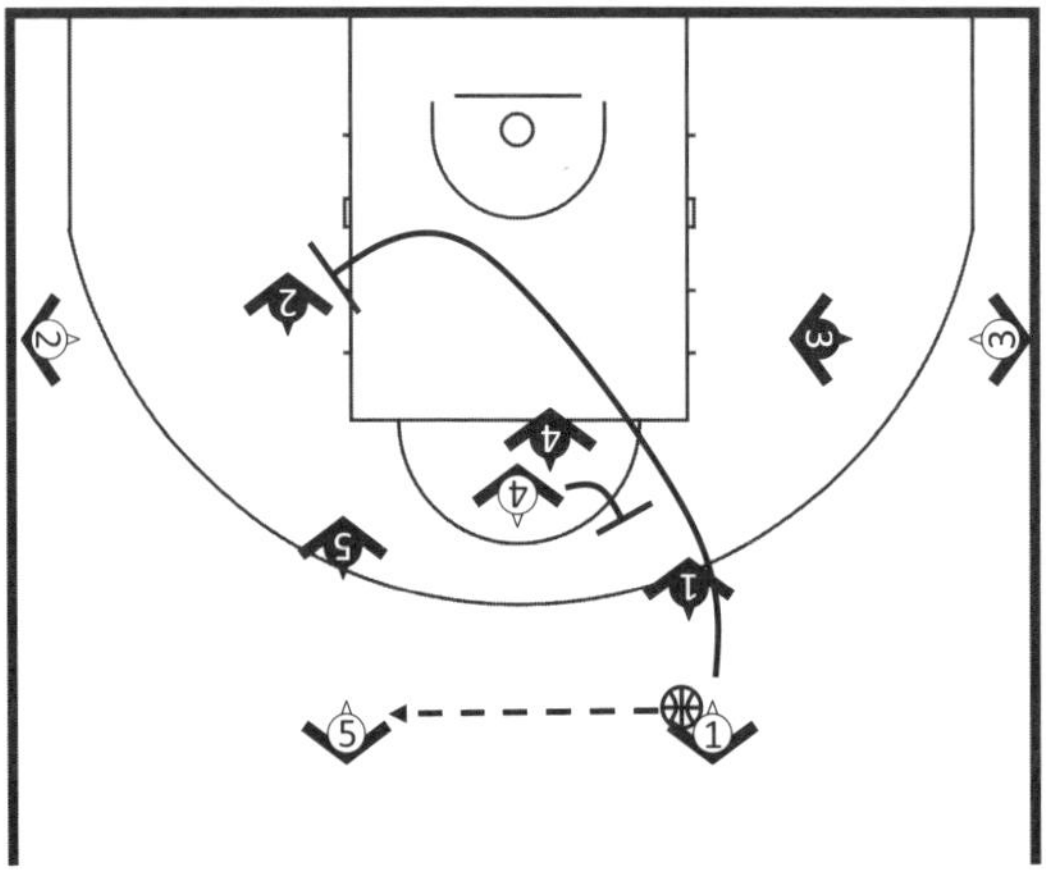

図2

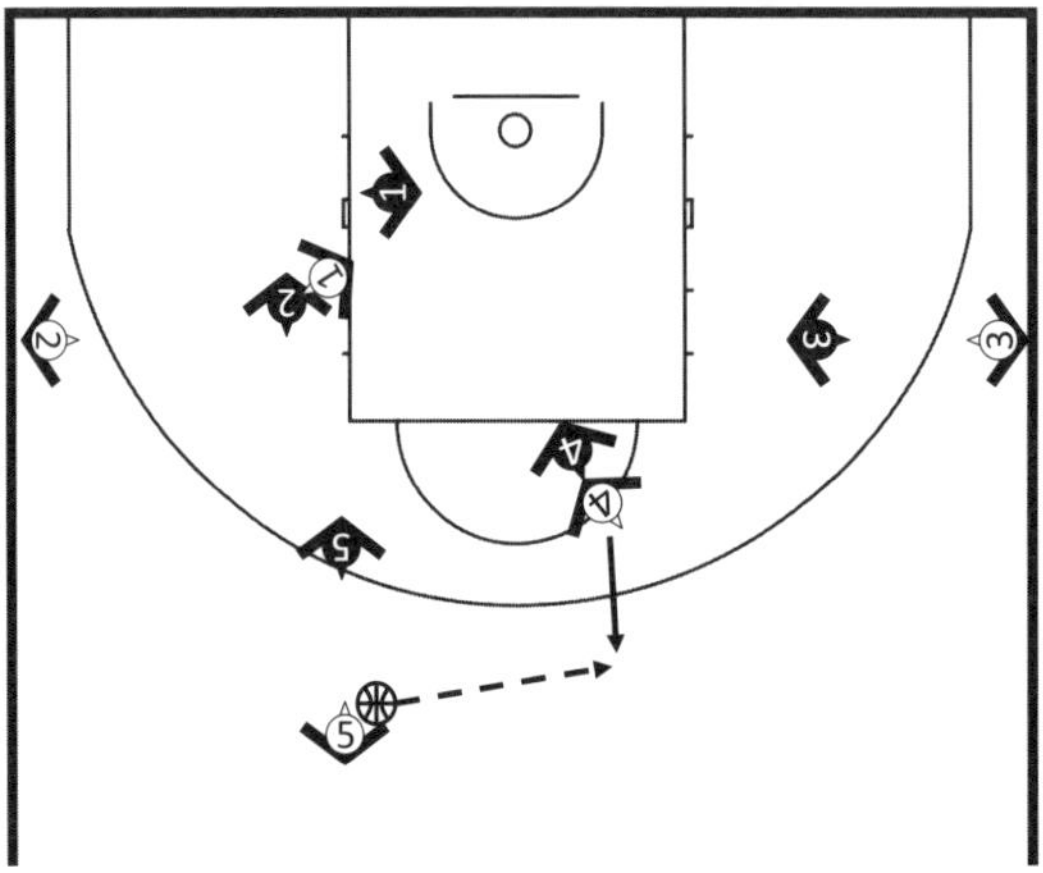

クロススクリーンとダウンスクリーン ハンドオフからのスクリーンと連続する

クロススクリーン、ダウンスクリーン、ハンドオフに続く3人のスクリーナーによるスタッガードスクリーンで3Pショットを狙うセットです。

北村①が右2ガードポジションにドリブルエントリーし、各プレーヤーは図1のようにポジションをとります。

図1 ①が鈴木⑤へとパスを出し、松本④は❶にスクリーンをセットします。①は④のスクリーンを利用してペイント内を通過し❷にスクリーンをセットします。

図2 ⑤はトップへ移動した④にパスを出します。

図3

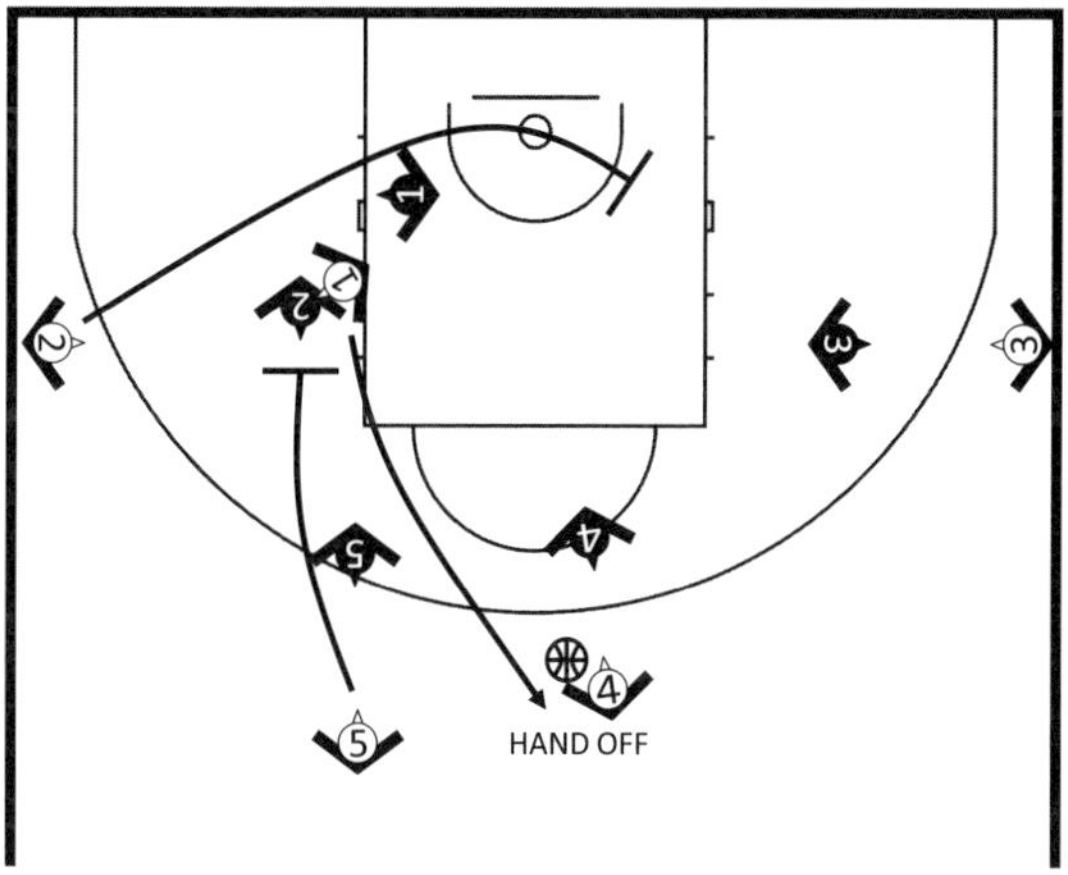

図4

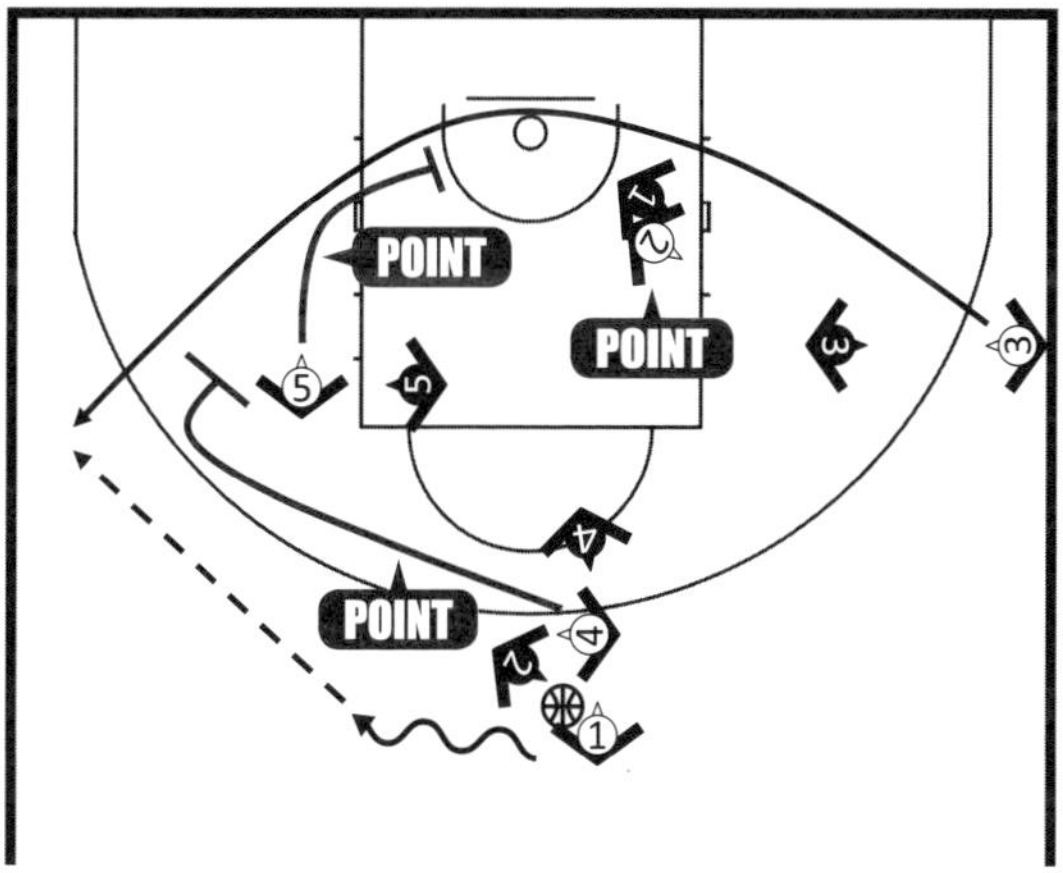

図3 八木②は①のスクリーンを利用してペイント内に侵入し、❸にスクリーンをセット。②と①のスクリーンプレーに、❷と❶はスイッチで対応します。⑤は④へのパス後、スイッチにより①とマッチアップする❷に対してスクリーンをセット。①は⑤のスクリーンを利用し、④へと向かいハンドオフパスを受けます。⑤は①のスクリーン利用後、左ゴール下あたりで体をミドルラインに向けてスクリーンをセットします。

図4 **④はハンドオフパス後、左エルボーあたりへと移動し、体をゴールに向けてスクリーンをセット(❸に②、⑤、④のスタッガードスクリーン)**。白鞘③はスクリーンを利用し、左ウィングへと飛び出し、同時に①は左2ガードポジションへドリブルで進み、③へのパスアングルを確保します。❸は3つのスクリーン回避が困難なため、ノーマークになった③は①のパスから3Pショットを放ちました。

GAME DATA
2019シーズン
日立ハイテクvsデンソー

スクリーン・ザ・スクリーナーでノーマークのシューターが3Pショットを放つ

図1

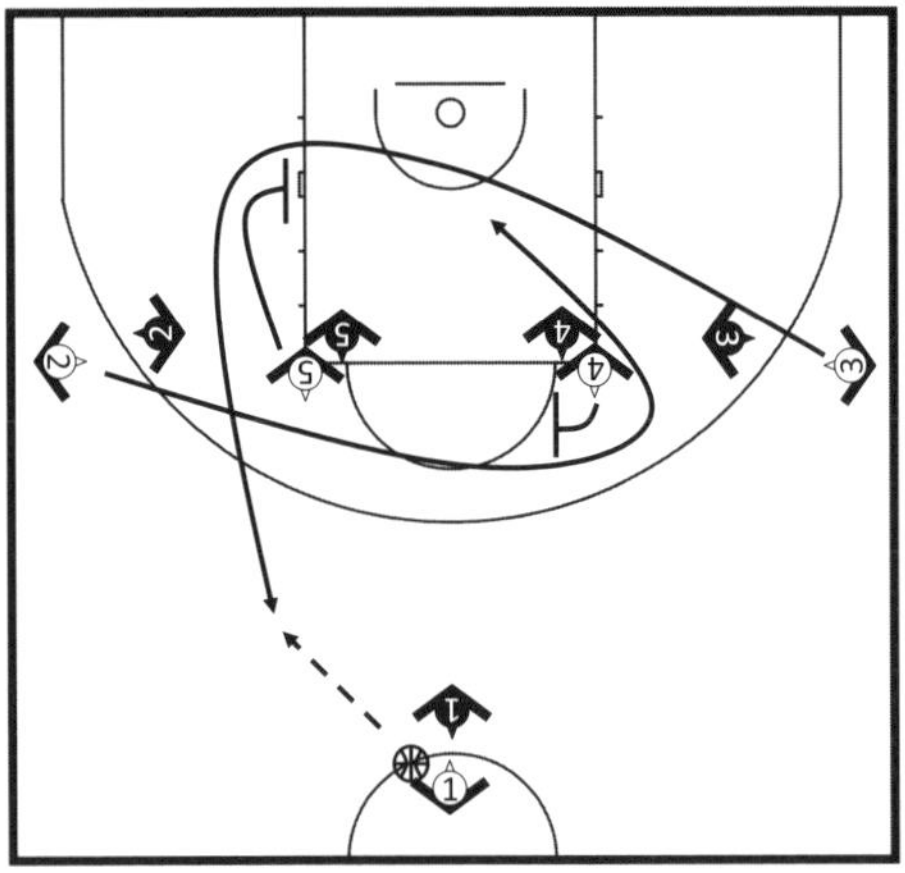

図2

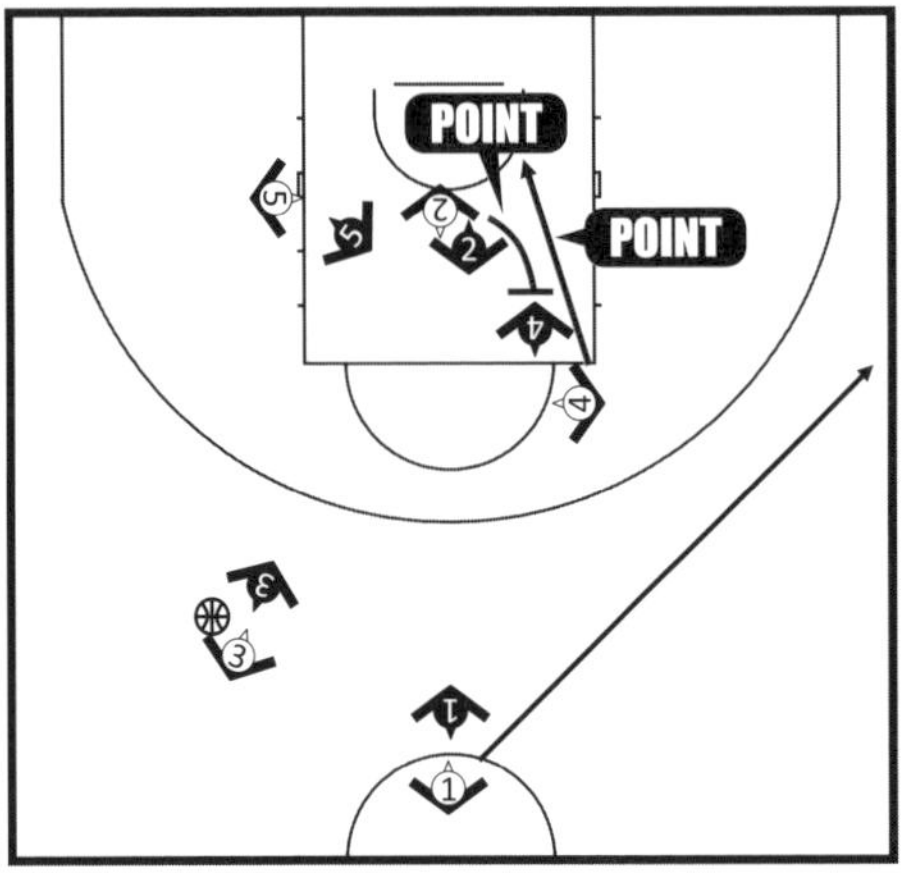

スクリーン・ザ・スクリーナーでノーマークになりショット

AIに続くスクリーン・ザ・スクリーナー（STS）でシューターをノーマークにし、3Pショットを放たせるセットです。

富樫勇樹①がセンターサークルでボールをコントロールし、左ウィングに田口成浩②、左エルボーにジョシュ・ダンカン⑤、右エルボーにマイケル・パーカー④、右ウィングに原修太③と1・4ハイセットからスタートします。

図1 ②は⑤と④のハイサイドを通過し、右サイドへと移動。②に合わせて⑤は左ブロックへと移動（軌道が中東泰斗❷のコースをふさぐ）。また④は②の移動に合

プレーの動画はこちら

図3

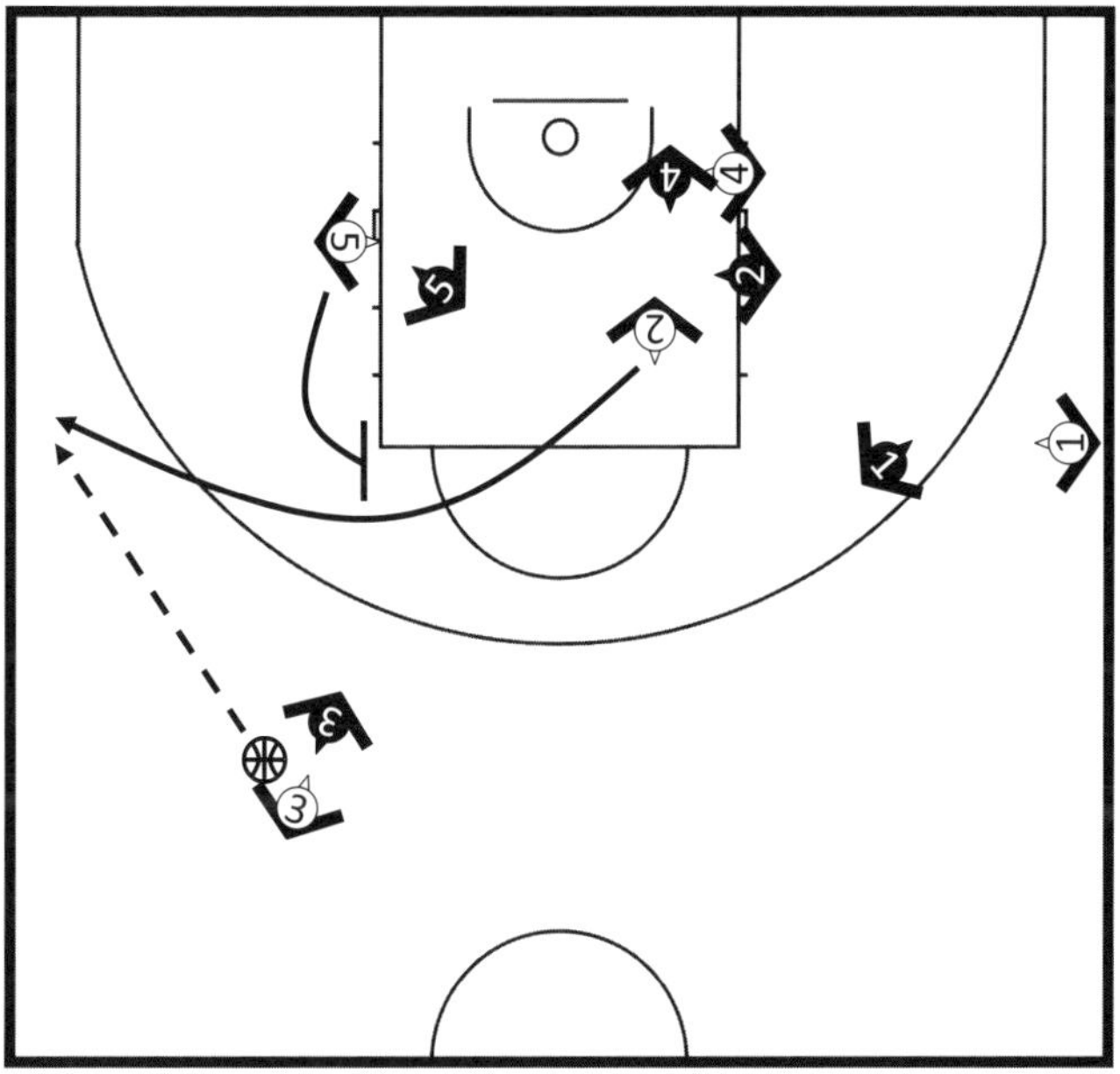

わせ、体をミドルラインに向けて❷にスクリーンをセットします。②は④の周りをカールし、ペイント中央へと侵入します。⑤は体をミドルラインに向けてスクリーンをセット。③は②の移動と同時にゴール下を通過し、⑤のスクリーンを利用して左2ガードポジションへと飛び出し、①からのパスを受けます。

図2 ①はパス後に右ウィングへ移動。**②は進行方向を変え、イシュマエル❹にスクリーンをセットします。④は②のスクリーンを利用し、ゴール付近に侵入します（いったん❷が対応）**。

図3 ④と②によるスクリーンプレー中に、⑤は左エルボーへと移動し、体をミドルラインに向けてスクリーンをセット。②は⑤のスクリーンを利用し、左ウィングへと飛び出します。❷にとっては、④に対応している間に、②が⑤のスクリーンを利用するため、②についていくことが難しい状況です。ノーマークになった②は③からのパスを受け、3Pショットを放ちました。

GAME DATA
2019-2020 Bリーグ
千葉ジェッツ30vs27名古屋ダイヤモンドドルフィンズ3Q 10:00

EURO

SET Normal 3P

大きなボール展開とハンドオフからのフロッピーで3Pショットを狙う

図1

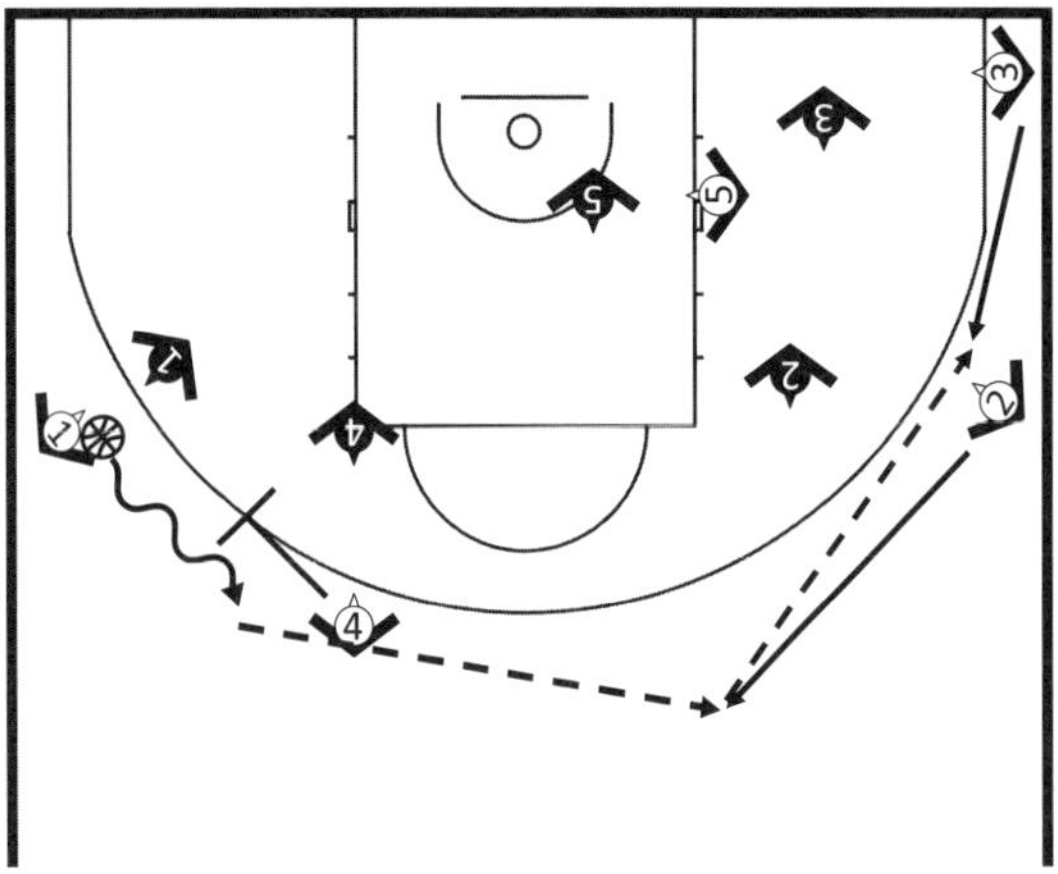

図2

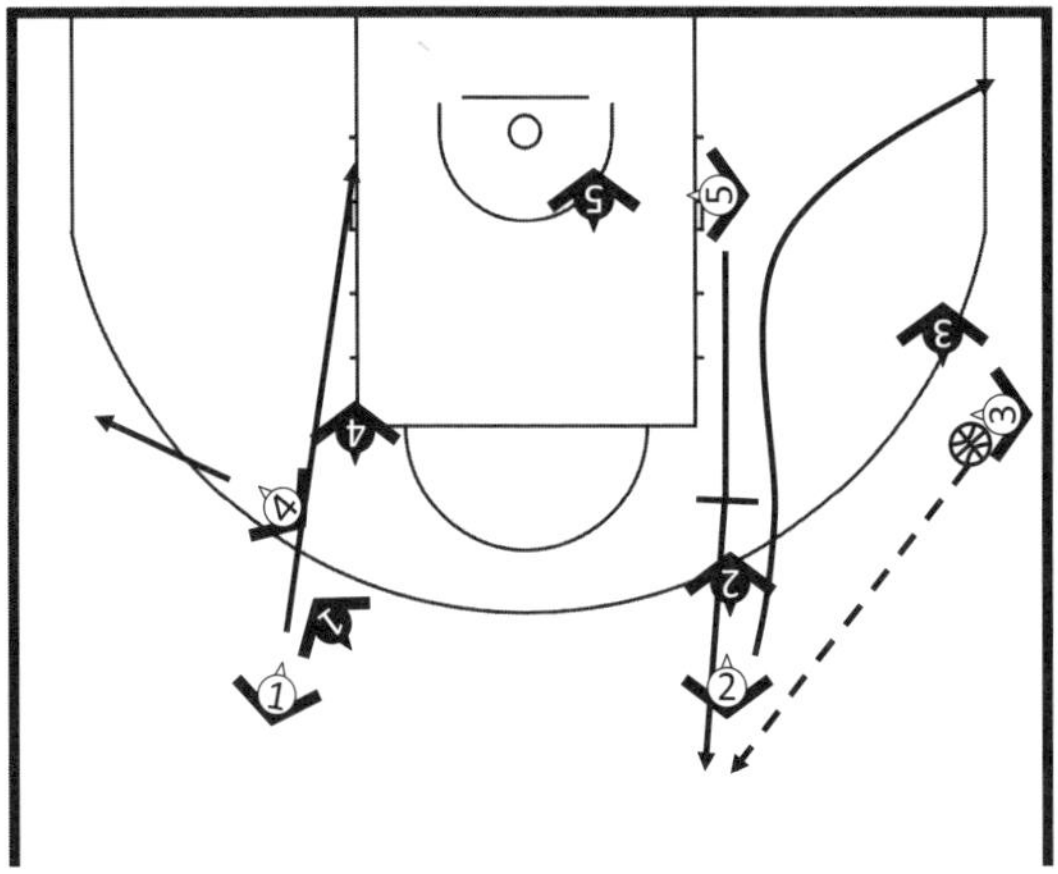

左右どちらのスクリーンも利用できる状況を作り出す

大きなボール展開とハンドオフからのフロッピーによりシューターをノーマークにして3Pショットを放たせるセット。

①が左ウィングにドリブルエントリーし、各プレーヤーは図1のようにポジションをとります。

図1 ④は❶にピックスクリーンをセット。①は④のスクリーンを利用して左2ガードポジションへ進み、移動してきた②にパスを出します。②は右ウィングへ移動してきた③にパスを出し、右サイドへボールを展開します。

図2 ⑤は②のパスのタイミングで❷に

プレーの動画はこちら

図3

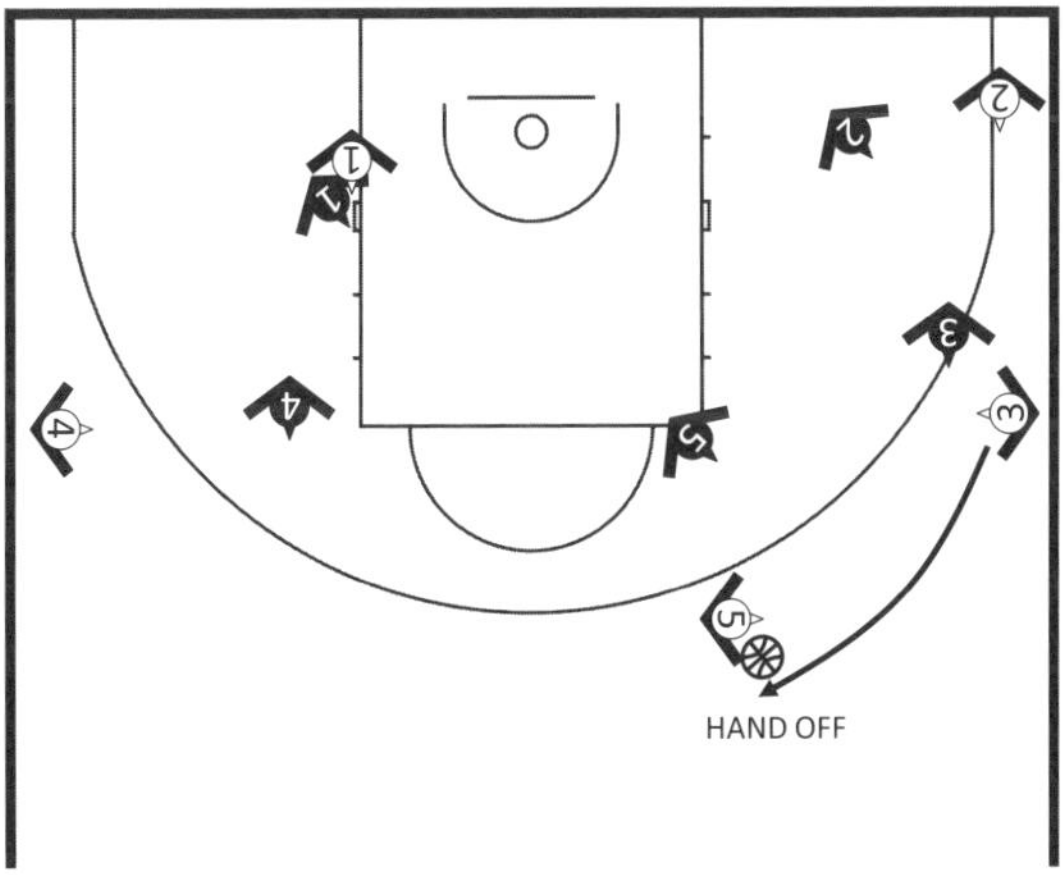

図4

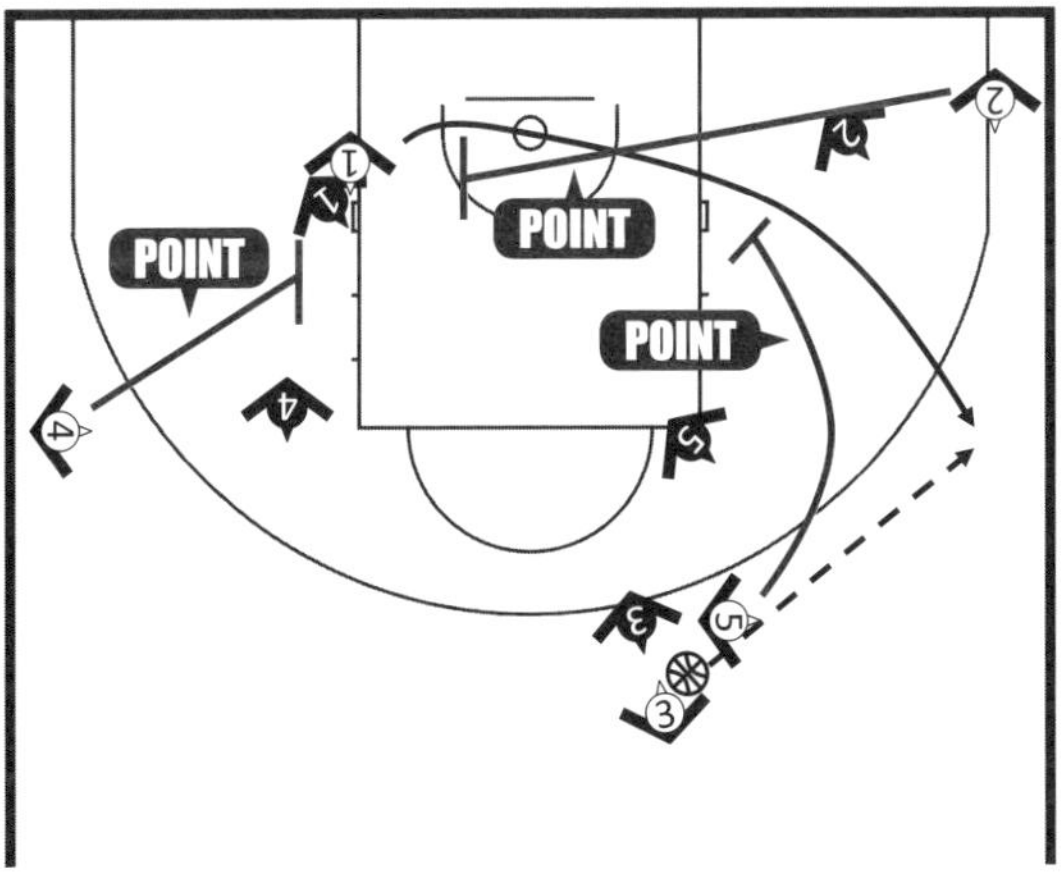

スクリーンをセット。②は⑤のスクリーンを利用し、右コーナーへと移動します。⑤は②のスクリーン利用後、右2ガードポジションへと飛び出し、③からのパスを受けます。その間に①は左ブロック、④は左ウィングへと移動します。

図3 ③はパス後に⑤へ向かい、ハンドオフパスを受けます。

図4 パスの動きに合わせて②はペイント内に侵入し❶に、④は左サイドから❶にスクリーンをセット。⑤はパス後、右ブロックあたりに移動し、体をゴールに向けてスクリーンをセット。これにより**①が左サイドへ移動すれば④によるシングルスクリーン、右サイドへ移動すれば②と⑤によるスタッガードスクリーンというフロッピーが完成します。**❶は①がどちらのスクリーンを利用するかわからず、スクリーン回避の準備が難しくなります。この後①は右ウィングへと飛び出し、ノーマークで③からのパスを受け3Pショットチャンスを得ました。

GAME DATA CHAMPIONS LEAGUE
PARTZN 0vs0 LUDWIG 1Q 9:55

NBA

SET Normal 3P

連続して展開するアクションから3Pショットを狙う

図1

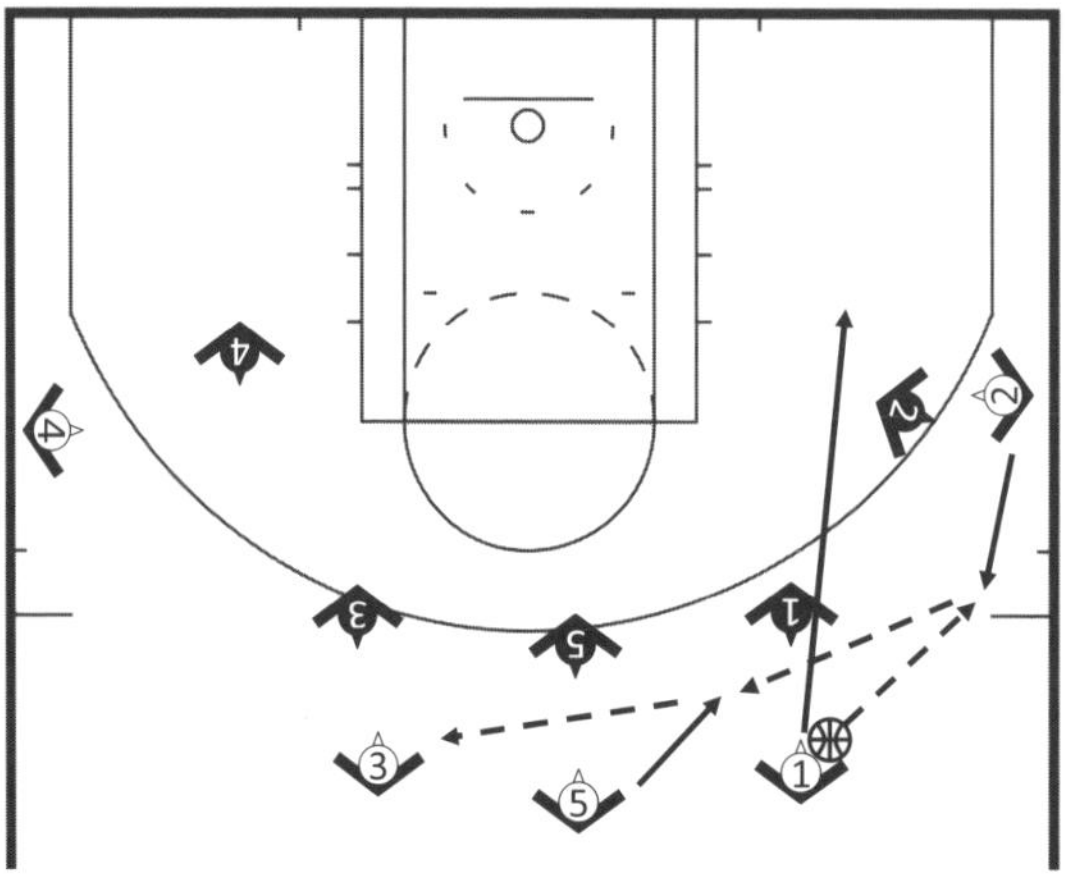

図2

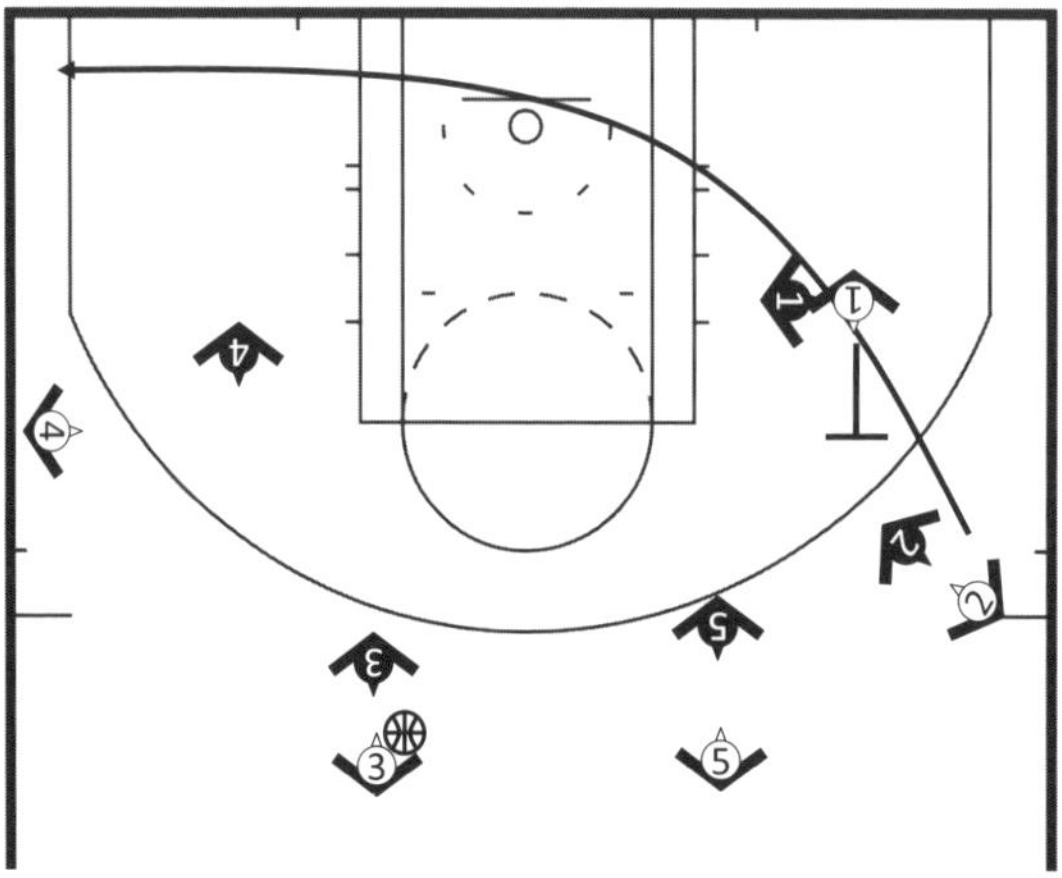

スクリーン・ザ・スクリーナー、DHO フレアスクリーンと展開する

スクリーン・ザ・スクリーナー、DHO、フレアスクリーンと連続して展開されるアクションから3Pショットを狙うセットです。

デロン・ライト①が右2ガードポジションあたりにドリブルエントリーし、各プレーヤーは図1のようにポジションをとります。

図1 ①は右スロットあたりに動く②へパスを出し、ゴール側に入った位置に移動します。②は⑤へ、⑤は③へとパスを出してボールを展開します。①は②がパスを出すタイミングで❷にスクリーンをセッ

プレーの動画はこちら

図3

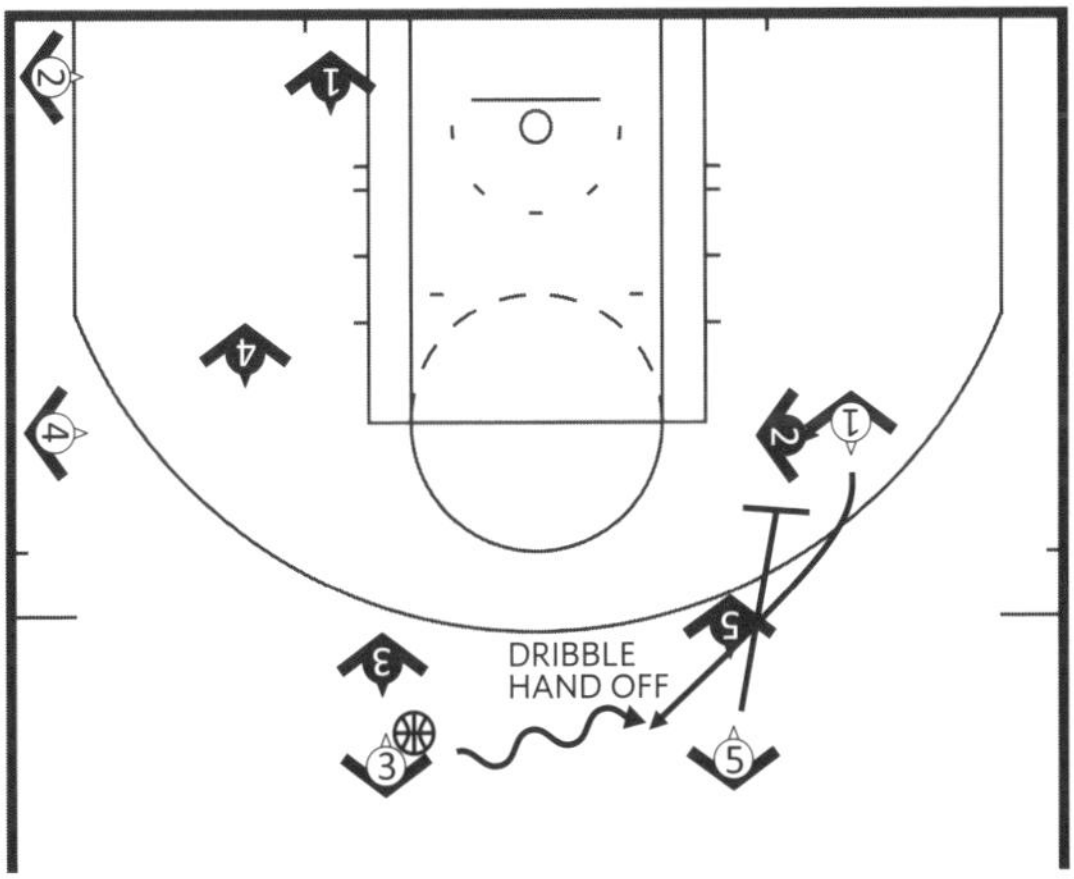

図4

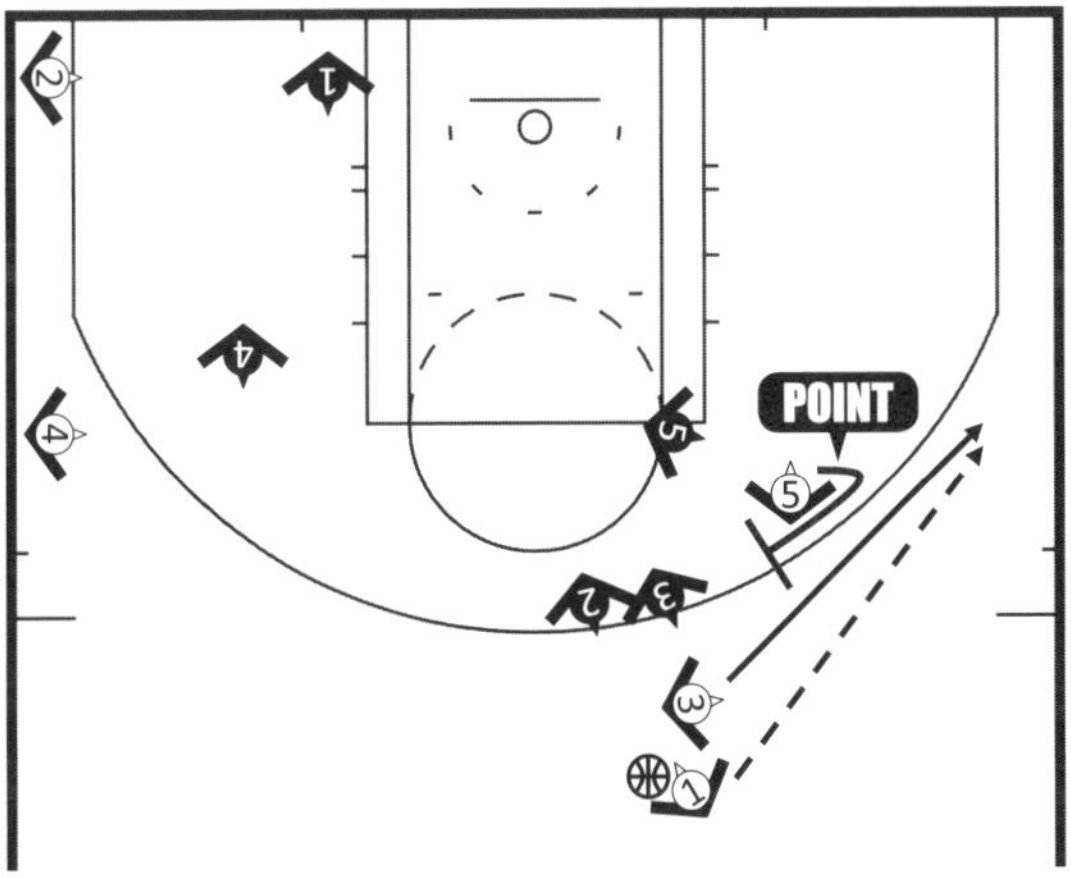

トします。

図2 ②は①のスクリーンを利用して左コーナーへ移動し、右サイドのスペースを作り出します。①、②とマッチアップする❶と❷は①と②のスクリーンプレーにスイッチで対応します。⑤は②が①のスクリーンを利用するタイミングで、①とマッチアップする❷にスクリーンをセットします。

図3 ①は⑤のスクリーンを利用して③へ向かい、③のアウトサイド側を通過する際にハンドオフパスを受けます。⑤は①のスクリーン利用後に体の向きを変え、❸にスクリーンをセット。

図4 ③はパス後に⑤のスクリーンを利用し、右ウィングへと飛び出します。**❸はドリブルハンドオフへの対応直後にフレアスクリーンがセットされ、回避が難しくなります。**ノーマークになった③は①からのパスを受け、3Pショットを放ちました。

GAME DATA 2020年プレーオフ第2戦
マーベリックス44vs32クリッパーズ 2Q 6:53

ゴーストスクリーンからのスクリーンを利用して3Pを狙う

図1

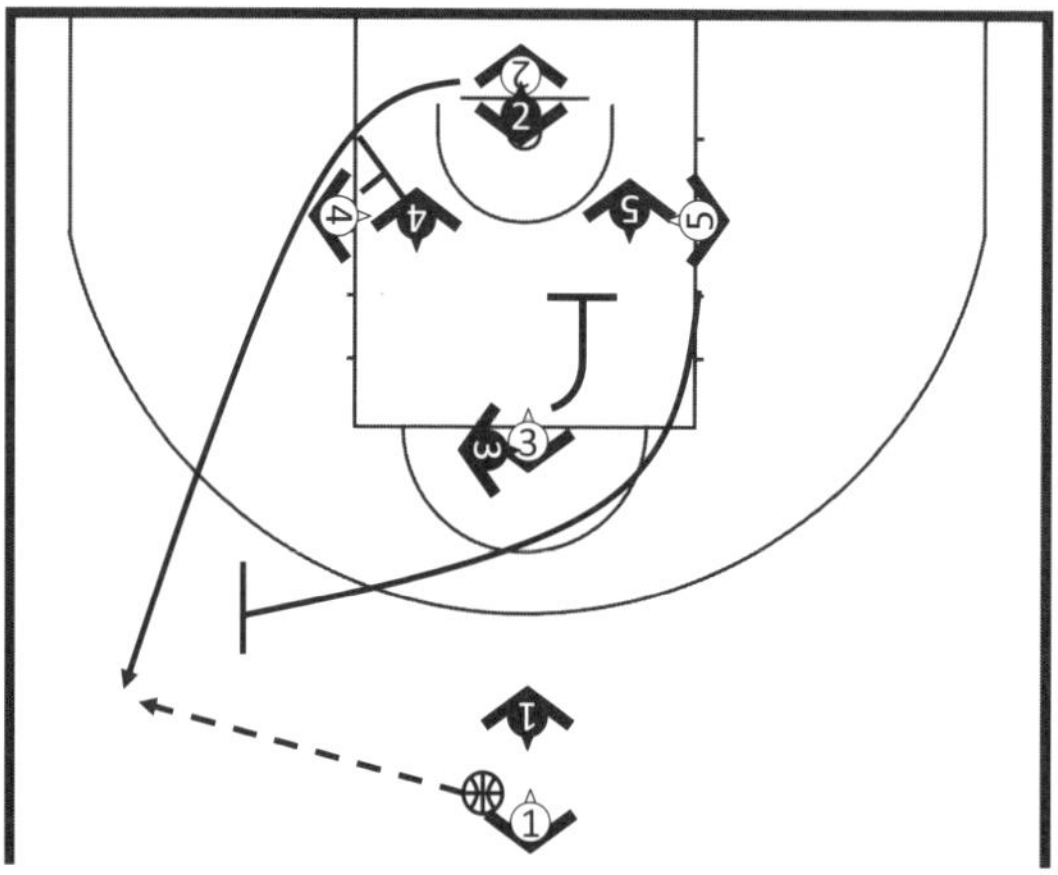

図2

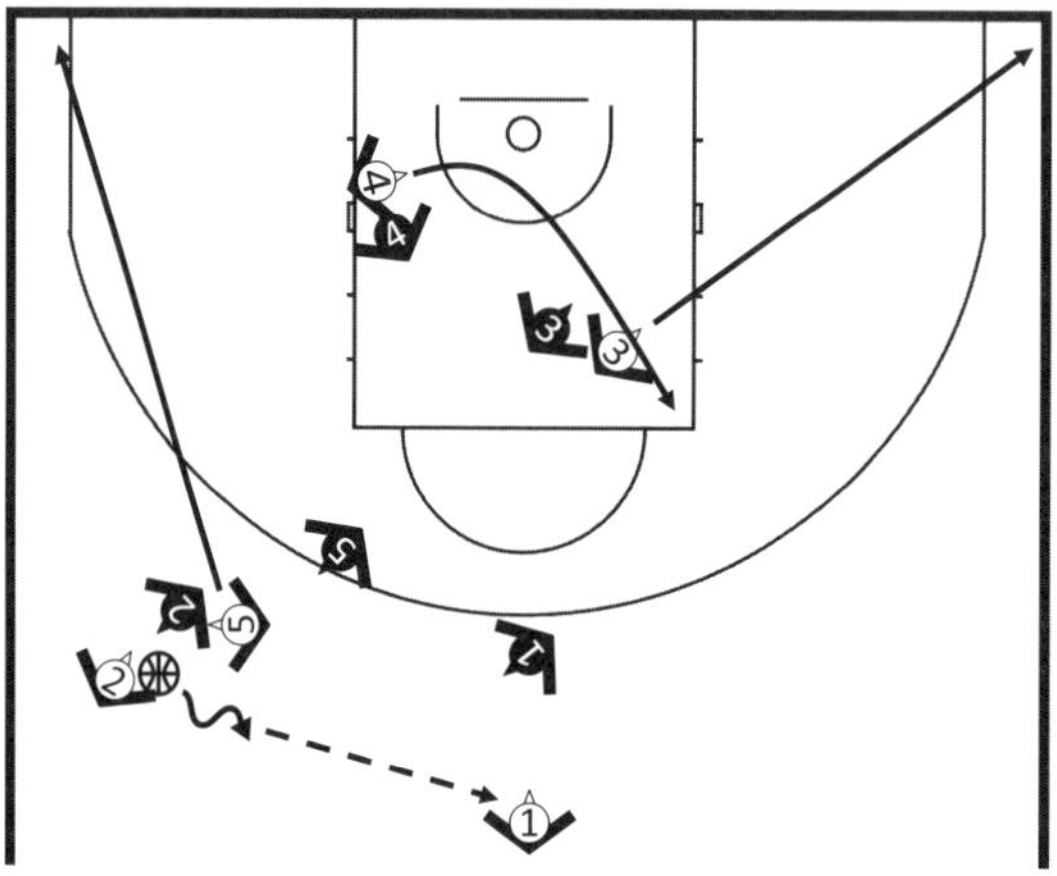

ゴーストスクリーンから オフボールスクリーンをセット

ゴーストスクリーン（スクリーンをかけるふり）からのスクリーンを利用し、ノーマークで3Pショットを狙うセットです。

ヨキッチ①がトップでボールをコントロールし、ネイルにルシッチ③、左ブロックにミルチノフ④、右ブロックにビルチェヴィチ⑤、ゴール下にボクダノビッチ②とダイヤモンドのアライメントからスタートします。

図1 ④は❷にスクリーンをセット。②は④のスクリーンを利用して左スロットへと飛び出し、①からのパスを受けます。このプレーと同時に③は❺にスクリーンをセットします。⑤は③のスクリーンを

プレーの動画はこちら

図3

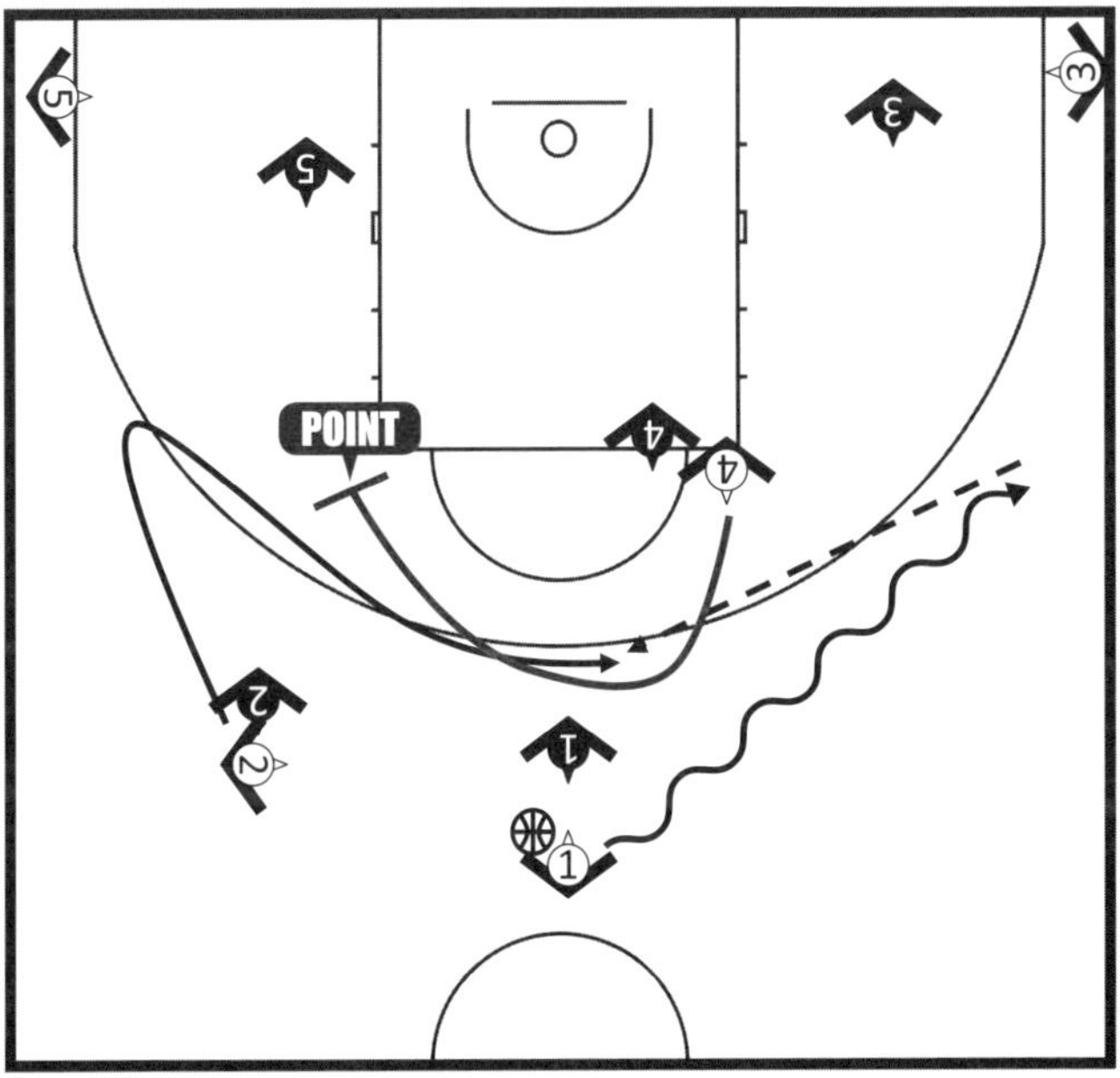

利用して左スロットへと移動し、ボールを保持した②をディフェンスする❷にピックスクリーンをセットします。

図2 ②は⑤のピックスクリーンを利用してミドルライン方向へのドリブルから①へパス。⑤は②のスクリーン利用後、左コーナーへと移動します。

図3 ②はパス後、❺へスクリーンをセットするように、左ウィングあたりまで移動。④は①がボールを保持したタイミングで、❶にスクリーンをセットするようにトップ方向へ移動します。①はゴーストスクリーンで④のスクリーンを利用するように右ウィングへとドリブル。しかし④**は❶にスクリーンをセットせずに左エルボーへ移動し、❷にスクリーンをセット**。②は④のスクリーンを利用し、トップへと飛び出します。❷は②と⑤のスクリーンプレーへの対応準備中に④によるスクリーンがセットされ、スクリーンの回避が難しい状況です。②は①からのパスを受け、3Pショットを沈めました。

GAME DATA
2019年男子ワールドカップ
セルビア0vs1イタリア 1Q 9:37

ビッグマンをアウトサイドに出すことにより確実なインバウンズを狙う

図1

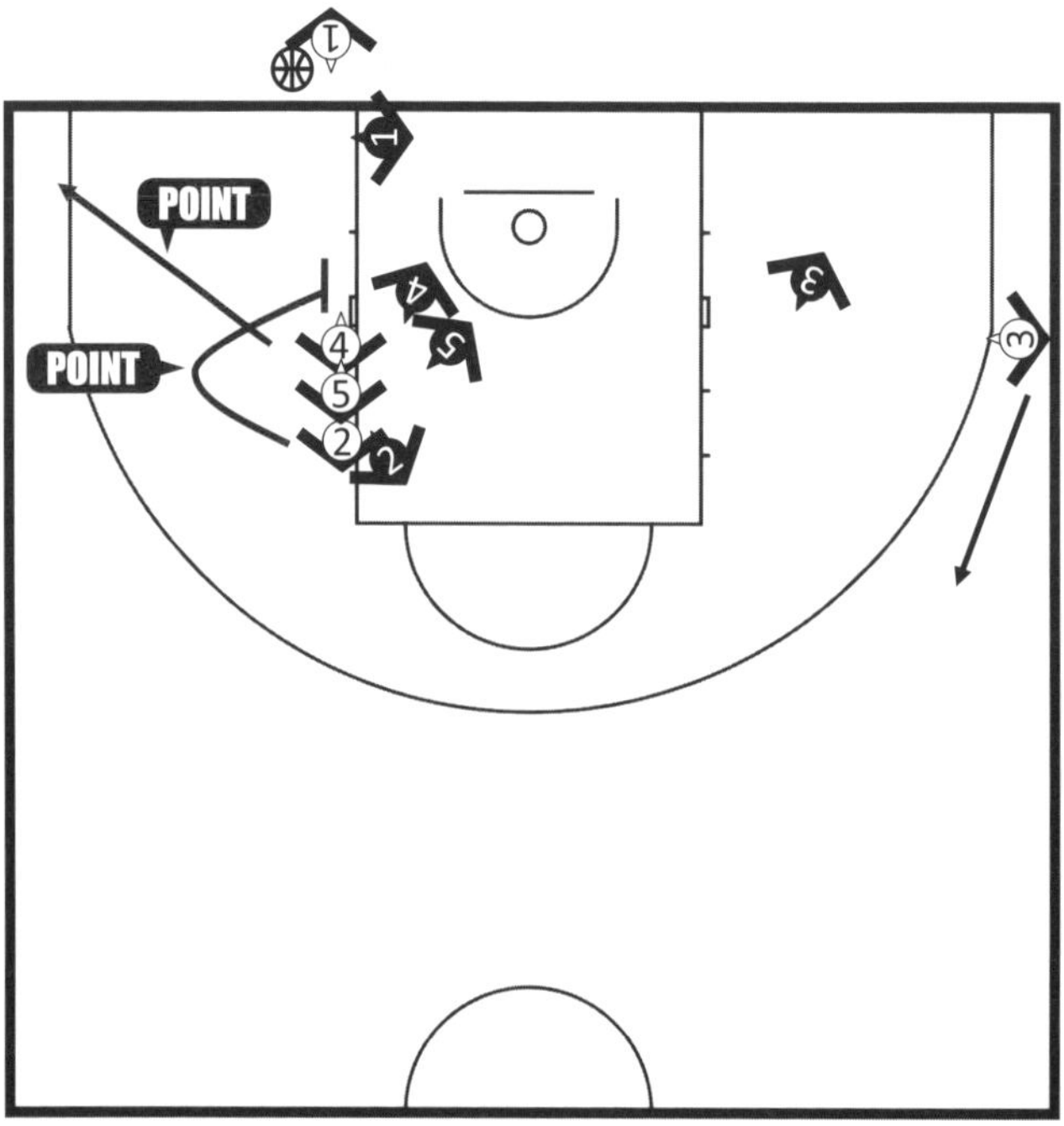

ディフェンスに警戒されるビッグマンを外に出す

ディフェンスからゴール下への侵入を警戒されるビッグマンをアウトサイドに出すことにより確実なインバウンズを狙うセットです。カナダの4点リードで加点を狙うと同時に、確実に時間の消費も狙いたいところです。

キア・ナース①がインバウンダーを務め、ウィークサイドのコーナーとウィングの間にキム・ゴーシェ③、ボールサイドのスロットラインにベースライン側からナヨ・レインコック・エクンウェ④、ナタリー・アチョンワ⑤、ブリジット・カールトン②の順で並び、体の正面をベースラインに向

プレーの動画はこちら

図2

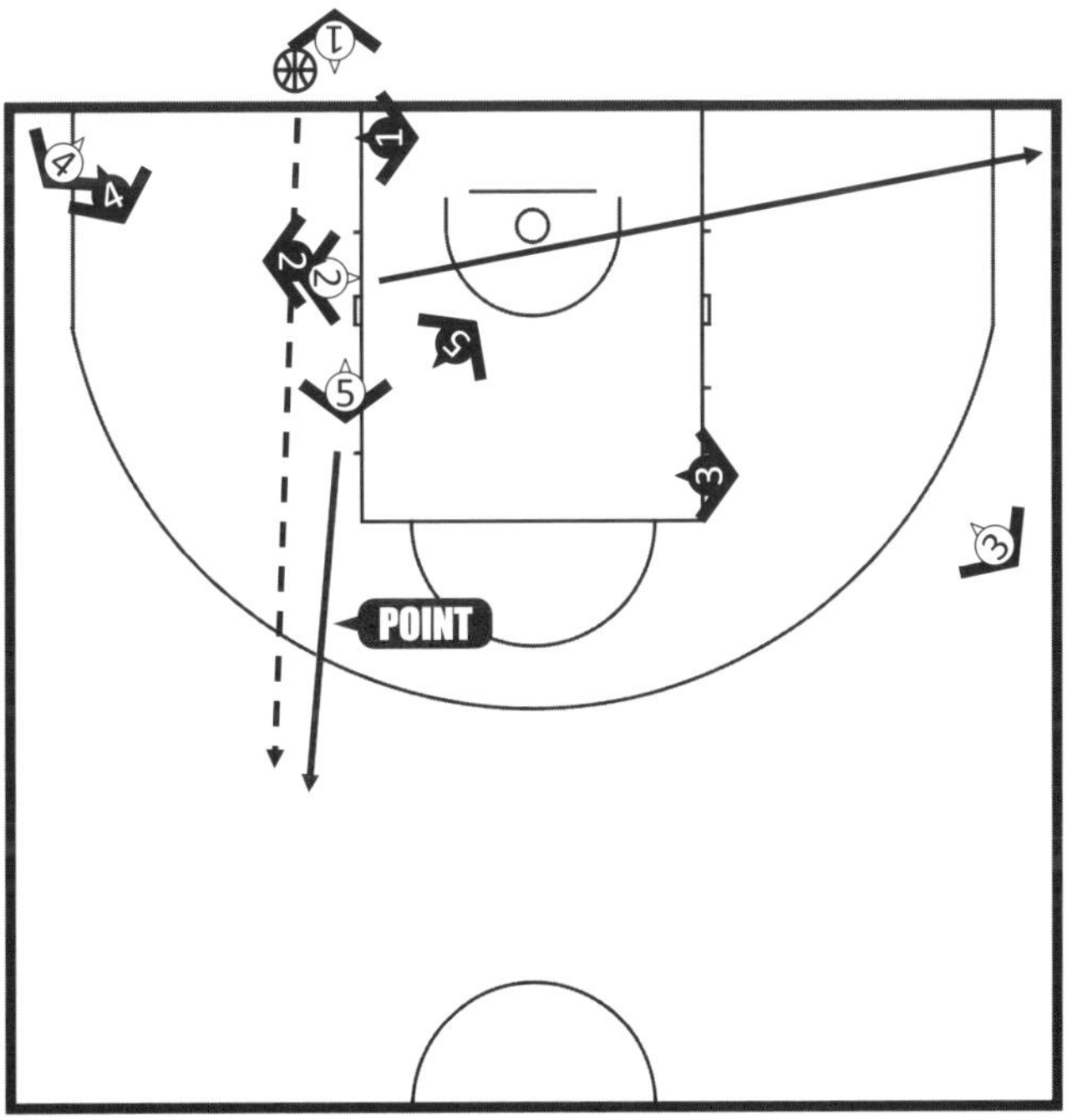

けてポジションをとります。④、⑤とマッチアップする赤穂ひまわり❹、渡嘉敷来夢❺はマイマンよりもゴール側に位置し、③、②とマッチアップする町田瑠唯❷、林咲希❸と比較して、マイマンよりもゴールを守るポジションをとっています。

図1 ①がボールを保持したタイミングで列の一番後ろに並ぶ**②が列のアウトサイド側をぐるりと回り、④とマッチアップする赤穂❹にスクリーンをセットします。④は②のスクリーンを利用してボールサイドのコーナーへと飛び出し、①からのパスを受けようとします。**④と②によるスクリーンプレーの間に、③はウィークサイドのウィングへと移動し、コーナーを空けます。

図2 ②は④によるスクリーンの利用後、ウィークサイドのコーナーへと移動し、ボールサイドのスペースを作り出します。**⑤は④へのパスが入らないことを確認するとボールサイドの2ガードポジションへと飛び出して①からのパスを受け、インバウンズを成功させました。**

GAME DATA 2019年OQT
カナダ67vs63日本 4Q 1:06

NT

INBOUNDS SOB

一気に散らばり、スイッチの予測を困難にして確実なインバウンズを狙う

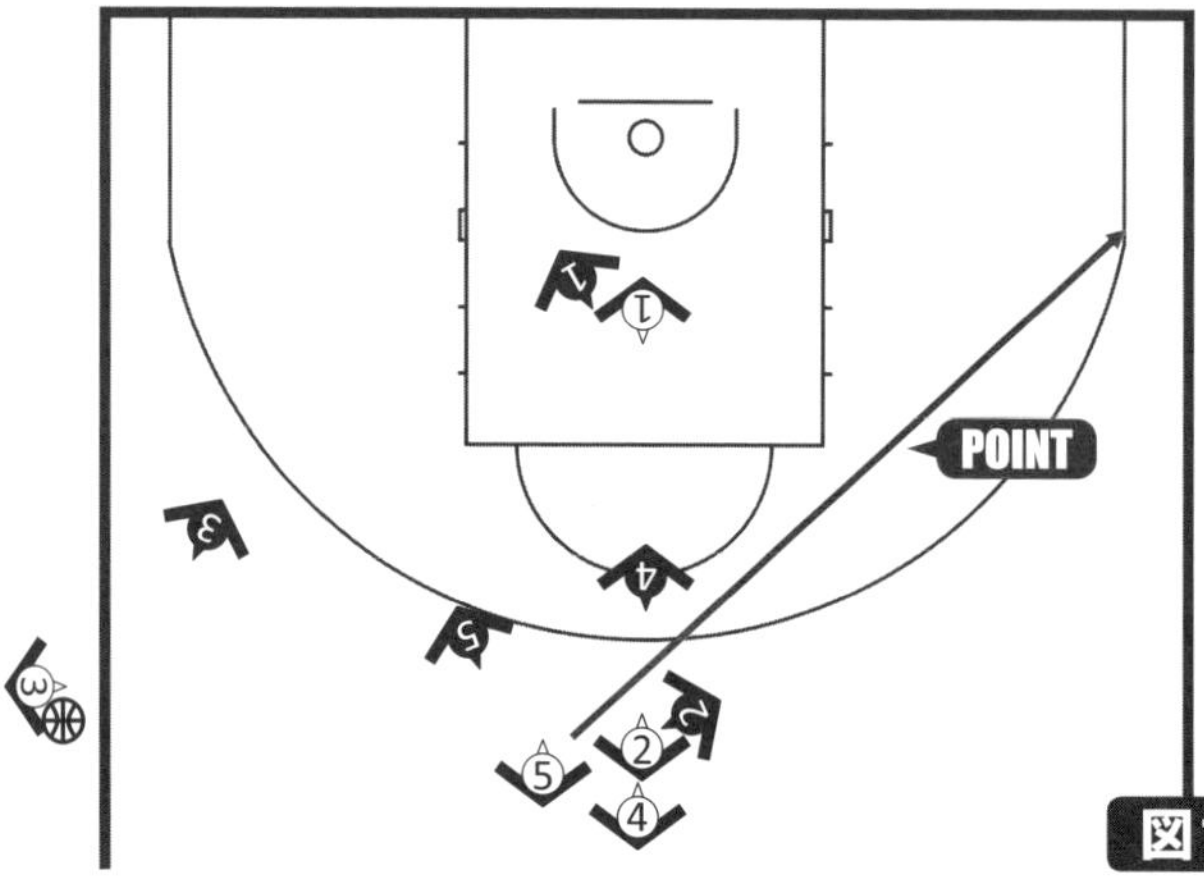

図1

図2

さまざまな方向へ散らばり予測を困難にする

オフボールマンが固まった状態から一気にさまざまな方向へと散らばることにより、スイッチの予測を困難にして確実なインバウンズを狙うセットです。オーストラリアが5点リードしている状況ですが、リトアニアによるファウルゲームが予想されるため、オーストラリアとしてはまず確実にインバウンドしたいところです。

ジョー・イングルス③がインバウンダーを務め、トップにパティ・ミルズ②が位置し、その後方に、クリス・ゴルドウィン④が位置し、2人よりもボール側にアーロン・ベインズ⑤が位置し、トップのエリアに3人のプレーヤ

プレーの動画はこちら

図3

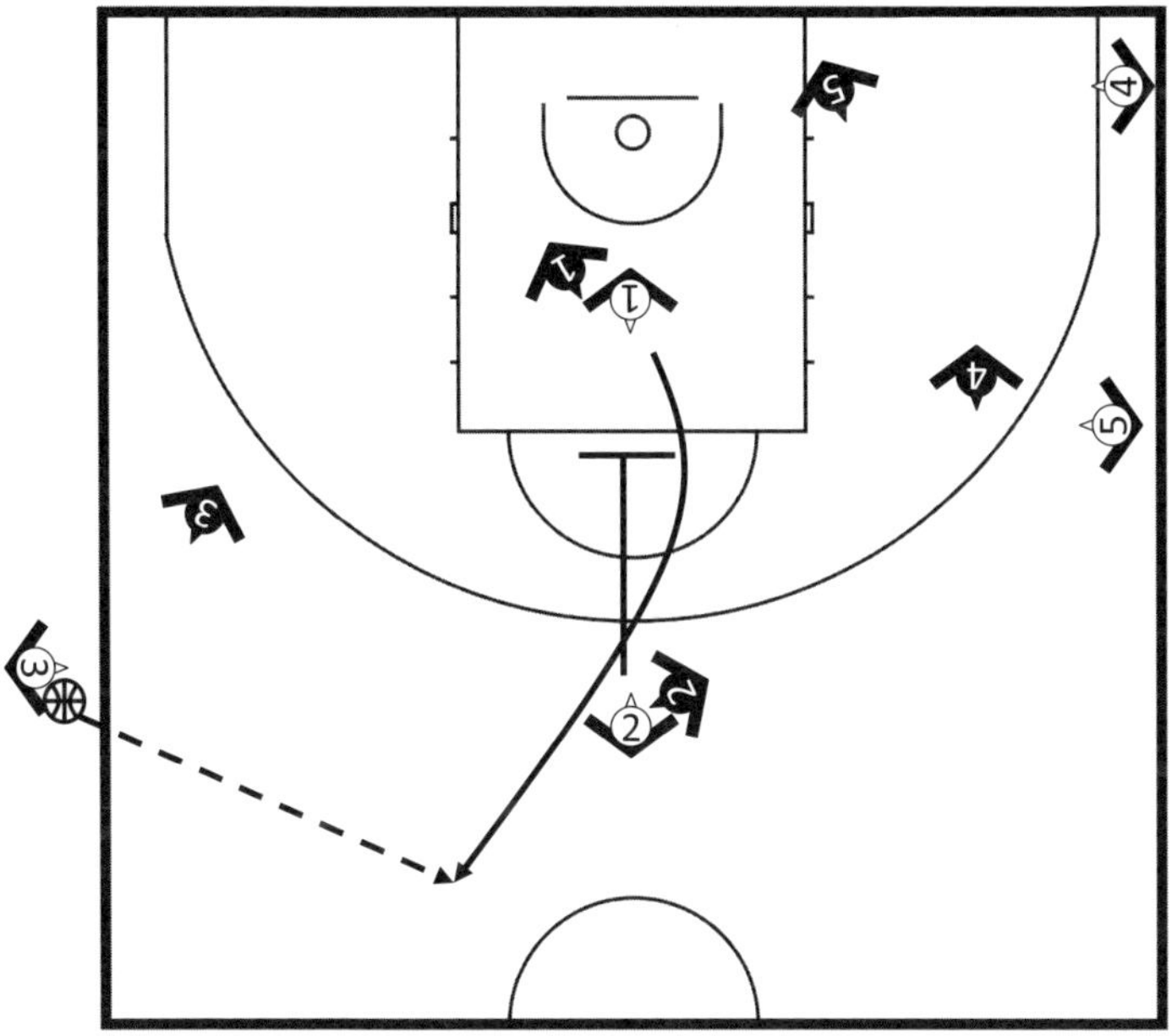

ーが固まります。マシュー・デラベドバ①はペイントの中央にポジションをとります。

図1 ③がボールを保持したタイミングで⑤がウィークサイドのコーナーへと動き出します。

図2 ⑤が動き出した直後、④が②のボールサイド側を通過してウィークサイドのコーナーへと移動します。⑤は④がコーナーに到達する前にウィングへと移動します。

図3 ②は④が動き出したタイミングでネイルへと移動し、①とマッチアップするアーナス・ブトケヴィチュース❶に対してスクリーンをセットします。①は②のスクリーンを利用し、センターサークル付近まで駆け上がり、③からのパスを受けました。リトアニアはオーストラリアのアクションにスイッチで対応しましたが、オフボールマンが固まった状態から一気に様々な方向へと散らばるため、スイッチの予測が難しい状況になります。結果として①は余裕を持って確実にボールを保持することができました。

GAME DATA 2019年ワールドカップ
オーストラリア85vs80リトアニア 4Q 0:17

COLUMN

コーチデベロッパー

文:小谷 究

皆さんは「コーチデベロッパー」という言葉を聞いたことがあるでしょうか?

「コーチのコーチ」や「コーチ育成者」と呼ばれる役割で、日本バスケットボール協会でもコーチデベロッパーをライセンス化し、その養成に取り組んでいます。

基本的にコーチデベロッパーはコーチと関わります。プレーヤーや、コーチが扱う戦術自体に関わることはありません。

コーチデベロッパーがコーチとともに戦術に触れる場合、コーチ自身がその戦術を選択した理由を明確にし、その他のよりよい戦術の選択はないかの検討、また戦術をプレーヤーに落とし込む方法をコーチ自身が導き出すための媒介となります。したがって、コーチデベロッパーがバスケットボールを専門としない者であったとしても十分に役割を果たすことができます。

逆に、コーチデベロッパーがバスケットボールを専門とする者の場合、どうしても戦術自体に目がいってしまうことがあります。もちろん、コーチデベロッパーがコーチとともに戦術自体について議論できればいいのですが、それだけに終始してしまうとコーチングの核となる部分に迫ることができません。

今後のバスケットボール界の発展には、コーチデベロッパーの存在が不可欠になります。近い将来、どのチームにもコーチデベロッパーが配置されることになるでしょう。

巻末資料

セットでよく見られるパターンの特徴

ラインセット

図1

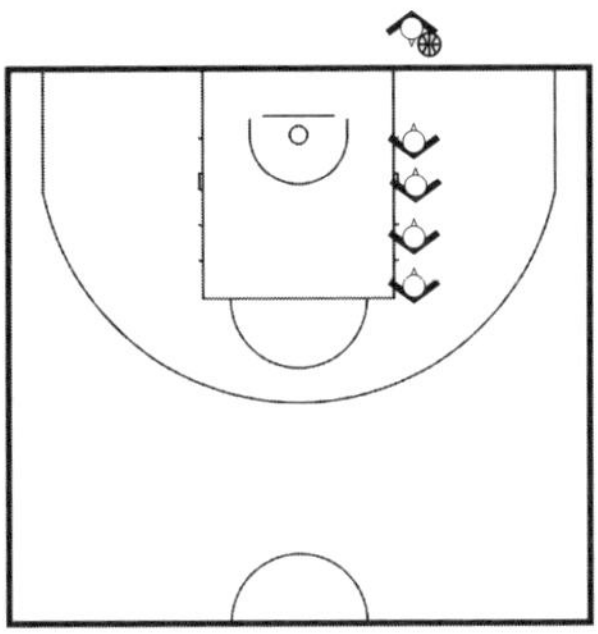

図2

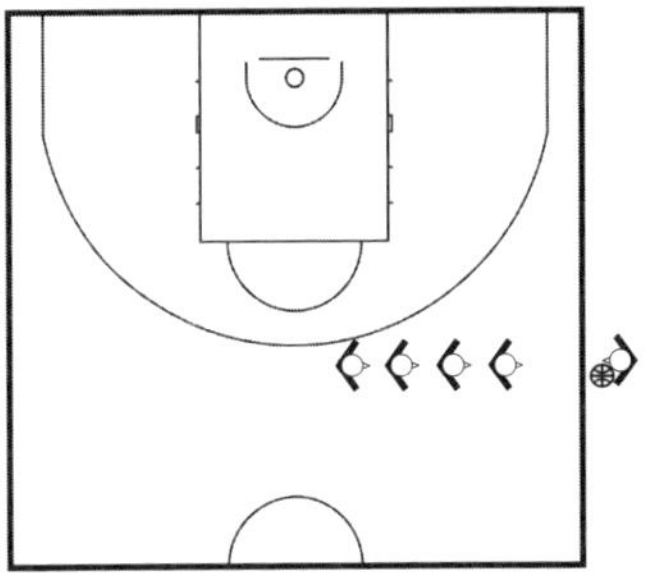

ディフェンスが動きを予測しにくい

ここからは、本書で紹介してきたセットのパターンを解説します。まずは、オフェンス側のコート上の配置であるアライメントです。ＢＯＢとＳＯＢに共通してみられるのがラインセットです。よくみられる形は、インバウンダーに向かってオフボールマンの４人が1列に並びます。

ラインセットでは、インバウンダーがボールを保持したタイミングでオフボールマンが動き出しますが、4人の動きのパターンは無数に存在し、ディフェンス側にとっては誰がどのように動くかの予測が難しくなります。通常であれば、ディフェンスはオフェンスよりもゴール側に位置します。しかし、ＢＯＢのラインセットでディフェンスがオフェンスよりもゴール側に位置すると、エレベーター（212ページ）の餌食にされてしまいます。ラインの先頭や最後尾のオフボールマンとマッチアップするディフェンスが、アウトサイドへ飛び出すユーザーにマッチアップするなどの対応もできますが、ミスマッチが生じる可能性があります。さらに、オフボールマンが並んでいるところから四方へ飛び散るため、ディフェンスはその動きに対応しようとしてオフボールマンに引き付けられる傾向にあり、オフェンス側はスペースを作り出すことができるのです。

ボックスセット

図1

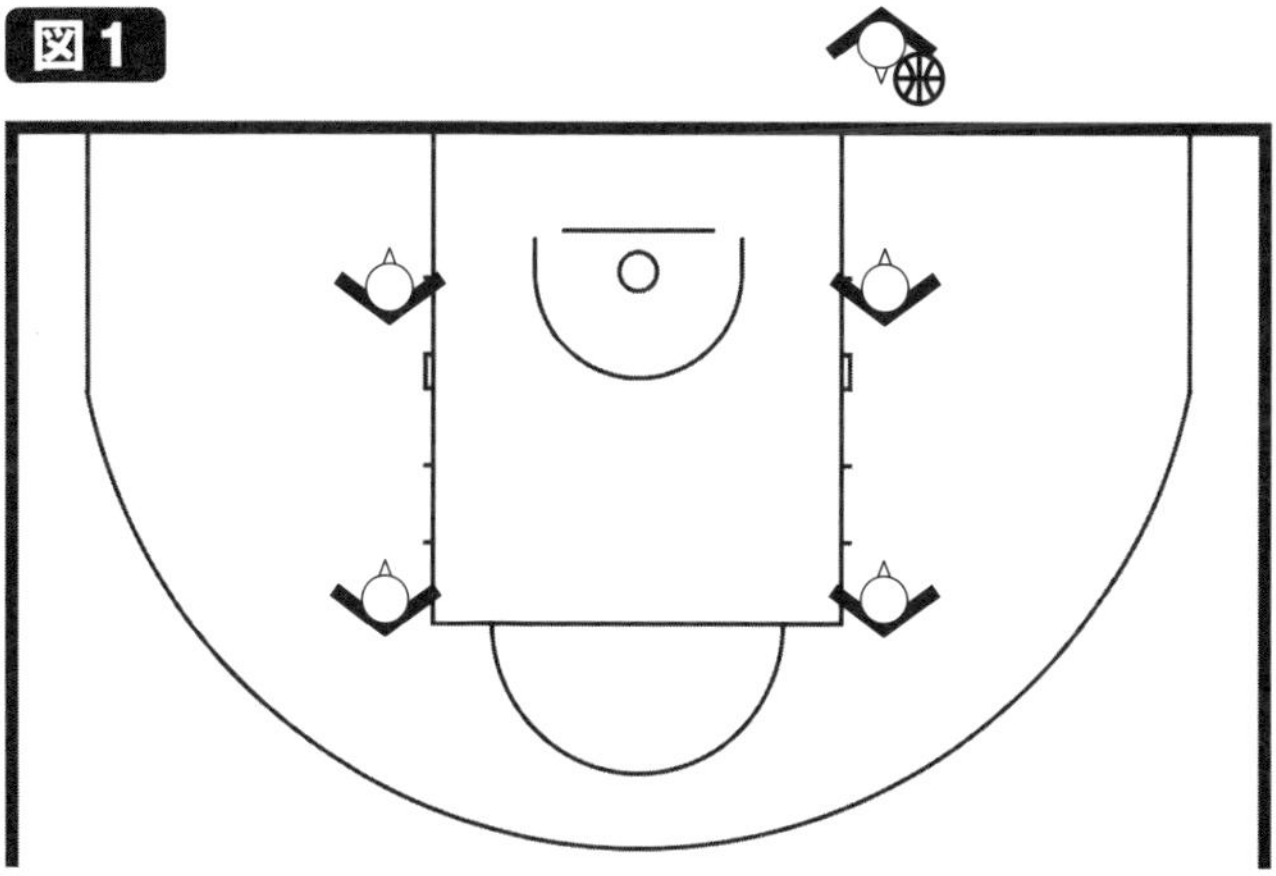

多様なバリエーションが可能

BOBでは、ラインセットと同じぐらいよく見られます。

4人のオフボールマンが両エルボーと両ブロックあたりにポジションをとります。ボックスセットもラインセットと同様、オフボールマン4人の動きのパターンが無数に存在し、ディフェンス側にとっては誰がどのように動くかの予測が難しいセットになります。

オフボールマンがポジションをとった位置から近い3Pエリアに飛び出したり、スクリーンに向かったりすることもできます。また、オフボールマン4人の距離が近いため、他3人のどのオフボールマンとマッチアップするディフェンスにも、すぐにスクリーンをセットすることができます。反対に、3人のどのオフボールマンからも自身とマッチアップするディフェンスにスクリーンをセットしてもらい、ユーザーになることができます。

さらに2人のオフボールマンが近づけば、カーテンスクリーンやエレベーターを作ることもでき、スクリーン・ザ・スクリーナーをセットするには最適な配置ともいえるでしょう。ボックスセットからさまざまなスクリーンプレーへと展開できるため、ボックスセットのアライメントからスタートするいくつかのパターンを採用することで、相手にプレーを予測させないようにするチームも少なくありません。

最後のプレーに至るまでのアクション

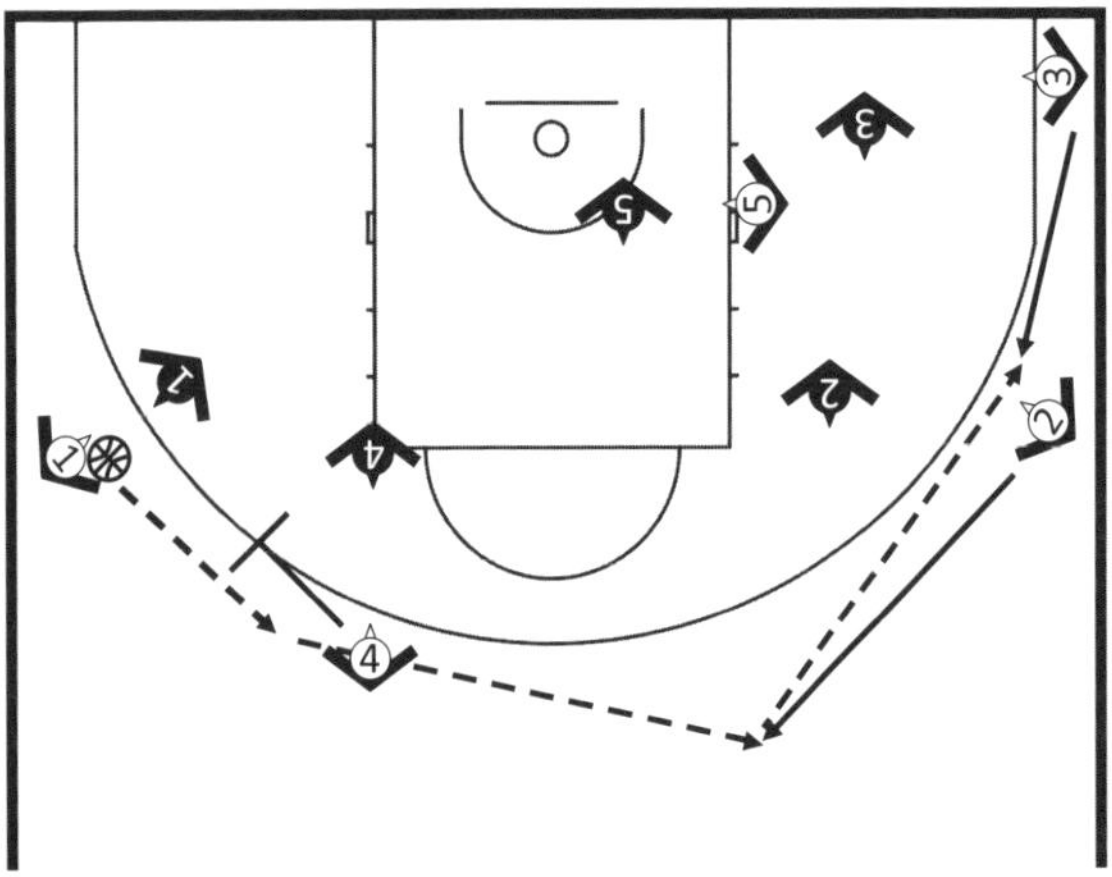

図1

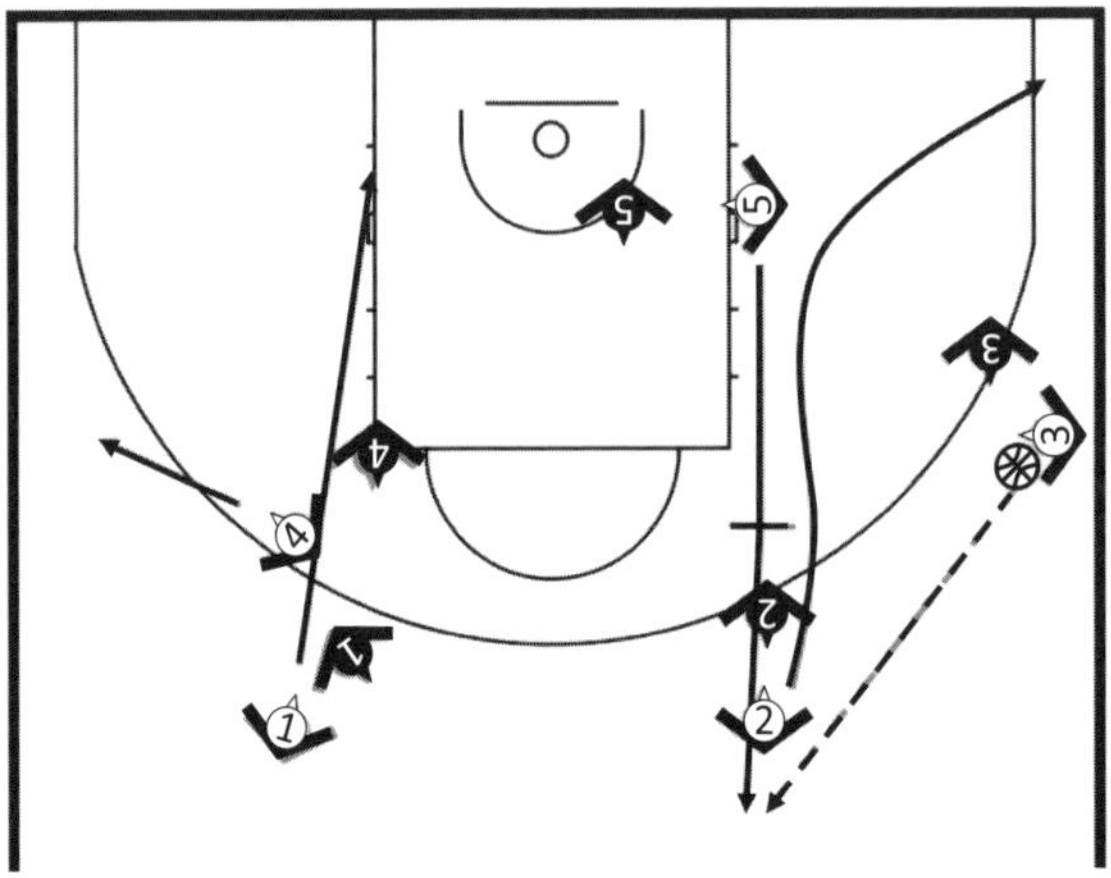

図2

最後のプレーに至るまでに いくつかのアクションがある

本書で紹介してきたパターンオフェンスのほとんどが、最後のプレー（アクション）に至るまでに、いくつかのアクションが組み込まれています。

例えば、最後のアクションでスクリーナーになるプレーヤーとマッチアップするディフェンスにスクリーンをセットするラムスクリーンにより、スクリーナーがユーザーとマッチアップするディフェンスに対してスクリーンをセットしやすくしたり、スクリーナーとマッチアップするディフェンスが最後のアクションに対応することを難しくさせたりします。

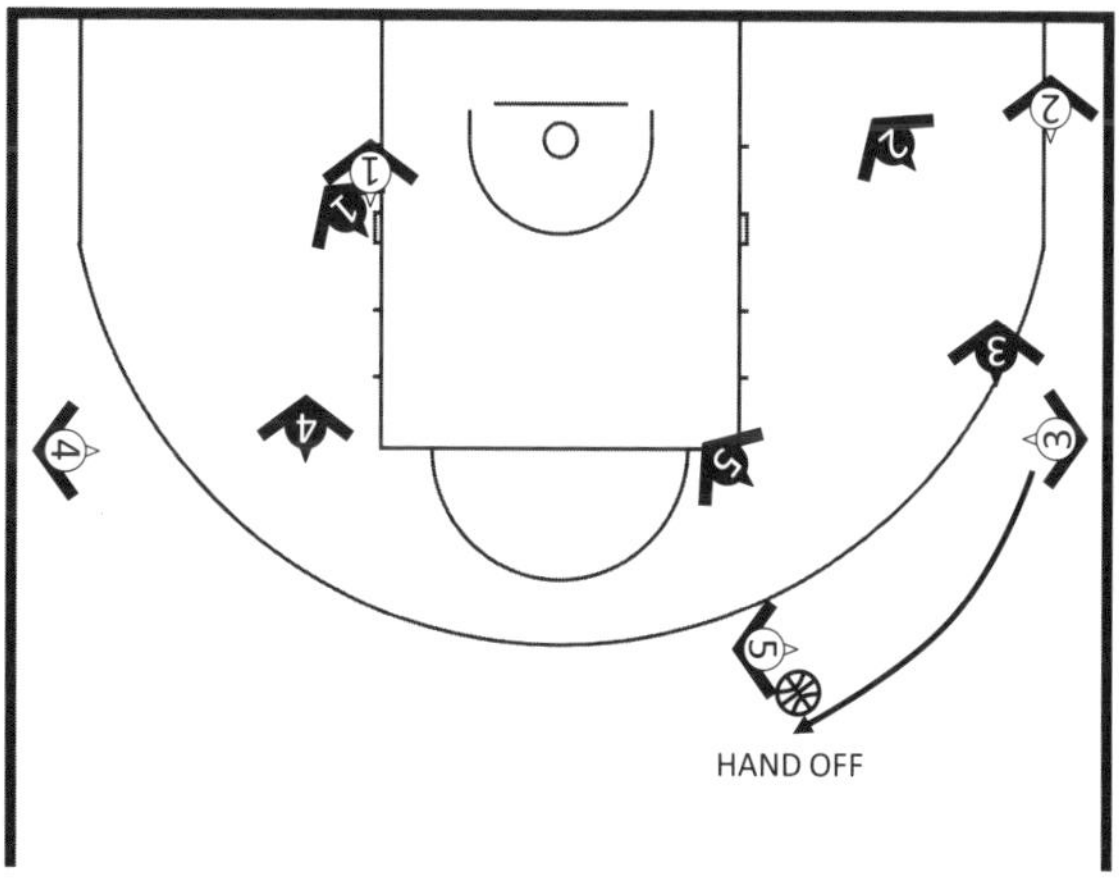

図3

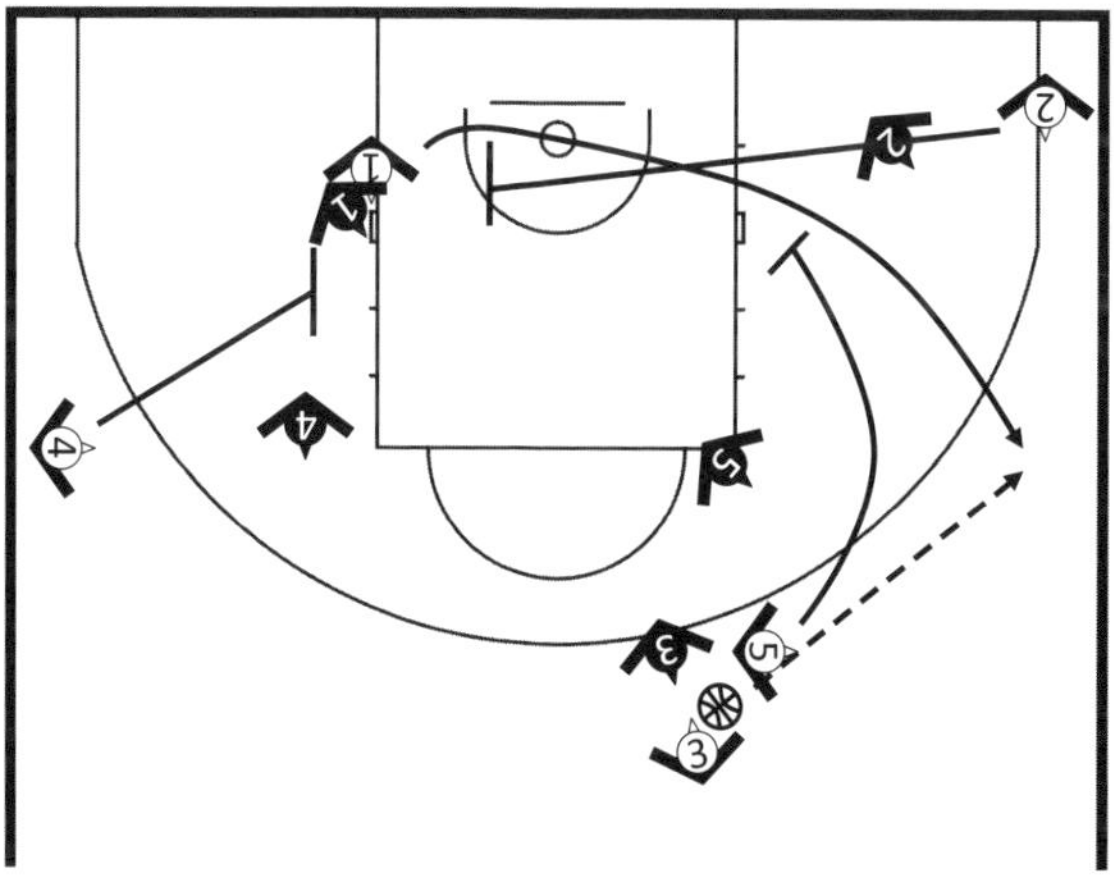

図4

こうした、最後のアクションに至るまでのアクションの数は、カテゴリーが上がるごとに増加し、複雑になる傾向にあります。例えば、EUROのカテゴリーで紹介したセットオフェンスでは、ピック&ロールからボールを展開し、UCLAからDHOに入り、最後のアクションのフロッピーに至ります。

つまり、カテゴリーが上がるにつれ、ディフェンス側の対応も高度化し、単発の単純なアクションではパターンオフェンスを成功させることが難しいことが読み取れます。

ただし、チームに圧倒的な得点力を備えたプレーヤーがいる場合はこの限りではありません。得点力のあるプレーヤーに一定のスペースとともにボールを保持させるだけの単純なアクションで十分に得点が期待できます。

図1

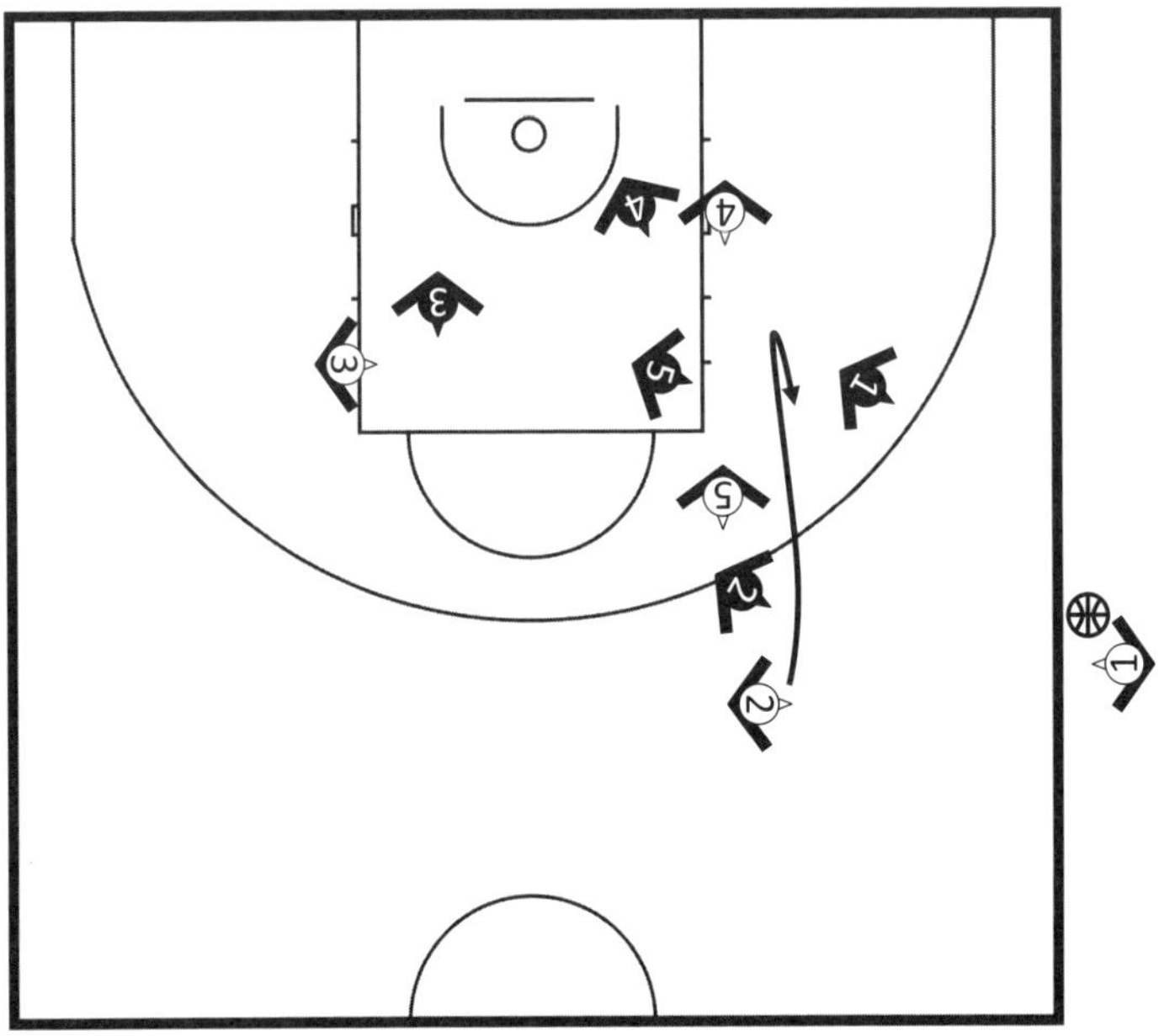

スペースを創出するセット

最後のプレーに至るまでにスペースが創出されている

本書のすべてのセットが、ショットのタイミングでボールマンにスペースが用意されています。つまり、我々がパターンオフェンスを考案する際には、「いかにしてショットのタイミングでボールマンにスペースをもたらすか」を考えることが求められます。その際には、誰に、どこで、どのタイミングで、どのようなショットを放たせるか、そしてそこに至るまでのアクションを決めていきます。

例えば1秒未満で1点リードされているEOGのSOBでは、ビッグマンもしくはジャンプ力のあるプレーヤーに、ゴール

図2

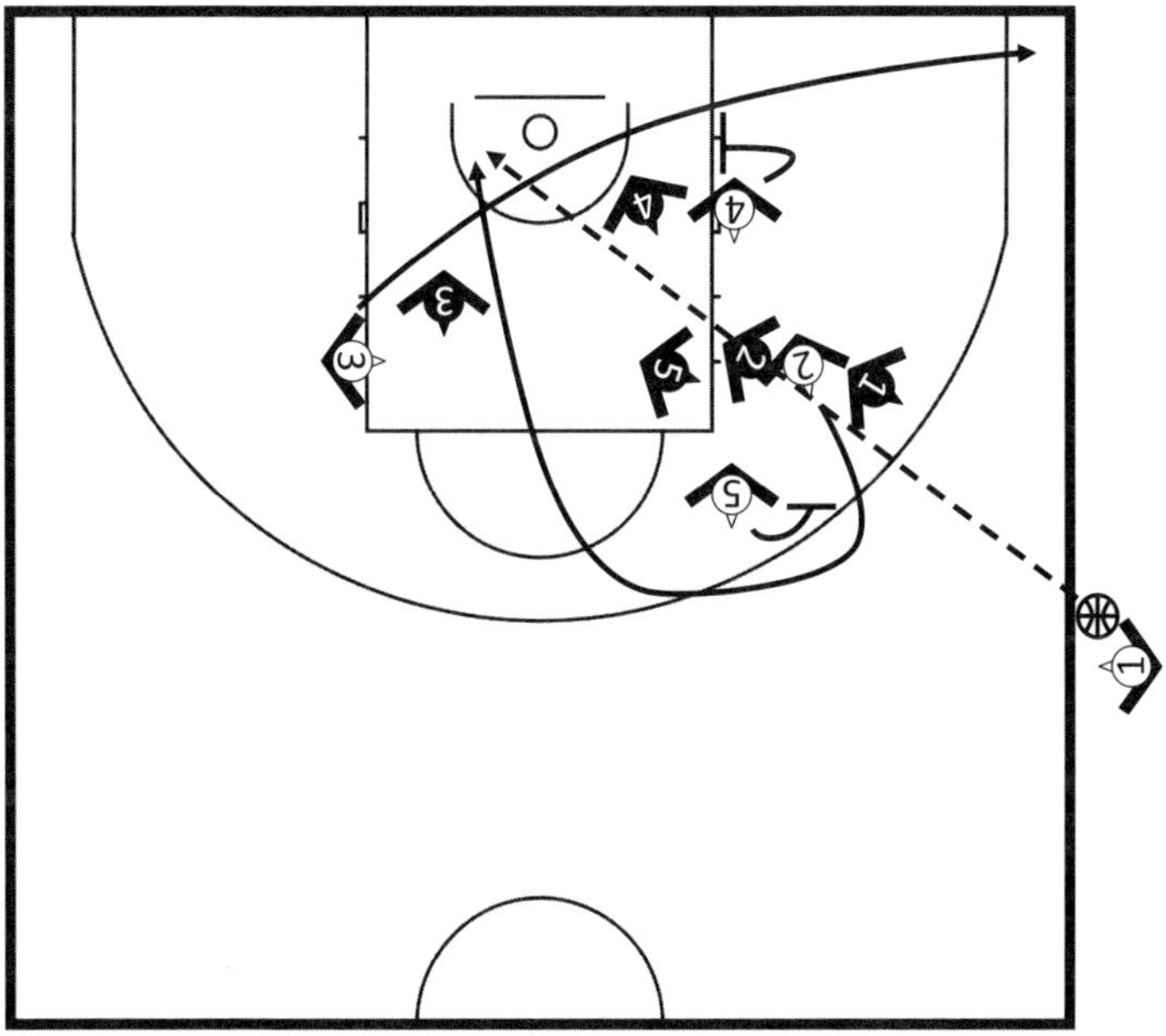

付近でタップショットを放たせることが考えられます。タップショットなのでタイミングは、ボールに触れたタイミングとなるでしょう。次にどのようにしてタップショットのタイミングでボールマンにスペースを用意するかです。オフボールマンを3Pラインの外側に位置させたり、一方のサイドにオフボールマンを寄せて逆サイド側のゴール付近にスペースを作り出すことなどが考えられます。もちろん、平面的なスペースのみだけではなく、空間的なスペースも考えられます。

例えば、本書で滋賀レイクスターズのSOBとして紹介したセット（95ページ）では、ボールサイドにオフボールマンを寄せ、マッチアップするディフェンスプレーヤーを引きつけてウィークサイドのゴール付近のスペースを作り出すものでした。パターンオフェンスを考案する際には、まず、最終的なショット場面を描き、そのスペースを作り出すためのアクションを組み立てていくとよいでしょう。

スクリーン・ザ・スクリーナー

図1

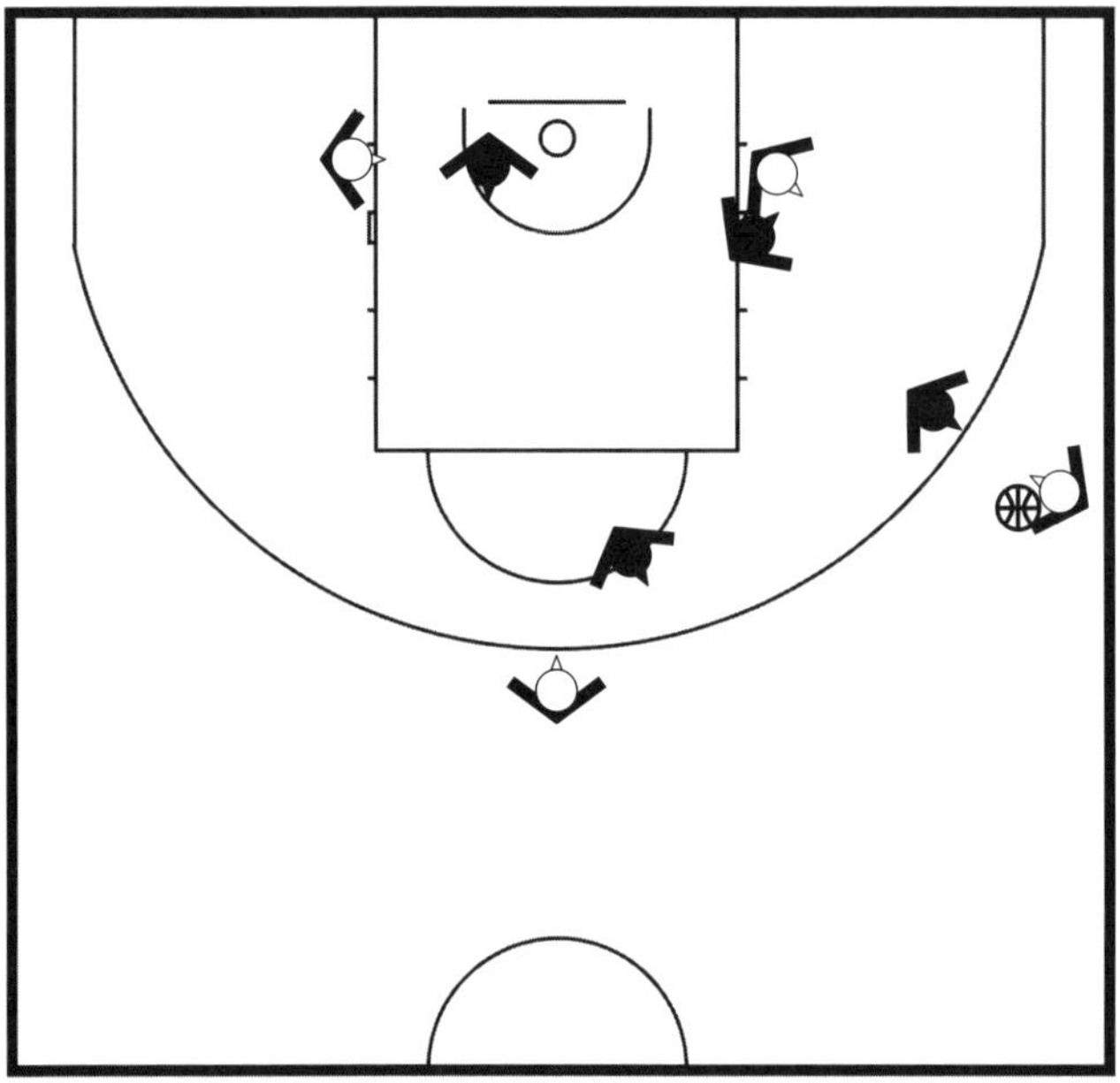

守りにくい要素があるため パターンオフェンスで多用

ここからは、本書で紹介したパターンオフェンスの中でよく組み込まれていたプレーをいくつか紹介します。

まず、最初に紹介するのはスクリーナーに新たなスクリーンをセットする「スクリーン・ザ・スクリーナー（STS）」で、「スクリーン・フォー・ザ・スクリーナー」などとも呼ばれます。

STSには、2つのスクリーンプレーが組み込まれており、1つ目のスクリーンプレーでのスクリーナーとマッチアップするディフェンスに新たなスクリーンをセットし、1つ目のスクリーンプレーでのスクリ

図2

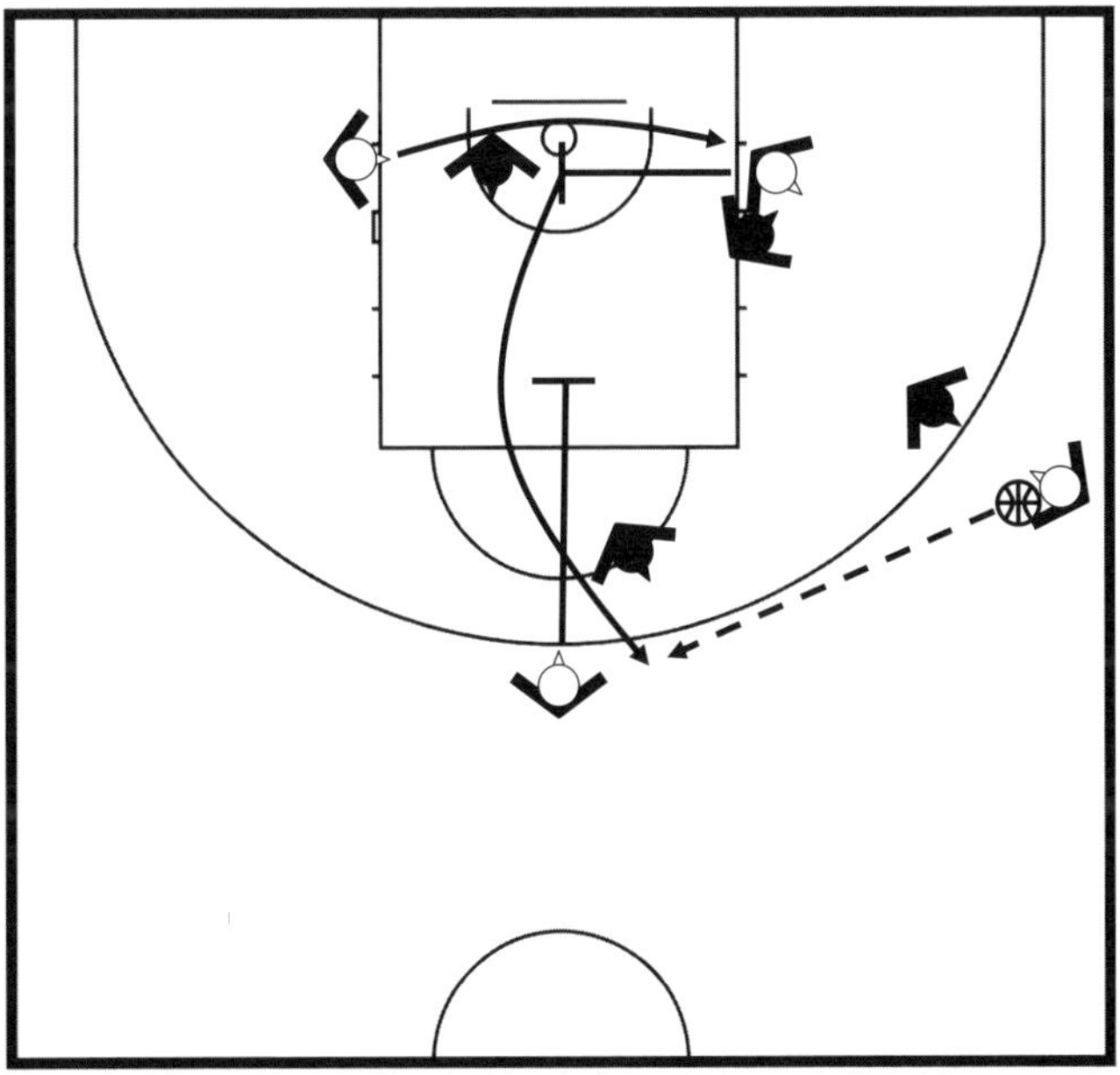

ーナーが2つ目のスクリーンプレーではユーザーとなってスクリーンを利用します。1つ目のスクリーンプレーでのスクリーナーとマッチアップするディフェンスには、1つ目のスクリーンプレーにおいてスクリーンを利用するユーザーへの対応が求められます。しかし、ユーザーに対応している間に、マッチアップするオフェンスは2つ目のスクリーンを利用し、ユーザーとなって移動してしまい、ついていくことが難しくなってしまいます。

もちろんディフェンス側がスイッチ等で各オフェンスにディフェンスを割り当てることも可能ですが、同時にミスマッチが生じるリスクもあります。このように、STSはディフェンス側にとって守りにくい要素があるため、パターンオフェンスの中によく組み込まれます。

エレベーター

図1

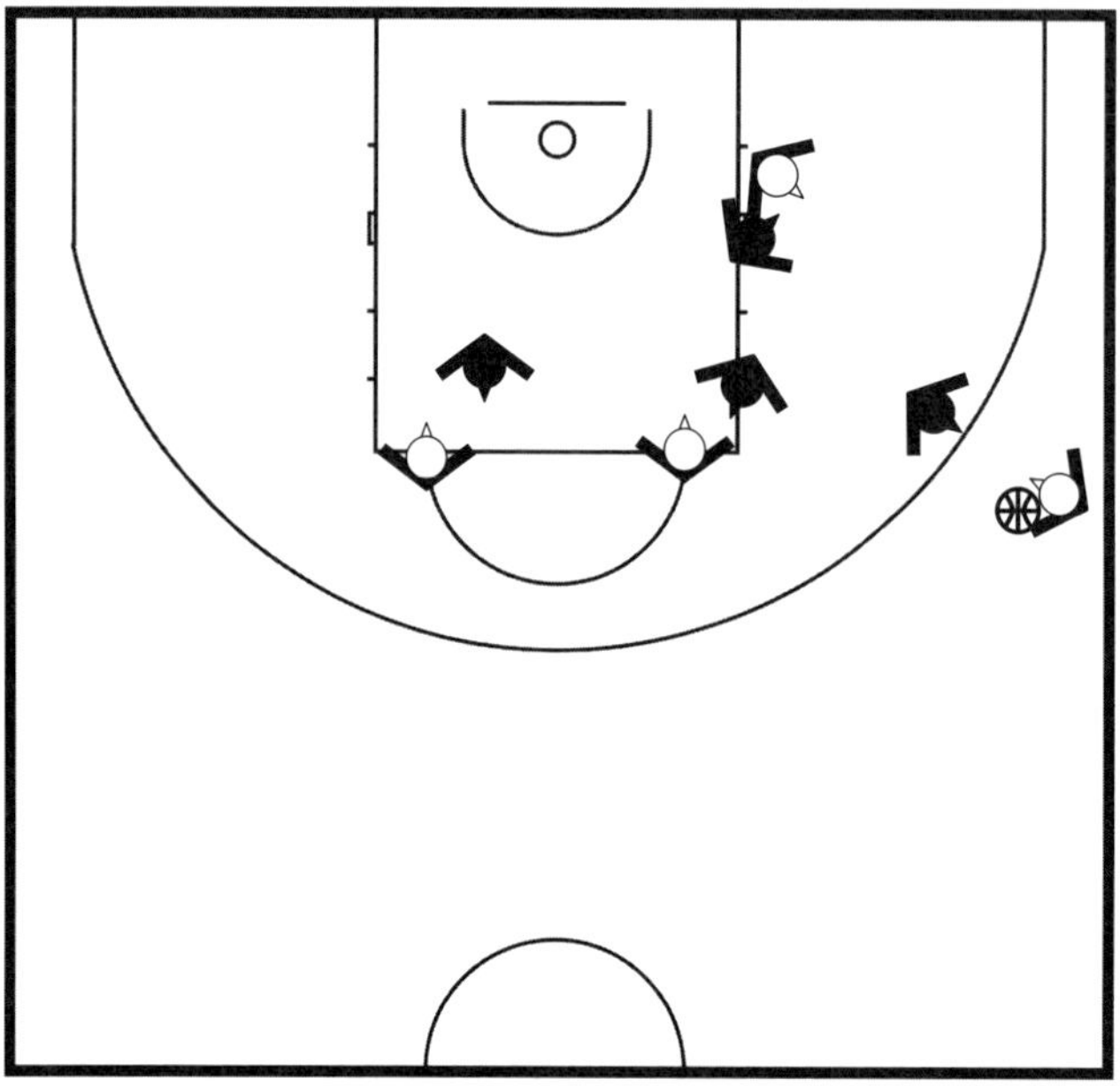

確実に得点を取りたい場面で多用される

「エレベーター」も本書で紹介したオフェンスパータンのなかでよく組み込まれているプレーです。

エレベーターでは、スクリーンをセットする前に2人のスクリーナーの間にスペースをとり、このスペースをユーザーが通過した後にエレベーターのドアが閉じるようにスクリーナー同士が間を詰めてスクリーンをセットし、ユーザーとマッチアップするディフェンスプレーヤーの進行を妨げます。エレベーターでは、ユーザーが通過後にスクリーナー同士が間を詰めてスクリーンをセットするため、ユーザー

図2

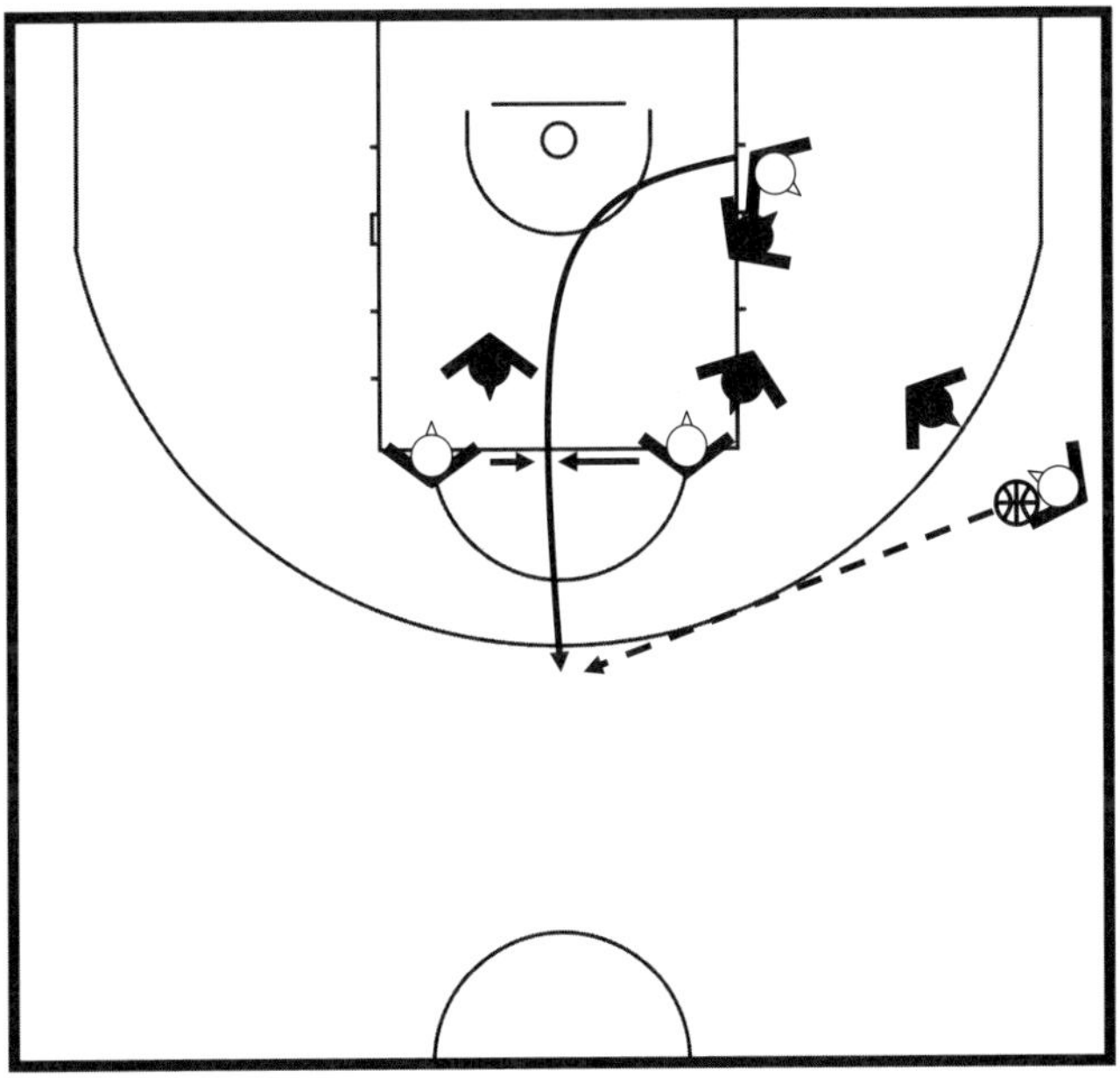

はエレベーターを利用するまでに、マッチアップするディフェンスから一定の距離を稼ぐ必要があります。

またエレベーターでは、シングルスクリーンやカーテンスクリーンのようにユーザーとマッチアップするディフェンスがチェイスすることはできません。ユーザーとマッチアップするディフェンスがマッチアップを変えずにディフェンスを続けるためには、ユーザーが通過したコースとは別のエレベーターの内側か外側を通過しなければなりません。この間にユーザーは、ボールを保持し、ショットを放つことができます。

エレベーターが成功すると、ボールマンはきれいなノーマークになります。そのため、確実に得点をとりたい場面でのパターンオフェンスとしてよく組み込まれるのでしょう。

スタッガードスクリーン

図1

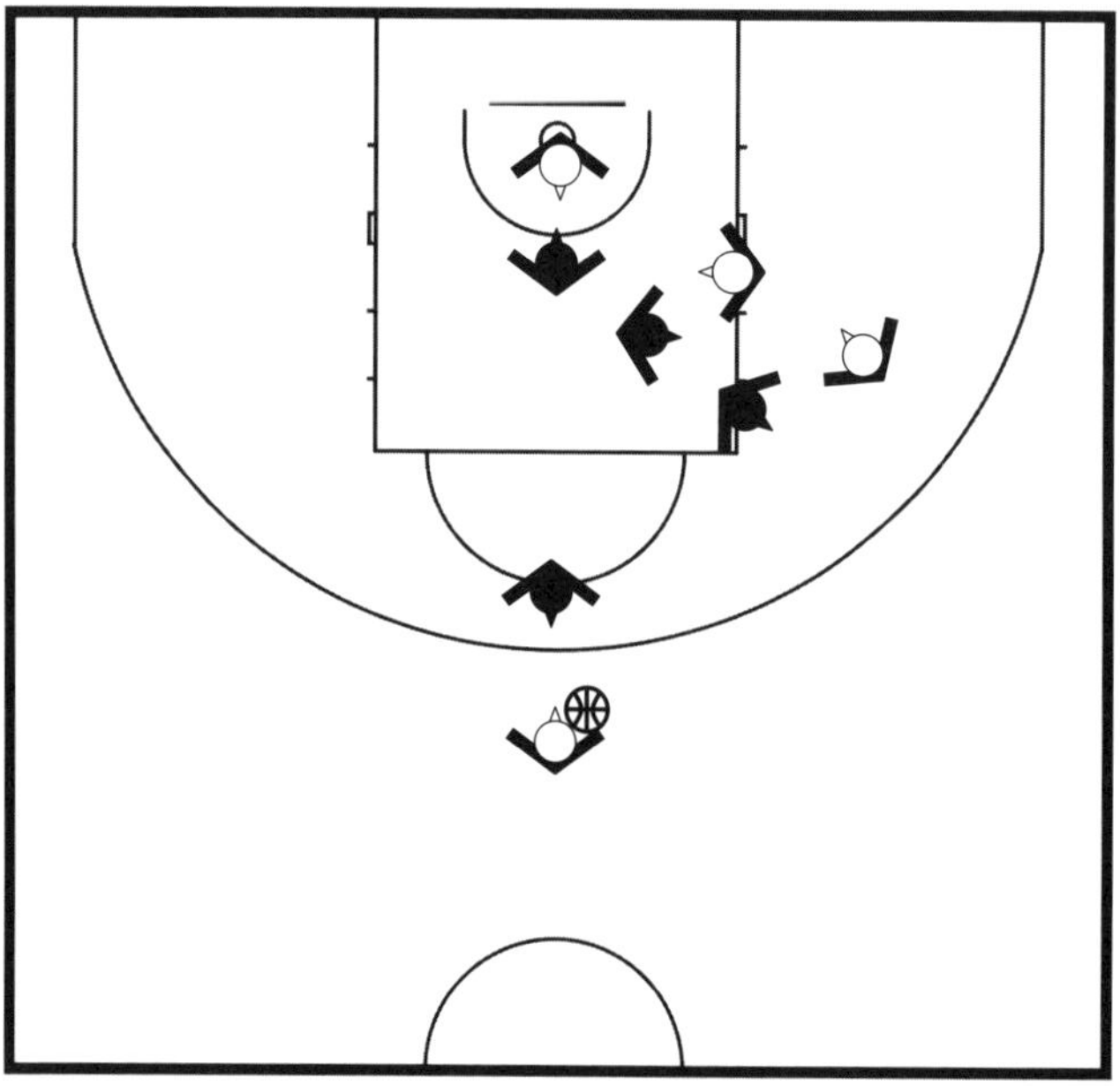

ユーザーからディフェンスを大きく引き離せる

スタッガードスクリーンもパターンオフェンスによく組み込まれます。

スタッガードスクリーンは、ユーザーとマッチアップするディフェンスに対して、異なる位置で連続してスクリーンをセットする形態であり、「スタガスクリーン」や「スタガ」などと呼ばれます。

よく見られるのは、ゴール付近に位置するユーザーのディフェンスに対してアウトサイド側から2人のスクリーンをセットし、ユーザーが連続してスクリーンをセットし、ユーザーがこれを利用してアウトサイドへと移動するものです。ユーザーのディフェンスにとっ

図2

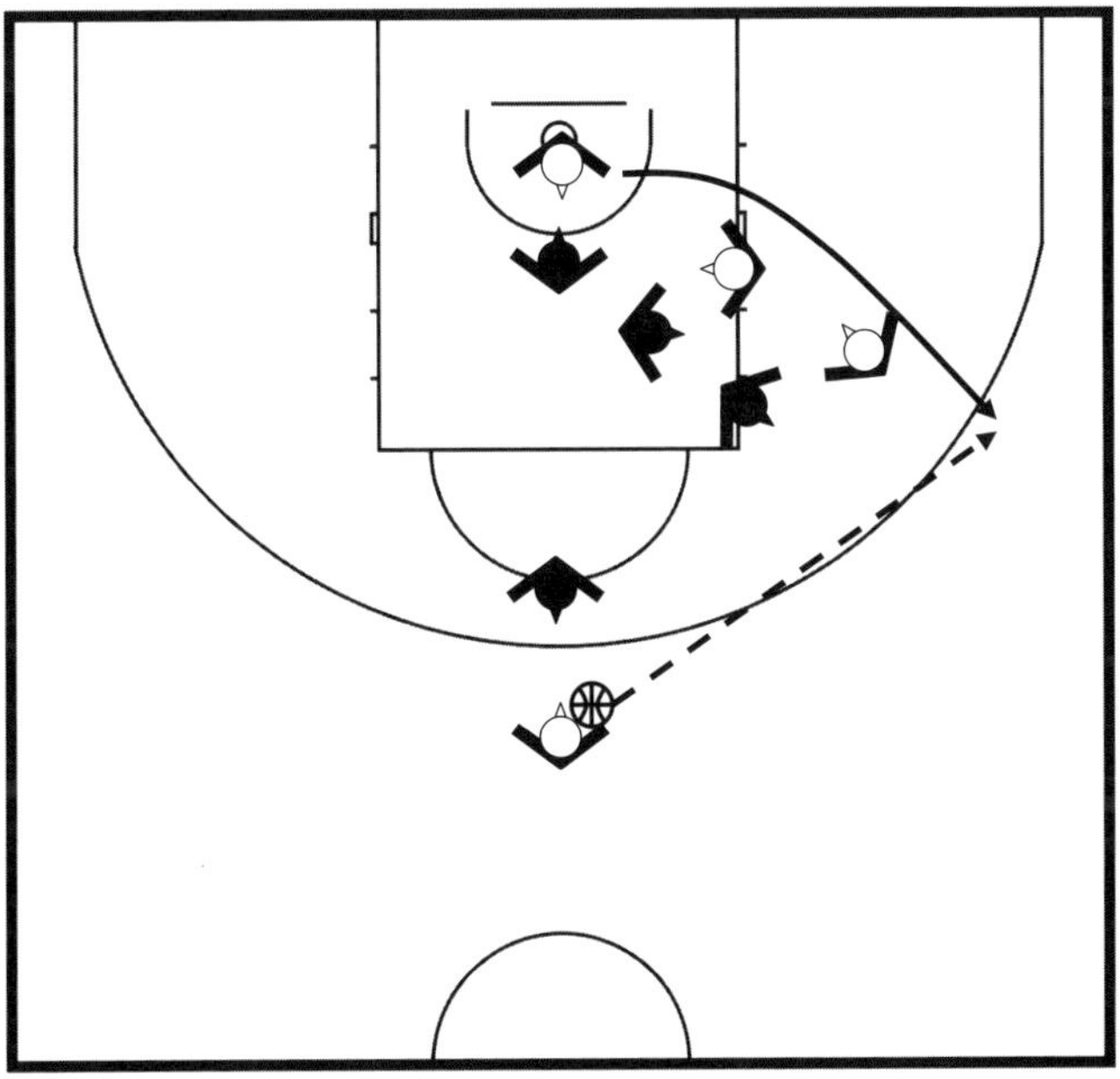

てはファーストスクリーンの回避直後にセカンドスクリーンの回避が求められるため、回避が難しくなります。しかも本書で紹介したなかには、3人のスクリーナーによるスタッガードスクリーンもいくつか見られます。

ユーザーのディフェンスがチェイスしたとしても、各スクリーナーがユーザーの通過直後に位置を調整するため、各スクリーンを通過する間に徐々にユーザーから引き離されてしまいます。ユーザーのディフェンスが近道をしようとカットした場合、ユーザーはフェイドの選択が有効になります。3人のスクリーナーとそのディフェンスが並ぶ状況でユーザーにフェイドされると、抜け道を探すのが困難になります。このように、パターンオフェンスにスタッガードスクリーンを組み込むことにより、ユーザーからディフェンスを大きく引き離すことが期待できます。

フロッピー

図1

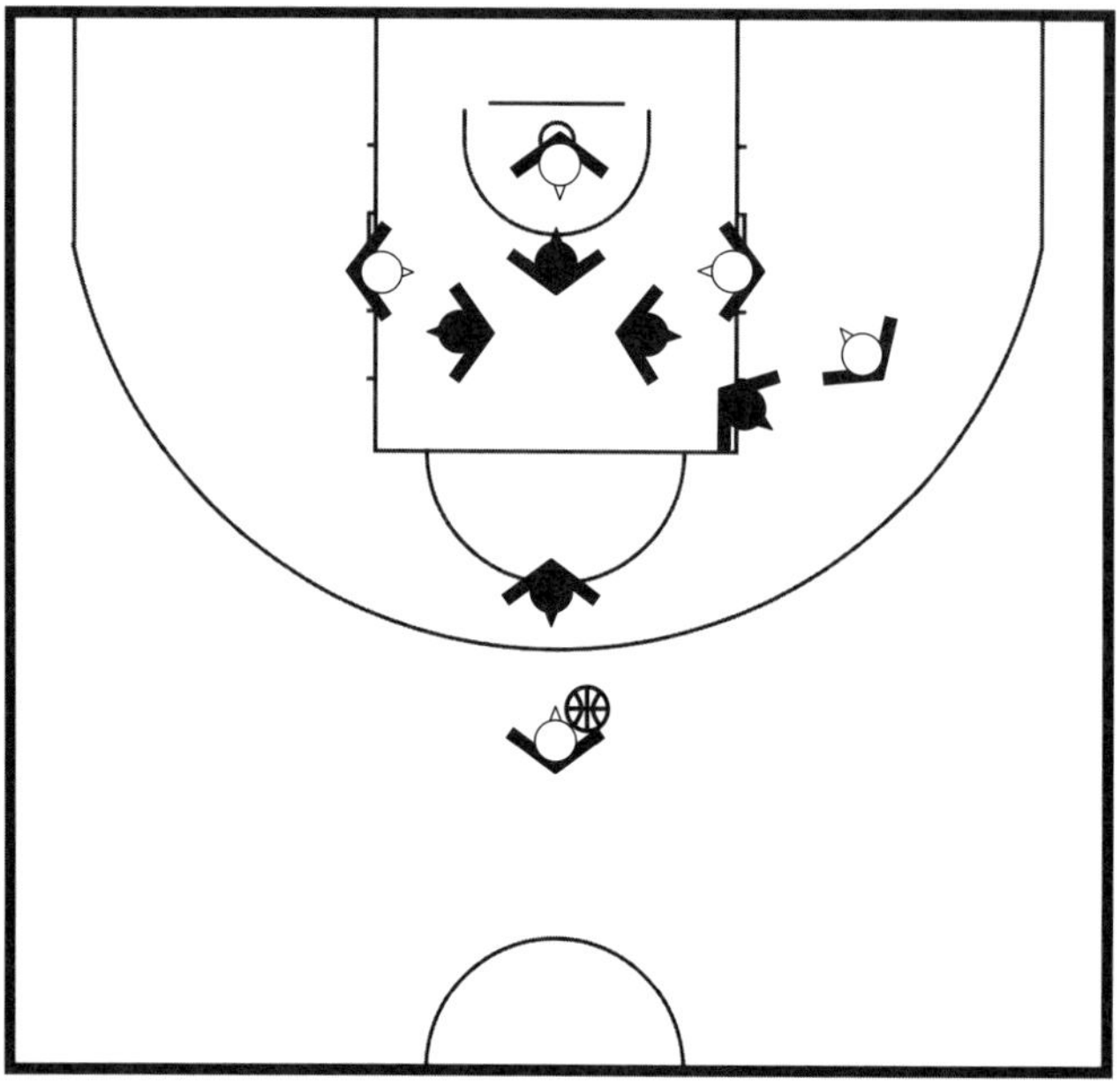

シングルとスタッガード どちらのスクリーンも使える

スタッガードスクリーンの逆サイドにシングルスクリーンをセットすると、フロッピーになります。つまりユーザーの両サイドにスクリーンがセットされ、一方のサイドはシングルのダウンスクリーン、逆サイドはスタッガードスクリーンになります。

このフロッピーは、ユーザーがシングルスクリーンとスタッガードスクリーンの両方を選択することが可能です。ユーザーのディフェンスからするとユーザーがどちらのスクリーンを利用するかわからないため、スクリーンに対する準備が難しくな

図2

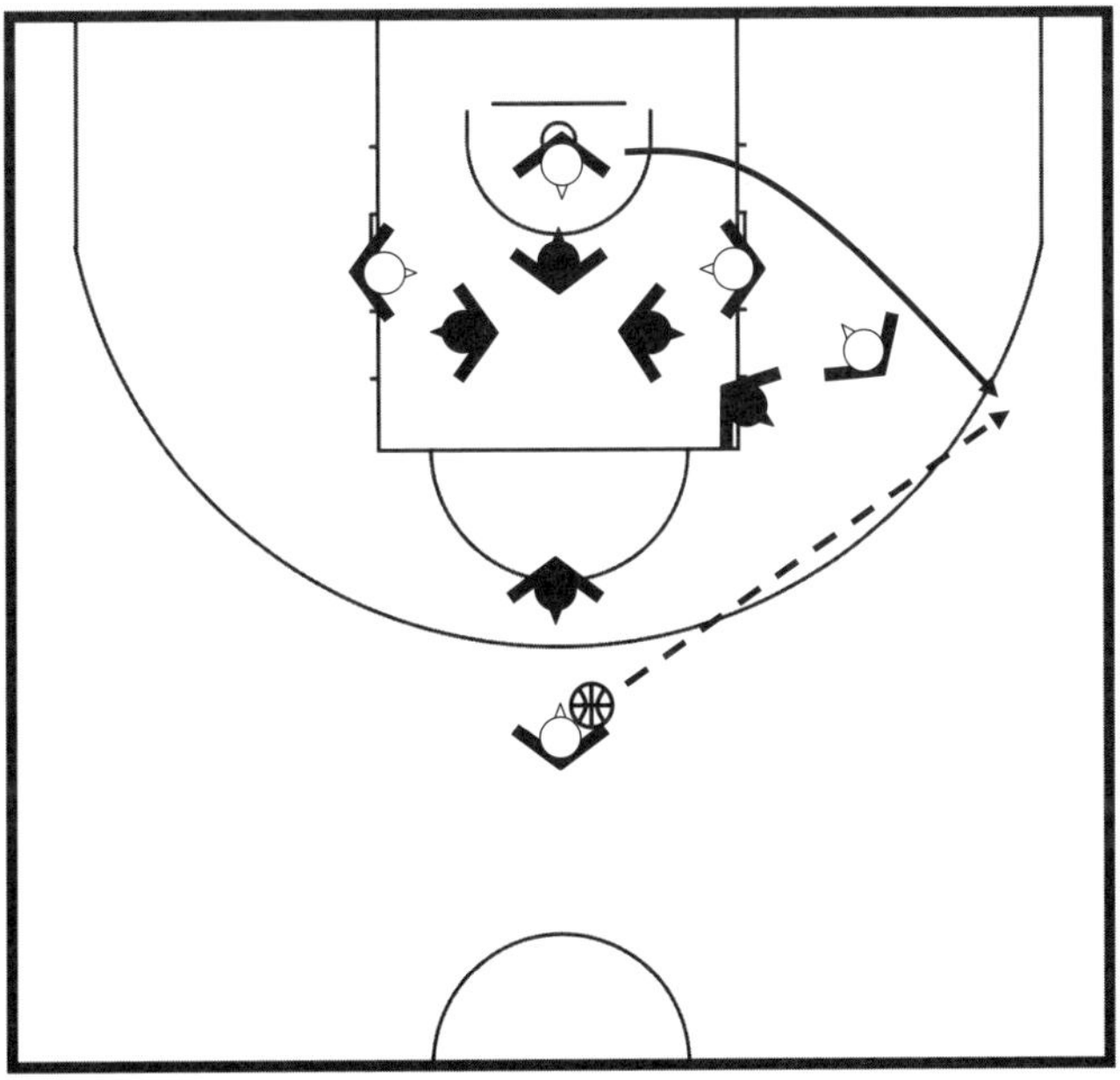

ります。ましてや、ユーザーがスタッガードスクリーンを選択した場合、前述したようにユーザーのディフェンスはファーストスクリーンの回避直後にセカンドスクリーンの回避が求められるため、回避が難しくなります。

また、ユーザーによるスクリーンの利用に続いて、ファーストスクリーナーがユーザーの利用したスクリーンと逆のスクリーンを利用してユーザーになるため、ディフェンス側の対応が複雑になり、処理が困難になります。このように、フロッピーもまたディフェンス側の対応を困難にすることが期待されるため、パターンオフェンスの一部に組み込まれます。フロッピーの場合、プレーヤーの判断に自由度を持たせることもできるため、モーションオフェンスのきっかけとして用いることも十分に可能になります。本書の分類におけるパターンオフェンスとしてのフロッピーでは、どのように動くかが決められていることになります。

おわりに

明確な理由を持って戦術を決め、そのために必要な要素を磨く

2017年、FIBAワールドカップの出場権をかけた予選、日本は、開幕4連敗といきなり1次予選敗退の崖っぷちに追い込まれました。しかし、その後、怒涛の8連勝を飾り、21年ぶりとなるワールドカップへの自力出場を決め、さらに44年ぶりにオリンピックの出場権を獲得しました。

残念ながら、日本代表チームはワールドカップでは、勝ち星をひとつもあげることができませんでしたが、ゲームの映像をご覧になった方は、日本のオフェンス戦術が対戦国にスカウティングされ、潰されていたのが見てとれたのではないでしょうか。

日本が狙いとする動きの途中で、相手プレーヤーに身体をぶつけられ、ボールをつなげられかったり、つないだとしても、バランスを崩されていたり、ゴールから遠ざけられてしまいました。これにより、次のアクションにつながらず、日本のオフェンス戦術は潰されてしまいました。

現場では、コーチ陣やアナリスト陣、もちろんプレーヤーも含めて必死に戦術的な次の一手を講じようと試みていました。しかし、ゲーム中の戦術的な対応で、コントロールできる範囲を超えていたのでしょう。

先に述べたとおり、我々はバスケ先進国と呼ばれる国のナショナルチームやリーグで用いられる戦術に関する情報について敏感にアン

テナを張っていなければなりませんが、最先端の戦術を追いかけ、取り入れるだけでは世界の強豪国に対抗するための戦術を遂行することはできません。技術や技能、体力、体格が備わっていなければ、どんな戦術も有効に機能しません。

時間は有限です。その限られた時間の中でより効率よく、世界の強豪国に勝つ可能性を高めるためには、まず、理由を持って採用する戦術を定め、その戦術に必要とされる技術や技能、体力、体格の向上にフォーカスすることが求められます。

こうした取り組みが実を結んだのが東京五輪の女子日本代表です。女子日本代表は男子で使用されている戦術をいち早く取り入れ、その戦術に必要とされる技術や技能、体力、体格の向上に取り組みました。結果として、日本バスケ界初となる銀メダルの獲得につながりました。

この取り組みを代表チームだけでなく日本一丸となって実現できれば、代表のさらなる強化へとつながり、東京五輪の女子日本代表のように世界の強豪国と互角に渡り合う姿は、日本を元気にすることでしょう。

東野智弥　小谷究

編著者

東野智弥（ひがしの・ともや）

1970年石川県生まれ。北陸高校、早稲田大学を経て、1993年にアンフィニ東京に入社。３シーズンプレーした後に渡米し、ルイス＆クラーク大学にてコーチとしての歩みを始める。1998年に帰国後、三井生命ファルコンズ、所沢ブロンコス、早稲田大学、トヨタ自動車アルバルク、日本代表などのコーチを歴任。浜松・東三河フェニックスでは優勝を達成。2016年に日本バスケットボール協会技術委員会委員長に就任。就任後の男子日本代表は、自力出場としては21年ぶりにワールドカップに出場、この活躍が評価され、オリンピックの出場権も44年ぶりに獲得。また、参加国唯一３ｘ３も含めた４枠のオリンピック出場権獲得も達成した。

小谷 究（こたに・きわむ）

1980年石川県生まれ。流通経済大学スポーツ健康科学部スポーツコミュニケーション学科准教授。流通経済大学バスケットボール部ヘッドコーチ。日本バスケットボール学会理事。日本バスケットボール協会指導者養成部会部会員。日本バスケットボール殿堂『Japan Basketball Hall of Fame』事務局。日本体育大学大学院博士後期課程を経て博士（体育科学）となる。

●執筆者
片岡秀一
川北準人
酒井良幸
しんたろう
根本雅敏
東山 真
前田浩行
三原 学
藪内夏美

●企画・構成・編集
佐藤紀隆（株式会社Ski-est）
稲見紫織（株式会社Ski-est）

●アニメーション制作
室陽一郎

●編集協力
小泉瑛嗣（流通経済大学スポーツコミュニケーション学科）
関根加琳（流通経済大学スポーツコミュニケーション学科）

●デザイン
前田利博（Super Big BOMBER INC.）

●写真
Getty images

●オビ写真提供
©FUJITSU SPORTS

●校正
山口芳正

バスケットボール 勝つための最新セットプレー88

2021年9月28日　初版第1刷発行

編著者　**東野智弥　小谷 究**©
©Tomoya HIGASHINO Kiwamu KOTANI 2021 Printed in Japan
発行者　**畑中敦子**
発行所　**株式会社 エクシア出版**
〒102-0083　東京都千代田区麹町6-4-6-3F
印刷・製本　**サンケイ総合印刷株式会社**

ISBN 978-4-908804-76-2　C0075

エクシア出版ホームページ　https://exia-pub.co.jp/
Eメールアドレス　info@exia-pub.co.jp